TRÉSOR DE L'ABBAYE

DE

SAINT-MAURICE D'AGAUNE

TRÉSOR DE L'ABBAYE

SAINT-MAURICE D'AGAUNE

DÉCRIT ET DESSINÉ

PAR

ÉDOUARD AUBERT

MEMBRE DE LA SOCIÉTÉ DES ANTIQUAIRES DE FRANCE, LAURÉAT DE L'INSTITUT
(ACADÉMIE DES INSCRIPTIONS ET BELLES-LETTRES).

PARIS

Vve A. MOREL ET Cie, ÉDITEURS

13, RUE BONAPARTE, 13

M D CCC LXXII

AVANT-PROPOS.

e récit de l'incident qui m'a déterminé à choisir pour objet de mes études le Trésor de l'Abbaye de Saint-Maurice me paraît contenir un utile enseignement. Le voici : lorsqu'un travailleur, novice encore, a l'heureuse fortune d'un entretien sérieux avec un savant expérimenté, son unique pensée doit être de recueillir avec attention et de classer dans sa mémoire toutes les paroles qui tombent de cette bouche autorisée.

Il y a tantôt dix ans, pendant que A. Didron revoyait mon travail sur les mosaïques de la cathédrale d'Aoste, qu'il avait accepté pour les Annales archéologiques, nous causions tous deux et j'écoutais les observations que lui suggéraient les monuments dont nous nous occupions. Tout à coup il s'interrompit, et me dit :

« Puisque chaque année vous allez dans le Val d'Aoste afin de compléter vos recher-
« ches, arrêtez-vous donc à Saint-Maurice et visitez le Trésor de l'Abbaye ; il y a là une
« mine inexplorée encore, car les trois ou quatre reliquaires déjà publiés l'ont été d'une
« façon tout à fait insuffisante. Pour ma part, je regrette vivement que mes travaux
« incessants ne me permettent pas d'entreprendre une pareille tâche. »

Plusieurs années s'écoulèrent ; enfin la Vallée d'Aoste fut publiée, et je dus chercher un nouveau sujet d'étude. Je me rappelai alors les paroles de l'archéologue dont la mort prématurée a causé une si juste douleur à ceux qui s'occupent des arts du Moyen Age. J'écrivis à un de mes amis du Valais, afin de savoir si j'aurais quelque chance d'être admis à l'Abbaye et si j'obtiendrais l'autorisation de dessiner les monuments du Trésor. La réponse fut affirmative : je partis.

Mon intention n'est pas d'entretenir ici le lecteur de ce que je ressentis en entrant dans cette Maison où tout évoque les plus grands souvenirs. Ce que je veux, c'est proclamer hautement ma reconnaissance envers Monseigneur de Béthléem, abbé de Saint-Maurice, envers le prieur de la communauté, envers les chanoines. Tous m'ont comblé de soins et de prévenances. La clef des archives m'était confiée, et je pouvais à mon gré pénétrer dans ce riche dépôt, dont l'entrée n'est permise aux membres de la communauté eux-mêmes qu'à la suite de minutieuses formalités. Les pièces d'orfévrerie du Trésor étaient tour à tour apportées dans la salle qui me servait d'atelier, et là je les étudiais à loisir, puis je les reproduisais à l'aide du crayon et des couleurs.

Je remplis un devoir bien doux à mon cœur en parlant de l'accueil affectueux qui, durant cinq années, m'a toujours attendu dans cette noble Maison, en me félicitant des liens d'amitié que j'ai noués avec ces religieux si modestes, si distingués, qui donnent à tous l'exemple d'une vie austère et laborieuse, vouée à Dieu et à l'éducation d'une jeunesse nombreuse. Pour répondre à tant de bonté, j'ai apporté dans l'accomplissement de ce travail tout le zèle et toute la conscience dont je suis capable. Puissé-je avoir contribué à faire mieux connaître les richesses archéologiques que les chanoines de Saint-Maurice ont su nous conserver presque intactes, malgré les tempêtes politiques, les incendies et les pillages qui, à toutes les époques de l'histoire, ont troublé ou dévasté ce pieux asile de la prière et de l'étude.

Ville-d'Avray, novembre 1869.

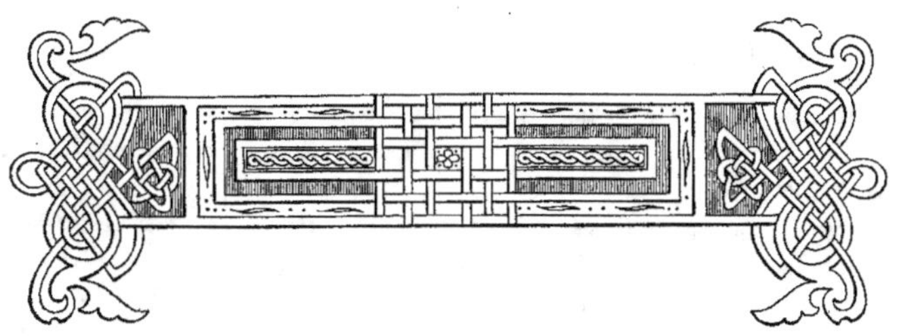

TRÉSOR DE L'ABBAYE

DE

SAINT-MAURICE D'AGAUNE

INTRODUCTION HISTORIQUE

'antique abbaye de Saint-Maurice d'Agaune est
située dans la vallée du Rhône, à vingt et un
kilomètres au sud-est du lac Léman et à treize
kilomètres au nord-ouest de Martigny. L'église
et les bâtiments de cet établissement quinze fois
séculaire touchent à la petite ville de Saint-Maurice et sont construits au pied d'un véritable cir-
que de rochers à pic, dominés à leur tour par
les cimes neigeuses de la Dent du Midi. Ce gigan
tesque amphithéâtre ferme presque le Valais, et
les montagnes qui pressent en cet endroit les deux
rives du Rhône sont tellement rapprochées qu'elles
laissent à peine au fleuve un étroit passage.

L'abbaye de Saint-Maurice, le plus ancien peut-être de tous les monastères de l'Occi
dent, a été tour à tour dotée et dépouillée par les souverains et les seigneurs des pays

environnants. Les rois mérovingiens, bourguignons, carolingiens, les empereurs d'Allemagne, les princes de Savoie et tous leurs grands vassaux ont été ou ses bienfaiteurs ou ses persécuteurs.

Avant de commencer la description des reliquaires qui composent le Trésor de l'Abbaye, il me semble nécessaire de dire quelques mots du passé de ce Monastère illustre. Un récit sommaire pourra servir à remettre en lumière des faits oubliés par quelques-uns, inconnus au plus grand nombre, et donnera, je me plais à l'espérer, un peu plus de valeur à l'inventaire de ces précieux monuments.

L'histoire de l'abbaye de Saint-Maurice d'Agaune peut se diviser en quatre périodes :

1° Période de la fondation par saint Théodore, premier évêque du Valais. Cette période, qui dura environ cent cinquante ans, commença vers l'an 360 et se continua jusqu'en 515.

2° Période de la restauration par Sigismond, roi de Bourgogne. Cette seconde période, commencée en 515, se termina en 824; elle compte, par conséquent, trois cent neuf années.

3° Période de la substitution des chanoines séculiers aux moines. Cette réforme, demandée par Louis le Débonnaire en 824 et approuvée par le pape Eugène II, dura pendant trois siècles; elle avait été rendue nécessaire, je l'établirai plus tard, par les désordres qui s'étaient introduits dans l'Abbaye.

4° Période de l'établissement des chanoines réguliers en remplacement des chanoines séculiers. La réforme de 824 ayant plutôt aggravé qu'amélioré l'état de l'Abbaye, Amédée III de Savoie proposa la nouvelle organisation, qui fut approuvée par le pape Honorius II. La quatrième période, qui a commencé en 1128 et qui dure encore aujourd'hui, compte maintenant sept cent quarante et un ans d'existence.

L'Abbaye et la petite ville, sa voisine, ont porté d'abord le nom de Tarnade, emprunté à la station romaine *Tarnaïa* ou *Tarnada*, mentionnée par l'Itinéraire d'Antonin et par la Table de Peutinger. La forteresse de Tarnade, appelée par Marius d'Avenches[1] *Castrum Tarnatense* ou *Tauretunense*, fut engloutie en 563 sous les ruines du mont Taurus. Vers la fin du IVe siècle, le Monastère et la ville prirent le nom d'Agaune et le conservèrent seul jusqu'au IXe siècle, époque à laquelle on y ajouta le nom du chef de la légion Thébéenne. Depuis lors on les appela la ville et l'abbaye de Saint-Maurice d'Agaune.

L'étymologie du nom d'Agaune a servi de thème aux dissertations des savants à toutes les époques. Le moine anonyme d'Agaune et le moine anonyme de Condat, auteur de la vie de saint Romain, font dériver ce nom du mot celtique *Acaunum* ou *Agaunum*, qui

---

1. *Marii Chronicon*, ap. D. Bouquet, t. II, p. 17.

signifie rocher ou pays de rochers et s'applique d'une façon particulièrement exacte au site de Saint-Maurice. D'autres écrivains proposent une étymologie à la fois grecque et latine; ils la trouvent dans le mot grec ’Aγών, qui exprime l'idée des jeux et des combats de l'amphithéâtre. Ce mot grec fut plus tard adopté par les Latins, qui lui laissèrent la même signification, et il est inscrit dans le vocabulaire de Festus sous la forme *Agon*. Les partisans de cette dernière opinion s'appuient aussi sur les paroles de saint Jérôme, qui se sert des mots *Agones martyrum* quand il veut parler des combats soutenus par les saints confesseurs. Entre ces deux sources, et tout en reconnaissant combien l'étymologie grecque est ingénieuse, il n'est pas permis, je le crois, d'hésiter. On retrouve dans le pays même des dénominations provenant de la même langue; ainsi, le nom des Alpes Pennines dérive évidemment du mot *Penn*, tête, sommet; celui des Alpes Graies du mot *Craig*, rochers blancs. Il me semble plus rationnel de rechercher dans le langage des plus anciens habitants de la contrée l'étymologie dont nous nous occupons, et j'adopte très-franchement l'opinion de ceux qui font dériver le nom d'Agaune du mot celtique *Acaunum* ou *Agaunum* [1].

1. « *Acaunum* ou *Agaunum,* pierre, rocher, en ancienne langue gauloise, nom resté au couvent de Saint-Maurice en Valais. Ce nom se retrouve à peu près dans les noms alpins des Agones, des Ingauni, d'Albingaunum, dans l'Uxacona de Bretagne, et dans Icauna, l'Yonne. » Roget de Belloguet, *Ethnogénie gauloise,* t. I, p. 139.

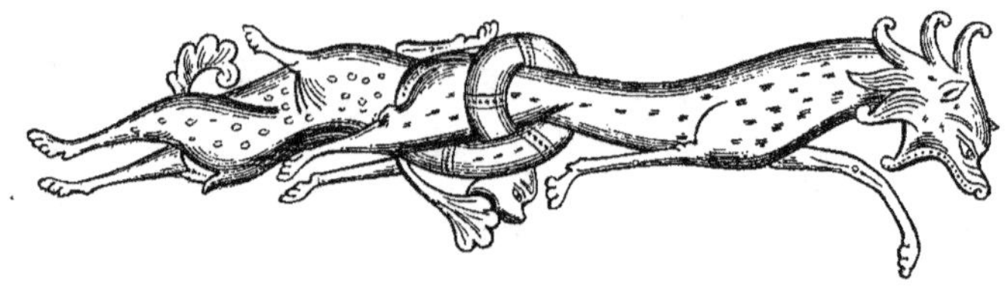

PREMIÈRE PÉRIODE.

(360-515)

partir du moment où les empereurs opposèrent les supplices à l'envahissement de la religion de Jésus-Christ, les Chrétiens entourèrent d'une pieuse vénération la mémoire et la dépouille mortelle de ceux de leurs frères qui mouraient dans les tortures plutôt que de renier le divin Maître. Les reliques de ces martyrs étaient recueillies en secret, ensevelies dans les lieux de réunion des fidèles, sous l'autel même où s'accomplissait le saint sacrifice. Lorsque l'empereur Constantin ferma l'ère des persécutions, rendit la paix à l'Église et permit au culte chrétien de se produire au grand jour, des basiliques, des abbayes s'élevèrent sous l'invocation des confesseurs de la foi, et souvent sur le lieu même où ils avaient succombé. Parmi ces édifices religieux, l'abbaye de Saint-Maurice d'Agaune brille d'un vif éclat dû à son antiquité, à l'histoire de son passé et au tragique événement qui lui a donné naissance.

De 285 à 305[1] une légion appelée Thébéenne, commandée par Maurice et composée

---

1. Il me semble impossible de fixer la date du martyre de la légion Thébéenne, et je crois plus prudent d'indiquer l'intervalle de temps dans lequel le fait a dû nécessairement s'accomplir. M. A. Thierry, *Histoire de la Gaule sous la domination romaine*, t. III, en note à la fin du volume, estime que le martyre a eu lieu en 286. Le *Gallia christiana*, J. de l'Isle, *Défense de la vérité du martyre de la légion Thébéenne*, et les écrivains de la Suisse, tels que le père Briguet, *Vallesia christiana*; P. de Rivaz, *Éclaircissements sur le martyre de la légion Thébéenne*; l'abbé Gremaud, *Origines et documents de l'abbaye de Saint-Maurice*; le chanoine Boccard, curé de Saint-Sigismond, *Notes inédites*, ont assigné à cet événement la date du 22 septembre 302.

de Chrétiens, était deux fois décimée, puis enfin massacrée dans la plaine d'Agaune par ordre de Maximien Hercule. On avait pris pour prétexte de cette sanglante exécution le refus des soldats Thébéens et de leurs chefs d'obéir aux ordres de l'empereur qui leur commandait, selon les uns, de marcher contre les Bagaudes, selon les autres, de sacrifier aux faux dieux [1]. Le martyre de la légion Thébéenne a été le sujet d'une controverse très-animée à laquelle ont pris part les Bénédictins [2], les Bollandistes [3], et bon nombre d'historiens [4].

Tous les défenseurs de la légende chrétienne se sont principalement appuyés sur deux relations du massacre des Thébéens : l'une, écrite vers 435 par saint Eucher, évêque de Lyon; l'autre, composée vers 524 par un moine anonyme d'Agaune [5].

Venant après des écrivains aussi consciencieux qu'érudits, je ne saurais conserver l'espoir d'apporter dans cette discussion quelque argument nouveau, et je crois devoir me borner à donner aux lecteurs une traduction fidèle de la narration de saint Eucher. Ce récit, malgré sa forme un peu emphatique, est empreint d'une naïveté et d'une bonne foi incontestables; il me paraît impossible, après l'avoir lu, de mettre en doute la réalité du martyre, réalité dont le monastère d'Agaune lui-même demeure le plus éclatant témoignage. C'est une lettre adressée à l'évêque Salvius [6] ou Silvius, sans indication du siége occupé alors par ce prélat. Ce document [7] a été discuté par les auteurs de l'*Histoire littéraire de la France* (tome II, p. 275-294) qui présentent, en faveur de son authenticité, les

1. M. A. Thierry, *ouvrage déjà cité*, admet que les Thébéens ont été massacrés pour avoir refusé de combattre les Bagaudes, parmi lesquels les Chrétiens se trouvaient en grand nombre. Quelques-uns des historiens suisses dont j'ai cité les noms et les ouvrages dans la note précédente ont adopté une autre opinion. Plaçant l'événement en 302, époque à laquelle la guerre contre les Bagaudes était terminée, ils ont dit que la légion Thébéenne, appelée des bords du Rhin et se rendant à Brindes pour s'y embarquer et aller soumettre des peuplades insurgées de l'Afrique, avait refusé, à son passage à *Octodurum* (Martigny), de participer au sacrifice solennel ordonné par Maximien Hercule en vertu des livres sibyllins.

2. *Gallia christiana*, t. XII.

3. *Acta Sanctorum*, t. VI, *Septembris*.

4. J. de l'Isle, *ouvrage déjà cité*; P. de Rivaz, *ouvrage déjà cité*; le chanoine Boccard, *ouvrage déjà cité*; l'abbé Gremaud, *ouvrage déjà cité*.

5. La relation de saint Eucher a été publiée d'abord par le P. Chifflet, *Paulinus illustratus*, p. 81. La relation du moine anonyme a été publiée par Surius dans son recueil des *Vies des Saints*, au 22 septembre. Ces deux récits sont reproduits dans les *Acta Sanctorum*, t. VI, *Septembris*.

6. Quelques auteurs considèrent ce Salvius comme évêque d'*Octodurum*, autrement dit du Valais. M. l'abbé Gremaud, dans son *Catalogue des évêques de Sion, Mémoires et documents de la Suisse romande*, t. XVIII, considère l'épiscopat de Salvius en Valais comme douteux, n'admettant pas pour une preuve péremptoire les paroles de saint Eucher disant à Salvius qu'il le sait « *assidu aux offices des Thébéens* ». C'est là la seule raison, ajoute le savant critique, sur laquelle on se soit fondé au XVIIIe siècle pour faire de Salvius un évêque du Valais.

Les Bénédictins de la congrégation de Saint-Maur, *Histoire littéraire de la France*, t. II, p. 294-296, n'affirment pas que Salvius ait été évêque d'*Octodurum*, mais, dans leur opinion, l'envoi de l'un de ses ouvrages fait par ce prélat à saint Eucher prouve qu'il occupait l'un des siéges épiscopaux de la Gaule.

7. Un manuscrit de la fin du XIe siècle, conservé à la Bibliothèque impériale (Latin, n° 3789, f° 329), et intitulé *Vitæ Sanctorum*, contient un récit du martyre des Thébéens. Cette narration me semble avoir beaucoup de rapports avec la lettre de saint Eucher.

arguments les plus solides et réussissent à faire partager au lecteur la conviction dont ils sont pénétrés. En voici la traduction littérale :

Eucher au seigneur Salvius, évêque, saint et bienheureux en Jésus-Christ.

« J'envoie à votre béatitude la passion de nos martyrs ; car je craignais que par négligence le temps n'effaçât de la mémoire des hommes les actes d'un si glorieux martyre. En conséquence, j'ai recherché la vérité du fait lui-même dans les auteurs dignes de foi : *parmi ceux surtout qui affirmaient avoir connu par saint Isaac, évêque de Genève, les détails de la passion, ceux-là même que j'ai relatés; et saint Isaac, je le crois, répétait ce récit qu'il tenait du bienheureux Théodore, évêque, homme d'un temps plus ancien.* Lors donc que d'autres, de lieux et de provinces divers, offrent en l'honneur et pour le service des saints des présents d'or et d'argent ou d'autres libéralités, nous vous offrons — si toutefois cette œuvre est digne de votre approbation — ces écrits sortis de nos mains, implorant en échange le pardon de nos fautes, et pour l'avenir la puissante et perpétuelle protection de ceux qui seront à toujours mes patrons. Souvenez-vous aussi de nous en présence de notre Seigneur, vous qui êtes indéfiniment attaché aux offices des saints, seigneur très-saint et frère véritablement bienheureux.

« De saints martyrs illustrent Agaune par leur passion et leur sang glorieusement répandu ; pour rendre honneur à leurs actes, nous les mettons par écrit, suivant la relation fidèle qui nous est parvenue de la manière dont s'accomplit le martyre : car, grâce aux récits postérieurs, l'oubli n'a pas encore interrompu le souvenir des faits. Et si pour des martyrs isolés, certaines localités ou certaines villes qui les possèdent sont réputées illustres, et cela à juste titre, puisque chacun de ces martyrs a exhalé son âme précieuse pour le Très-Haut, de quelle vénération ne doit pas être honoré le sol sacré d'Agaune, sur lequel tant de milliers de martyrs ont été égorgés pour le Christ ! Exposons maintenant les faits qui ont précédé ce martyre bienheureux. Sous Maximien, qui gouverna la république romaine comme collègue de Dioclétien, une foule de martyrs fut tourmentée ou mise à mort dans presque toutes les provinces. Ce même Maximien, poussé par l'avarice, par la débauche et la cruauté, possédé de tous les vices, voué au culte exécrable des gentils et ennemi du Dieu du ciel, avait appliqué sa fureur impie à anéantir jusqu'au nom chrétien.

« Si quelques-uns osaient alors pratiquer le culte du vrai Dieu, des troupes de soldats répandues de tous côtés les entraînaient au supplice ; et tandis qu'une pleine licence était en quelque sorte accordée aux nations barbares, l'empereur réservait toutes ses forces pour sévir contre la Religion. Il y avait en ce temps à l'armée une légion de soldats qu'on nommait les Thébéens. La légion était alors un corps qui comptait six mille six cents hommes sous les armes. Appelés des régions de l'Orient, ils étaient venus prêter appui à Maximien, ces hommes habiles dans l'art de la guerre, nobles par la valeur, plus nobles encore par la foi, qui rivalisaient de courage pour servir l'empereur, de dévotion pour servir le Christ. Se souvenant, sous les armes, des préceptes de l'Évangile, ils rendaient à Dieu ce qui appartient à Dieu, et restituaient à César ce qui appartient à César. C'est pourquoi, lorsqu'ils apprirent qu'ils devaient avec le reste de l'armée persécuter la multitude des Chrétiens, seuls ils osèrent décliner cette mission inhumaine et refusèrent d'obtempérer à de pareils ordres. Maximien n'était pas loin : fatigué de la route, il s'était arrêté auprès d'Octodurum. Là, ayant appris que la légion rebelle aux ordres impériaux s'était arrêtée au défilé d'Agaune, l'indignation mit le comble à sa fureur.

« Mais avant de raconter la suite, il me semble utile de rapprocher la description du lieu du récit de l'événement. *Agaune est distant de la ville de Genève d'environ soixante milles ; il n'est séparé de la tête du lac Léman, dans lequel se jette le Rhône, que par une distance de quatorze milles. Ce lieu est placé dans une vallée située elle-même au milieu des sommets des Alpes ; le chemin qui y conduit est étroit, escarpé, et n'offre au voyageur qu'un passage difficile. Car le Rhône, minant à leur base les rochers qui forment la montagne, laisse à peine aux passants un chemin praticable. Mais à peine a-t-on franchi et dépassé les gorges du défilé, que l'on voit s'ouvrir tout à coup parmi les roches de la montagne une plaine d'une certaine largeur.* C'est là que la sainte légion avait assis son camp. Dès que Maximien connut la réponse des Thébéens, brûlant d'une aveugle fureur, comme nous l'avons dit plus haut, il ordonna que la légion fût décimée : il espérait que les survivants, épouvantés par la sentence impériale, céderaient à la crainte, et, renouvelant ses injonctions, il prescrivit que le reste des Thébéens fût contraint à persécuter les Chrétiens. Lorsque cet ordre réitéré parvint aux Thébéens, lorsqu'ils apprirent que de nouveau on leur commandait des exécutions impies, le camp se remplit de tumulte : les soldats protestaient à grands cris que jamais ils ne s'emploieraient à un ministère aussi sacrilège, qu'ils détesteraient toujours les idoles profanes, qu'ils avaient embrassé le culte de la divine et sacrée Religion, qu'ils adoraient le Dieu unique et éternel, qu'ils aimaient mieux souffrir les derniers supplices que de marcher contre la foi chrétienne.

« A cette nouvelle, Maximien, plus cruel qu'une bête féroce, cédant de nouveau à ses instincts sanguinaires, ordonna une nouvelle décimation et décréta que les survivants seraient contraints à exécuter ce qu'ils avaient déjà refusé. Ces ordres de nouveau portés au camp, chaque dixième soldat désigné par le sort fut aussitôt séparé de ses compagnons et massacré. Cependant la foule des Thébéens épargnés s'exhortait par de mutuels discours

2

à persister dans une œuvre aussi méritoire. Le plus grand encouragement à la foi dans ces circonstances fut assurément l'exemple donné par saint Maurice, qui était alors, dit-on, *primicerius legionis ejus* [1]; conjointement avec Exupère, *campi doctor* [2], ainsi qu'on l'appelait dans l'armée, et avec Candide, *senator militum* [3], il enflammait le zèle de chacun par ses exhortations et prêchait la foi. Il glorifiait l'exemple donné par leurs compagnons martyrs, démontrait le devoir de mourir tous, si la nécessité l'exigeait, pour la foi au Christ, pour les lois divines, et assurait qu'il fallait suivre leurs amis et compagnons qui les avaient précédés dans le ciel. Et déjà la glorieuse ardeur du martyre brûlait dans les cœurs de ces bienheureux soldats.

« C'est pourquoi, animés par les paroles de leurs chefs en même temps leurs instigateurs, ils envoient à Maximien tout bouillant de fureur des représentations aussi pieuses que fermes, conçues, dit-on, en ces termes : « Nous sommes tes soldats, ô empereur, mais « aussi, nous le confessons librement, nous sommes serviteurs de Dieu. Nous te devons « l'obéissance militaire, nous lui devons la pureté. Nous recevons de toi la paye de notre « labeur, de lui nous avons reçu la vie. Nous ne pouvons avec toi, l'empereur, aller jus- « qu'à nier Dieu, notre créateur, notre Seigneur, et ton créateur aussi, que tu le veuilles « ou ne le veuilles pas. Si nous ne sommes pas contraints à accomplir des actes assez « coupables pour l'offenser, nous t'obéirons encore comme nous l'avons toujours fait; « s'il en est autrement, nous lui obéirons plutôt qu'à toi. Nous t'offrons, pour les em- « ployer contre quelque ennemi que ce soit, nos mains que nous croyons criminel de « rougir d'un sang innocent. Ces mains, qui savent combattre les ennemis et les impies, « ne savent point frapper des hommes pieux et des citoyens. Nous nous souvenons que « nous avons pris les armes plutôt pour les citoyens romains que contre eux.

« Nous avons toujours combattu pour la justice, pour la piété, pour le salut des in- « nocents : ce fut là pour nous la récompense de nos dangers. Nous avons combattu avec la « fidélité que nous te conserverons par ce traité, s'il ne faut pas violer celle que nous de- « vons à notre Dieu. Nous avons d'abord prêté serment à Dieu, nous avons ensuite prêté « serment à l'empereur. Sache bien que notre second serment est illusoire, si nous violons

---

1. La qualification de *primicerius* ne s'applique pas à un grade militaire; saint Eucher a voulu dire que saint Maurice était le commandant de la légion, et il s'est servi d'un terme d'église employé pour désigner le chef d'un chapitre ou d'une communauté. Au temps de Dioclétien, l'officier placé à la tête d'une légion portait le titre de *præfectus legionis*.

2. Le *campi doctor* était un personnage chargé de l'instruction militaire de la troupe. On dirait aujourd'hui officier instructeur.

3. Il est impossible de donner la signification exacte de *senator militum :* ce titre n'est mentionné ni dans la Notice des dignités de l'empire, ni dans aucun autre document. Nous devons penser que saint Eucher, peu versé dans la nomenclature de la hiérarchie militaire, a employé un terme inusité, ou bien, et c'est plus probable, qu'un copiste ignorant a dénaturé le texte placé sous ses yeux.

« le premier. Tu ordonnes le supplice des Chrétiens par nos mains : il en est d'autres que tu
« n'auras pas la peine de chercher loin de toi ; tu vois ici, en nous, des hommes qui confes-
« sent Dieu le père, créateur de toutes choses ; nous croyons en son Fils Jésus-Christ, Dieu.
« Nous avons vu les compagnons de nos travaux et de nos dangers égorgés par le fer, nous
« sommes inondés de leur sang, et cependant nous ne pleurons pas la mort de nos très-
« saints compagnons, nous ne les plaignons pas, mais bien plutôt nous les louons, et nous
« sommes pleins de joie parce qu'ils ont été trouvés dignes de souffrir pour le Seigneur, leur
« Dieu. Maintenant, le suprême besoin de vivre ne nous a pas poussés à la rébellion : le dé-
« sespoir, si énergique en face du péril, ne nous a point armés contre toi, ô empereur. Nous
« tenons nos armes, et nous ne résistons pas ; en effet, nous aimons mieux mourir que tuer,
« périr innocents que vivre coupables. Si tu rends encore de nouveaux décrets contre nous,
« si tu donnes de nouveaux ordres, si tu apportes de nouvelles menaces, feux, tortures,
« glaives, nous sommes prêts à tout subir. Chrétiens nous nous déclarons ; nous ne pouvons
« persécuter les Chrétiens. »

« Maximien, ayant entendu ces paroles, voyant à quel point leurs âmes étaient attachées à la foi du Christ et désespérant de vaincre leur glorieuse constance, ordonne qu'ils
soient tous massacrés, et que la sentence soit exécutée par des détachements de troupes
envoyés pour les cerner. Lorsque ces impies, envoyés vers la bienheureuse légion, arrivèrent, ils frappèrent de l'épée ces saints soldats qui ne refusèrent pas de mourir par
amour de la Vie.

« Ils tombaient çà et là sous le glaive, sans murmure, sans résistance ; ils avaient déposé leurs armes, présentant aux persécuteurs leurs têtes, leurs gorges, leurs poitrines découvertes. Leur propre nombre, les armes dont ils étaient pourvus, ne les entraînèrent
pas à soutenir par le fer la justice de leur cause ; ils se souvinrent seulement qu'ils confes-
saient Celui qui avait été conduit à la mort sans proférer une plainte, et qui, de même
que l'agneau, n'ouvrit pas la bouche ; eux aussi, semblables à un troupeau de brebis du
Seigneur, se laissèrent déchirer par la rage des loups. La terre fut couverte des corps
étendus de ces pieux soldats, des ruisseaux de leur sang précieux coulèrent sur le sol.
Quelle barbarie, en dehors de la guerre, donna jamais un tel carnage de corps humains !
Quelle cruauté a jamais décrété de sang-froid la mort de tant d'hommes à la fois, fussent-
ils des coupables ! Leur grand nombre ne put empêcher que les innocents fussent frappés,
alors que l'on a coutume de laisser impunies les fautes d'une multitude. Ainsi fut, par la
férocité du plus impitoyable tyran, créé ce peuple de saints qui méprisa les choses du
présent par espoir des choses futures. Ainsi périt tout entière cette légion réellement angé-
lique, qui, nous le croyons, chante dès maintenant dans le ciel, avec les légions des anges,
les louanges éternelles du Seigneur Dieu des armées.

« Victor, qui fut martyr aussi, ne faisait pas partie de cette légion ; il n'était plus soldat, mais comptait parmi les vétérans de l'armée. Il était en route, quand tout à coup il tomba au milieu de ces hommes qui, joyeux d'avoir recueilli les dépouilles des martyrs, faisaient leur repas. Invité par eux à prendre sa part du festin et ayant découvert le motif de leur exaltation, il maudit les convives et maudit le festin, qu'il refusa. Interrogé si par hasard il n'était pas chrétien, il répondit qu'il était chrétien et qu'il le serait toujours. Il fut aussitôt terrassé et massacré : et ainsi réuni aux autres martyrs, dans le même lieu, il partagea leur genre de mort et aussi leur gloire. Nous ne connaissons que ces noms dans cette foule de martyrs, savoir : les bienheureux Maurice, Exupère, Candide et Victor. Les autres nous sont inconnus, mais ils sont inscrits sur le livre de vie. On dit que saint Ours et saint Victor, qui furent martyrisés à Soleure, faisaient aussi partie de la légion. Soleure est un château situé sur l'Aar, fleuve qui coule non loin du Rhin.

« Il est bon de faire voir quel fut le prix d'un pareil acte, en rappelant la mort qui, dans la suite, vint frapper Maximien, ce tyran sans entrailles. Lorsque cet homme, après avoir dressé ses embûches contre Constantin, son gendre, alors en possession du pouvoir, méditait sa mort, ses manœuvres furent découvertes, et, pris à Marseille, il fut peu après étranglé ; en subissant ce supplice déshonorant, il termina ses jours par une mort digne de sa vie impie. *Les corps des bienheureux martyrs d'Agaune furent révélés, comme on le rapporte, longtemps après le massacre, à saint Théodore, évêque de ce lieu ; et tandis qu'il faisait construire en leur honneur une basilique qui, adossée à un immense rocher, n'était accessible que par un côté,* il apparut un miracle que je ne crois pas devoir passer sous silence. Parmi les ouvriers qui avaient été appelés à concourir à cette œuvre, il y avait un forgeron qui était encore païen. Un dimanche, tandis que les autres artisans s'é-taient éloignés pour assister aux fêtes de ce jour, cet ouvrier était seul dans le bâtiment en construction ; tout à coup, dans cette solitude, les Saints se manifestèrent au milieu d'une vive lumière ; cet ouvrier est saisi, traîné à la mort, étendu pour subir le supplice. Il dis-tingue nettement la foule des martyrs, tandis qu'on l'accable de coups en lui reprochant de manquer seul à l'église un jour de dimanche, et d'oser, lui païen, concourir à l'œuvre sainte de cette construction.

« Ce fait cependant fut accueilli par les Saints avec une telle miséricorde que l'ouvrier, plein de frayeur et de trouble, demanda pour lui-même le nom sauveur et se fit chrétien sur-le-champ. Je ne passerai pas non plus sous silence cet autre miracle des Saints, parce qu'il est célèbre et connu de tous. La femme de Quintius, homme distingué et revêtu de fonctions publiques, était atteinte d'une paralysie qui lui avait fait perdre l'usage des pieds ; elle demanda instamment à son mari de la faire transporter à Agaune, malgré la longueur de la route. Lorsqu'elle y fut arrivée, on la porta sur les bras dans la basilique des saints martyrs; elle regagna à pied son hôtellerie, et ses membres déjà morts étant rendus au mouvement, elle promène aujourd’hui le miracle dont elle a été l’objet.

« J’ai cru ne devoir insérer que ces deux miracles dans mon récit de la passion des saints martyrs. Il y en a beaucoup d’autres qu’opère en ce lieu la volonté du Seigneur par l’intercession de ses Saints, qui chassent les démons et guérissent les malades. »

J’appelle l’attention du lecteur sur les passages soulignés de la relation de saint Eucher. On remarquera d’abord saint Théodore, évêque du Valais, transmettant de vive voix ou par écrit les détails du martyre à saint Isaac, évêque de Genève. Saint Théodore souscrivit au concile d’Aquilée en 381 et à celui de Milan en 390; il mourut en 391, et on suppose que son épiscopat commença entre les années 350 et 360. Saint Théodore, on le voit, a pu facilement interroger des témoins de l’événement, surtout si le massacre a eu lieu en 302, puis écrire ou raconter les faits à saint Isaac, qui occupa le siége épiscopal de Genève de 389 à 415. Cent trente ans environ se sont écoulés entre le martyre des Thébéens et le moment où saint Eucher écrivit sa relation; il est donc possible d’admettre que la tradition ne s’est pas altérée sensiblement pendant une période d’années relativement aussi limitée.

Plus loin, nous trouvons une description si exacte du site d’Agaune, qu’il est impossible de ne pas croire au voyage entrepris par saint Eucher dans le but de visiter le théâtre du martyre de la légion. Enfin un dernier passage constate l’érection d’une basilique dédiée à saint Maurice et à ses compagnons par saint Théodore.

Les historiens qui ont traité la question du massacre de la légion Thébéenne ont commis de graves erreurs en ce qui concerne le numéro qu’elle portait. Les uns [1] nous apprennent que c’était la I[a] Jovia Felix Thebæorum, d’autres [2] que c’était la XXII[a]; il faut donc ici chercher une autre solution. La légion commandée par Maurice ne pouvait pas être la I[a] Jovia Felix Thebæorum, qui ne figure pas sur la Notice des dignités de l’empire comme un corps formé de soldats levés dans la Thébaïde et ne porte pas le surnom de Thebæorum; elle ne pouvait pas être non plus la XXII[a]. En effet, la légion portant ce numéro, et qui avait occupé l’Égypte, était une ancienne légion galate, formée jadis par le satrape Dejotarus et admise plus tard par Auguste au nombre des légions de l’empire avec le surnom de Dejotariana; or, cette légion avait été licenciée du temps de Trajan ou, au plus tard, sous Marc Aurèle, et remplacée en Égypte par la II[a] Trajana, qui était encore dans cette province au milieu du Ve siècle. La seconde légion ayant porté le numéro vingt-deux

---

1. P. de Rivaz et le chanoine Boccard désignent cette légion sous le nom de *I[a] Jovia Felix Thebæorum*.
2. M. A. Thierry, *ouvrage déjà cité*, t. III, p. 7 et 8, affirme que c’est la XXII[a].

est la XXII^a Primigenia, créée sous Claude au moment de l'expédition de Bretagne, et dont les quartiers d'hiver n'ont jamais quitté la Germanie supérieure.

Deux légions formées de Thébéens figurent seules dans la Notice des dignités de l'empire, ce sont : la I^a Maximiana Thebæorum et la III^a Diocletiana Thebæorum ; c'est évidemment l'une de ces deux légions qui faisait partie du corps expéditionnaire rassemblé par Maximien dans la vallée du Rhône. Comme il résulte du témoignage formel de saint Eucher que ce sont des troupes faisant partie de sa propre armée que Dioclétien avait jointes *in auxilium* à l'armée de l'auguste d'Occident, il est plus que probable que la légion chrétienne décimée auprès d'Octodurum était la III^a Diocletiana Thebæorum. On doit croire aussi que le sacrifice auquel saint Maurice a refusé de prendre part était l'accomplissement du vœu à Jupiter Pennin, que les armées romaines formaient avant de franchir les Alpes.

Les corps des martyrs restèrent donc ensevelis au lieu du supplice jusqu'à l'épiscopat de saint Théodore, qui fit construire à Agaune une basilique où les reliques des Thébéens furent transportées[1]. Cette basilique est le premier monument public élevé en l'honneur de saint Maurice et de ses compagnons. On ignore si le prélat, au moment où il fondait la basilique, y établissait en même temps une communauté, mais ce qui est hors de doute, c'est qu'il y installa des prêtres pour la desservir. La date exacte de la translation des restes des martyrs et de l'érection de l'église d'Agaune n'est point connue, mais on peut la placer vers 360 sans craindre de commettre une erreur trop considérable, puisque saint Théodore est mort en 391, après un épiscopat qui dura pendant de longues années. Si l'on écoutait la tradition, il faudrait croire que, dès les premières années qui suivirent le martyre des Thébéens, de pieux personnages s'étaient fixés autour du champ où le massacre avait eu lieu, qu'ils y avaient construit un oratoire, et qu'ils se réunissaient là pour honorer les précieuses dépouilles. Saint Théodore n'aurait fait alors que les organiser en communauté, sous une règle religieuse, en même temps qu'il faisait construire la basilique.

Il paraît probable que pendant environ un siècle ce furent les évêques d'Octodurum qui gouvernèrent le monastère d'Agaune comme supérieurs, et le peu de distance qui sépare ces deux villes ajoute quelque vraisemblance à cette opinion. L'un de ces prélats[2],

---

1. Le champ du martyre est situé à quinze ou seize cents mètres de l'Abbaye, au sud, à droite de la route qui de Saint-Maurice conduit à Martigny. En ce lieu, nommé aujourd'hui Vérolliez, s'élève une modeste chapelle où l'on voit la pierre sur laquelle la tradition rapporte que saint Maurice a été décapité.

2 Prothais Ier est cité dans la relation du moine anonyme d'Agaune, écrite dans la première moitié du VIe siècle. L'historien raconte la découverte du corps de saint Innocent, martyr thébéen, et dit que la translation de ses restes dans l'église d'Agaune fut faite par Domitien, évêque de Genève, Grat, évêque d'Aoste, et Prothais, *évêque de ce lieu*, c'est-à-dire d'Agaune. Le moine anonyme ne donne pas la date de l'événement, mais on sait que les deux autres évêques cités vivaient dans la dernière moitié du Ve siècle. Théodore II assista au concile d'Agaune en 516. C'est donc pendant l'épiscopat de l'un de ces deux évêques que la faculté d'élire leur abbé fut donnée aux religieux du monastère d'Agaune.

Prothais Ier ou Théodore II, comprenant qu'un évêque ne pouvait à la fois diriger un diocèse et un monastère, autorisa les moines à élire leur supérieur. C'est alors, vers la fin du Ve siècle, que fut nommé le premier abbé dont l'existence est constatée d'une manière positive.

Du reste, cette première période de l'histoire du monastère d'Agaune demeure envelop-'pée d'un voile difficile à soulever; presque tous les écrivains qui ont traité ce sujet, et dont j'ai déjà plusieurs fois cité les noms, ont donné chacun leur catalogue des supérieurs de l'Abbaye à cette époque, et c'est en même temps le catalogue des évêques d'Octodurum ; les travaux de ces historiens présentent des dissemblances complètes. Parmi ces ouvrages, je donne la préférence à la liste qui a été dressée par M. l'abbé Gremaud [1], dont la critique judicieuse et sévère n'admet que les personnages mentionnés dans les documents authentiques. Voici, d'après lui, la série des premiers évêques du Valais, qui furent probablement aussi les premiers supérieurs de l'Abbaye. Leur siége épiscopal, fixé d'abord à Octodurum, ne fut transféré à Sion que vers l'an 580.

Saint Théodore ou Théodule assiste aux conciles d'Aquilée en 381 et de Milan en 390; il meurt en 391, le 16 août, d'après les obituaires du XIe et du XIIe siècle. Pendant l'épiscopat de saint Théodore, saint Martin de Tours visita le champ du martyre de la légion Thébéenne et trouva, dit la chronique, beaucoup de religieux à Agaune.

Saint Élie, vers l'an 400.

Saint Salvius, vers l'an 445?

Prothais Ier, vers l'an 450.

Théodore ou Théodule II; cet évêque assista au concile d'Agaune en 516.

Saint Séverin, premier abbé moine; sa vie a été écrite par Faustus, son disciple [2]. Séverin, issu d'une noble famille, était renommé par la pureté de sa vie et par sa profonde connaissance des saintes Écritures; son mérite détermina le choix des moines du couvent d'Agaune. En 507 [3], le roi Clovis, malade depuis deux ans d'une fièvre intermittente qui résistait à tous les remèdes, eut recours à Séverin, sur le conseil de Tranquillin, l'un de ses médecins. Le roi envoya à Agaune une députation chargée de prier le saint abbé de

---

1. *Catalogue des évêques de Sion*, ouvrage déjà cité.

2. Vie de saint Séverin, par Faustus, *Acta Sanctorum, t. II, Februarii, p.* 547. « Sanctus Severinus. . . . . « clara de stirpe progenitus. . . . . crescentibus annis ad hoc usque perductus est, ut in sacrosancto Agaunen- « sium monasterio, ubi sanctus Mauritius, præclarus Christi martyr, corpore quiescit, abbas. . . . . elige- « retur. . ., etc. »

3. Le départ de saint Séverin est fixé par le chroniqueur à la vingt-cinquième année du règne de Clovis; cette date correspond à l'année 507.

venir lui rendre la santé. Séverin consentit à faire ce long voyage, dit adieu à ses frères,
qu'il ne devait plus revoir, et partit avec les envoyés de Clovis. En passant à Nevers, il
guérit l'évêque Eulalius, privé depuis longtemps de l'usage de la parole et de l'ouïe. Séverin signala son entrée à Paris par la guérison instantanée d'un lépreux, puis, s'étant rendu
au palais, il se mit en prières au pied du lit du roi et, se dépouillant de son manteau, il en
couvrit le malade. Le prince se sentit guéri sur-le-champ, se leva, et, se jetant aux genoux
de Séverin, il lui accorda l'autorisation de puiser dans le trésor royal tout l'argent nécessaire
à ses aumônes et lui offrit de rendre la liberté à tous les prisonniers qu'il jugerait dignes
de ce bienfait. L'abbé d'Agaune fit encore d'autres miracles à la cour de Clovis et dans la
ville de Paris, puis il se remit en route et arriva à Château-Landon, où il mourut peu de
jours après. A son lit de mort, Séverin avait recommandé à Paschasius et à Ursicinus,
prêtres du pays, les compagnons de son voyage, au nombre desquels était Faustus, qui
depuis trente ans [1] ne l'avait pas quitté. Faustus revint à Agaune, où, selon toute
probabilité, il fut élevé à la dignité d'abbé.

FAUSTUS. On ne possède aucun document certain sur le successeur de saint Séverin.
Le *Gallia christiana* nomme Faustus. Les historiens suisses assurent que saint Marin,
abbé de Lérins, étant venu en pèlerinage à Agaune, accepta le gouvernement du Monastère,
qui lui fut offert par les religieux. Ils allèguent à l'appui de leur opinion que Faustus [2] finit
ses jours à Château-Landon et y fut enseveli. Si c'était là une preuve, on pourrait, par la
même raison, refuser aussi à saint Séverin la dignité d'abbé, car lui aussi mourut à
Château-Landon et y fut enterré. Puisque nous en sommes réduits aux conjectures, il me
semble préférable d'admettre que Faustus est retourné à Agaune, ne fût-ce que pour
rendre compte à ses frères des événements qui avaient signalé le voyage de saint Séverin
en France, et qu'il fut choisi pour remplacer celui qu'il n'avait pas quitté depuis trente
ans, et dont il était, par conséquent, le plus capable de continuer les traditions.

Il est impossible de déterminer quel fut le successeur de Faustus. Les écrivains que
j'ai cités supposent que ce successeur ne fut point un abbé, mais simplement un prévôt
ou prieur du nom de Probus. Le roi Sigismond, ajoutent-ils, le désigne dans sa charte de
fondation comme doyen ou directeur des religieux qu'il avait trouvés établis à Agaune, et
donne son nom à la cinquième des bandes de moines instituées pour la psalmodie perpétuelle. J'ai vainement cherché, dans l'acte sur lequel on s'appuie, les mots qui avaient pu

---

1. De ces trente années de vie commune, les auteurs suisses et le *Gallia christiana* déduisent que saint
Séverin a dû être élu abbé d'Agaune vers 476 ou 477. Je ne crois pas leur conclusion rigoureuse, car saint
Séverin, homme éminent par la sainteté et le savoir, a pu avoir Faustus pour disciple longtemps avant le moment
où les moines d'Agaune lui offrirent de gouverner la communauté.

2. Vie et écrits de Faustus; *Histoire littéraire de la France*, t. III, p. 111-114.

donner lieu à une semblable interprétation, et, après un minutieux examen, je demeure persuadé que Probus était au nombre des religieux appelés de divers monastères pour concourir à l'œuvre de Sigismond [1].

D'après les faits que je viens d'exposer, l'existence d'une communauté religieuse à Agaune, vers la fin du Ve siècle, est constatée d'une façon positive. Il y avait alors des moines gouvernés par un abbé. On n'a pas de détails sur l'état du Monastère pendant cette période primitive; on sait seulement que des laïques [2] habitaient avec leurs familles auprès de la basilique, et se trouvaient ainsi mêlés aux religieux et aux prêtres; on sait aussi que les moines se livraient aux travaux manuels, puisque l'acte de Sigismond supprime cette règle et remplace le travail par la psalmodie perpétuelle.

1. Charte du roi Sigismond; pièces justificatives, nº 1.

2. *Histoire des abbés d'Agaune*, par un disciple de saint Achivus; *Acta Sanctorum*, t. II, *Februarii*, p. 544 et suivantes, « … promiscui vulgi commixta habitatio tolleretur. . . . , etc. »

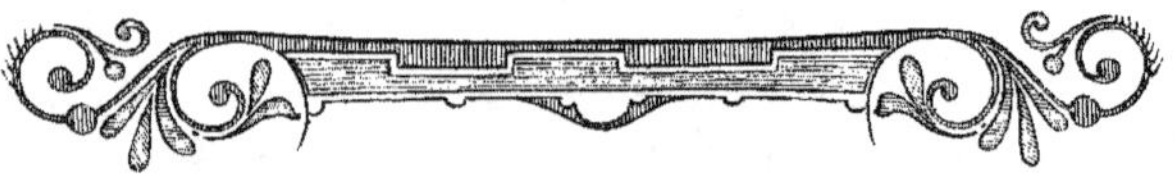

DEUXIÈME PÉRIODE.

(515-824.)

et état de choses dura jusqu'au règne de Sigismond, roi de Bourgogne. Ce prince [1] fonda à Agaune un nouveau monastère et le dota de biens immenses, afin de pourvoir largement aux besoins d'une communauté composée de cinq cents moines. D'après Marius d'Avenches [2], cette fondation eut lieu en 515, un an avant la mort de Gondebaud. Sigismond ayant été associé à la couronne du vivant de son père, dans une assemblée tenue à Genève [3], porte le titre de roi dans la chronique de Marius et dans les actes du concile réuni à Agaune pour déterminer les moyens d'existence du nouveau monastère. Avant de réaliser le plan qu'il avait conçu, Sigismond voulut consulter les évêques et les comtes de son royaume et faire sanctionner par eux les donations nécessaires à la perpétuité de son œuvre; il les réunit solennellement à Agaune [4]. La relation de ce qui s'est passé dans cette assemblée nous est parvenue, non par l'acte original, mais par des copies anciennes. Plusieurs de ces copies ont été imprimées plus ou moins exactement dans différents ouvrages. La copie qui se trouve aux archives de l'Abbaye remonte au XIIᵉ siècle; elle est,

1. Grégoire de Tours, *Histoire des Francs*, Ed. Ruinart, col. 107 et suivantes, col. 223. *De Gloria martyrum*, Liv. I, col. 804 et suivantes. *Appendice*, col. 1364 et 1365. *Chronique d'Adon*, ap. D. Bouquet, t. II, p. 667.

2. *Marii Chronicon, ad annum* 515, ap. D. Bouquet, t. II, p. 14.

3. Frédégaire, *Histoire des Francs*, Ed. Ruinart, col. 563 : « Sigismond, fils de Gondebaud, est élevé au trône par ordre de son père, auprès de la cité de Genève, » col. 595 et suivantes.

4. Les Bénédictins, *Histoire littéraire de la France*, t. III, p. 89, fixent la date de l'assemblée d'Agaune à l'année 517, disent qu'elle dura du 30 avril au 15 mai, et ajoutent qu'elle fut réunie en même temps dans le but de donner plus d'éclat à la dédicace de la nouvelle basilique. Il est impossible, je crois, de préciser la date de cet événement, mais il me paraît plus rationnel de penser que Sigismond n'a pas attendu le jour de la dédicace pour organiser le Monastère, et je partage l'opinion de ceux qui placent en 515 la réunion de l'assemblée d'Agaune

selon toute probabilité, la plus ancienne, et elle offre toujours un sens facile à saisir [1]. Analysons en peu de mots cet intéressant document : le roi ouvre la séance par un discours dans lequel il demande conseil aux évêques pour le salut de son âme et pour l'exécution de ses projets en l'honneur des martyrs Thébéens. Les évêques répondent tour à tour, puis délibèrent entre eux, et enfin proposent unanimement au roi : de construire une grande basilique où seront ensevelis les corps des martyrs connus, c'est-à-dire Maurice, Exupère, Candide et Victor; de disposer pour les autres corps une crypte au-dessous de la basilique, et de constituer des gardiens chargés de veiller à la conservation de ce précieux dépôt; d'établir une psalmodie perpétuelle, enfin d'instituer pour abbé le très-saint homme Ymnemodus, venu avec plusieurs autres moines du monastère de Grini, sur la demande des évêques, pour entreprendre cette œuvre. Le roi accepte ces propositions, et l'assemblée fixe la règle que devront suivre les religieux. La fin de la charte contient l'énumération de tous les biens que donne Sigismond à la nouvelle abbaye, puis les formules solennelles de la donation approuvée et signée par l'archevêque de Lyon, les évêques de Genève et de Grenoble, et par les comtes.

La plupart des écrivains qui ont traité cette question admettent comme véridique la relation des actes de l'assemblée d'Agaune, tout en reconnaissant que les copies parvenues jusqu'à nous présentent une foule d'incorrections. Mais ces fautes n'altèrent en aucune façon le sens général de la pièce; elles ne touchent pas au fond des choses, et sont, à n'en pas douter, de simples erreurs de copistes.

On place généralement l'achèvement du Monastère et la dédicace de la basilique en 517, mais je ne sais sur quelle autorité l'on s'appuie pour fixer cette date. Le moine anonyme d'Agaune [2] nous apprend que l'église fut terminée sous l'abbé Ambroise, successeur d'Ymnemodus, et vivant encore en 522. Sans rejeter absolument la date de 517, je crois qu'il ne faut pas la considérer comme certaine. Saint Avitus [3], évêque de Vienne, alors métropolitain du Valais, présida à la cérémonie de la dédicace et prononça en cette circonstance une homélie dont il reste quelques fragments publiés par Sirmond [4], et à peu près complétés par une récente et ingénieuse restitution [5].

Le concile d'Agaune modifia la règle jusqu'alors suivie dans le Monastère : le travail manuel fut supprimé et la psalmodie perpétuelle instituée. On divisa les moines en

1. Voir aux pièces justificatives, n° 1.

2. Relation du martyre de la légion Thébéenne; *Acta Sanctorum*, t. VI, *Septembris, ouvrage déjà cité*. Le moine anonyme d'Agaune, *Histoire littéraire de la France*, t. III, p. 576.

3. La vie et les écrits de saint Avitus, évêque de Vienne; *Histoire littéraire de la France*, t. III, p. 115-142.

4. Sirmond, *Concilia antiquæ Galliæ*, Paris, 1629.

5. *Études paléographiques et historiques sur des papyrus du VIe siècle, en partie inédits, renfermant des homélies de saint Avit et des écrits de saint Augustin*, par MM. L. Delisle, A. Rilliet et H. Bordier, Paris, 1866.

cinq bandes de cent personnes chacune qui devaient se relever au chœur sans interruption. Pour compléter le nombre voulu, on fit venir des religieux des monastères de Grini, de l'Isle-Barbe, de Condat, et d'un quatrième couvent, *Meluensis*, dont on n'a pas pu encore déterminer la dénomination moderne. Quatre de ces bandes reçurent les noms des monastères d'où elles avaient été tirées; la cinquième fut appelée *norma donni Probi*, du nom de ce Probus dont j'ai déjà parlé et qui, je le crois, doit être compté parmi les religieux étrangers appelés par les évêques assistant au concile [1].

Il existe aux archives de l'Abbaye plusieurs documents manuscrits qui contiennent des catalogues des abbés de la Maison; deux de ces documents méritent seuls d'être mentionnés. Le plus digne d'attention est une chronique très-abrégée, composée vers le milieu du IXe siècle; l'écriture, tracée avec une grande netteté, présente tous les caractères des manuscrits appartenant à l'époque carolingienne, il est impossible de s'y tromper. Cette chronique est terminée par une liste des abbés qui se sont succédé pendant la durée de la seconde période de l'histoire de l'Abbaye. L'importance d'une telle pièce [2] n'a point échappé aux auteurs du *Gallia christiana*, qui l'ont adoptée textuellement, sauf un seul nom que je signalerai en son lieu.

Le second document est un long travail de l'abbé Jodoc de Quartéry [3], rédigé soit d'après les titres des archives, soit avec le secours des notes nombreuses laissées par l'abbé Milès [4], et intitulé : *Nomenclature des abbés de Saint-Maurice d'Agaune*. Jodoc de Quartéry a copié, sans y rien changer, la liste des abbés contenue dans la chronique du IXe siècle; je suivrai son exemple en indiquant l'unique variante proposée par le *Gallia christiana*. L'absence presque complète de chartes, de donations, de contrats d'échange, en un mot de titres authentiques appartenant à ces époques reculées, rend l'œuvre de la critique pour ainsi dire impossible. On doit donc se trouver déjà très-favorisé par la fortune lorsque l'on peut s'appuyer sur un parchemin datant de l'an 840 environ.

Saint Ymnemodus, religieux du monastère de Grini, quitte sa retraite en 515 sur la demande des évêques du concile d'Agaune, assiste à cette assemblée, qui, tout d'une voix, l'institue abbé du monastère nouvellement réorganisé. Ymnemodus travailla avec un zèle infatigable à l'extinction de l'arianisme, qui avait pénétré dans les vallées des Alpes et y

---

1. Voici le passage de l'acte, pièces justificatives, n° 1 : « . . . quia et ipse (*Ymnemodus*), accersitus a venera-
« bilibus episcopis, una cum sanctissimis viris Achivo, Ambrosio, Probo et ceteris viris sanctissimis, ad hoc
« opus suscipiendum de monasterio Granensi venerat. » Il me paraît difficile d'interpréter ce passage autrement que je ne l'ai fait.

2. Voir ce document aux pièces justificatives, n° 2.

3. Jodoc de Quartéry — Jean VI, — abbé de Saint-Maurice de 1657 à 1669.

4. Milès — Jean V, — abbé de Saint-Maurice de 1550 à 1572.

faisait des progrès menaçants. C'est là du moins ce que nous apprend la *Nomenclature,* qui fixe la mort du saint abbé au 3 des nones de janvier, sans indication d'année.

Saint Ambroise Iᵉʳ, d'abord abbé de l'Isle-Barbe, puis mandé à Agaune en même temps qu'Ymnemodus, fut élu à la mort de ce dernier. Il gouvernait le Monastère en 522, lorsque Sigismond s'y retira pour expier dans la pénitence le meurtre de son fils Sige-ric [1]. Saint Ambroise fit réparer la basilique construite par saint Théodore et lui donna des proportions plus considérables. Vers 523, à l'occasion de la dédicace du nouvel édifice, le moine anonyme écrivit sa relation, qui peu à peu remplaça la relation de saint Eucher dans les églises du diocèse de Sion, et plus tard dans les autres diocèses où les martyrs Thébéens étaient honorés. Si l'on compare le récit du moine anonyme au récit de saint Eucher, on pourra constater sans peine que le religieux d'Agaune avait sous les yeux la lettre de l'évêque de Lyon et qu'il s'est presque borné à la copier mot pour mot. Saint Ambroise mourut le 4 des nones de novembre; le *Gallia christiana* et la *Nomenclature* ne donnent pas de date plus précise.

Acivus ou Achivus avait été le compagnon d'Ymnemodus et d'Ambroise; comme eux, il avait été mandé à Agaune pour coopérer à la reconstitution du Monastère. Après la mort des deux abbés, ses prédécesseurs, il fut élu par les religieux. Le *Gallia christiana* place la date de sa mort à l'année 526.

Saint Tranquillinus. Le nom seul de cet abbé figure sur le *Gallia christiana.* La *Nomenclature* se tait également sur les événements qui se sont passés pendant l'administration de Tranquillinus; elle dit seulement que ce personnage est mort le Iᵉʳ des ides de décembre, après trois années d'exercice.

Saint Venerandus, entré dans sa jeunesse au monastère d'Agaune, y donna bientôt l'exemple de toutes les vertus, et son mérite éclatant le désigna au choix des religieux, qui, à la mort de Tranquillinus, le placèrent à la tête de la communauté. Vers l'an 530, Venerandus obtint de Thierri Iᵉʳ [2], roi d'Austrasie, l'autorisation de faire retirer du puits où on les avait précipités les corps de Sigismond et de ses deux fils [3]. Il fit transporter ces reliques à Agaune; on les déposa dans une chapelle dédiée à saint Jean l'Évangéliste, et située sur l'emplacement où, plus tard, fut bâtie, sous le vocable de Saint-Sigismond,

---

1. Grégoire de Tours et Frédégaire, *passages déjà cités.*

2. Thierri Iᵉʳ régna depuis l'an 511, époque de la mort de Clovis Iᵉʳ, son père, jusqu'à l'année 534.

3. Sigismond, vaincu dans un combat, se retira de nouveau au monastère d'Agaune. Là il fut trahi et livré à Clodomir, roi d'Orléans, qui le fit assassiner près de cette ville avec sa femme et ses enfants, puis ordonna de jeter les corps dans un puits; *Chronique d'Adon, ad annum* 523, ap. D. Bouquet, t. II, p. 667. Grégoire de Tours et Frédégaire, *passages déjà cités.* Le lieu où Sigismond et les siens périrent est situé près d'Orléans et se nomme Saint-Simon, par contraction de Saint-Sigismond.

l'une des églises de Saint-Maurice. Selon la *Nomenclature*, Venerandus mourut aux nones de décembre, la sixième année de son administration.

Saint Paul Ier. D'après le *Gallia christiana*, cet abbé gouvernait le monastère d'Agaune aux environs de l'année 535, époque à laquelle saint Maur, disciple de saint Benoît, se rendant en France pour fonder les couvents de Bénédictins, s'arrêta à l'Abbaye et y signala son passage par la guérison d'un aveugle. La *Nomenclature* nous apprend que saint Paul Ier mourut le 6 des ides de novembre, après un règne de huit ans.

Placide lui succéda, et mourut, dit le *Gallia christiana*, vers l'an 553; la *Nomenclature* place la date de sa mort au 3 des nones de mars et assigne à son administration une durée de près de onze années.

Eutrope. Le *Gallia christiana* se contente de donner le nom de cet abbé sans y rien ajouter. La *Nomenclature* place sous son administration la scène de violence qui ensanglanta l'abbaye et qui est racontée par Marius d'Avenches dans sa chronique, à l'année 565. Or, d'après les calculs établis sur les années de durée de l'administration des abbés constatés par la *Nomenclature* elle-même, calculs qui concordent avec le peu de dates données par le *Gallia christiana*, j'ai trouvé qu'Eutrope avait dû mourir en 554 ou en 555 au plus tard[1]. Il faut donc reporter l'événement en question au temps de l'un de ses successeurs. La *Nomenclature* ajoute qu'Eutrope mourut le 3 des calendes de septembre, après trois mois et demi d'administration.

Paul II, appelé aussi Plaudianus, gouverna le Monastère pendant quatre ans et demi; son anniversaire est célébré le 15 mai.

Martin Ier. Le *Gallia christiana* est muet sur le compte de ce personnage, aussi bien que sur celui de ses deux prédécesseurs, il se contente d'inscrire leurs noms. La *Nomenclature* nous apprend que Martin est mort le 3 des ides de mars, après avoir gouverné l'Abbaye environ trois ans.

Ambroise II. Sous l'administration de cet abbé, qui, selon la *Nomenclature*, gouverna le Monastère pendant près de vingt et un ans, le Bas-Valais fut dévasté par une de ces catastrophes que l'histoire enregistre, et l'abbaye d'Agaune fut le théâtre de deux événements tragiques; je présente ici les faits dans leur ordre chronologique.

En 563, un éboulement considérable du Mont Taurus, qui borde le Valais à l'ouest,

---

1. Voici les dates de la mort des douze premiers abbés de la seconde période, calculées d'après la durée de leur administration : Ymnemodus † 517, — Ambroise † 523, — Acivus † 527, — Tranquillinus † 530, — Venerandus † 536, — Paul Ier † 544, — Placide † 554, — Eutrope † 554, — Paul II † 558, — Martin Ier † 561, — Ambroise II † 582, — Léonce † 587.

entre Saint-Maurice et Martigny, ferma la vallée, ensevelissant sur son passage le *castrum Tauretunense*. Le Rhône, arrêté dans sa course par cette digue formidable, inonda la plaine et forma un lac d'une grande étendue. Les eaux arrivèrent enfin à franchir l'éboulement à son extrémité la moins élevée, c'est-à-dire au pied du versant oriental ; elles se précipitèrent alors, emportant les bourgades, les hommes et les troupeaux ; le lac Léman s'éleva à un niveau inconnu ; les ponts et les moulins de Genève furent renversés. Malgré les siècle écoulés, l'immense barrage est encore aujourd'hui très-apparent : il part de la base du Mont Taurus et va s'abaissant graduellement jusqu'au Rhône ; on l'aperçoit distinctement de Saint-Maurice, et on retrouve, au pied de la chapelle de Vérolliez, l'ancien lit du fleuve distant d'un kilomètre environ du lit actuel [1].

Vint ensuite l'événement que Jodoc de Quartéry a placé sous l'administration d'Eutrope. J'ai déjà exposé les motifs qui m'empêchent d'adopter l'opinion de cet historien, je ne reviendrai pas sur ce sujet. En 565, les moines, irrités de la conduite d'Agricola, dernier évêque du Valais siégeant à Octodurum, se révoltèrent durant une nuit et voulurent mettre à mort le prélat, ses clercs et tous ceux qui l'accompagnaient. Il y eut bataille, et le chroniqueur [2] signale bon nombre de personnes tuées ou blessées. Agricola s'était rendu odieux aux religieux d'Agaune en venant à tout propos s'installer au Monastère avec son clergé et les gens de sa suite et en y vivant aux dépens de la Maison. Marius d'Avenches ne nous apprend pas comment se termina ce triste conflit ; mais ne peut-on pas conclure de cette rébellion que, déjà à cette époque, les évêques diocésains convoitaient les biens des communautés et avaient adopté le système d'usurpations qui provoqua les exemptions formelles accordées par les Souverains Pontifes, aussi bien à l'abbaye d'Agaune qu'à plusieurs autres maisons religieuses ?

Le second événement est une irruption des Lombards qui, conduits par leurs ducs, envahirent, vers l'an 574, tout le territoire du Valais, et, après avoir dévasté le pays, s'établirent pendant quelques mois à l'Abbaye, où ils ne laissèrent que des ruines [3]. La punition de ces forfaits ne se fit point attendre, et, l'année suivante, les Lombards furent taillés en pièces aux environs de Bex par l'armée de Gontran, roi de Bourgogne. La *Nomenclature* nous apprend qu'Ambroise mourut le jour des ides d'octobre, et le *Gallia christiana* qu'il gouvernait l'Abbaye vers 574.

---

1. *Marii Chronicon, ad annum* 563, ap. D. Bouquet, t. II, p. 17.

2. « Hoc anno monachi Agaunenses, iracundiæ spiritu incitati, noctis tempore episcopum suum Agricolam « cum clero, et cives qui cum ipso erant, occidere nitentes, domum ecclesiæ effregerunt : et dum episcopum « suum clerici vel cives defensare conati sunt, graviter ab ipsis monachis vulnerati sunt. » *Marii Chronicon, ad annum* 565, ap. D. Bouquet, t. II, p. 17.

3. Grégoire de Tours, *Histoire des Francs,* ap. D. Bouquet, t. II, p. 407. *Marii Chronicon, ad annum* 574, ap. D. Bouquet, t. II, p. 18.

Léonce. Le *Gallia christiana* place cet abbé aux environs de 580; la *Nomenclature* dit qu'il mourut le 22 octobre, après un règne de près de cinq ans et demi.

Jocondinus, d'après la chronique des archives de l'Abbaye, et Victorianus, d'après le *Gallia christiana*, qui s'appuie, pour donner à ce personnage le nom de Victorianus, sur une épitaphe en vers composée par Fortunat [1]. Remarquons d'abord que Victorianus n'est pas nommé abbé d'Agaune dans le corps de l'épitaphe, mais seulement dans le titre de la pièce de vers. Or, ces titres sont suspects à l'auteur des *Historiens de France*, et dans les notes il avertit le lecteur qu'il ne les croit pas écrits de la main de Fortunat. Ensuite, dans cette poésie, l'évêque de Poitiers, après avoir loué les vertus de Victorianus, ajoute qu'il a gouverné son monastère pendant soixante ans. Il y a là une erreur manifeste de chronologie : car, si l'on admet ce long règne, commencé vers 587, il faut supprimer les deux abbés suivants qui ont reçu tous deux des donations du roi Clotaire, mort en 628. Fortunat ne peut, en cette circonstance, inspirer qu'une confiance très-limitée, et, en constatant l'exagération évidente de la durée qu'il donne à l'administration de l'abbé dont nous nous occupons, on en arrive à douter aussi de la juste attribution de cette épitaphe à un abbé d'Agaune. La chronique des archives de l'Abbaye me paraît être le guide le plus sûr, et d'après elle je maintiens le nom de Jocondinus.

Pendant le cours de son administration, le roi Gontran envoya à Agaune une députation chargée d'apporter des présents au Monastère et d'obtenir des reliques des saints martyrs, afin d'en favoriser les églises du royaume [2]. Ce prince vint à deux reprises visiter le tombeau des Thébéens et fit reconstruire les bâtiments de l'Abbaye, presque entièrement détruits par les Lombards.

L'époque de la mort de Jocondinus est inconnue; la *Nomenclature* n'en fait pas mention, et même elle omet ici de consigner la durée présumée de son règne.

Saint Secundinus reçut de Clotaire II une donation et des priviléges, à la condition formelle que rien ne serait changé à la règle suivie par les religieux du Monastère. La *Nomenclature* place la concession du diplôme de Clotaire II à l'année 620 et nous apprend que saint Secundinus est mort en 622.

Florentius reçut du même roi, Clotaire II, la confirmation des priviléges accordés à son prédécesseur, à la condition de maintenir strictement la règle. Le roi imposait de plus aux moines l'obligation de ne reconnaître pour leur supérieur que l'abbé élu par eux au sein même de la communauté. Cette dernière clause du diplôme royal ne semble-t-elle pas

---

1. *Fortunati* (évêque de Poitiers) *carmina historica*, ap. D. Bouquet, t. II, p. 495.
2. Grégoire de Tours, *De Gloria martyrum*, ap. D. Bouquet, t. II, p. 465.

indiquer la volonté de résister à l'insatiable avidité des évêques et des seigneurs laïques? Si, plus tard, les souverains avaient possédé l'esprit de justice et la fermeté déployés par Clotaire II, les grandes institutions monastiques n'auraient pas eu à traverser les temps d'épreuves où elles faillirent sombrer et pendant lesquels leur salutaire influence fut suspendue.

La date de la charte royale doit être placée entre les années 622, époque de l'avénement de Florentius, et 628, époque de la mort de Clotaire II.

Il est impossible de fixer la date de la mort de cet abbé; aucun auteur, aucun document, n'en font mention.

Siagrius est nommé dans une bulle du pape Eugène Ier, concédée dans le but de confirmer les priviléges de l'Abbaye et d'en accorder de nouveaux. Dans cet acte, fait à la demande de Clovis II [1], le souverain pontife insiste particulièrement sur le droit des religieux d'élire leur abbé, sur l'obligation où ils sont de le choisir parmi eux, sur l'exemption de toute juridiction autre que celle du Saint-Siége. La bulle [2] est souscrite par le Pape et par douze cardinaux. Siagrius était donc encore abbé d'Agaune vers 656, puisque le pape Eugène Ier fut élu en 654 et mourut en 657. On ignore la date de la mort de Siagrius.

Ambroise III. La chronique de l'Abbaye et la *Nomenclature* omettent sur leurs catalogues le nom d'Ambroise III; je crois devoir le rétablir en me fondant sur le témoignage de D. Mabillon, qui a constaté l'existence de cet abbé dans les faits rapportés, à la date de 667, par une ancienne chronique de l'abbaye d'Ebersheim. On lit dans ce document que saint Déodat, évêque de Nevers, s'étant retiré au monastère d'Ebersheim, fondé par ses soins, avait obtenu pour son église d'Ambroise, abbé d'Agaune, plusieurs reliques des martyrs Thébéens [3]. Le *Gallia christiana*, qui, dans le préambule du catalogue des abbés d'Agaune, mentionne la découverte de D. Mabillon, supprime cependant aussi le nom d'Ambroise, sans donner de motifs, sinon que la chronique d'Ebersheim ne lui semble pas un document assez authentique [4]. Les auteurs du *Gallia christiana* ont eu moins de scrupules à propos des autres abbés de la seconde période, puisqu'ils ont accepté sans contrôle tous les noms inscrits dans la chronique des archives de l'Abbaye. Il n'existe aucune autre preuve de l'administration d'Ambroise III, et l'on ignore aussi bien l'époque de son avénement que la date de sa mort.

---

1. Clovis II régna de 638 à 656. Ce roi, dans une charte de concessions accordée à l'abbaye de Saint-Denis, rappelle la psalmodie perpétuelle en usage au monastère d'Agaune.

2. Voir cette bulle aux pièces justificatives, n° 3.

3. D. Mabillon, *Annales ordinis sancti Benedicti*, t. I, liv. XV, p. 488.

4. *Gallia christiana, Ecclesia Sedunensis*, t. XII, col. 778.

Saint Recolenus vivait sous le règne de Thierri III, roi de Neustrie et de Bourgogne, et reçut de ce prince un diplôme de confirmation de tous les biens et priviléges de l'Abbaye. Cette charte contenait les mêmes conditions que celles imposées par Clotaire II, c'est-à-dire que la règle instituée par Sigismond serait rigoureusement maintenue. La *Nomenclature* suppose que cet acte devait porter la date de 681 ; elle est en cela d'accord avec le *Gallia christiana ;* mais en l'absence de toute preuve autre que l'indication contenue dans notre ancienne chronique, il est impossible de rien préciser. Recolenus fut contemporain de Thierri III, qui occupa le trône de 673 à 691 ; c'est donc entre ces deux dates qu'il faut placer le diplôme royal et la prélature de cet abbé.

Raggo *.

Aigulfus *.

Ermenbertus *.

Agobertus, contemporain de Dagobert III, roi de Neustrie et de Bourgogne, dont il reçut une charte de donation et de confirmation de priviléges. Il est ici plus facile de fixer approximativement la date de ce diplôme, puisque Dagobert III, ce fantôme de roi, n'occupa le trône que de 711 à 715.

Ludulfus vivait au temps de Chilpéric II, aussi roi de Neustrie et de Bourgogne, et reçut de lui un diplôme de confirmation des priviléges de l'Abbaye. Chilpéric II régna de 715 à 720, si l'on peut appeler du nom de règne le rapide passage sur le trône de ces successeurs dégénérés du vainqueur de Tolbiac.

Ayroindus *.

Protadius. La *Nomenclature* place sous l'administration de cet abbé, c'est-à-dire vers l'an 730, l'envahissement de la vallée du Rhône par les Sarrasins. L'événement est au moins probable ; en effet, dès l'année 719, les Sarrasins avaient commencé leurs incursions dans le midi de la France et s'étaient avancés jusqu'à Toulouse ; en 725 ils avaient pris et occupé Nîmes, et en 729 ils dévastaient la Provence tout entière. Ils pouvaient donc en 730 remonter le cours du Rhône, suivre les bords du lac Léman et s'établir dans le Valais. Leur présence a laissé une profonde empreinte dans le souvenir des populations, et j'ai constaté dans la vallée du Rhône, comme je le constatais naguère dans la

---

* Le *Gallia christiana* et la *Nomenclature* n'ajoutent pas un mot aux noms de ces quatre abbés ni à celui de Laifinus que l'on trouvera plus loin ; les archives de l'Abbaye ne possèdent pas un seul titre plus ancien que la chronique du IXᵉ siècle ; il faut donc se résigner à n'en pas dire davantage.

vallée d'Aoste, que bien des monuments antiques, tronçons de routes ou ponts, étaient encore aujourd'hui désignés au voyageur comme l'œuvre des Sarrasins.

NORBERTUS. La chronique de l'Abbaye ne donne pas à ce personnage le titre d'abbé, mais bien celui de duc. Peut-être était-ce le fils de ce Nortbert [1], serviteur fidèle de Pépin d'Héristel, que ce dernier avait nommé maire du palais du royaume de Neustrie. Que cette conjecture soit fondée ou non, que Norbertus fut ou non le fils de cet homme dont le nom a laissé une trace dans l'histoire, il n'en est pas moins vrai qu'il est permis de voir, dans le *duc* dont nous nous occupons, le premier supérieur laïque imposé à l'Abbaye par le souverain territorial. C'est le premier pas dans la voie pleine de périls où bientôt vont s'engager les destinées de l'antique Maison.

LAIFINUS *.

BERTHELAUS, abbé au temps de Childéric III, le dernier des descendants de Clovis. Ce triste prince, nommé roi de Neustrie et de Bourgogne en 742, et déposé en 752 pour céder le trône au chef de la seconde race, accorda à Berthelaus un diplôme de confirmation des priviléges de l'Abbaye. Il faut donc placer la prélature de cet abbé entre les deux dates que je viens de citer. Le *Gallia christiana* estime que la charte de Childéric III fut concédée en 749, sans donner cependant aucune preuve qui justifie son opinion.

AIRASTUS. Pendant l'administration de cet abbé, en 753, le pape Étienne II passa les Alpes et s'arrêta pour le visiter au monastère d'Agaune. Le souverain pontife se rendait en France afin d'implorer le secours de Pépin le Bref contre Astolphe, roi des Lombards.

La chronique de l'Abbaye, la *Nomenclature*, le *Gallia christiana,* ne donnent aucun autre détail sur l'abbé Airastus. Depuis l'époque ou Siagrius gouvernait le monastère d'Agaune, l'histoire de la Maison est environnée de ténèbres épaisses; les documents, vrais ou controversés, parvenus jusqu'à nous sont au nombre de trois seulement, et sans l'un d'eux, la chronique du IXe siècle si heureusement conservée dans les archives de l'Abbaye, nous en serions réduits à ignorer même le nom de la plupart des abbés. Il est donc impossible de déterminer les dates de l'avénement et de la mort de ces personnages, et l'on doit désespérer d'y jamais parvenir.

La période dans laquelle nous allons entrer est aussi bien obscure, et les historiens qui ont traité ce sujet ont dépensé un immense labeur pour éclairer çà et là quelques points du tableau. A partir du XIIe siècle, le terrain devient plus solide et l'abondance des pièces authentiques ne permet plus le doute.

1. On trouve Nortbert cité comme témoin dans plusieurs actes, ap. D. Bouquet, t. IV, p. 671-672.

Wilicharius était d'abord évêque de Vienne. Indigné des profanations commises dans tous les sanctuaires de son diocèse pendant les guerres entre les Francks et les Sarrasins, il abandonna son siége épiscopal en 739 et se retira au monastère d'Agaune. Peu d'années après son avénement au trône, Pépin le nomma évêque de Sion, et à la mort d'Airastus, il fut choisi pour remplacer cet abbé. Wilicharius assista, en 765, au concile d'Attigny-sur-Aisne [1]; il se rendit, en 771, à Carbonacum [2], accompagné par les prélats et les comtes des états de Carloman qui venait de mourir, et là il prêta serment de fidélité à Charlemagne devenu seul maître de la France. Il est encore question de Wilicharius dans une lettre d'Adrien Ier adressée, en 780, à Charlemagne, et par laquelle le pape accorde à l'empereur le corps de saint Candide, concédé antérieurement par lui à l'évêque de Sion. On ignore l'époque de la mort de cet évêque-abbé.

La *Nomenclature* et les notes inédites du chanoine Boccard placent entre Wilicharius et son successeur Alteus un abbé du nom de Benoît, et disent qu'il fut transféré par Charlemagne de l'abbaye d'Agaune à l'abbaye de l'Isle-Barbe. Les auteurs de ces ouvrages citent à l'appui de leur opinion une lettre de Leidradus, archevêque de Lyon. Dans cet écrit, le prélat rend compte à l'empereur de l'exécution de ses ordres relativement à la restauration de l'Isle-Barbe, et lui apprend qu'il a placé à la tête de la communauté réorganisée *Benedictum, abbatem Anianensem*. Jodoc de Quartery et le chanoine Boccard après lui ont eu sans doute entre les mains une copie fautive de la lettre de Leidradus, sur laquelle un scribe ignorant aura remplacé le mot *Anianensem* par le mot *Agaunensem*. Je ne puis admettre une autre manière d'expliquer cette étrange erreur, car ces deux historiens devaient connaître saint Benoît, fondateur de l'abbaye d'Aniane, nommé par Louis le Débonnaire général de tous les monastères de France, auteur du *Code des règles*, et dont la mort arriva en 821. Je supprime donc Benoît, abbé d'Agaune, et je passe au véritable successeur de Wilicharius.

Alteus était un des conseillers de Charlemagne, et l'empereur, plein de confiance en ses lumières et en son dévouement, lui témoignait une affection particulière. Bientôt dégoûté des intrigues de palais au milieu desquelles il lui fallait vivre, Alteus se retira au monastère de l'Isle-Barbe, où il prit l'habit religieux. Charlemagne, qui avait besoin d'amis

---

1. Il y souscrivit en ces termes : « Williharius, episcopus de monasterio sancti Maurici. » Pertz, *Monumenta Germaniæ historica, Legum*, t. I, p. 30.

2. « Ibi (*in Carbonacum*) Wilharium episcopum sedunensem et Foldradum presbiterum et alios plures sacerdotes, comites etiam atque primates fratris sui, inter quos. . . . . ad se venientes suscepit. » Pertz, *même ouvrage, Scriptorum*, t. I, p. 149. *Einhardi Annales, ad annum* 771. « Karolus venit ad Carbonacum; ibique veniens Wilharius archiepiscopus et Folradus capellanus, Warinus et Adalhardus comites cum aliis primatibus, qui fuerunt Carlomanni. . . . . . » Pertz, *même ouvrage, Scriptorum*, t. I, p. 220. *Annales Tiliani, ad annum* 771. Wilicharius est encore cité dans une donation faite à l'Abbaye en 766, en ces termes : « ubi Uillicharius episcopus preesse videtur. » *Historiæ patriæ Monumenta, Chartarum*, t. II, col. 1.

sûrs et fidèles pour remplir les hauts emplois, le fit sortir de la retraite qu'il avait choisie et le nomma abbé d'Agaune. Plus tard il lui donna l'évêché de Sion, tout en lui conservant la dignité d'abbé.

Cédant aux sollicitations d'Alteus, l'empereur fit reconstruire l'église et les bâtiments de l'Abbaye, qui avaient été à demi détruits par les Sarrasins pendant le temps où ils étaient maîtres de la vallée du Rhône. Charlemagne fit à l'Abbaye des donations considérables en terres et en objets précieux. Dans l'inventaire du Trésor, je parlerai des reliquaires attribués par la tradition à la générosité de l'empereur, mais je ne pourrai pas décrire le plus précieux de ces dons. C'était un devant d'autel en or, orné de figures repoussées ou ciselées, incrusté de pierreries, et dont l'existence est attestée par les documents qui se présenteront dans la suite du récit. Ce monument, si regrettable au point de vue de l'art, fut emprunté par un prince de la maison de Savoie, afin de subvenir aux frais d'une expédition en Terre-Sainte.

Alteus reçut, vers 780, une bulle d'Adrien Ier [1], dans laquelle le souverain pontife confirme les priviléges de l'Abbaye à la requête de Charlemagne, et sanctionne la donation de nouveaux domaines situés en France. Alteus accompagna l'empereur à Rome, après le séjour que ce prince avait fait à Agaune, et mourut à Milan, au retour de ce voyage, dans les premières années du IXe siècle.

ADALONGUS, qui était en même temps évêque de Sion, comme l'avaient été ses prédécesseurs Wilicharius et Alteus, dut se contenter jusqu'en 824, du titre seul d'abbé d'Agaune. Il ne put ni gouverner l'Abbaye, ni administrer les biens, car Arnulphe [2], fils naturel de Louis le Débonnaire, s'était emparé violemment du Monastère, en percevait les revenus et donnait à la communauté l'exemple de tous les désordres.

En 824, Adalongus reçut une bulle du pape Eugène II. Je reviendrai sur cette pièce : elle remet Adalongus en possession de tous ses droits et lui restitue le gouvernement de l'Abbaye, qu'il conserva jusqu'en 828, époque présumée de sa mort.

Après Adalongus, la chronique de l'Abbaye nomme encore Heyminus et finit à ce dernier, c'est-à-dire entre 830 et 840, époque où elle fut composée et écrite. Le plan que j'ai adopté ne me permet pas de suivre ici le document qui a servi de base aux auteurs du *Gallia christiana,* et je dois m'arrêter à l'abbé sous lequel le Monastère a subi l'une des transformations qui rendaient nécessaire la division de l'histoire d'Agaune en quatre périodes.

---

1 Voir cette bulle aux pièces justificatives, n° 4.

2. Ce personnage est qualifié de comte de Sens dans la chronique de Moissac. « Quartum vero filium « habuit ex concubina, nomine Arnulphum, cui pater Senonas civitatem in comitatum dedit. » Pertz, *Monumenta Germaniæ historica, Scriptorum,* t. I, p. 312 ; *Chronicon Moissiacense, ad annum* 817.

Je termine donc avec le nom d'Adalongus la série des abbés-moines de la seconde période, et je commence le récit des événements confus qui remplissent l'époque où les abbés régulièrement élus ne pouvaient pas prendre possession du siége abbatial, dont ils étaient exclus par des usurpateurs. Ceux-ci ne se contentaient pas de s'emparer des revenus des communautés, ils en dénaturaient ou en aliénaient les domaines, laissant les soins de l'administration religieuse à des prévôts ou à des prieurs.

TROISIÈME PÉRIODE.

(824-1128.)

endant toute la durée des IXe et Xe siècles, les évêchés et les abbayes étaient souvent au pouvoir des laïques. Les rois conféraient un siége épiscopal ou abbatial à leurs favoris, comme ils leur distribuaient les fiefs, sans s'inquiéter si ceux-ci étaient prêtres et sans les astreindre à la résidence. Parfois même les souverains et les grands se nommaient eux-mêmes abbés des plus riches monastères, afin d'en réunir plus facilement les revenus à ceux de leurs domaines. Ce mépris de toute justice apportait une confusion extrême dans les maisons religieuses. Violation de la liberté d'élection, trafic des dignités de l'Église, relâchement et abandon de toute règle dans le clergé, dilapidation et aliénation des biens que la piété des fidèles avait destinés à un tout autre emploi : tels étaient les maux qui résultaient de semblables abus.

La troisième période de l'histoire de l'abbaye de Saint-Maurice fournit une nouvelle preuve des désastres amenés par l'institution à laquelle on a donné le nom de *commende*. « La *commende*, dit M. de Montalembert, cette lèpre de l'Ordre Monastique, avait pour « résultat de livrer le titre d'abbé, avec la plus grande partie des revenus d'un monastère, « à des ecclésiastiques étrangers à la vie régulière, trop souvent même à de simples laïques, « pourvu qu'ils ne fussent pas mariés. Elle porta partout une atteinte profonde et capitale « aux institutions régulières [1]. »

---

1. De Montalembert, *Les Moines d'Occident*, t. I, *Introduction*, p. CLXI.

Je n'imiterai pas mes devanciers [1] qui, tous, n'ayant aucune preuve à l'appui, et sur la foi des traditions plus ou moins discutables parvenues jusqu'à eux, se sont crus obligés de dresser des catalogues d'abbés se succédant sans interruption. Dans cette troisième période je retracerai l'histoire des personnages laïques qui usurpèrent l'administration [2] des biens de l'abbaye d'Agaune, et dont la présence occasionna des lacunes forcées dans la série des abbés; je réserverai exclusivement ce dernier titre aux ecclésiastiques institués canoniquement pendant le cours de ces trois siècles d'épreuves. J'indiquerai aussi tous les prévôts dont les actes authentiques ont conservé les noms; il ne faut pas oublier qu'à défaut d'abbé régulier, le prévôt était le véritable chef de la communauté religieuse.

Un autre plan aurait, ce me semble, l'inconvénient de retomber dans la fausse voie des catalogues dressés sans critique et avec le parti pris d'éviter toute solution de continuité.

J'ai dit plus haut que l'abbé Adalongus ne put ni gouverner l'Abbaye ni en administrer les biens; en effet, le fils de Louis le Débonnaire, Arnulphe, autorisé par la faiblesse de l'empereur, expulsa le supérieur légitime, et, une fois maître du Monastère, ne se préoccupa plus que d'user largement des biens dont il s'était emparé. Bientôt les désordres introduits par lui dans la Maison devinrent tellement scandaleux, que l'empereur lui-même comprit la nécessité d'y porter remède. En 824, Louis, espérant tout réparer par l'éloignement de son fils, substitua aux moines corrompus par ce dernier trente chanoines séculiers, et installa de nouveau Adalongus à la tête de l'Abbaye.

Le pape Eugène II approuva cette réforme par une bulle [3] dans laquelle il confirme les priviléges et les donations accordés à l'Abbaye, ordonne la libre élection des abbés, et proclame l'exemption de toute juridiction autre que celle du Saint-Siége.

Les auteurs du *Gallia christiana* placent Arnulphe à la suite d'Heyminus, le dernier abbé nommé par la chronique du IXᵉ siècle; ils font ensuite une longue dissertation pour prouver que ce personnage ne peut pas être Arnulphe, d'abord roi de Germanie, puis empereur, et dont la mort arriva en 899. Toute leur argumentation a pour but de combattre cette opinion mise en avant par les frères de Sainte-Marthe. Ces derniers avaient eu probablement connaissance d'une bulle de confirmation donnée par le pape Léon à la requête de *Arnulphus, excellentissimus rex Francorum,* et avaient commis une double

---

1. Les frères de Sainte-Marthe, le *Gallia christiana*, la *Nomenclature des abbés d'Agaune*, *Notes inédites* du chanoine Boccard.

2. Des laïques qui ont exercé le *regimen*, comme le dit Rodolphe III lui-même dans un acte de 996, « Ro-« dulfus, gracia Dei eiusque misericordia rex, sub cuius regimine Agauni abbacia fore dignoscitur... etc. » Pièce aux archives de l'Abbaye et publiée dans *Historiæ patriæ Monumenta, Chartarum*, t. II, col. 57.

3. Voir cette bulle aux pièces justificatives, n° 5.

erreur en consultant ce document; d'abord parce qu'il n'y a pas eu au IXe siècle de roi des Francks portant le nom d'Arnulphe, et ensuite parce qu'il n'y a pas eu à cette époque de papes du nom de Léon autres que Léon IV (847-855) et Léon V (903-903). En conséquence, ni l'un ni l'autre de ces deux papes n'a pu donner une bulle à la requête d'Arnulphe, roi de Germanie, puis empereur, de 887 à 899.

J'ai transcrit cette bulle aux pièces justificatives [1], et je l'ai attribuée au pape Léon IV; il est permis de supposer en effet que le fils de Louis, arrivé au déclin de la vie, la conscience troublée par le souvenir de son usurpation, avait, en témoignage de repentir, fait donation à l'Abbaye de la forêt d'Épinassey et d'autres domaines. Le pape, en confirmant cet acte ainsi que tous les priviléges d'Agaune, aurait donné à Arnulphe le titre de roi, au lieu de l'appeler seulement fils de roi.

Le *Gallia christiana*, continuant la discussion des faits, ajoute que le rang assigné par lui à Arnulphe n'est pas le rang qu'il devrait occuper, et que si ce personnage est le fils de Louis le Débonnaire, celui dont la conduite a nécessité la réforme de l'Abbaye en 824, il faut le placer entre Alteus et Adalongus. Le *Gallia christiana* oublie une fois encore que les abbés régulièrement élus ont existé en même temps que les usurpateurs ecclésiastiques ou laïques, et que par conséquent la place d'Arnulphe n'est pas nécessairement entre un abbé et un autre abbé. Arnulphe était le maître de fait, Adalongus était l'abbé légal.

Le cadre étroit d'une *Introduction* s'opposant à ce que chaque nom devienne ainsi le sujet de discussions assez étendues, je me bornerai désormais à exposer le résultat de mes recherches, sans relever les erreurs commises par les écrivains qui m'ont précédé.

Adalongus, remis en possession de ses droits, gouverna l'Abbaye suivant la règle de la nouvelle constitution jusqu'à sa mort, qui survint vers l'an 828.

Heyminus fut élu canoniquement par les nouveaux chanoines [2]. Le respect qu'on eut cette fois pour les droits de l'Abbaye ne devait pas être de longue durée au milieu de la conflagration générale amenée par les querelles des successeurs de Charlemagne.

Heyminus était évêque de Sion comme ses prédécesseurs; il mourut entre 835 et 840.

Aymon Ier, évêque de Sion, fut, selon toute probabilité, élu abbé d'Agaune après la mort du précédent. La preuve de ce fait semble résulter d'une lettre adressée par le pape Benoît III, vers l'an 856, aux évêques du royaume de Charles le Chauve [3]. Aymon ne

---

1. Voir cette bulle aux pièces justificatives, n° 6.
2. « Et ipse novissime a fratribus electus... » — *Chronique du IXe siècle* déjà citée; voir aux pièces justificatives, n° 2.
3. « Quod monasterium sancti gloriosique Mauritii martyris..... Aimoïnus cui presidere videbatur antistes..... » Lettre de Benoît III, — *ex collectione Conciliorum a PP. Labbe et Cossart edita*, t. XXII, p. 17.

tarda pas à être violemment dépossédé par un personnage dont je vais retracer la vie, et qui commença la série continue des usurpateurs laïques.

Hucbert, ancien clerc [1], beau-frère de Lothaire, roi de Lorraine, s'empara de l'Abbaye [2], après avoir expulsé Aymon et dispersé les chanoines. Au pouvoir d'un tel homme, le Monastère fut en peu de temps transformé en un lieu de débauche [3]. Le pape Benoît III, dans la lettre dont je mets quelques extraits sous les yeux du lecteur, flétrit avec indignation une conduite aussi honteuse et somme le coupable de comparaître à Rome dans le délai de trente jours, sous peine d'excommunication. Hucbert se garda bien d'obéir à cette injonction, mais l'expiation ne se fit point attendre. Lothaire, qui avait épousé Thietberge, sœur de l'usurpateur d'Agaune, et qui dans les premiers temps de cette union avait investi son beau-frère du gouvernement des pays situés entre le Jura et le Mont-Joux, se lassa bientôt de cette femme, la répudia, et dépouilla Hucbert de son commandement et de ses biens. Celui-ci, furieux et ne voulant pas se soumettre, lève des soldats et marche au-devant des troupes réunies de Lothaire et de Louis de Germanie, qui avaient fait un traité d'alliance et confié le commandement à Conrad, comte d'Auxerre [4]. Les deux armées se rencontrèrent près d'Orbe (868); Hucbert fut tué pendant le combat, et le vainqueur reçut, en récompense de son succès, tout le gouvernement territorial du vaincu. La plus grande partie des biens de l'abbaye d'Agaune était située dans les limites de ce grand commandement.

Conrad le Jeune avait été dépouillé du comté d'Auxerre par Charles le Chauve, qui ne put lui pardonner d'avoir pris le parti de Lothaire contre Thietberge. Aussi le roi de Lorraine, autant pour le dédommager que pour le récompenser, lui donna-t-il le gouvernement d'Hucbert. Conrad fut certainement maître de l'Abbaye, quoi qu'en puisse dire le *Gallia christiana*, qui désigne comme possesseur d'Agaune à cette époque et comme successeur d'Hucbert, Boson, comte de Provence, beau-frère de Charles le Chauve. Comment supposer, en effet, que Lothaire ait pu permettre au parent de son plus implacable ennemi de s'emparer d'un bénéfice considérable situé dans ses propres États. La date de la mort de Conrad est inconnue.

Rodolphe, premier roi de Bourgogne transjurane. Ce prince succéda à Conrad, son

---

1. « Qualiter olim sacrorum fuit conjunctus numero clericorum... » Même lettre de Benoît III, *ouvrage déjà cité.*

2. « ..... Indecenter possidere non dubitet..... » Même lettre, *ouvrage déjà cité.*

3. « Nam illa quæ Deo ibidem famulantibus ex ope ipsius ministrabantur, nunc meretricibus, canibus atque « avibus, nequissimis necnon hominibus sua largiuntur præceptione..... » Même lettre, *ouvrage déjà cité.*

4. « ..... Famosissimus princeps. ... » *Art de vérifier les dates*, t. II, p. 555.

père, dans toutes ses dignités, et posséda comme lui l'abbaye d'Agaune. En 888, lors de la déposition de Charles le Gros, voyant les rois divisés à propos du partage de l'empire, il assembla à Agaune les évêques et les comtes de son gouvernement, et se fit reconnaître par eux comme roi de la Bourgogne transjurane. Il fut couronné dans l'église abbatiale. Arnulphe, roi de Germanie, mécontent de cét acte, qu'il considérait comme une usurpation, essaya à deux reprises de déposséder Rodolphe par les armes. Définitivement battu en 894, il prit le parti de reconnaître la royauté nouvelle dans une diète tenue à Ratisbonne.

Un acte dont l'authenticité me paraît très-douteuse, et qui remonte à l'an 870 environ [1], semble prouver que sous Rodolphe Ier, l'Abbaye était gouvernée à l'intérieur par un prévôt nommé Evifredus. Nous rencontrerons de loin en loin les noms de quelques-uns de ces dignitaires pendant le temps que dura la vacance du siége abbatial; mais l'absence de documents laisse parmi eux de bien vastes lacunes. Rodolphe Ier mourut en 911 ou 912, et fut enseveli dans cette même église où il avait solennellement reçu la couronne.

Rodolphe II, son fils, lui succéda et laissa peu de traces de son passage dans l'administration de l'Abbaye. Sous son règne, le monastère d'Agaune fut dirigé pendant un certain temps par le prévôt Herluynus, dont le nom est consigné dans un acte sanctionnant diverses concessions faites à un particulier par ordre du roi Rodolphe, et daté de la dix-huitième année de son avénement au trône, soit de 930 [2]. Rodolphe mourut en 937.

Conrad le Pacifique, fils du précédent, monta sur le trône à la mort de son père, et comme ses aïeux conserva l'administration des biens de l'abbaye d'Agaune. Dans les premières années de ce long règne, qui dura cinquante-six ans, un acte authentique nous donne le nom du prévôt qui dirigeait alors la communauté. C'est une inféodation [3] consentie en 942 par Maynerius, prévôt de Saint-Maurice d'Agaune, en faveur d'Albéric

---

1. Inféodation faite à l'impératrice Engilberge d'un fief appelé Paterno et Asciano. Muratori, *Antiquitates Italicæ*, t. III, col. 155-156.

2. Cette pièce est conservée aux archives de l'Abbaye; elle a été publiée dans *Historiæ patriæ Monumenta, Chartarum*, t. II, col. 43, et dans le *Regeste Genevois*, n° 124. Le recueil italien a placé cet acte à la date de 950; c'est une erreur pour deux motifs. Le premier, c'est qu'il n'y avait pas de roi Rodolphe en 950, puisque Conrad, son successeur, régna de 937 à 993 et que l'acte est passé par ordre de Rodolphe; le second, c'est qu'il est daté de la dix-huitième année du règne de Rodolphe : or ce prince ayant pris possession de la couronne en 912, la dix-huitième année de son règne nous reporte à 930. Le *Regeste Genevois* a restitué la véritable date.

3. L'original de cet acte est aux archives de l'Abbaye. Il a été publié dans *Historiæ patriæ Monumenta, Chartarum*, t. II, col. 35 et 36, et dans l'*Histoire des sires de Salins*, par l'abbé Guillaume, t. I, *Preuves*, p. 5.

de Narbonne, comte de Mâcon, seigneur de Salins et Bracon, des terres données à l'église d'Agaune, dans les comtés de Varasque et de Scodingue, par le roi Sigismond; Conrad approuva cette cession, faite la cinquième année de son règne. Quoiqu'il soit stipulé dans l'acte que l'inféodation est accordée sur l'humble prière du comte, on peut soupçonner que déjà ce puissant seigneur s'était emparé des domaines lorsqu'il demanda à les tenir en fief. Les conditions du contrat autorisent cette hypothèse, car elles sont tout à fait nuisibles aux intérêts de l'Abbaye.

Quelques années plus tard, vers 950, Conrad eut à défendre son royaume contre l'invasion simultanée des Sarrasins et des Hongrois. Ce prince réussit à les opposer les uns aux autres, et à l'aide de cette politique habile il parvint à les chasser de ses États. L'Abbaye eut beaucoup à souffrir du passage de ces hordes barbares, et la plus grande partie des bâtiments du Monastère fut ruinée.

Vers l'an 983, Conrad confia la prévôté d'Agaune à son fils Burkard, archevêque de Lyon, et celui-ci conserva cette dignité jusqu'à la fin du Xe siècle, époque à laquelle il prit dans tous les actes [1] le titre d'abbé du monastère d'Agaune. En 993, Conrad le Pacifique mourut, laissant le trône et la possession des domaines de l'Abbaye à son fils.

RODOLPHE III. Ce prince n'eut pas plutôt pris les rênes du gouvernement qu'il s'empressa de confirmer la donation du domaine de Pully faite à l'Abbaye par le roi son père. La pièce émanée de Conrad a disparu, mais il résulte des termes de l'acte même de Rodolphe III que ce dernier se borne à approuver la concession de son prédécesseur [2]. A la fin du Xe siècle, Rodolphe III nomma Burkard abbé d'Agaune, et ce prélat, ainsi que je l'ai dit plus haut, ne fit plus, à dater de ce moment, une seule transaction sans prendre dans les actes le titre de *abbacie almi Mauricii abbas*. L'Abbaye fut dès lors gouvernée par un supérieur ecclésiastique, abbé commendataire, il est vrai, mais qui s'occupa avec une active vigilance des intérêts de la Maison. La suite de ce récit démontrera tous les bienfaits de son administration réparatrice, et prouvera aussi que Rodolphe III peut être à juste titre compté parmi les bienfaiteurs de l'Abbaye; je dirai même qu'il doit en être considéré comme le sauveur.

BURKARD Ier se distingua par la fermeté de sa conduite dans la direction de l'Abbaye, par le rôle important qu'il joua dans les conseils du roi, son frère, et par la sollicitude

---

1. Burkard, qui porte le titre de « prepositus abbacie almi Mauricii » dans tous les actes de la fin du Xe siècle, prend à partir de 996 ou 998 celui de « Lugdunensis ecclesie archiepiscopus et abbacie almi Mauricii abbas. » Les pièces qui contiennent la preuve de ce fait sont conservées aux archives de l'Abbaye; elles sont presque toutes publiées dans *Historiæ patriæ Monumenta, Chartarum*, t. II, col. 60 et suivantes.

2. Voir cet acte aux pièces justificatives, n° 7.

constante dont il entoura le Monastère confié à ses soins. Il avait à réparer les désastres occasionnés par la réunion des biens de l'Abbaye à ceux du domaine royal; cette mesure spoliatrice avait causé un appauvrissement tel· que les revenus permettaient à peine d'entretenir six chanoines, et que l'office divin était souvent interrompu. C'est à l'influence de Burkard qu'il faut attribuer l'acte de Rodolphe III qui, en 1017, rendit à l'Abbaye la plus grande partie de ses biens [1]. Non content d'avoir obtenu cette juste restitution qui lui permettait d'assurer l'existence d'un personnel suffisant, le prélat fit reconstruire l'église et le couvent ruinés par les Sarrasins, et parvint à rétablir la psalmodie perpétuelle [2]. Il partageait son temps entre Lyon, où l'appelaient ses devoirs épiscopaux, et son abbaye d'Agaune, où il se retirait chaque année pendant plusieurs mois pour réparer ses forces, que la vieillesse commençait à épuiser. Pendant les dernières années de sa vie, fatigué par les soucis de l'administration, il remit une partie de ce lourd fardeau à son neveu Burkard, évêque d'Aoste, et le fit nommer prévôt [3]; il s'adjoignait en même temps un avoué [4] qui était chargé de veiller à la bonne tenue et à la conservation des biens. Il reste un grand nombre de pièces qui prouvent avec quelle activité et quel soin cet abbé conduisit les affaires de la Maison [5]. Burkard mourut le 12 juin 1031, dans un âge fort avancé, après avoir occupé le siége métropolitain pendant plus de cinquante ans, et dirigé l'Abbaye soit comme prévôt, soit en qualité d'abbé, pendant quarante ans au moins.

BURKARD II, évêque d'Aoste et prévôt d'Agaune, ayant appris la mort de son oncle, s'empressa de quitter son siége épiscopal, dans l'espoir de recueillir la succession de toutes les dignités dont le vieil archevêque était pourvu. A Saint-Maurice, le succès ne pouvait être douteux. Depuis longtemps déjà Burkard participait à la gestion des affaires, et les religieux avaient confiance en son habileté; mais de nombreux obstacles lui furent suscités afin de l'empêcher d'obtenir l'archevêché de Lyon. L'ambitieux prélat sut vaincre toutes les difficultés et finit par l'emporter sur ses nombreux compétiteurs.

A cette époque (1032) Rodolphe III mourut, après avoir envoyé les insignes de la royauté à Conrad le Salique, qu'il avait institué son héritier. Burkard ne pouvait se flatter d'être maintenu dans toutes les charges qu'il occupait, car de tout temps sa famille et lui-

---

1. Voir cet acte aux pièces justificatives, n° 8.

2. « ..... Canonicis ibidem die noctuque servientibus... » — Acte des archives de l'Abbaye publié dans *Historiæ patriæ Monumenta, Chartarum*, t. II, col. 73.

3. « Burcardus Augustanus episcopus eiusdem loci prepositus. » Acte de 1022, archives de l'Abbaye, publié dans *Historiæ patriæ Monumenta, Chartarum*, t. II, col. 115.

4. « ..... Et aduocato eius ecclesie Burruuardo. » Acte des archives de l'Abbaye publié dans *Historiæ patriæ Monumenta, Chartarum*, t. II, col. 103.

5. La plus grande partie de ces actes existe dans les archives de la Maison; on les trouve publiés dans *Historiæ patriæ Monumenta, Chartarum*, t. II, col. 60 et suivantes, et dans le *Regeste Genevois*, sous divers numéros.

même avaient compté au nombre des plus violents adversaires de l'empereur. Il n'hésita pas, fit des ouvertures à Eudes, comte de Champagne, et à Gérold, comte de Génevois, et les détermina à se déclarer ouvertement contre Conrad. Les trois alliés, retranchés dans Genève (1034), y furent attaqués par deux armées de l'empereur, venues l'une de la Champagne, où elle avait semé la désolation, l'autre d'Italie par le Saint-Bernard et le Mont-Cenis, sous la conduite de l'archevêque de Milan et de Humbert aux Blanches Mains, comte de Maurienne. Burkard et Gérold furent contraints de se soumettre, et l'empereur, usant de clémence, laissa le premier libre de reprendre le chemin de sa métropole.

La soumission de l'abbé d'Agaune n'était point sincère, et il continua à se préparer à de nouvelles hostilités. Trois ans après (1037), lorsque Eudes de Champagne reprit une dernière fois les armes contre l'empereur, Burkard, soit qu'il fût d'accord avec le comte, soit qu'il trouvât l'occasion favorable, s'avança dans la Bourgogne transjurane à la tête d'une armée composée de ses vassaux du Lyonnais et de tous ceux qui dépendaient de l'abbaye d'Agaune.

Bientôt arrêté dans sa marche par les troupes impériales, qu'il rencontra entre les Alpes et le Jura, le belliqueux archevêque livra bataille, mais il fut complétement défait et tomba entre les mains du lieutenant de Conrad. Celui-ci le fit charger de chaînes et conduire devant l'empereur, qui ne lui pardonna pas cette seconde rébellion et le fit enfermer dans un cachot où il demeura deux ans prisonnier. A la mort de Conrad (1039), Henry III, son fils et son successeur, rendit la liberté à Burkard, en lui imposant pour toute condition de se retirer en son abbaye d'Agaune, et en se réservant de pourvoir ultérieurement à l'archevêché de Lyon. Burkard se résigna ; il revint à Saint-Maurice, où il s'occupa de l'administration de la Maison [1], ne prenant que peu de part aux affaires politiques, mais conservant toujours le titre d'archevêque de Lyon, malgré la nomination de son successeur à ce siége métropolitain.

Les fatigues de la vie qu'il avait menée, les chagrins de la captivité, les mécomptes d'une ambition déçue, abrégèrent la vie de Burkard, qui mourut, jeune encore, à Saint-Maurice en même temps que son successeur à l'archevêché mourait à Lyon. Leur anniversaire est marqué sur le nécrologe de la cathédrale de Saint-Jean à la même année et au même jour, 10 juin 1046.

AYMON II. J'ai dit que lors de la guerre entreprise par Burkard II, Eudes de Champagne et Gérold de Génevois contre l'empereur, le comte de Maurienne avait contribué

---

1. Plusieurs actes attestant sa gestion sont conservés aux archives de l'Abbaye. L'un d'eux a été publié dans *Historiæ patriæ Monumenta, Chartarum*, t. II, col. 130, et dans le *Regeste Genevois*, n° 194. C'est un contrat d'échange de 1039, dans lequel Burkard s'intitule : « Burcardus archiepiscopus et abbacie sancti Mauricii abbas. »

au succès de l'armée impériale. Conrad victorieux reconnut les services d'Humbert aux Blanches Mains par le don du Chablais, du Valais et de la terre de Saint-Maurice [1]. La souveraineté que les rois de Bourgogne avaient exercée sur l'Abbaye pendant près de deux siècles passait, par l'effet de cette donation, aux mains de la maison de Savoie; les conséquences ne tardèrent pas à se faire sentir. Après sa disgrâce, on avait laissé à Burkard le titre d'abbé, mais on avait placé près de lui, en qualité de prévôt, Aymon de Savoie [2], fils d'Humbert et évêque de Sion.

A la mort de Burkard, le prévôt Aymon prit le titre d'abbé de Saint-Maurice, et le portait lorsqu'il reçut à l'Abbaye, en 1049, la visite de Léon IX. Le souverain pontife, qui se rendait en France, passa trois jours dans le Monastère, y célébra la fête des martyrs Thébéens, et confirma les priviléges [3] de l'Abbaye. La bulle de Léon IX accorde aux chanoines la liberté de disposer de leurs biens propres, restitue la terre d'Orons (évêché de Lausanne) avec ses églises et les droits qui en dépendent, confirme les donations et priviléges à l'exemple de ses prédécesseurs, et défend à tout évêque d'exercer aucune autorité sur l'Abbaye, et même d'y célébrer la messe sans le consentement exprès de l'abbé.

Burkard III de Savoie. Aymon II ne paraît pas avoir porté le titre d'abbé jusqu'à l'époque de sa mort, survenue en 1054, car les archives de l'Abbaye [4] et les archives de Lausanne [5] nous fournissent la preuve qu'en 1051 et en 1068 Burkard était pourvu du titre d'abbé de Saint-Maurice. Or ce Burkard ne peut être qu'un prince de la maison de Savoie, frère ou neveu d'Aymon II, évêque de Sion et abbé d'Agaune, son prédécesseur immédiat. On peut supposer qu'Aymon, sentant ses forces diminuer et la mort approcher, résigna le titre d'abbé en faveur d'un de ses parents, afin de ne pas abandonner à des étrangers les destinées de l'Abbaye. La maison de Savoie avait le plus puissant intérêt à conserver une administration qui augmentait son influence sur les populations et favorisait ses projets ambitieux.

Aymon de Briançon. Avec ce personnage nous retombons dans une nouvelle période

1. *Art de vérifier les dates*, t. III, p. 614.

2. « Aimo Dei gracia Sedunensis episcopus et abbacie sancti Mauricii prepositus. » Acte de 1046. *Historiæ patriæ Monumenta, Chartarum*, t. II, col. 142.

3. Bulle de 1049 conservée aux archives de l'Abbaye et publiée dans *Historiæ patriæ Monumenta, Chartarum*, t. II, col. 148; *Gallia christiana*, t. XII, p. 429; Guichenon, *Bibliotheca Sebusiana*, Cent. II, ch. 41. On lit dans cette pièce : « ..... Dum..... Gallias tenderemus... ad locum cui Agaunum nomen est pervenimus. . . . . « eorumdemque martyrum festa celebravimus. . . . . ut idem monasterium Agauni in quo ipse Aimo sub « canonicorum regula abbas esse dignoscitur. »

4. « ..... Burcardus abbas et Otto aduocatus sancti Mauricii. » Acte de 1051, conservé aux archives de l'Abbaye et publié dans *Historiæ patriæ Monumenta, Chartarum*, t. II, col. 152.

5. « ..... Burcardus agaunensis abbacie abbas nec non et Anselmus eiusdem ecclesie prepositus. » Acte de 1068, pièce originale conservée aux archives de Lausanne.

de vacance du siége abbatial. Les comtes régnants de Maurienne, et plus tard de Savoie, suivant l'exemple des rois de Bourgogne transjurane, s'étaient très-probablement réservé la haute main dans le gouvernement de l'Abbaye, et n'avaient laissé porter le titre d'abbé que par des princes de leur famille. Nous en avons eu la preuve par les nominations d'Aymon II et de Burkard.

Le comte Humbert II venait, après une guerre acharnée, de soumettre les seigneurs de Briançon, qui depuis longtemps désolaient la Tarentaise, et avait réussi à pacifier cette province. Il voulut indemniser Aymon des pertes qu'il avait subies dans cette lutte et tenter de se l'attacher par des bienfaits. Pour atteindre à ce but sans rien sacrifier de son propre domaine, il accorda à Aymon la prévôté de l'abbaye d'Agaune. Il est impossible de fixer la date de cette nomination, mais elle ne peut pas être antérieure à 1080, puisque c'est seulement vers cette époque qu'Humbert II commença à régner.

Les chanoines étaient fatigués du système d'administration qui leur était imposé; ils avaient pu constater la confusion et le pillage introduits dans la gestion des affaires de la Maison par cette trop nombreuse série d'abbés commendataires, de prévôts et d'avoués; en ce moment encore ils ne pouvaient voir dans leur nouveau prévôt qu'un seigneur ruiné et appelé à refaire sa fortune aux dépens des biens de l'Abbaye; ils se décidèrent à la résistance. Réunis en chapitre, ils choisirent un supérieur en se conformant aux conditions imposées par la bulle de Léon IX. Ils n'osèrent point toutefois nommer un abbé, et se contentèrent d'élire un prévôt; le Saint-Siége reconnut immédiatement et confirma l'élection du chanoine Guy à la prévôté d'Agaune. Aymon, dont ces mesures, si équitables cependant, froissaient les intérêts, voulut pendant longtemps maintenir ses prétentions, et le prévôt Guy fut obligé d'acheter à prix d'or le désistement de cet usurpateur. Le comte Humbert II approuva la transaction [1] et donna à Guy l'investiture régulière des terres situées dans ses États.

Les notes du chanoine Boccard nous apprennent que pendant le cours de son administration, Guy fit reconstruire la chapelle de Vérolliez. L'auteur n'indique pas les sources où il a puisé ce renseignement, et je dois avouer que je n'ai pas trouvé dans les titres un seul document permettant d'établir le fait.

Il existait dans la vallée d'Abondance, en Chablais, un prieuré de chanoines réguliers dépendant de Saint-Maurice, et qui avait été fondé vers le milieu du XIe siècle. En 1108, Herluyn de Cervent, qui en était le prieur, demanda à Guy, prévôt d'Agaune, de faire

---

1. Il ne faut point admirer le comte de Maurienne pour cette approbation accordée à un traité qui comblait tous ses vœux ; il avait voulu indemniser le seigneur de Briançon, l'Abbaye payait les frais de la guerre, le succès était donc complet. Humbert II eût été vraiment généreux si, refusant de sanctionner la rançon inique imposée aux religieux d'Agaune, il avait réparé lui-même les pertes subies par Aymon.

abandon de tous les droits de l'Abbaye sur la vallée, en faveur du prieuré et de l'église de Sainte-Marie d'Abondance. Cédant à ces instances, Guy fit une donation irrévocable au prieur Herluyn, à ses chanoines et à leurs successeurs, de tous les biens et de tous les droits dont il était prié de se dessaisir. L'acte de cession [1], approuvé par le comte Amédée III et par son tuteur Aymon, comte de Genève, stipule une redevance annuelle d'une livre de cire pour la fête de saint Maurice, et réserve aux chanoines de l'Abbaye l'épaule droite de toutes les pièces de gros gibier abattu sur les biens concédés, ainsi que la faculté d'y faire chasser eux-mêmes six cerfs par année.

RAYNAUD, prince de la maison de Savoie, frère d'Amédée III, succéda à Guy dans la prévôté d'Agaune. Il est impossible d'assigner une date à la mort du prévôt Guy, et par conséquent de dire en quelle année Raynaud fut investi de cette dignité. Aucun de ces deux personnages ne porta le titre d'abbé; les comtes régnants ne le permettaient probablement pas, afin de conserver une certaine autorité dans la gestion des affaires. Nous venons de constater l'intervention d'Amédée III, encore mineur, dans la donation de la vallée d'Abondance, et nous ne tarderons pas à lui voir prendre une part active à des actes d'une bien plus grande importance.

Après les luttes engagées entre Aymon de Briançon et le prévôt Guy obligé de racheter ses droits, après la tentative de résistance des chanoines lors de la nomination en chapitre de leur dernier prévôt, on ne peut s'expliquer comment les religieux d'Agaune se sont résignés à subir de nouveau un joug qui conduisait l'Abbaye à la ruine. Mais était-il possible de résister à la maison de Savoie, dont l'ascendant devenait de jour en jour plus puissant, et qui régnait en souveraine sur tout le Chablais? C'était une dernière épreuve! Le moment approchait où le comte Amédée III, honteux des iniquités commises par les princes ses prédécesseurs, allait rendre à l'Abbaye ses droits, lui permettre de retrouver le calme et de rentrer en possession de priviléges tant de fois confirmés, tant de fois méconnus.

Raynaud, homme d'un naturel pervers, apporta à Agaune toutes les habitudes d'une vie dissolue et y exerça bientôt la plus funeste influence sur les religieux. Comme aux plus mauvais jours du gouvernement d'Hucbert, le service divin fut interrompu, l'Abbaye devint le théâtre de tous les plaisirs et ne fut plus qu'un sujet de scandale. Un tel état de choses souleva de toute part des murmures de réprobation qui parvinrent aux

---

1. L'original de cet acte est déposé dans les archives de l'Abbaye : il a été publié par Guichenon, *Histoire de la maison de Savoie, Preuves,* p. 29, et dans le *Regeste Genevois,* n° 246. On y lit : « ... Arluinus prior cano-« nicorum regularium ecclesiæ sanctæ Mariæ de Abundantia. . . . . . . ad domnum Guidonem illius ecclesiæ « (Sancti Mauricii) prepositum. . . . . per consensum Amedei filii Uberti comitis et tutor isejus Aymonis « Gebennensis comitis... etc. »

oreilles de saint Hugues, évêque de Grenoble. Ce prélat qui venait, à la même époque, d'installer saint Bruno au milieu des déserts de la Chartreuse, et qui aimait à se retirer souvent dans cette solitude, n'hésita pas à reprocher à Amédée III la conduite de son frère. Il lui représenta que le déshonneur d'une vie aussi honteuse rejaillissait sur sa maison tout entière, et le décida à y mettre un terme.

De concert avec l'évêque de Grenoble, ce prince médita et décréta la réforme salutaire qui, en changeant la constitution intérieure de l'Abbaye, devait lui rendre son antique splendeur, et qui ouvre la quatrième période de son histoire.

QUATRIÈME PÉRIODE.

(1128-1870.)

aint Hugues et Amédée III, après avoir arrêté les mesures à prendre pour sauver l'Abbaye, se rendirent à Saint-Maurice, où le comte donna la charte par laquelle il substitue des chanoines réguliers aux chanoines séculiers. Cet acte [1], daté du 30 mars 1128, ordonne en outre que toutes les possessions injustement détenues ou aliénées soient restituées immédiatement, sous peine d'une amende de soixante livres.

Le pape Honorius II approuva la nouvelle organisation; dans la bulle de confirmation donnée au mois de novembre de la même année [2], il prescrit aux chanoines de Saint-Maurice de ne choisir à l'avenir leur supérieur que parmi des religieux réguliers; il leur recommande en outre de nommer un abbé aussitôt qu'ils seront en nombre suffisant pour procéder à une élection canonique.

La communauté fut dès lors composée de chanoines réguliers [3] et des chanoines séculiers qui n'avaient pas embrassé la réforme. Le Monastère était dirigé, en 1136, par un

1. Voir l'acte de reconstitution aux pièces justificatives, n° 9.

2. La bulle d'Honorius II est conservée dans les archives de l'Abbaye; il m'a semblé suffisant d'en indiquer les principales dispositions.

3. Un des grands faits de cette époque fut la réforme presque générale des chanoines, qui de séculiers devinrent réguliers. Cibrario, *Storia di Savoia*, t. I, p. 185.

prieur nommé Amerardus, élu régulièrement, et qui reçut pendant le cours de cette même année deux bulles du pape Innocent II, l'une et l'autre datées de Pise, la première du mois de juin [1], la seconde du mois d'octobre [2]. Dans ces actes, le souverain pontife déclare que l'église d'Agaune est sous la protection spéciale du Saint-Siége, ordonne que l'ordre canonique institué à l'Abbaye sous la règle de saint Augustin et approuvé par Honorius II y soit désormais inviolablement observé, et défend à qui que ce soit d'enlever, retenir ou diminuer les biens que la communauté possède ou pourra acquérir, sous peine de perdre ses dignités et d'être privé de toute participation aux saints mystères.

Peu de temps après avoir reçu les bulles d'Innocent II, Amerardus mourut; les chanoines réguliers, n'étant point encore en nombre suffisant pour élire un abbé, choisirent un supérieur nommé Hugues, qui prit le titre de prieur. Son premier acte, en cette qualité, fut de contribuer à la fondation de l'abbaye de Haut-Crest (diocèse de Lausanne), en concédant à cette maison (1137) une partie de la forêt d'Orons, moyennant une légère redevance annuelle [3]. C'est aussi au prieur Hugues et à son chapitre que s'adressa, en 1142, Humbert de Prangins pour renouveler l'inféodation des terres de l'Abbaye situées à Lutry [4].

Malgré le consentement solennel qu'il avait donné à l'acte de réforme de 1128, Raynaud persistait à conserver le titre et les prérogatives de prévôt de l'Abbaye. Vivement sollicité par saint Pierre, archevêque de Tarentaise, et par saint Guérin, évêque de Sion, appréhendant aussi le retour des abus qu'il avait espéré détruire à jamais, Amédée III se détermina à prendre une mesure radicale. Il vint à Saint-Maurice avec son jeune fils Humbert, et remit aux religieux le diplôme du 1er avril 1143 [5] qui leur restitue la prévôté de l'Abbaye dans son intégrité, ne réservant que le *receptus* et les droits appartenant légalement au comté. Dans cet acte, il demande l'absolution des péchés commis par lui et par ses prédécesseurs au sujet de cette prévôté, et réclame l'inscription de son père (Humbert II) au nécrologe d'Agaune. Le pape Luce II approuva et confirma la restitution du comte de Savoie par sa bulle du 15 avril 1144 [6].

---

1. Voir la bulle de juin 1136 aux pièces justificatives, n° 10.

2. Je n'ai pas transcrit la bulle du mois d'octobre ; elle est la reproduction presque littérale de la bulle de juin, à l'exception du passage suivant que je copie *in extenso*, afin de prouver une fois de plus la volonté formelle des papes d'exempter l'Abbaye de toute juridiction autre que celle du Saint-Siége. « Prœterea libertatem « a prœdecessoribus nostris eidem ecclesiæ concessam nos quoque auctoritate apostolica nichilominus confir- « mamus, *ut videlicet ipsa ecclesia cum cellis ad eam pertinentibus solummodo romano pontifici sit subjecta, nec « alicui omnino quamlibet dominationem aut exactionem in eodem loco liceat exercere.* » Extrait de la bulle origi- « nale conservée aux archives de l'Abbaye.

3. L'original de cette concession est aux archives de l'Abbaye.

4. L'acte d'inféodation est aux archives de l'Abbaye.

5. Voir l'acte de restitution aux pièces justificatives, n° 11.

6. Voir la bulle de Luce II aux pièces justificatives, n° 12.

A dater de cette année, Hugues échangea son titre de prieur contre celui de prévôt, et les affaires de l'Abbaye suivirent une marche régulière jusqu'au moment du départ d'Amédée III pour la Terre-Sainte (1147). Mais alors Raynaud, encouragé par l'éloignement du comte, son frère, et malgré ses serments, s'empara de nouveau de la prévôté d'Agaune et recommença à dépenser follement les revenus de la Maison. L'audacieuse et coupable usurpation de ce prince incorrigible dura peu de temps, grâce à l'évêque de Lausanne, Amédée, chargé par Amédée III de veiller, en son absence, sur l'administration du jeune comte Humbert III, et qui a mérité d'être surnommé le Suger de la Savoie. Dès qu'il eut connaissance de ce qui se passait à l'Abbaye, le prélat en informa le comte et le conjura de mettre un terme aux exactions de Raynaud. Humbert III, déférant sans hésiter aux prières de l'évêque, qu'il honorait comme un second père, remit pour la troisième fois l'Abbaye en pleine et paisible possession de ses domaines.

Pendant le cours de la même année (1147) le pape Eugène III, se rendant en France, s'arrêta à Saint-Maurice. Afin de remédier d'une façon efficace à tous les inconvénients qui résultaient pour l'Abbaye d'une situation provisoire, il éleva *auctoritate apostolica* le prévôt Hugues à la dignité d'abbé.

Nous voici donc parvenus au temps où les abbés vont se succéder, je ne dirai pas toujours sans obstacles, mais au moins sans interruption.

HUGUES.

(1147-1153.)

C'est à l'abbé Hugues que le pape Eugène III adressa de Lyon, le 22 mars 1147, une bulle dont voici les prescriptions les plus remarquables[1] : défense à qui que ce soit de prétendre à l'avenir à la prévôté restituée par Amédée III, d'enlever ou de retenir les biens, de porter en un mot aucun préjudice à l'Abbaye ; confirmation du droit des religieux à la libre élection de leurs abbés. A son retour de France, le 25 mai 1148, Eugène III consacra la nouvelle église des Martyrs construite sur les ruines de la basilique dévastée par un incendie. Cet événement est prouvé par une bulle de Célestin III qui, quarante-huit ans plus tard, en 1196, apprenant que l'église d'Agaune, incendiée de nouveau, puis rebâtie, venait d'être

---

1. Voir cette bulle aux pièces justificatives, n° 13. Cette pièce, datée du 11 des kalendes d'avril, c'est-à-dire du 22 mars 1146, appartient à l'année 1147. Pâques, qui marquait la fin d'une année et le commencement de l'année suivante, tombait le 20 avril en 1147. La bulle d'Eugène III devait donc être datée de 1146, tout en appartenant à l'an 1147 suivant notre manière de compter.

consacrée par l'archevêque de Vienne, et ne voulant pas qu'on perdît la mémoire de la dédicace faite par Eugène III, dont il avait été l'assistant, ordonne qu'on en célèbre tous les ans l'anniversaire le 8 des kalendes de juin (25 mai [1]).

Le pape Eugène III, pendant son séjour à l'Abbaye, accorda aux chanoines le droit de porter le camail écarlate, en mémoire du sang versé par les martyrs Thébéens. La tradition seule attribue cette concession à Eugène III, car la bulle que j'ai citée n'en fait pas mention, et les archives de l'Abbaye ne contiennent à cet égard aucun témoignage authentique. Mais il importe peu que les religieux de Saint-Maurice doivent cette autorisation à l'un ou l'autre des papes qui se sont succédé pendant la seconde moitié du XIIᵉ siècle; ce qui importe, c'est la vérité du fait; or, le fait est attesté par une donation de l'année 1210, et j'en parlerai en retraçant la vie de l'abbé qui l'a reçue.

En 1148, Amédée III étant mort pendant la croisade, dans l'île de Chypre, près de Nicosie, la première pensée de l'évêque de Lausanne, régent de Savoie, fut d'acquitter la dette contractée par le comte envers l'Abbaye. En effet, Amédée III, sur le point de partir et pressé par la nécessité de pourvoir aux frais énormes de l'expédition, avait emprunté à l'abbé Hugues un devant d'autel en or, orné de pierres précieuses, pesant soixante-six marcs, dont j'ai déjà parlé, et que les historiens de l'Abbaye ont tous considéré comme un don de Charlemagne. Le comte avait donné en garantie son *receptus* dans la vallée d'Entremont et dans le Chablais : on appelait ainsi le droit qu'avait le seigneur territorial d'être logé et hébergé chaque année, avec les gens de sa suite, chez ses vassaux, pendant un certain nombre de jours. Cette obligation se rachetait en général par une contribution. Voulant donc être réintégré dans le droit de *receptus* aliéné par son père, Humbert III, sur le conseil de l'évêque de Lausanne, s'engagea, par un acte de 1150 [2], à payer en quatre ans à l'Abbaye la somme de cent marcs d'argent et de deux marcs d'or, donnant en otages plusieurs de ses barons. Ces derniers prirent de leur côté l'engagement de venir chaque année à Saint-Maurice, le jour des SS. Innocents, et de ne pas quitter l'Abbaye avant d'avoir payé vingt-cinq marcs d'argent et un demi-marc d'or. Comme la somme promise était insuffisante pour acquitter la dette, le prince y joignit son droit de *receptus* dans la vallée de Bagnes; puis il jura d'observer ce traité sur les saints Évangiles, dans l'église de l'Abbaye, en présence d'Amédée, évêque de Lausanne, de Louis, évêque de Sion, des seigneurs qui l'accompagnaient et des religieux de la Maison.

Vers cette époque, l'évêque de Sion essaya de faire rentrer par la force sous la juridic-

---

1. Voir la bulle de Célestin III aux pièces justificatives, nᵒ 17.

2. Cet acte et tous ceux qui ont trait à cette affaire sont conservés en originaux aux archives de l'Abbaye. Quelques-uns d'entre eux ont été publiés par Guichenon, *Histoire de la maison de Savoie, Preuves*, p. 38 à 41, par Cibrario et Promis, *Documenti e Sigilli*, p. 64 à 67, et dans le *Regeste Genevois*, nᵒ 324.

tion de son évêché l'église de Saint-Maurice d'Aigle. Depuis longues années déjà les tentatives d'usurpation sur cette paroisse avaient, à différentes reprises, divisé l'Abbaye et le chapitre de Sion. Guérin, prédécesseur de Louis sur le siége épiscopal, avait solennellement reconnu les droits de l'Abbaye. Vaine déclaration! car Louis n'eut rien de plus pressé que de renouveler cette vieille querelle. L'abbé Hugues, fort de son droit, s'adressa à l'archevêque de Vienne, légat du Saint-Siége, qui prit sa défense et ordonna à l'évêque de Sion de restituer à l'Abbaye la libre et entière possession d'une église qui lui appartenait légitimement [1].

Hugues mourut en 1153.

RODOLPHE.

(1153-1169.)

Rodolphe, chanoine régulier de Saint-Maurice, avait été envoyé à l'abbaye d'Abondance afin de contribuer à y établir la discipline. Son mérite l'avait bientôt désigné aux suffrages des religieux, qui l'avaient nommé abbé [2]. A la mort de Hugues, il fut choisi d'une voix unanime pour lui succéder, et il revint à Saint-Maurice prendre possession du siége abbatial.

En 1156, Rodolphe conclut avec l'abbaye d'Abondance un traité [3] établissant les conditions d'une union fraternelle entre les deux églises, et contenant la constatation exacte des limites qui séparent les domaines des deux monastères.

Tous les seigneurs de cette époque n'avaient pas pour la propriété le même respect qu'Humbert III de Savoie, et le Valais, qui comptait un certain nombre de familles puissantes et rivales, eut bien souvent à souffrir de leurs discordes. L'Abbaye ne fut pas à l'abri de ces calamités. Depuis longtemps déjà la famille de La Tour avait mis en usage un véritable système de violences et de déprédations qu'elle exerçait sur les biens et sur les hommes de l'Abbaye, ne ménageant pas davantage les possessions de l'évêché de Sion. Pendant l'administration de Rodolphe, le chef de cette famille était Guillaume de La Tour, homme avare, ambitieux et cruel. Il commit dans les seigneuries de Vouvry et d'Ollon,

---

1. Voir cet acte aux pièces justificatives, n° 14.
2. Rodolphe figure comme abbé d'Abondance dans l'acte de fondation de l'abbaye de Sixt, en 1144; Dom. Besson, *Mémoires pour l'histoire ecclésiastique des diocèses de Savoie*, 1759, p. 102.
3. Cet acte, conservé aux archives de l'Abbaye, a été publié dans *Historiæ patriæ Monumenta, Chartarum*, t. II, col. 367, et dans le *Regeste Genevois*, n° 343.

qui depuis cinq siècles appartenaient à l'Abbaye, les exactions les plus odieuses, s'emparant des biens de ceux qui mouraient sans héritiers, défendant aux veuves de se remarier à moins de lui compter une somme considérable, pressurant en un mot les populations par tous les moyens en son pouvoir; il avait même étendu ses rapines jusque sur le territoire de Vétroz. Voulant mettre un terme à un pareil état de choses, Louis, évêque de Sion, vint à Saint-Maurice, et là, en présence de Rodolphe et de tous les religieux, il rendit une sentence (5 avril 1157) qui condamnait Guillaume et réintégrait l'abbé de Saint-Maurice dans tous ses droits. Quelques années plus tard, le peuple du Valais faisait justice de ces oppresseurs et les envoyait en exil [1].

Après l'élection du pape Alexandre III (1159), un nouveau schisme vint désoler l'Église. L'évêque de Sion était un des plus zélés partisans de l'antipape Victor IV[2], tandis que l'abbé Rodolphe, tout dévoué au pape légitime, donnait les témoignages les plus éclatants de l'abnégation et de la fidélité. Il voulut aller à Rome, malgré les dangers que présentait le voyage dans un pays occupé par les troupes de l'empereur Frédéric Barberousse, dont la fureur poursuivait impitoyablement les défenseurs d'Alexandre III. Vers la fin de 1160, Rodolphe partit, traversa les montagnes du Grand-Saint-Bernard, et arriva à Gênes; il était accompagné par un religieux de l'abbaye d'Arrouaise, en Flandre. Apprenant qu'il y avait le plus grand péril à s'aventurer sur les routes, les voyageurs s'embarquèrent et prirent terre entre Livourne et Volterra. Après avoir été attaqués et dépouillés, ils arrivèrent à Pise, et là ils se séparèrent pour se mettre à la recherche du souverain pontife, qui avait quitté Rome. Enfin, à la suite de nombreux événements inutiles à raconter ici, ils parvinrent à se réunir de nouveau et à regagner Gênes, où ils rencontrèrent le pape en janvier 1162. Alexandre III, qui les croyait perdus, leur fit oublier les souffrances de ce long voyage par la bonté toute paternelle de son accueil. Rodolphe et son compagnon passèrent quelques jours à la cour pontificale, puis revinrent l'un et l'autre dans leurs abbayes[3].

Rodolphe est encore témoin, en 1167, de la donation faite par l'évêque de Genève à l'abbaye de Sixt, et en 1168, le 29 décembre, d'une transaction entre le monastère du Reposoir et les frères Turumbert[4].

Rodolphe mourut dans le courant de l'année 1169.

---

1. Les archives de l'Abbaye contiennent un grand nombre de pièces relatives à tous les différends suscités par la famille de La Tour.

2. Voir dans l'ouvrage du chanoine Boccard, *Histoire du Valais*, in-8°, Genève, 1844, p. 49, les événements qui furent la conséquence de la coupable conduite de l'évêque de Sion.

3. Voir pour les détails de ce voyage le récit de la translation des reliques de sainte Monique d'Ostie à Arrouaise, par Walter, chanoine régulier d'Arrouaise; *Acta Sanctorum, Maii*, t. IV, p. 486-493.

4. Ces deux pièces, conservées aux archives de l'Abbaye, ont été publiées : la première dans Dom Besson, *Preuves*, n° 31, et dans le *Regeste Genevois*, n° 381 ; la seconde dans la *Revue Savoisienne*, février 1866, et dans le *Regeste Genevois*, n° 384 *bis*.

BORCARD.

(1169-1178.)

Borcard, d'après ce que nous apprennent les notes laissées par l'abbé Milès, eut une prédilection toute particulière pour Vérolliez. Il fit réparer la chapelle élevée sur le lieu du martyre, et construisit tout auprès une maison destinée aux chanoines convalescents. Il professait une telle vénération pour le sol arrosé du sang des Thébéens qu'il aurait voulu pouvoir y transporter l'Abbaye.

L'abbé Borcard est compris au nombre des prélats consultés par saint Pierre, archevêque de Tarentaise, alors que, retiré à la Chartreuse de Grenoble (1170), il s'occupait à rédiger les constitutions de ses religieux. L'abbé de Saint-Maurice figure dans l'acte à côté des évêques de Sion, d'Aoste et de Belley, et des abbés d'Abondance et de Tamié.

En 1174, Borcard parvint à obtenir une réparation d'Amédée Ier, comte de Génevois, qui, après de longs démêlés avec l'évêque de Genève, avait dévasté complétement le domaine de Commugny, placé dans son voisinage et dépendant de l'Abbaye. Il retenait en outre tous les cens dus à l'abbé, et celui-ci sut faire naître le repentir dans l'âme d'Amédée Ier, qui, par acte du 23 août de la même année, donna à l'abbé et au chapitre le droit de péage à percevoir sur les faux, aciers et pierres à aiguiser, au passage du pont de Saint-Maurice [1].

Borcard obtint en 1177 le règlement de certaines contestations soulevées à propos de la vallée de Bagnes. Le comte de Savoie y possédait la haute juridiction, le *receptus* dont il a été déjà question, et différents autres droits; l'Abbaye en possédait aussi, mais tous ces droits étaient mal définis et devenaient la source de conflits journaliers. Humbert III, ne voulant pas léser les chanoines d'Agaune, mais désireux cependant de rétablir ses finances obérées par l'expédition de son père en Terre-Sainte, céda à l'Abbaye tous ses droits sur la vallée de Bagnes pour la somme de mille sols mauriçois [2]. Il se réserva la faculté de rentrer dans les droits qu'il concédait en restituant la somme reçue, s'enga-

---

1. « Ipse comes donavit funditus et in perpetuum monasterio Agaunensi, in clusa de sancto Mauricio, peagium « totum et integrum de bacinis et de assirio et de petris que acuunt. . . . . » La donation, conservée aux archives de l'Abbaye, est publiée dans *Historiæ patriæ Monumenta, Chartarum*, t. II, col. 1044, et dans le *Regeste Genevois*, n° 394.

2. La monnaie mauriçoise est la troisième frappée par les princes de Savoie. Monnaie d'Aiguebelle sous Oddon; monnaie de Suze sous Humbert II; enfin, sous Humbert III, les actes font mention pour la première fois de deniers mauriçois, qui se frappaient à Saint-Maurice et avaient cours légal après avoir été reconnus par l'évêque de Sion.

geant en pareil cas à ne rien réclamer des droits dont l'Abbaye jouissait au temps d'Amédée III. Le comte promettait en outre de payer les redevances appartenant au fief de l'Abbaye et qui avaient été injustement perçues par Guillaume de La Tour. En dernier lieu, Humbert III, qui prétendait avoir droit de justice dans les maisons des hommes de l'Abbaye situées en dehors de la grande rue de Saint-Maurice, décida qu'on s'en rapporterait au témoignage des bourgeois[1] et que les choses seraient remises dans l'état où elles étaient sous le règne de son père. Des otages furent donnés; le prince prêta le serment solennel de maintenir cette transaction, en présence de l'archevêque de Tarentaise, qui le menaça d'excommunication dans le cas où il violerait le contrat[2].

La donation de l'église de Saint-Aubin, au canton de Fribourg, faite à l'Abbaye en 1176 par Landry, évêque de Lausanne, nous montre quelle était alors la renommée de l'antique Maison. On peut en juger par les expressions dont se sert le prélat donataire; il la proclame comme n'étant pas « une parmi les églises, mais, pour ainsi dire, comme la « seule au-dessus des autres et méritant les respects du monde entier, à cause des reliques. « des martyrs Thébéens[3]. »

En 1178, le comte de Génevois, tout à fait revenu à des sentiments pacifiques, prête hommage entre les mains de Borcard, et reconnaît tenir à fief de l'Abbaye plusieurs châteaux et domaines[4].

Après neuf années d'administration, l'abbé Borcard, frappé de cécité, résigne ses fonctions, du consentement du chapitre, en faveur d'un jeune chanoine nommé Guillaume, qui donnait les plus grandes espérances. L'acte de résignation de Borcard doit avoir été signé dans le courant de 1178 ou au commencement de 1179, puisque dès le mois de mars de cette dernière année une bulle pontificale était adressée à son successeur.

Le vénérable aveugle conserva néanmoins son titre, et nous le voyons figurer en 1183, comme témoin et en qualité d'abbé, dans la sentence portée par Robert, archevêque de Vienne, pour régler le différend existant entre l'évêque de Genève et le comte de Génevois.

---

1. Le titre de bourgeois donné aux habitants de Saint-Maurice et leur intervention dans ce compromis entre l'abbé et le souverain territorial prouvent que déjà à cette époque la commune était organisée. Il y aurait dans cette question un sujet d'études nouvelles, et peut-être trouverait-on dans les archives de l'hôtel de ville de Saint-Maurice des documents d'un haut intérêt.

2. L'original de cet acte important existe dans les archives de l'Abbaye; il a été publié par Guichenon, *Histoire de la maison de Savoie, Preuves*, p. 40, et par le *Gallia christiana*, t. XII, col. 492.

3. « Quam non sicut unam de cœteris, sed quasi solam præ cœteris. . . . . Thebæorum martyrum corpora « spectabilem toto mundo reddant. . . . . » Pièce originale conservée aux archives de l'Abbaye.

4. L'original de l'acte existe dans les archives; il a été publié dans *Historiæ patriæ Monumenta, Chartarum*, t. II, col. 1066, et dans le *Regeste Genevois*, n° 407.

GUILLAUME Ier.

(1179-1198.)

A peine Guillaume eut-il pris possession du siége abbatial que le souverain pontife,
Alexandre III, suivant l'exemple de ses prédécesseurs, confirma à l'Abbaye tous ses priviléges, toutes ses possessions, et la plaça sous la protection spéciale et immédiate de saint
Pierre. La bulle, donnée à Latran, le 14 mars 1178[1], mentionne les noms de toutes les
églises qui dépendaient de l'Abbaye, sans oublier l'église de Saint-Maurice d'Aigle, con-
damnant ainsi de nouveau les injustes prétentions des évêques de Sion[2]. La même bulle
déclare aussi en termes formels que l'Abbaye est soumise seulement au Saint-Siége et
qu'elle est exempte de toute autre juridiction.

Deux autres bulles émanant, l'une de Clément III (juin 1189)[3], et l'autre de Célestin III (avril 1196)[4], vinrent confirmer celle d'Alexandre III, dont elles ne sont, à vrai dire,
que la reproduction. Célestin III ajoute cependant quelques noms nouveaux à l'énumération des églises dépendantes de l'Abbaye, et mentionne la concession du droit de *tabernagium*[5] dans la ville de Semur.

L'abbé Guillaume reçut dans le courant du même mois (avril 1196) une troisième
bulle de Célestin III, par laquelle, voulant « faire connaître la liberté et la dignité de l'ab-
« baye de Saint-Maurice par un privilége et un ornement particuliers, et aussi récom-
« penser son dévouement au Saint-Siége et les mérites éclatants de son abbé, » le souverain pontife accorde à Guillaume et à ses successeurs l'usage de la mitre et de l'anneau
pour la célébration de la messe dans leur église aux jours de fête[6].

Nous avons vu que depuis des siècles déjà l'Abbaye avait des possessions en France,
dans le diocèse d'Autun. Les abbés de Saint-Maurice en surveillaient l'administration et y
faisaient des visites. Guillaume se rendit à Semur en 1198, et y mourut le 9 juillet, à un
âge assez peu avancé. C'est sans doute pendant son séjour au prieuré de Saint-Jean
(à Semur) qu'un acte important, conservé à l'Abbaye, fut stipulé; je me bornerai à en

1. Voir cette bulle aux pièces justificatives, n° 15; elle est datée du 11 des ides de mars 1178, mais elle
appartient, suivant notre manière de compter, à l'année 1179; Pâques tombait cette année-là le 26 mars.
2. Revoir la pièce justificative n° 14.
3. La bulle existe dans les archives de l'Abbaye.
4. Voir cette bulle aux pièces justificatives, n° 16.
5. Droit sur les cabaretiers et maîtres d'hôtel qui transgressaient les ordonnances sur la vente des vins, dont
le prix était fixé chaque année par le seigneur.
6. Voir cette bulle aux pièces justificatives, n° 18.

donner ici la substance. Othon, comte de Bourgogne, concède aux chanoines d'Agaune tout le bénéfice de sa chapelle, en y joignant le don d'une famille de ses hommes de Semur; il confirme en outre les donations déjà faites de moulins, de *tabernagium*, et veut que l'église du prieuré jouisse des mêmes priviléges que l'église de Saint-Bénigne de Dijon. Enfin il prend sous sa protection spéciale les hommes du prieuré, soit dans son château, soit au dehors, soit sur la terre de Chevigny. En retour de toutes ces donations, il demande que les chanoines célèbrent chaque jour une messe à son intention.

Les archives de l'Abbaye contiennent une nombreuse série d'actes se rattachant à l'administration de l'abbé Guillaume et qui se composent de donations, d'échanges et de transactions de toute nature.

GONTHÈRE.

(1198-1203.)

Gonthère, chanoine de Saint-Maurice et de la collégiale de Saint-Pierre et Saint-Ours à Aoste, fut élu pour succéder à Guillaume. Il fut chargé par le pape Innocent III, conjointement avec l'archevêque de Tarentaise et l'évêque de Genève, de la réforme du monastère du Mont-Joux (Grand-Saint-Bernard). D'après les dispositions du bref pontifical, les délégués du Saint-Siége devaient interdire les moines qui s'y trouvaient et leur substituer d'autres religieux. L'abbé de Saint-Maurice était plus particulièrement désigné pour diriger et inspecter la réforme [1].

Dès le début de son administration, de graves difficultés s'élevèrent entre Gonthère et Thomas Ier de Savoie à propos de leurs droits respectifs sur la vallée de Bagnes. A la prière de l'abbé, les évêques de Genève et de Sion se rendirent à Saint-Maurice, et là, en présence des députés du comte, ils entendirent les dépositions des témoins. Cette enquête [2] (11 septembre 1198) prouve que dès le temps de l'abbé Hugues, ou tout au moins sous l'abbé Rodophe, l'Abbaye possédait les droits de bans et de justice ainsi que les pâturages, depuis le pont de Saint-Brancher jusqu'au sommet de la vallée. L'enquête constate aussi les droits du comte, parmi lesquels sont comprises la chevauchée et la manœuvre au château de Chillon.

L'abbé Gonthère mourut le 1er septembre 1203 [3].

1. On ignore le résultat de cette réforme ; peut-être était-elle provoquée par des divisions semblables à celles qui se manifestèrent en 1752.

2. L'original de l'acte d'enquête est conservé aux archives de l'Abbaye.

3. « Kal. septembris, obiit Guntherus abbas sancti Mauricii, et canonicus istius ecclesie. » Nécrologe de la collégiale de Saint-Pierre et Saint-Ours, à Aoste.

AIMON.

(1204-1223.)

Dès la première année de son élection, l'abbé Aimon renouvela avec les chanoines de l'abbaye de Notre-Dame de Châtillon, diocèse de Langres, le traité d'union qui existait depuis longtemps entre les deux monastères; l'acte est du 10 juillet 1204[1].

En 1210, Guillaume, comte de Ponthieu et de Montreuil, donne à l'Abbaye treize livres parisis à prendre chaque année, à la foire de Troyes, sur la halle d'Abbeville, pour l'achat de vingt aunes (aune de Provins) d'écarlate destinées aux camails des chanoines, et en outre une rente annuelle de huit sols payable sur quatre bancs de boucherie à Abbeville. En échange de cette donation, les chanoines abandonnent au comte tous leurs droits dans le comté[2]. La donation du comte de Ponthieu fut approuvée et confirmée par une bulle du pape Honorius III, donnée à Latran le 5 mai 1220[3].

L'abbé Aimon recevait en 1219, de Guillaume, comte de Vienne, une donation de deux bouillons ou cuites de sel, *duos bulliones salis*, à prendre chaque année, du 1er avril à la Saint-Michel, sur les chaudières de son frère Gaucher, seigneur de Salins[4].

Malgré les déclarations formelles contenues dans les bulles des souverains pontifes, qui avaient toujours attribué à l'Abbaye la propriété de l'hôpital Saint-Jacques, situé à Saint-Maurice, les comtes de Savoie avaient conservé jusqu'à l'époque où nous sommes parvenus des prétentions sur cette dépendance du Monastère. Thomas Ier sut reconnaître la légitimité des droits de l'Abbaye, et remit à l'abbé Aimon un acte de renonciation pleine et entière[5].

Le même prince, voulant déterminer d'une façon précise ses droits et ceux de l'Abbaye sur la vallée de Bagnes, afin d'éviter à l'avenir toute occasion de discorde, fit avec Aimon, le 4 juillet 1219, une nouvelle transaction dont voici les principales clauses. Lorsque le comte réside entre le Mont-Joux et Brest[6], il est seigneur de la vallée de Bagnes et de ses habitants, depuis le pont de Saint-Brancher jusqu'au sommet de la vallée; la chasse, les forêts, les bans, la justice, les pâturages, le cours de la grande eau lui appar-

---

1. Ce traité d'union est conservé aux archives de l'Abbaye.
2. Voir cette donation aux pièces justificatives, n° 19.
3. Voir cette bulle aux pièces justificatives, n° 21.
4. Voir cette donation aux pièces justificatives, n° 20.
5. Cet acte existe dans les archives de l'Abbaye; il porte la date du 8 novembre 1217.
6. Petit village situé près de Saint-Gingolph, sur les bords du lac Léman.

tiennent. Dès que le comte est hors des confins déterminés, l'abbé est seigneur, et tout ce qui est énuméré plus haut lui appartient. L'abbé a le droit de percevoir, alors même que le comte est présent, les rentes de printemps et d'automne affectées au payement du devant d'autel en or, et conserve la juridiction sur les exceptés, *excusati*, au nombre de sept, y compris leurs familles. Le comte a toujours droit, présent ou non, à la chevauchée et aux hommes pour les manœuvres de Chillon. Ni le comte ni l'abbé ne peuvent exiger de subsides extraordinaires des hommes de Bagnes sans le consentement l'un de l'autre et sans les partager également [1].

Le comte Thomas Ier, qui avait hérité de l'affection de son père Humbert III pour l'Abbaye, multiplia les témoignages de sa sollicitude. Non content d'avoir signé les actes réparateurs que nous venons de lire, il exempta l'Abbaye, en 1221, de toute redevance pour le droit de sceau des lettres patentes que lui ou ses successeurs accorderaient aux religieux de la Maison [2]. Le 10 octobre 1227, il fit une dernière donation de cent sols mauriçois de rente à recevoir sur les moulins de Saint-Maurice [3], pour l'entretien d'un cierge qui devait brûler jour et nuit devant la châsse de saint Maurice.

Aimon [4] mourut le 23 août 1223.

NANTHELME.

(1223-1258.)

Lorsque Nanthelme prit les rênes du gouvernement de l'Abbaye, il trouva les finances en si mauvais état que la nourriture même des chanoines n'était point assurée; il fallait songer à reconstruire l'église abbatiale, qui menaçait ruine, et toute ressource faisait défaut. Afin de venir en aide à l'abbé et aux religieux aux abois, le pape Grégoire IX adressa un bref, en date du 3 décembre 1237, à tous les fidèles des diocèses de Lausanne, de Sion et de Genève, pour les engager à secourir l'Abbaye [5]. L'appel du souverain pontife fut entendu, les aumônes arrivèrent en abondance, et le comte de Savoie, Amédée IV, voulut y contribuer largement. En témoignage de reconnaissance pour la générosité du

---

1. L'original de cette transaction existe dans les archives de l'Abbaye.

2. L'acte original est conservé aux archives de l'Abbaye.

3. L'acte original existe dans les archives de l'Abbaye. Cette rente fut plus tard, en 1236, assignée par Amédée IV, fils de Thomas Ier, sur le *receptus* à Ollon et à Vouvry.

4 Aimon figure sur le nécrologe de la collégiale de Saint-Pierre et Saint-Ours, à Aoste. Quoiqu'il n'y soit pas désigné comme, *canonicus istius ecclesie*, ainsi que son prédécesseur Gonthère, doit-on conclure du seul fait de son inscription qu'Aimon était aussi chanoine de cette collégiale? Je ne le crois pas.

5. Le bref de Grégoire IX existe dans les archives de l'Abbaye.

prince, Nanthelme fit présent à Pierre, frère d'Amédée IV, de l'un des anneaux de saint Maurice. Les chanoines ne consentirent toutefois à la donation d'un « si précieux joel », dit une vieille chronique [1], que parce que le prince « leur sceut tant dire et leur alega tant « de raison qu'ilz furent contans de ly ballier le dict anel, par telle promesse et par telle « condicion que il ne le deust donner ny alyéner à nulluy ni à aultre, senon à droitte ligne « de la noble maison de Savoye, et que de hoir en hoir deust à venir et que tout dis le « chief de la noble maison de Savoye le deust porter en grande sollempnité et dignité [2]. » En retour, Pierre de Savoie fit rebâtir le clocher de l'Abbaye. Ce monument, qui n'a reçu aucune modification importante, est encore debout aujourd'hui ; il offre à l'archéologue un intéressant spécimen de l'art à la fois robuste et élégant qui a produit les édifices du commencement du XIIIe siècle.

La pénurie des finances de l'Abbaye n'avait pas empêché Nanthelme de préparer une magnifique demeure pour les reliques de saint Maurice, et avant de se préoccuper de lui-même et des moyens d'existence de ses chanoines, il n'avait eu d'autre but que de parvenir à faire exécuter la châsse en cuivre argenté et doré qui porte la date de 1225 et compte parmi les reliquaires les plus intéressants du Trésor.

En janvier 1243, Jean, comte de Bourgogne et seigneur de Salins, fit donation à l'église d'Agaune de vingt charges de sel, franches de tout péage, à prendre annuellement au puits de Salins. Dans le préambule de la donation, le comte déclare agir ainsi par pure aumône et pour participer à toutes les bonnes œuvres qui s'accompliront dans l'église des martyrs Thébéens [3].

Le comte Amédée IV fit, en 1245, entre les mains de Nanthelme, la reconnaissance formelle de l'ancien droit qu'avait l'Abbaye de stipuler les actes publics dans le Chablais, le Valais, l'Entremont et le bailliage de Chillon. Les actes ainsi passés [4] ne pouvaient être contestés ni par les représentants du comte ni par les tribunaux.

Une foule de grands personnages voulurent aussi secourir l'abbé d'Agaune et contribuer, par d'importantes donations, au rétablissement des finances de la Maison. Il faut citer parmi eux Guillaume, comte de Genève, Archimandus, comte de Kybourg, et Pierre de Pont-Verre [5].

---

1. Chronique manuscrite, fragments ; archives de l'Abbaye.

2. L'anneau de saint Maurice a été longtemps le signe de l'investiture dans la maison de Savoie, et il y fut toujours vénéré. Il a disparu à l'époque de la révolution française. La reine Marie-Christine, veuve de Charles Félix, disait qu'elle se souvenait parfaitement de l'avoir vu au château royal d'Aglié, près d'Ivrée.

3. L'original existe aux archives de l'Abbaye. Je donne, planche no XLIII, le sceau de Jean, comte de Bourgogne, seigneur de Salins.

4. Les nombreuses minutes conservées aux archives de l'Abbaye prouvent que l'on a longtemps usé de ce privilège.

5. Tous les actes des donations faites à cette époque existent aux archives de l'Abbaye.

Pierre de Savoie, qui avait pris le titre d'avoué de l'Abbaye, se fit céder par Nanthelme, en 1257, la maison de Commugny (diocèse de Genève) avec tous les biens situés dans la paroisse de Versoix; en échange, il concéda une rente annuelle de vingt-cinq livres mauriçoises assignées sur son *receptus*, à Bex, Liddes et Orsières [1].

Au mois de juin 1236, l'abbé Nanthelme avait assisté comme témoin à l'acte de fondation de l'hôpital de Villeneuve (sur le lac Léman). Cet établissement, érigé et doté par un prince de la maison de Savoie, était destiné, nous le verrons plus tard, à devenir une dépendance de l'Abbaye d'Agaune; la charte originale [2] est remplie de détails intéressants que je néglige à regret; mais il faut savoir se renfermer dans de justes limites.

Après avoir gouverné l'Abbaye pendant trente-cinq ans avec un zèle et une prudence qui lui attirèrent l'estime et l'affection générales, Nanthelme mourut le 30 octobre de l'année 1258.

GIROLD.

(1258-1275.)

L'église de l'Abbaye, située au pied même de la montagne, était souvent atteinte par la chute d'énormes blocs de rochers qui détruisaient les voûtes et mettaient en danger la vie des religieux et des pèlerins. Un des premiers actes de Girold fut, à l'exemple de Nanthelme, de réparer un désastre nouvellement survenu. Pour éviter le retour de ces accidents aussi terribles que fréquents, le chapitre forma le projet de construire l'église sur un terrain plus éloigné des rochers. Par un bref donné à Anagni le 13 février 1259 [3], le pape Alexandre IV encouragea les fidèles des diocèses de Tarentaise et de Besançon à concourir à cette œuvre.

La même année, Alexandre IV, par bulle du 6 mars [4], approuve tous les priviléges concédés par ses prédécesseurs, et confirme la propriété des biens et des églises appartenant à l'Abbaye. Cette bulle contient les noms de quelques possessions énumérées pour la première fois, et qu'il n'est pas inutile de signaler. Les voici : les dîmes, redevances, terres, vignes, prés, pêche, cours d'eau, pâturages, forêts, établis ou situés sur le territoire de Saint-Maurice; les églises de Saint-Aubin, de Saint-Maurice et de Saint-Jacques

---

1. L'original de ce contrat est conservé aux archives de l'Abbaye.
2. L'original de cette charte existe aux archives de l'Abbaye.
3. Voir ce bref aux pièces justificatives, n° 22.
4. L'original de cette bulle est conservé aux archives de l'Abbaye.

à Aigle, et de Salvan; les villages de Vuadens, Orons, Vouvry, Lavey, Mye; les fermes de Barges, des Islettes, de Vérossaz, de Bex, de Sallaz et de Lully. Le souverain pontife ordonne en outre de ne rien exiger de l'Abbaye et de ne saisir aucun de ses hommes sur ses terres.

En 1261 saint Louis, qui avait une dévotion particulière pour saint Maurice et ses compagnons, envoya demander à Girold quelques-unes des reliques des Martyrs. La requête du roi ayant été favorablement accueillie par le chapitre, l'abbé voulut apporter lui-même le présent destiné aux églises de France; il partit avec les envoyés royaux et accompagné de plusieurs chanoines de l'Abbaye.

Arrivé à Senlis, le cortége fut reçu en grande pompe aux portes de la ville; les reliques, conduites d'abord processionnellement à la cathédrale, où l'on célébra un service d'actions de grâces, furent déposées ensuite au château, dans la chapelle consacrée à saint Denis.

Mais comme cette chapelle ne lui semblait ni assez spacieuse ni assez magnifique, saint Louis résolut de fonder une église sous l'invocation de la sainte Vierge, de saint Maurice et de ses compagnons, afin de mieux honorer les reliques qu'il avait obtenues. Il chargea Robert, évêque de Senlis, de rédiger la constitution de la communauté qu'il voulait installer pour desservir l'église des Martyrs. Le prélat, en février 1261, donnait une charte réglant l'organisation intérieure du prieuré de Saint-Maurice de Senlis, surtout au point de vue de la juridiction épiscopale. Voici les principales clauses de cet acte, qui est conservé dans les archives de l'Abbaye [1]. La communauté du prieuré est composée de chanoines gouvernés par un prieur; ce prieur ne peut être élu par les chanoines que parmi eux ou parmi les religieux de l'abbaye d'Agaune. Les offices doivent être célébrés suivant le rite de la chapelle royale de Paris. Tous les droits que se réserve l'évêque diocésain sont ensuite énumérés avec soin.

Girold ne quitta pas la France sans emporter un précieux témoignage de la reconnaissance du roi; saint Louis lui donna, pour le Trésor de l'Abbaye, une épine de la sainte couronne enfermée dans une monstrance en orfévrerie, et accompagna son présent d'une lettre qui donne à ce reliquaire une incontestable authenticité [2].

Trois ans plus tard, le prieuré de Saint-Maurice de Senlis était achevé; le 1er juin 1264, l'évêque Robert, assisté de plusieurs prélats et en présence d'une foule de fidèles, célébrait la dédicace de la nouvelle église. Quelques mois après cette solennité, saint Louis donna la charte de fondation du prieuré de Saint-Maurice. Cette pièce contient un récit circonstancié de la réception des reliques dans la cité de Senlis; puis le roi sanctionne les dispositions proposées par l'évêque Robert, fixe le nombre des chanoines à

1. Voir la charte de Robert aux pièces justificatives, n° 23.
2. Voir la lettre de saint Louis aux pièces justificatives, n° 24, et planche n° xliv.

treize, y compris le prieur, décrète que la communauté suivra la règle de saint Augustin et que les religieux porteront l'habit des chanoines d'Agaune. Ensuite il détermine le nombre de messes qui devront être dites en mémoire de son père, de sa mère, pour sa famille et pour lui-même, l'ordre dans lequel tous les anniversaires seront célébrés et les aumônes distribuées. La charte est terminée par le dénombrement des biens affectés à la nouvelle fondation[1].

Les archives de la Maison renferment une série de contrats passés par l'abbé Girold; je me contente d'en analyser un seul, afin de démontrer la sollicitude et l'activité de son administration. Godefroy, seigneur de Challand, dans la vallée d'Aoste, était détenteur de fiefs relevant de l'Abbaye, et cherchait à se soustraire aux charges que lui imposait sa qualité de feudataire. La fermeté de Girold l'amena à reconnaître, par un acte de 1263, qu'il devait hommage à l'abbé et aux chanoines de Saint-Maurice pour le château de Graîne et pour divers autres domaines. Godefroy s'engagea en outre à payer les rede·vances mentionnées dans les anciens contrats et toutes celles que l'on pourrait découvrir dans la suite[2].

L'abbé Girold se rendit en 1274 au deuxième concile général de Lyon, avec le chanoine Pierre de Saint-Sigismond, prieur de l'Abbaye. Nous devons croire ou qu'il prolongea son séjour dans cette ville, ou qu'il y fut retenu par la maladie, car il y mourut le 6 mars de l'année 1275.

PIERRE Ier DE SAINT-SIGISMOND.

(1275-1286.)

Les anciens usages donnaient aux papes le droit de désigner les successeurs de tous les bénéficiers qui mouraient dans la résidence pontificale. L'abbé Girold étant mort à Lyon, et par conséquent en cour romaine, puisque le pape s'y trouvait encore, Grégoire X usa de cette prérogative et nomma, de son autorité apostolique, le chanoine Pierre de Saint-Sigismond, qui avait accompagné son abbé au concile.

Pierre était un vieillard vénérable, membre du chapitre depuis quarante-deux ans,

---

1. Voir cette charte aux pièces justificatives, n° 25. Ajoutons que la fondation du prieuré de Saint-Maurice et l'installation dans cet établissement de chanoines réguliers tirés de l'Abbaye furent approuvées par une bulle de Clément IV en date du 5 mai 1265.

2. L'original de cette reconnaissance existe aux archives de l'Abbaye.

et dont le souverain pontife avait pu, par lui-même, apprécier le mérite. Il fut béni à Lyon par les évêques d'Ostie et de Velletri. Une bulle datée de Lyon, 22 avril 1275, fut adressée à ses chers fils de la communauté d'Agaune par Grégoire X, qui, dans cette pièce, leur annonce la nomination de leur prieur à la dignité d'abbé, leur enjoint de le reconnaître comme tel et mande à tous, tant chanoines que sujets de l'Abbaye, d'avoir à obéir au nouveau supérieur, leur pasteur légitime [1].

Après la célèbre entrevue de Grégoire X et de Rodolphe de Habsbourg à Lausanne, en 1275, le pape retourna à Rome en passant par le Valais. Il visita l'Abbaye, passa quelque temps à Sion, d'où il data plusieurs bulles, puis franchit les Alpes par le Simplon, sans s'effrayer des dangers de la route [2].

Pierre de Saint-Sigismond ne laissa pas grandes traces de son passage au gouvernement de l'Abbaye, car les archives contiennent peu d'actes émanant de lui. Il mourut le 29 septembre 1286.

GIRARD Iᵉʳ.

(1286-1292.)

Dans le courant du XIIIᵉ siècle, il ne fut pas rare de voir les élections aux dignités ecclésiastiques faites par voie de compromis. En 1271, le pape Grégoire X avait été nommé ainsi par six cardinaux auxquels le sacré collège avait remis tous ses pouvoirs. C'est ainsi qu'après la mort de Pierre de Saint-Sigismond, le 18 octobre 1286, les chanoines d'Agaune choisirent trois d'entre eux, le sacristain, l'aumônier et le chantre, et les chargèrent d'élire le nouvel abbé. Les conditions du compromis étaient celles-ci : la nomination devait être faite avant l'extinction d'une bougie de cire allumée au début de la séance ; toute latitude était laissée aux délégués du chapitre sur le choix de la personne à désigner, ils pouvaient la prendre soit au sein de la communauté soit partout ailleurs ; les chanoines s'engageaient à approuver l'élection. Ces conditions une fois établies et acceptées, les trois délégués sortirent de la salle capitulaire pour délibérer ; ils y rentrèrent presque aussitôt et déclarèrent qu'ils avaient, à l'unanimité, choisi pour abbé Girard, chanoine régulier, prieur de Saint-Bernard de Troyes, maison dépendante de celle du Mont-Joux.

---

1. L'original de cette bulle existe aux archives de l'Abbaye.
2. . . . . . . « Intrepide superavit pontes discriminosos montis Brigensis. . . . » Note de l'abbé Milès.

L'élection fut unanimement reconnue par le chapitre avant même que le cierge eût cessé de brûler, puis annoncée solennellement par le son des cloches et le chant du *Te Deum.*

L'acte d'élection adressé au pape Honorius IV est signé par seize prêtres, trois diacres et deux sous-diacres, qui composaient alors le personnel de l'Abbaye [1].

Girard gouverna l'Abbaye pendant près de six années sans qu'aucun événement vînt donner quelque éclat à sa prélature, et mourut le 6 juin 1292.

JACQUES D'AYENT.

(1292-1313.)

Jacques d'Ayent, issu de l'une des premières familles du Valais, était chanoine et chantre de l'Abbaye lorsqu'il en fut nommé abbé, le 13 juin 1292, par vingt-deux capitulants.

Ses deux prédécesseurs immédiats avaient demandé à Rome la confirmation de leur élection. Jacques ne voulut pas laisser s'établir un précédent qui, dans son opinion, portait une atteinte profonde aux priviléges de l'Abbaye, si souvent reconnus et ratifiés par les papes ; priviléges qui constataient et la liberté de l'élection et la faculté pour le nouvel élu de se faire bénir par le souverain pontife ou par un évêque de son choix [2]. Il consulta sur cette question deux docteurs en droit de Bologne ; ces jurisconsultes décidèrent qu'en vertu des priviléges accordés, les abbés de Saint–Maurice pouvaient se faire bénir après l'élection du chapitre, sans attendre la confirmation du Saint-Siége, et ce, nonobstant l'exemple donné par Pierre de Saint-Sigismond et Girard. Cette consultation fut approuvée par trois autres docteurs de la même université. Néanmoins les successeurs de Jacques d'Ayent se virent forcés de demander au souverain pontife la confirmation de leur élection et de payer les droits de chancellerie.

L'abbé Jacques déploya une grande énergie dans sa résistance contre le roi Philippe

---

1. Voir cet acte aux pièces justificatives, n° 26.

2. On trouve dans la plupart des bulles les expressions suivantes : « Obeunte ejusdem loci abbate, nullus « ibi. . . . . . præponatur, nisi quem fratres communi consensu vel fratrum major pars. . . . . secundum Dei « timorem et beati Augustini regulam providerint eligendum. Electus autem a romano pontice vel a quocumquo « maluerit catholico episcopo munus benedictionis accipet. . . . . . »

le Bel, qui, à dater de l'année 1296, avait élevé les prétentions les plus exagérées sur le domaine de Bracon [1]. L'ambition du monarque dut céder devant la fermeté de l'abbé, et le 2 février 1303 [2] Mahault, comtesse d'Artois et de Bourgogne, prêtait hommage à Bracon même, entre les mains de Jacques, en reconnaissant tous les droits de l'Abbaye en vigueur jusqu'à ce moment. '

Si Jacques fut aussi ardent à défendre les domaines de l'Abbaye, il se montra beaucoup moins zélé pour maintenir la discipline, que son rang dans le monde et ses habitudes de famille ne l'avaient guère disposé à pratiquer; aussi créa-t-il les plus graves embarras à ses successeurs par quelques ordonnances imprudentes. En 1312, il fut l'instigateur d'un statut capitulaire [3] permettant à tout chanoine de la Maison d'acquérir des biens, d'en jouir durant sa vie sans contestation, à la charge de les léguer par testament à l'un des offices de l'Abbaye. Les considérants du statut déclarent que cette mesure est prise afin d'encourager les religieux à économiser le plus possible; c'est-à-dire que, sous prétexte d'enrichir la communauté, il était permis aux chanoines de rentrer dans le monde par le plus mauvais côté, par l'intérêt et l'avarice. Cette fatale décision fut un premier pas vers la dissolution de la vie commune; elle engendra les prébendes du sacristain, du chantre, de l'aumônier, et aussi celles de presque tous les autres offices. La suite du récit montrera au prix de quelles tribulations et de quelles épreuves les abbés parvinrent plus tard à déraciner ces abus.

La même ordonnance apportait aussi à la table commune des modifications qui nous font voir à quel point l'abstinence, perpétuelle sous l'abbé Rodolphe, était encore rigoureuse pendant l'Avent et pendant le Carême; elles prouvent aussi que la viande était permise aux chanoines les dimanches et les jeudis seulement durant tout le reste de l'année. Jacques étendit cette permission aux jours des fêtes principales et aux lendemains de Noël, de Pâques et de la Pentecôte.

A cette époque, la tunique des chanoines était confectionnée en drap gris des fabriques du pays. Une donation de 1297 en fournit la preuve [4]; par cet acte, la sœur d'un chanoine d'Agaune lègue une rente annuelle de quatre livres, à condition d'en employer le montant à l'achat de quatre-vingts aunes de drap gris. Le sacristain était tenu de des-

---

1. Voici quelle était l'origine du conflit avec le roi de France; en 1295, Othon, comte de Bourgogne et seigneur de Salins, avait fiancé à Philippe, deuxième fils du roi, Jeanne, sa fille, issue de son mariage avec Mahault, comtesse d'Artois. En faveur de cette union, Othon s'était engagé à délivrer immédiatement et sans retour le comté de Bourgogne, qu'il constituait en dot, à Philippe le Bel, administrateur des biens de son fils. Quelques années plus tard, Othon eut un fils dont la naissance le décida à révoquer, en 1302, la donation faite antérieurement à sa fille Jeanne, et le roi de France se résigna à cette révocation sans recourir aux armes.
2. L'acte de reconnaissance existe aux archives de l'Abbaye.
3. L'original de cet acte est conservé aux archives de l'Abbaye.
4. Cette donation existe aux archives de l'Abbaye.

tiner quatre aunes à la tunique de chaque chanoine, et à la fin de l'année les religieux remettaient à l'aumônier, pour les pauvres, leurs vêtements hors de service [1].

En signant l'acte capitulaire de 1312, Jacques était cependant moins coupable que s'il eût introduit une innovation dans l'Abbaye, car il se bornait, par faiblesse, à sanctionner un abus pratiqué déjà depuis quelque temps. En effet, nous voyons par un acte de 1307 [2], l'aumônier de Saint-Maurice se rendre acquéreur d'un bien dans la paroisse de Val-d'-Illiez. Dans le même contrat, ce dignitaire exprime la volonté de jouir de ce domaine pendant toute sa vie et de le laisser à sa mort au chanoine sacristain, sous certaines conditions stipulées dans le contrat.

Malgré la droiture de ses intentions et quoiqu'il fût doué d'une intelligence supérieure, Jacques d'Ayent prépara de mauvais jours à ceux qui devaient prendre après lui le gouvernement de la Maison. Il mourut le 29 octobre 1313, après avoir occupé le siége abbatial pendant vingt et un ans.

BARTHÉLEMY Ier.

(1313-1348.)

Le chapitre fut assemblé le mardi 18 décembre 1313, afin de procéder à la nomination d'un abbé. On eut recours à un compromis semblable à celui qui avait précédé l'élection de Girard, mais cette fois les mandataires du chapitre ne furent pas tous pris dans son sein. Pierre de Collombey, chanoine-sacristain, Rodolphe de Chastonay, recteur de la maison d'Aigle, Jean Bonnetti, chanoine et official de Sion, et Rodolphe de Fochiaux, official d'Aoste, acceptèrent la délégation. Avant que le cierge allumé dans la salle capitulaire fût consumé, leur choix était fixé sur le docteur Barthélemy, prieur de Sainte-Marie de Suze, de l'ordre de saint Augustin. Le chanoine Bonnetti dressa l'acte de l'élection [3], qui fut approuvée et annoncée, comme d'usage, aux habitants de Saint-Maurice par le son des cloches et par un *Te Deum* solennel.

Clément V, par une bulle [4] donnée à Avignon le 1er février de l'année suivante, confirma l'élection ainsi que les priviléges de l'Abbaye.

---

1. Le prévôt d'Interlaken, dans une lettre du 10 janvier 1425, dit que les plus anciens de ses chanoines se souvenaient d'avoir vu leurs confrères de Saint-Maurice habillés chez eux *rubricatis vestibus*. On a conclu des termes de cette lettre que des vêtements rouges avaient succédé aux tuniques grises; pour moi, je suppose qu'il faut tout simplement traduire les *rubricatis vestibus* par les camails de couleur écarlate.

2. L'original de ce contrat existe aux archives de l'Abbaye.

3. L'acte original de cette élection existe aux archives de l'Abbaye.

4. La bulle originale est conservée aux archives de l'Abbaye.

L'influence et le crédit des comtes de Savoie, qui manquaient rarement de recom-
mander une de leurs créatures au suffrage des chanoines, fut sans doute la cause déter-
minante de la nomination de personnages étrangers à la communauté, fait qui se produisit
pendant une assez longue série d'années. Barthélemy, membre du conseil du comte de
Savoie, était un homme de grande vertu et d'un rare mérite. Il fut béni à Suze, dans
l'église Saint-Just, avant de se mettre en route pour venir à Saint-Maurice prendre possession de son siége abbatial. Jusqu'à lui les supérieurs de la Maison n'avaient sur leur
sceau que l'effigie d'un abbé mitré bénissant d'une main, et de l'autre tenant le bâton pas-
pastoral; Barthélemy, le premier, y fit graver les armoiries de sa famille.

Le nouvel abbé reçut dans le Monastère Bernard, archevêque de Tarentaise, qui,
visitant le diocèse de Sion en qualité de métropolitain, passa la nuit du 11 mai 1320 à
l'Abbaye. Le prélat, voulant éviter que l'accueil affectueux dont il avait été l'objet pût
préjudicier aux priviléges de ses hôtes, leur remit, en les quittant le lendemain, un acte
testimonial [1] par lequel il déclarait que cette réception ne faisait acquérir à ses successeurs
aucun droit de visiter ce Monastère *exempt*.

A cette époque, les propriétés et les droits de la maison de Mont-Joux (Grand-Saint-
Bernard) étaient en butte aux usurpations de quelques grands personnages ecclésiastiques
et laïques. A la requête du prévôt et des religieux de la communauté, le pape Jean XXII
adressa aux abbés d'Agaune, de Goille en Franche-Comté, et au prévôt de Verrès (vallée
d'Aoste) un diplôme daté d'Avignon, le 1er février 1323. Dans cet acte, le souverain pontife les constitue tous trois, ou deux d'entre eux, ou même un seul, juges et conservateurs
des droits de cette maison. Le pape les autorise en outre à décider sommairement, à con-
traindre les usurpateurs, quels qu'ils soient, à la restitution, soit par autorité du Saint-
Siége, soit au besoin en invoquant le secours du bras séculier.

En 1328, Mahault, comtesse d'Artois et de Bourgogne, pour accomplir les dernières
volontés d'Othon, son époux, fit en faveur de l'hôpital de Bracon donation d'une rente
affectée aux aumônes. Ces aumônes devaient être distribuées par le chanoine de Saint-
Maurice, qui, d'après les termes de l'acte de fondation, était institué directeur de l'établissement. Cette pièce, écrite en vieux français et officiellement adressée au chapitre de
l'Abbaye, m'a paru présenter assez d'intérêt pour être transcrite; le lecteur la trouvera
parmi les pièces justificatives [2].

Philippe de Gastons, évêque de Sion, vint en 1342 faire une visite à Saint-Maurice et
y passer la nuit. A l'exemple de l'archevêque de Tarentaise, il délivra aux religieux, le jour
de son départ, une déclaration conçue à peu près dans les mêmes termes [3]. De pareils

[1] Voir cette déclaration aux pièces justificatives, nº 27.
[2] Voir aux pièces justificatives, nº 28.
[3] Voir la déclaration de Philippe aux pièces justificatives, nº 29.

témoignages ne prouvent-ils pas jusqu'à l'évidence les droits de l'Abbaye, et ne condamnent-ils pas toutes les usurpations renouvelées avec une persistance sans égale par les successeurs de Philippe?

Dans un des nombreux épisodes des querelles qui armèrent les uns contre les autres les habitants de Conthey et de Savièze, villages placés sur les confins du Bas-Valais et du Haut-Valais, Vétroz fut attaqué et dévasté. Ces événements se passaient sous le gouvernement de Barthélemy, qui prit aussitôt des mesures pour indemniser le chanoine de Saint-Maurice, prieur de Vétroz, des pertes occasionnées par l'incendie et le pillage. Sur la proposition de l'abbé, un chapitre tenu en 1344 accorda au prieur, à titre de bénéfice personnel, la plus grande partie des cens et des rentes que l'Abbaye possédait dans les paroisses de Vétroz, Conthey, Plan-Conthey, Nenda et Clèbes.

A peine avait-on statué sur le secours accordé au prieur de Vétroz, qu'un désastre bien autrement terrible vint fondre sur l'Abbaye elle-même. Le 25 mars 1345, un violent incendie éclata à Saint-Maurice et réduisit en cendres la ville, l'église et la maison abbatiales. Toujours infatigable pour ce qui touchait aux intérêts spirituels ou temporels de la communauté, Barthélemy, malgré son grand âge, montra tout son dévouement et renonça à presque tous ses revenus pour venir en aide aux habitants. Tout en donnant cette preuve de désintéressement, il restait encore à la mense abbatiale la ferme de Sallaz libre de toute charge, et le revenu de deux prébendes suffisant pour entretenir un aumônier, un écuyer, un clerc un domestique, un cuisinier, deux aides et trois chevaux. On peut conclure de là que l'état des finances de la Maison était redevenu prospère.

L'abbé Barthélemy, parvenu à la vieillesse et fatigué par une administration de trente-cinq ans, se décida à résigner en cour romaine à la fin de 1347 ou dans le commencement de janvier 1348. Les regrets unanimes de la communauté le suivirent dans la retraite.

BARTHÉLEMY II, JUSTI.

(1348-1356.)

Le pape Clément VI s'était expressément réservé la libre disposition de tous les bénéfices qui viendraient à vaquer en cour pontificale. Dans sa bulle du 9 janvier 1348[1], adressée aux chanoines d'Agaune, il rappelle que l'Abbaye est immédiatement soumise

1. L'original de cette bulle existe aux archives de l'Abbaye.

au Saint-Siége, et nomme pour succéder à Barthélemy Ier un second Barthélemy, chanoine régulier d'Oulx (*Ulciensis monasterii*) dans le diocèse de Turin.

Le nouvel abbé appartenait à la famille Justi; il était, comme son prédécesseur, originaire de Suze; aussi est-ce dans cette ville, le 8 juin 1348, qu'il fut béni. La cérémonie eut lieu dans l'église Saint-Just, de l'ordre de saint Benoît.

La prélature de Barthélemy II ne fut signalée par aucun fait important, et les actes passés pendant le cours de son administration ne présentent aucun intérêt au point de vue de l'histoire de la Maison; cet abbé mourut le 8 mai 1356.

JEAN Ier, BARTHOLOMÉI.

(1356-1376.)

Jean Bartholoméi était chanoine d'Agaune en 1347, et il est à présumer que son élection fut canonique. A défaut de l'acte d'élection, qui a disparu des archives de l'Abbaye, on en est réduit aux conjectures sur cette question.

L'un des faits les plus mémorables survenus dans le temps où Jean Ier gouvernait la Maison fut la visite de Charles IV, empereur d'Allemagne. Ce prince s'était rendu à Avignon afin de conférer avec le pape Urbain V, et comme son désir était de visiter Agaune en retournant dans ses États, il passa par la Savoie, et arriva à Saint-Maurice au commencement de l'année 1365, accompagné par Amédée VI, dit le Comte Verd. La piété avait conduit l'empereur au lieu du martyre de la légion Thébéenne, aussi voulut-il emporter un souvenir de sa visite. Cédant à ses instances, le chapitre lui donna un os du bras de saint Maurice et la hache qui avait servi au supplice du chef de la sainte légion. Charles se rendit ensuite à l'église de Saint-Sigismond, et voulut descendre dans la chapelle de saint Jean l'évangéliste, construite sous le chœur et où reposaient les restes de saint Sigismond depuis le jour où saint Venerandus les avait rapportés d'Orléans. L'abbé lui fit présent d'un fragment du crâne de ce roi, et en reconnaissance l'empereur donna à l'église la châsse en argent dans laquelle les reliques de saint Sigismond sont conservées aujourd'hui[1]. Charles IV professait une grande vénération pour la mémoire du roi bour-

---

1. Les reliques furent enfermées dans cette châsse par Édouard de Savoie, évêque de Sion, le 25 octobre 1380, et transférées de la chapelle basse sous le maître-autel. Ce reliquaire, qui devait être un gracieux spécimen de l'art du XIVe siècle, est devenu méconnaissable à la suite de réparations récentes exécutées avec une rare maladresse.

guignon, aussi appela-t-il du nom de Sigismond un fils né trois ans plus tard de son second mariage, et qui fut l'un de ses successeurs à l'empire.

Le comte Amédée VI, l'un des plus zélés protecteurs de l'Abbaye, lui fit donation, par acte daté de Morges le 9 mars 1375[1], de l'hôpital de Villeneuve avec tous les biens qui en dépendaient, ne se réservant que le patronage, c'est-à-dire le droit de présenter à la nomination de l'abbé le chanoine de Saint-Maurice appelé à exercer les fonctions de recteur. Ce dignitaire, une fois désigné, dirigeait l'établissement, ne devait rendre compte de sa gestion qu'au chapitre d'Agaune, et ne pouvait choisir pour desservants que des religieux portant l'habit de Saint-Maurice. Ces desservants étaient au nombre de six, quatre prêtres ou chapelains et deux clercs. Quelques années plus tard, le pape Clément VII approuva et confirma la donation du comte de Savoie.

Amédée VI donna une nouvelle preuve de sa munificence dans son testament dicté le 27 février 1383. Dans cet acte il ordonne à ses exécuteurs testamentaires de compter à l'Abbaye une somme de cinq cents florins d'or, destinée à la fondation d'une messe quotidienne à son intention et à l'entretien d'une lampe perpétuelle devant le maître-autel de l'église abbatiale. En outre, il exprime la volonté de faire reconstruire l'église d'Agaune et désigne les biens et les revenus applicables à cette dépense[2].

L'abbé Jean Bartholoméi mourut le 16 mars 1376.

GIRARD II, BERNARDI.

(1376-1378.)

Girard, issu de la famille noble des Bernardi de Savoie, était chanoine-sacristain du Monastère, lorsqu'il en fut élu abbé. De rares qualités se joignaient chez lui aux prérogatives de la naissance. Pendant le peu de temps qu'il gouverna l'Abbaye, malgré son âge déjà avancé, il déploya le zèle le plus ardent pour défendre les droits et soutenir les intérêts de la communauté; voici dans quelles circonstances :

---

1. L'original de cette donation existe aux archives de l'Abbaye.

2. « Item conventui et canonicis sancti Mauritii Agaunensis, tam pro una missa ibidem singulis diebus per-« petuo celebranda quam pro una lampade accensa tenenda perpetuo et continuo ante magnum altare dictæ « ecclesiæ . . . . . . quingentos florinos veteres semel dat et legat. Item ipse testator, ad sanctum Mauritium « Agaunensem habens affectionem merito singularem, vult disponit et ordinat quod ecclesia sancti Mauritii « prædicti fabricetur et ædificetur integriter de novo. . . . . . . etc. . . . . . » Guichenon, *Histoire de la maison de Savoie, Preuves*, p. 218.

Le châtelain du comte de Savoie à Saint-Brancher accablait de ses exactions les habitants de Bagnes et de Vollége, et déjà en 1376 il avait sommé toute la milice de la vallée d'avoir à comparaître à Saint-Brancher devant le bailli de Chablais. Ce dernier, mieux informé des droits de l'abbé d'Agaune, avait révoqué l'ordonnance et décidé que la revue se ferait à Bagnes, devant l'abbé ou par ses ordres. Ce premier avertissement ne rendit pas le châtelain plus circonspect; en effet, en 1377 l'abbé dut écrire[1] au comte de Savoie en formulant les plaintes les plus vives et les mieux fondées sur la conduite de son représentant, qui continuait à méconnaître les droits de l'Abbaye, à pressurer les habitants au nom du prince, à s'emparer des biens de ceux qui mouraient, en retenant prisonniers les héritiers légitimes. La requête contenait le récit circonstancié de toutes les vexations que cet officier faisait subir à la population. Amédée VI, cédant aux instances de Girard, fit droit sur-le-champ à la plupart des réclamations, réservant cependant son jugement sur deux ou trois questions qu'il désirait élucider à l'aide d'une enquête.

L'abbé Girard II ne vécut pas assez longtemps pour voir la fin de cette affaire, dans laquelle il avait montré l'activité et l'énergie d'un jeune homme, car il mourut, chargé d'années, le 13 juin 1378.

JEAN II, GARRETI.

(1378-1410.)

Jean Garreti, originaire du Piémont, chanoine d'Agaune, avait été d'abord prieur d'Aigle, puis recteur de l'hôpital de Villeneuve à partir de 1376; il occupait ce dernier poste lorsqu'il fut élevé à la dignité d'abbé[2].

Pendant la prélature de l'abbé Garreti, un schisme opiniâtre divisa l'Église; quinze cardinaux, soutenant que l'élection d'Urbain VI n'avait pas été libre, en firent une nouvelle et donnèrent leurs suffrages au cardinal Robert de Genève, qui prit le nom de Clément VII. On vit alors la chrétienté se partager entre les deux obédiences. Dans le Valais même, les deux concurrents avaient de chauds partisans; le Haut-Valais obéissait à l'évêque Guillaume de Rarogne nommé par Boniface IX, successeur d'Urbain VI, tandis que le Bas-Valais ne voulait reconnaître pour évêque que Jacques de Challand nommé par Benoît XIII, successeur de Clément VII.

---

1. La minute de cette requête existe aux archives de l'Abbaye.

2. L'acte d'élection ayant aussi disparu des archives, il est difficile de fixer le jour de la réunion du chapitre.

Jean Garreti avait embrassé le parti de Clément VII avec une telle ardeur, qu'il ne craignait pas de désigner publiquement Urbain VI sous le nom d'antipape. Il alla même jusqu'à dépouiller de sa prébende le sacristain de l'Abbaye, le regardant comme indigne de posséder aucun bénéfice, uniquement parce qu'il soutenait la cause d'Urbain VI. Benoît XIII, voulant récompenser le zèle de l'abbé d'Agaune, lui adressa, le 16 novembre 1406, une bulle dirigée contre les envahisseurs des biens de son Monastère [1].

On se souvient qu'en 1174, le comte de Génevois avait fait à l'Abbaye donation du droit de péage au pont de Saint-Maurice; en 1398, Jean II amodiait ce droit, pour huit années, à un bourgeois de la ville, moyennant le payement d'une somme de douze florins d'or [2].

Au commencement de l'année 1410, une église dépendante de l'Abbaye s'élevait sur les bords du lac Léman. Amédée VIII de Savoie, par acte du 23 février, fondait à Ripaille, près de la ville de Thonon, un prieuré auquel, indépendamment de l'église, de la maison et des biens qui les entouraient, il assignait pour dotation une rente annuelle de mille florins d'or, à prélever sur ses propres revenus. La nouvelle communauté se composait de quinze chanoines réguliers; le prieur, nommé par les chanoines, devait être présenté par les comtes de Savoie à l'abbé d'Agaune, qui était investi du droit de confirmer l'élection. On adoptait pour le prieuré de Ripaille la règle, les constitutions et l'habit en usage au monastère de Saint-Maurice.

Le pape Martin V, par bulle de l'année 1417, mit le nouveau prieuré sous la protection de saint Pierre, le déclarant exempt de la juridiction de l'archevêque de Vienne, métropolitain, et de celle de l'évêque de Genève, diocésain. Les droits de l'Abbaye consistaient uniquement dans la faculté de confirmer les prieurs et d'intervenir si la discipline se relâchait; en cette circonstance et sur la plainte formulée par le duc de Savoie [3], l'abbé avait les pouvoirs nécessaires pour réformer le prieuré selon la règle observée dans son Monastère et selon la discipline de l'ordre de saint Augustin.

L'abbé Jean II mourut le 22 novembre 1410 dans son château seigneurial de la vallée de Bagnes.

1. L'original de cette bulle existe aux archives de l'Abbaye.
2. L'original de ce contrat de vente est conservé dans les archives de l'Abbaye.
3. La Savoie venait d'être érigée en duché l'année précédente (19 février 1416) par l'empereur Sigismond, qui reconnut ainsi les services rendus à l'empire par Amédée VIII.

JEAN III, SOSTIONIS.

(1410-1427.)

Jean était fils d'Antoine Sostionis, conseiller d'Amédée VIII ; il avait été chanoine-sacristain d'Agaune avant d'être nommé abbé. Son élection [1] a dû suivre de près la mort de son prédécesseur, puisque déjà le 31 mars 1411 il recevait de la chambre apostolique la quittance des décimes payés par lui. Le nouvel abbé quitta l'obédience de Benoît XIII pour reconnaître la légitimité de Jean XXIII, et c'est de ce dernier qu'il reçut sa bulle de confirmation.

Pendant l'administration de Jean III, l'empereur Sigismond, au retour d'un voyage en Italie, se détourna de sa route pour visiter le lieu où reposaient les reliques du saint dont il portait le nom. Accompagné par le comte de Savoie, l'empereur arriva à Saint-Maurice le 29 juin 1414 ; il y fut reçu solennellement par l'abbé Sostionis, le chapitre de l'Abbaye et les magistrats de la ville. A peine eut-il mis pied à terre que, sans même entrer un instant dans les appartements préparés pour lui, il se rendit immédiatement à la basilique des Martyrs, où brûlaient nuit et jour, à cette époque, sept lampes allumées devant la châsse de saint Maurice. Ne trouvant pas dans l'église abbatiale les reliques de son patron, il se fit conduire sans retard à l'église Saint-Sigismond, où elles sont conservées.

Le lendemain, l'empereur, Amédée VIII et toute leur suite assistèrent à la messe en présence des reliques que Sigismond venait particulièrement honorer. Sur le consentement de l'abbé, du chapitre et des habitants, la châsse due à la munificence du père de l'empereur fut ouverte, et l'on offrit à Sigismond plusieurs ossements du saint roi de Bourgogne et de ses deux fils [2].

Aucun autre événement remarquable ne signala la prélature de Jean III, qui mourut le 11 octobre 1427.

1. L'acte de cette élection manque aussi aux archives.
2. Ces reliques furent déposées dans une église que Sigismond avait fait construire en Hongrie et qu'il avait placée sous le vocable de son patron.

GUILLAUME II, DE BILLENS.

(1427-1434.)

Guillaume de Billens était issu d'une famille de fort ancienne noblesse [1]; il fut successivement chantre de l'Abbaye, recteur de l'hôpital de Villeneuve en 1406, puis aumônier et vicaire général de l'abbé Garreti en 1408, avant d'être nommé supérieur de la Maison. Il obtint, à la date du 20 mars 1428, sa bulle de confirmation du pape Martin V, et prit les rênes du gouvernement sous de tristes auspices. La peste avait envahi la vallée du Rhône; elle finit par éclater à Saint-Maurice, où elle décima la population et ne laissa que huit chanoines vivants à l'Abbaye.

Les deux prédécesseurs de Guillaume II ne semblent pas avoir veillé avec beaucoup de sollicitude à la conservation des droits de la Maison. Jean Garreti avait appliqué toute son activité à défendre les intérêts du schisme, et Jean Sostionis avait négligé la gestion des affaires; ce défaut de vigilance avait amené de graves désordres dans les finances de la Maison. Citons un exemple : depuis longtemps les seigneurs de Challand n'acquittaient plus les redevances dues pour le fief de Graîne, dans la vallée d'Aoste, domaine relevant de l'Abbaye. François de Challand, dont la baronnie venait d'être érigée en comté (1424), n'avait même pas payé le plaît à la mort de son père [2], et depuis neuf ans les services annuels étaient suspendus. L'abbé Guillaume, sans s'inquiéter de la haute position de son vassal, et s'appuyant sur l'inobservation de contrats toujours rigoureux en droit féodal, déclara le fief de Saint-Martin de Graîne tombé en commise et à lui échu. Sur ses excuses réitérées, le comte de Challand fut réintégré le 19 juillet 1429 [3], à la charge de payer deux cents florins d'or destinés à acheter une crosse pour les abbés. La belle pièce d'orfévrerie dont le montant de cette indemnité a fait les frais est conservée dans le Trésor de l'Abbaye; c'est par erreur qu'on la désigne comme ayant été donnée par Félix V (Amédée VIII), à qui elle aurait appartenu.

Cette difficulté était à peine aplanie, qu'il en surgit une nouvelle avec l'archevêque de

---

1. Billens, fief et village situé près de Romont, diocèse de Lausanne. On trouve dans les anciens actes le nom de Billens écrit aussi sous ces deux formes : Wliens et Villyens.

2. Yblet de Challand, père de François, était seigneur de Challand, de Montjovet, de Chatillon et de Verrès, au diocèse d'Aoste... etc... Voir l'histoire de cette famille dans *la Vallée d'Aoste*, in-4°, Paris, Amyot, 1860.

3. L'acte de réintégration et les pièces concernant cette affaire existent aux archives de l'Abbaye.

Tarentaise; ce prélat avait obtenu du Saint-Siége, en 1430, une bulle qui réunissait à la mense épiscopale le prieuré de Saint-Michel, dépendant de l'Abbaye. L'abbé Guillaume le lui disputa, soutenant que les lettres d'union, données à l'insu de l'Abbaye, étaient nulles de plein droit. Après un long débat, Guillaume II et l'archevêque transigèrent [1]; l'abbé, au nom du chapitre, renonça à toute prétention sur le prieuré en échange d'une rente annuelle de vingt florins fondée sur les revenus du prieuré même, et sous la réserve expresse que cette renonciation ne préjudicierait en rien aux droits de l'Abbaye sur les autres églises dépendant du chapitre d'Agaune et situées dans le même diocèse.

Les Carmes de Géronde, près de Sierre, s'étant plaints au pape Martin V de ce qu'on retenait illégalement, après les avoir enlevés aux Chartreux, leurs prédécesseurs, les ornements, les vases et les meubles de leur église, le souverain pontife, par bulle du 4 juillet 1430, chargea l'abbé Guillaume et le doyen de Valère d'en faire opérer la restitution, sous peine d'excommunication.

Guillaume avait été convoqué pour assister au concile de Bâle; il ne s'y rendit pas et nomma pour le représenter les évêques de Lausanne et de Belley, et les abbés de Verceil et de Filly, en leur donnant pour mission de défendre les intérêts de l'Abbaye, et surtout de solliciter la réduction des décimes pontificales, qui étaient hors de proportion avec les revenus de la Maison.

Guillaume était conseiller intime d'Amédée VIII; il fit avec ce prince, en 1432, un voyage en Italie aux frais duquel chaque famille de feudataires de l'Abbaye contribua pour une somme de vingt deniers.

Guillaume II mourut le 8 février 1434.

PIERRE II, FORNÉRY.

(1434-1438.)

Pierre Fornéry, originaire de Cluses en Faucigny, fut successivement chanoine-chantre de l'Abbaye en 1398, curé de Collombey en 1400, puis sacristain en 1426. Quelques mois après la mort de Guillaume, il fut mis à la tête de la communauté par le suffrage des religieux [2].

---

1. L'original de cette transaction existe aux archives de l'Abbaye.
2. A défaut de l'acte d'élection, qui n'existe plus, on ne peut préciser aucune date.

Ainsi que plusieurs de ses prédécesseurs, Pierre II avait accès dans les conseils des ducs de Savoie, et il entretenait avec ces princes des relations suivies et intimes. Le duc Louis, dans ses lettres, le qualifiait de très-cher ami et conseiller. C'est à ce double titre que ce prince le prie de se rendre à Thonon afin d'assister à l'assemblée des trois États qu'il y avait convoquée pour le 20 novembre 1436 [1].

En 1438, après quatre années d'administration, Pierre II, vieilli, fatigué, aspirant au repos, résigna entre les mains du souverain pontife, par l'entremise d'un procureur. Eugène IV accepta sa démission et lui accorda par lettres patentes datées de Ferrare, le 2 septembre de la même année, une pension viagère de cent florins d'or, payables par ses successeurs au siége abbatial. Plus tard cette pension, reconnue trop onéreuse, fut réduite par Félix V à cent florins de Savoie, *parvi ponderis*.

Pierre Fornéry vivait encore en 1446; il était redevenu simple chanoine de la Maison.

MICHEL, BERNARDI D'ALLINGES.

(1438-1458.)

Le 21 août 1438, Eugène IV adressa aux chanoines de Saint-Maurice une bulle par laquelle il leur annonçait que l'Abbaye étant devenue vacante en cour de Rome, par suite de la résignation de l'abbé Pierre II, il avait nommé pour lui succéder Michel Bernardi, chanoine régulier de l'église d'Orange. La bulle se termine par l'ordre formel donné aux religieux d'avoir à obéir à l'élu du Saint-Siége comme à leur pasteur légitime. Le chapitre d'Agaune ne comptait alors que onze membres, la peste ayant encore sévi à Saint-Maurice pendant les quatre années de la prélature de Pierre II.

Louis, duc de Savoie, nomma Michel son conseiller et secrétaire privé; voulant ensuite lui donner une preuve de considération plus éclatante, il le choisit pour être le parrain d'un de ses enfants [2].

Le concile de Bâle venait de déposer Eugène IV et de lui substituer Amédée VIII, père du duc Louis (15 novembre 1439). Les ambassadeurs chargés de lui annoncer son élection trouvèrent Amédée à Ripaille. Ce ne fut que sur leurs vives instances, et dans le but d'épargner de plus grands maux à l'Église, que ce prince accepta la tiare et quitta

---

1. Voir cette lettre aux pièces justificatives, n° 3o. Elle est datée du 23 octobre 1436.

2. Dans un acte relatif à Bagnes, du 15 octobre 1456, le duc appelle l'abbé Michel son compère et conseiller. Archives de l'Abbaye.

l'habit des religieux du prieuré pour revêtir la robe blanche des souverains pontifes. Les ambassadeurs le conduisirent ensuite à l'Abbaye, où assis devant le maître-autel il reçut les premiers hommages comme pape et donna sa première bénédiction [1].

Sans vouloir examiner les motifs qui portèrent l'abbé Michel à embrasser le parti de Félix V, c'est le nom qu'avait pris Amédée VIII, nous pouvons croire que son dévouement à la maison de Savoie ne fut pas étranger à cette décision. Michel suivit le prince à Bâle et eut à la cour de Félix V le crédit dont il jouissait à la cour de Chambéry. Il fut nommé l'un des secrétaires du concile, et profita de sa haute position pour obtenir le renouvellement des priviléges de son Abbaye et faire examiner des réclamations demeurées jusqu'alors inutiles. Félix V, de son côté, conservait pour la Maison les sentiments qu'il lui avait voués comme duc de Savoie. Par une première bulle, datée de Bâle, le 6 mars 1442, il nomme les évêques de Lausanne et d'Aoste et l'abbé d'Abondance défenseurs, au nom du Saint-Siége, des domaines, des droits et des revenus de l'abbaye d'Agaune. Une seconde bulle, datée de Saint-Dominique hors les murs de Genève, le 20 juillet 1445, déclare que l'Abbaye ne pourra jamais être donnée en commende ni unie à quelque dignité que ce soit, ni chargée d'aucune pension, annulant d'avance toutes lettres, même apostoliques, qui en ordonneraient ainsi. Un des derniers actes de Félix V fut encore un acte d'équité envers l'Abbaye. Les décimes pontificales avaient été le sujet de nombreuses difficultés entre les collecteurs et les abbés; Félix V était à même de connaître la justice de ces plaintes, aussi voulut-il prévenir le retour de semblables abus par un bref daté de Lausanne, le 6 mars 1449; dans cet acte, après avoir exposé les motifs de sa décision, il réduit la taxe de trente-six florins du Rhin à vingt florins [2].

Le 9 avril suivant, Félix V, désireux de rendre la paix à l'Église et sacrifiant toute pensée d'ambition personnelle, renonça au pontificat.

La généreuse bienveillance de ce prince ne s'était pas bornée à ces actes de justice; il avait fait reconstruire à ses frais la chapelle du Trésor de l'Abbaye, où l'on voyait naguère encore, peintes sur les clefs de voûte, les armoiries de Savoie sommées de la tiare et accompagnées des clefs du Prince des apôtres. Lorsqu'il déposa le pouvoir pontifical, il fit présent à l'abbé d'Agaune d'une mitre, d'un encensoir et de deux chandeliers conservés dans le Trésor actuel, et qui avaient fait partie de sa chapelle particulière.

Michel Bernardi d'Allinges gouverna la Maison pendant près de dix ans et mourut le 25 avril 1458.

---

1. Guichenon, *Histoire de la maison de Savoie*, t. II, p. 64.

2. Les bulles et brefs de Félix V sont tous conservés aux archives de l'Abbaye. Le pape Nicolas V, par sa bulle du 18 juin 1449, conservée aussi aux archives de l'Abbaye, confirme les priviléges et concessions accordés par Félix V.

BARTHÉLEMY III, BOVERI [1].

(1458-1463.)

Malgré le privilége, tant de fois confirmé, qui assurait au chapitre la libre élection de son chef, nous avons vu déjà des abbés nommés par les papes, lorsque leurs prédécesseurs mouraient ou résignaient en cour de Rome. Calixte III, allant plus loin dans cette voie, s'était réservé la faculté de désigner les abbés, quand le siége serait vacant. Cette réserve n'avait pas été publiée, ou tout au moins elle était ignorée des chanoines d'Agaune, car à la mort de Michel, réunis en chapitre solennel, ils élurent leur confrère Barthélemy Boveri. Lorsqu'il apprit cette élection, Calixte III la déclara d'abord nulle, puis, prenant en considération le mérite de Barthélemy, il l'approuva et la confirma par une bulle du 29 mai 1458 [2]. Une seconde bulle du même jour, adressée aux vassaux de l'Abbaye, leur enjoint de reconnaître le nouvel abbé pour leur pasteur légitime.

Contrairement aux prescriptions de Félix V, confirmées par Nicolas V, qui défendaient de donner l'Abbaye en commende ou de lui imposer le payement de pensions, Pie II, par bref du 30 août 1460, assigna à Louis de Seyssel, clerc de Lyon et notaire apostolique, une pension viagère de quatre cents florins de Savoie. Cette somme devait être prélevée sur les revenus de la Maison et payée par l'abbé, moitié à la Purification, moitié le 1er août, sous peine d'excommunication si le payement était retardé d'un mois, et de perdre la dignité abbatiale si le payement était retardé de six mois. Barthélemy, fort des droits incontestés de l'Abbaye, en appela sans hésiter à la justice de la cour de Rome, qui, mieux informée, annula le décret précédent.

Barthélemy III mourut le 16 juillet 1463.

---

1. La maison Boveri portait antérieurement le nom de Pont-Verre, nom que l'on retrouve très-souvent dans les actes des archives.

2. Voir cette bulle, intéressante par ses formules inusitées, aux pièces justificatives, n° 31.

GUILLAUME III, BERNARDI D'ALLINGES.

(1463-1496.)

Trois jours après la mort de Barthélemy, le chapitre se réunit et à l'unanimité élut Guillaume Bernardi, chanoine-sacristain, qui auparavant avait été curé de Saint-Victor à Ollon. Son élection devait subir les mêmes difficultés que celle de son prédécesseur. Pie II, qui s'était réservé, du vivant de Barthélemy, le droit de pourvoir à la dignité abbatiale en cas de vacance, annula l'élection, qui fut validée plus tard par une bulle de Paul II, donnée à Tivoli le 13 septembre 1465 [1]. Quelques jours après, Guillaume, qui se trouvait à Rome, fut béni par l'archevêque de Bénévent dans l'église Sainte-Marie *de Anima*.

L'abbé Guillaume, conseiller de Savoie, était secrétaire privé de Richard, cardinal au titre de Saint-Eusèbe et évêque de Coutances, qui l'envoya en France en 1468, chargé d'une mission demeurée inconnue.

Un des premiers soins du nouvel abbé fut de faire reconstruire (1465) la chapelle du Mont de Vérossaz, déjà réparée par l'abbé Michel, et située sur l'emplacement de l'oratoire où saint Sigismond avait expié dans la pénitence le meurtre de son fils.

Les officiers du duc de Savoie dans le district de Monthey usurpaient souvent la juridiction dont les abbés jouissaient sur le territoire de Choëx. Le châtelain de Monthey avait même poussé l'audace jusqu'à faire saisir le cadavre d'un homme supplicié par ordre des officiers de l'abbé, afin de le pendre une seconde fois sur le territoire du duc. Ces infractions aux droits de juridiction furent sévèrement désapprouvées; à plusieurs reprises, les prisons de Monthey durent relâcher, sur la réclamation de l'abbé, des prisonniers dont les crimes ou délits avaient été commis sur le territoire de l'Abbaye, et qui subissaient ensuite à Choëx la peine à laquelle ils avaient été condamnés [2]. A cette époque eurent lieu les derniers conflits de juridiction entre les abbés et les ducs de Savoie, qui bientôt allaient perdre la plus grande partie de leurs possessions dans la vallée du Rhône. Voici dans quelles circonstances :

L'évêque de Sion, Walter Supersaxo, ne dissimulait pas depuis plusieurs années son projet de recouvrer ce qu'il appelait l'ancien territoire de saint Théodore, c'est-à-dire le

---

1. Cette bulle est conservée aux archives de l'Abbaye.

2. Toutes les pièces relatives à ces affaires, requêtes au duc, enquêtes, ordonnances, etc., sont conservées aux archives de l'Abbaye.

Bas-Valais, que la maison de Savoie avait, disait-il, usurpé sur son église. Il avait fait ses préparatifs de campagne et imposé à son clergé, pour frais de guerre, une contribution d'un vingtième du revenu de tous les bénéfices. Walter ne cherchait plus qu'un prétexte pour se joindre aux habitants du Haut-Valais déjà en lutte avec le duc, lorsque le combat de la Planta, livré sous les murs de Sion le 13 novembre 1475, combat fatal aux armes de Savoie, vint lui fournir l'occasion qu'il attendait. Les Haut-Valaisans, profitant de leurs succès et ne rencontrant plus d'obstacles sérieux, se répandirent dans les Bas-Valais, brûlant et détruisant les châteaux et les maisons fortes. La remise solennelle de la ville de Saint-Maurice et du district au bailli épiscopal n'eut lieu toutefois que le 16 mars 1476, sur la place du parvis de l'église abbatiale. L'Abbaye eut à supporter des pertes énormes, conséquences fatales de cette guerre sans merci.

Après la campagne victorieuse de 1475, les Hauts-Valaisans avaient regagné leur pays, et le Bas-Valais était resté abandonné à lui-même. La vallée de Bagnes voulut profiter des circonstances pour se soustraire à l'obéissance des abbés d'Agaune, et les habitants commencèrent par s'emparer de la maison forte de l'Abbaye, qu'ils démolirent entièrement. Le Saint-Siége, informé de cet attentat, donna une bulle datée du 4 mars 1476, portant un sévère avertissement aux coupables, et les frappant de peines rigoureuses.

Si la rébellion avait menacé seulement le pouvoir des abbés de Saint-Maurice, la répression eût été sans doute moins prompte, mais les vallées de Bagnes et d'Entremont étaient dévouées à la maison de Savoie, et le gouvernement du Valais, excité par l'évêque, voulut maîtriser le mouvement dès le début. Vers le mois d'avril 1476, les troupes du Haut-Valais, gravissant les montagnes de Riddes et de Saxon, débouchèrent dans la vallée de Bagnes par Saint-Christophe et la Croix-du-Cœur. Lorsqu'ils virent leurs villages incendiés, les habitants se rendirent à discrétion et s'engagèrent à payer une somme de quatorze cents livres, plus une rente annuelle de dix livres à chacun des sept districts du Haut-Valais.

A l'aide de ces moyens que la loyauté réprouve, l'évêque de Sion consolidait une souveraineté qu'il convoitait depuis longtemps, et ne songeait guère à sauvegarder les droits séculaires de l'Abbaye sur la vallée ainsi conquise. Sixte IV, par bref du 17 septembre 1476 [1], se vit forcé de les lui rappeler. Cet avertissement eut son effet, car le 5 décembre suivant la diète du Valais ordonnait de lever le sequestre mis sur les rentes et cens de l'Abbaye, et prescrivait de payer les arrérages arriérés. Le 7 février, l'évêque de Sion engageait aussi les habitants de Bagnes et de Vollége à respecter les droits de l'Abbaye. Mais que penser de tous ces semblants de repentir, alors que l'on voit le même

---

1. Voir ce bref aux pièces justificatives, n° 32.

pape Sixte IV obligé, le 13 novembre 1477, de menacer de suspension l'évêque Walter, s'il continue à usurper la juridiction de Bagnes et de Vollége? La menace d'un pareil châtiment décida l'évêque à adresser aux habitants de Bagnes, le 24 janvier 1478, un mandement qui leur enjoignait, sous peine d'excommunication, d'obéir au châtelain établi par l'abbé Guillaume. La sentence de l'évêque fut ratifiée le 14 juin de l'année suivante, et un acte solennel signé par l'évêque et par les chefs des districts confirma la réintégration de l'abbé d'Agaune dans tous ses anciens droits.

Ces promesses étaient encore trompeuses; l'évêque de Sion poursuivait ses manœuvres perfides, et la preuve en est fournie par un bref du 26 octobre 1480, dans lequel Sixte IV demande aux états de Berne et de Fribourg leur médiation auprès de l'évêque de Sion, afin de l'engager à respecter les conventions et à ne pas continuer d'usurper la juridiction de l'abbé de Saint-Maurice sur la vallée de Bagnes.

Walter Supersaxo, espérant lasser Guillaume III et l'amener à des concessions favorables à son évêché, ne se hâtait pas de répondre. Enfin, pressé par les états médiateurs, il se décida à publier une nouvelle sentence, le 13 septembre 1481, ordonnant de remettre l'abbé en pleine et entière possession de ses droits. La sentence fut exécutée trois jours après par le bailli, et l'abbé d'Agaune redevint maître de ses domaines jusqu'au jour peu éloigné où de nouvelles difficultés devaient lui être suscitées [1].

Charlotte, reine de Jérusalem, de Chypre et d'Arménie, vint à l'Abbaye en juillet 1482; elle s'y rencontra avec les mandataires du duc de Savoie, Charles Ier, et remit entre leurs mains l'acte par lequel elle instituait ce prince héritier du trône dont elle descendait.

En 1485 l'Abbaye fut visitée par Georges Langherand, mayeur de Mons, qui se rendait en Terre-Sainte. Dans la relation de son voyage, ce personnage consacre une page à la description du Monastère et du Trésor. La narration m'a semblé digne d'intérêt et je l'ai transcrite en entier [2].

Les tentatives contre les seigneuries de l'Abbaye ne se bornèrent point à la vallée de Bagnes, et l'évêque de Sion tenta aussi de soulever les hommes de Salvan. Mais ceux-ci déclarèrent qu'ils résisteraient jusqu'à la mort et demeureraient fidèles à l'abbé de Saint-Maurice, leur seigneur légitime. L'évêque, irrité de sa déconvenue, fit emprisonner bon nombre de ces malheureux montagnards, qui étaient encore enfermés dans les cachots de Sion huit ou dix ans plus tard, en 1493.

Jodoc de Silenen, successeur de Walter Supersaxo sur le siége épiscopal de Sion, avait été exilé du Valais par le parti de Georges Supersaxo. Ce prélat ayant encouru la disgrâce d'Alexandre VI pour avoir favorisé la France en Italie, le pape permit que sa

---

1. Toutes les pièces relatives à ces déplorables affaires de Bagnes sont conservées aux archives de l'Abbaye.
2. Voir cet extrait aux pièces justificatives, n° 33.

déchéance fût prononcée. L'abbé Guillaume reçut la mission d'installer le successeur de Jodoc; la cérémonie eut lieu à Sion le 25 août 1496, en présence du clergé et des députés des sept districts. Guillaume, en vertu de l'autorité apostolique dont il était investi, déclara l'évêque déchu de ses fonctions, et nomma administrateur du diocèse Nicolas Schiner, chanoine de Sion.

L'accomplissement de cette mission fut un des derniers actes de Guillaume III; accablé par les soucis d'une administration laborieuse, qui avait duré trente-trois ans, il nomma des procureurs chargés de résigner en cour de Rome en faveur de son neveu, Jean Bernardi, curé de Saint-Sigismond. La résignation fut acceptée, et l'abbé démissionnaire fut pourvu d'une pension annuelle de six cents florins, ratifiée par une bulle d'Alexandre VI, en date du 12 octòbre 1496[1].

JEAN IV, BERNARDI D'ALLINGES.

(1496-1521.)

La cour de Rome confirma le choix de Guillaume III et institua Jean Bernardi. Jean IV était originaire du diocèse de Genève, et il était entré dans les ordres dès l'année 1474. Sans être membre de la communauté d'Agaune, il était nommé curé de Saint-Sigismond en 1486; aussi, dans sa bulle de confirmation du 12 novembre 1496[2], Alexandre VI, acceptant la résignation de Guillaume, pourvoit Jean IV de l'Abbaye, à la condition qu'il fera profession dans l'intervalle de quatre mois, à partir du jour de son installation. Cette clause fut exécutée le 2 février 1497, et le nouvel abbé prononça ses vœux entre les mains d'un évêque d'Irlande en pèlerinage à Saint-Maurice, qui le bénit et lui fit prêter le serment d'usage en présence de son prédécesseur et du chapitre. En même temps qu'il adressait à Jean IV sa bulle de confirmation, le pape en faisait parvenir une seconde au duc Philippe de Savoie[3], pour le nommer protecteur et défenseur de l'Abbaye; Alexandre VI montrait ainsi qu'il comptait davantage sur le zèle de ce prince que sur la loyauté des nouveaux maîtres du Bas-Valais, dont le seul but, depuis vingt ans, avait été de s'enrichir des dépouilles du Monastère.

En effet, quoique l'évêque Mathieu Schiner entretînt avec l'abbé Jean les meilleures

---

1. Cette bulle est conservée aux archives de l'Abbaye.
2. Cette bulle existe aux archives de l'Abbaye.
3. Voir cette bulle aux pièces justificatives, n° 34.

relations, il ne perdait pas de vue les intérêts de son siége et semblait avoir hérité de l'ambition de Walter Supersaxo au sujet de Bagnes. La seconde année de son épiscopat, sous prétexte de droits mal définis, il fit constituer (1501) un tribunal arbitral composé des chanoines d'Agaune et de Sion, et de quelques laïques. Cette assemblée conclut un traité dont voici les articles les plus importants.

L'évêque jouira dans la vallée de Bagnes des droits régaliens appartenant à un prince souverain; il aura en outre la chevauchée, les mines, les bois, les cours d'eau, les amendes, etc. L'abbé transfère à l'évêque tous les droits qu'il avait naguère sur ces revenus, se réservant toutefois les moulins, les foulons et autres édifices qui demeurent sa propriété.

L'abbé aura la juridiction haute et basse, la seigneurie temporelle de la vallée, avec pouvoir de l'exercer par ses officiers.

L'évêque et l'abbé s'interdisent d'imposer des subsides sans le consentement l'un de l'autre, et si, d'un commun accord, un impôt est décidé, ils s'engagent à en partager le montant.

Dans les difficultés à naître entre l'abbé et les hommes de Bagnes, l'évêque sera juge ordinaire et sans appel.

Dans les difficultés entre sujets pour des causes civiles, la première citation se fera devant le tribunal de l'abbé, et l'appel par-devant l'évêque.

L'abbé ne peut faire grâce à un condamné d'une peine corporelle sans le consentement de l'évêque.

L'abbé devra établir pour châtelain un homme né au-dessus du cours de la Morge. Si la paix se fait avec la Savoie, il pourra choisir pour le représenter une personne née à Saint-Maurice ou dans le Bas-Valais, à la condition que cet officier ne sera pas chargé de la garde des passages de la vallée de Bagnes, en temps de guerre.

L'évêque, étant dans l'Entremont, peut se faire présenter le livre de cour de la vallée, et remettre ou exiger les amendes qui y seront inscrites.

Les juridictions particulières, fiefs nobles et arrière-fiefs appartenant autrefois aux princes de Savoie, entreront dans le domaine de l'évêque.

Le juge des mines établi par l'évêque punira les délits des habitants employés à l'exploitation, s'ils les commettent sur le lieu du travail, et si ces délits n'entraînent pas le dernier supplice. Hors de ces deux cas, la punition appartient à l'abbé ou à ses officiers.

L'abbé et son chapitre jureront fidélité à l'évêque et au chapitre de Sion, sans préjudice de l'exemption de l'Abbaye; de leur côté, l'évêque et son chapitre jureront de maintenir l'abbé d'Agaune dans tous ses droits.

En étudiant les clauses de ce traité [1], on ne sait si l'on doit déplorer la faiblesse de l'abbé et de ses chanoines, ou s'étonner de la rapacité de l'évêque et du chapitre de Sion, et condamner la persistance avec laquelle ces derniers profitèrent de toutes les circonstances pour achever l'œuvre de spoliation. L'heure de la justice était loin cependant, puisqu'il s'écoula vingt ans jusqu'à la bulle de mai 1521, par laquelle Léon X déléguait un chanoine de Genève et l'official de Sion pour faire restituer à l'Abbaye les priviléges, juridictions, terres, dîmes, rentes et cens, ornements d'église, argenterie, meubles, etc., enlevés et dérobés pendant la guerre de 1475. Bulle équitable, mais qui amena bien peu de restitutions!

L'évêque Schiner, honteux des concessions arrachées à l'abbé par le traité de Bagnes, se crut obligé à offrir une compensation. Le 15 janvier 1502 il assura à l'Abbaye, sur tous les revenus de la vallée de Bagnes, une rente annuelle de cent florins du Rhin, rachetable par le payement d'une somme de deux mille florins.

Quelques années plus tard (1507), l'abbé Jean IV fut plus heureux dans une conférence réunie pour régler les questions en litige entre les états du Valais et du duc de Savoie, et à laquelle assistaient l'abbé d'Agaune, l'évêque de Sion et les députés valaisans. Jean IV y maintint dans leur intégrité ses droits sur la seigneurie de Clèbes. Le peu d'importance du territoire de ce fief ne contribua pas peu au succès de la résistance de l'abbé; avouons cependant que la décision de l'assemblée paraissait indiquer un retour au respect du droit et aux principes de la justice.

Jean Bernardi mourut le 27 décembre 1521, après avoir gouverné l'Abbaye pendant vingt-cinq ans.

BARTHÉLEMY IV, SOSTIONIS.

(1521-1550.)

Le chapitre de l'Abbaye s'assembla le 29 décembre 1521, afin de nommer le successeur de Jean IV, et les suffrages désignèrent Barthélemy Sostionis, né à Saint-Maurice, homme aussi distingué par son mérite que par ses vertus. Il fut mis en possession immédiate, et prêta serment sur les reliques conservées dans le Trésor.

Le souverain pontife, dès qu'il apprit la mort de Jean Bernardi, donna l'Abbaye en commende au cardinal Trivulce. Le chapitre, dont cette nomination anéantissait les pri-

---

1. Toutes les pièces concernant cette transaction existent aux archives de l'Abbaye.

viléges, commit une nouvelle faute en s'adressant à l'état du Valais, en le priant d'intervenir et de ne pas permettre que le cardinal s'emparât de l'administration. Les choses en restèrent là jusqu'au mois de décembre 1525, époque à laquelle Barthélemy IV fut appelé à Rome.

On ne sait si l'abbé d'Agaune se rendit à cette invitation; on ignore aussi ce qu'il advint de la nomination du cardinal Trivulce; ce qu'on peut affirmer, c'est que l'opiniâtreté de la cour de Rome à faire accepter ce personnage, et la résistance légitime opposée par l'Abbaye, furent la cause du retard inouï de la promulgation de la bulle de confirmation. En effet, cette bulle fut accordée seulement le 24 juillet 1548, par le pape Paul III [1].

Quoique Rome ait ainsi laissé l'Abbaye pendant vingt-sept ans en proie à tous les dangers d'une situation provisoire qui aurait pu entraîner les plus fâcheuses conséquences, l'administration de la Maison n'eut point à en souffrir. L'activité et le talent de l'homme que le chapitre avait su placer à sa tête détournèrent les périls et surmontèrent bien des obstacles. Ce fut principalement dans les luttes religieuses qui désolaient la Suisse à cette époque, que l'abbé Barthélemy déploya son infatigable énergie. L'Abbaye avait alors dans le pays de Vaud, à Aigle et à Ollon, deux belles paroisses contre lesquelles les réformateurs dirigeaient leurs efforts, et qui seraient restées fidèles à la foi catholique, si la force des armes n'était pas venue en aide à la parole.

Tout le monde connaît l'histoire de ce G. Farel qui, chassé de France, vint mettre son incontestable éloquence au service du gouvernement de Berne, et fut envoyé d'abord à Neufchâtel, puis dans le pays de Vaud, pour prêcher la réforme. Mais ce que l'on sait moins bien, c'est que pour convertir les habitants d'Aigle, des Ormonts, d'Ollon, de Grion et de toutes ces belles vallées, il fallut que les Bernois employassent la violence et tous ces procédés auxquels on ne trouva un nom que de nos jours, *la Terreur*.

Dans ces circonstances difficiles, Barthélemy IV déploya toutes les grandes qualités dont il était doué; il lutta contre les doctrines de la religion prétendue réformée avec un courage surhumain, et contribua puissamment à empêcher l'hérésie de pénétrer dans le Valais.

La sollicitude de l'abbé ne se bornait pas à veiller sur les intérêts les plus voisins, elle s'étendait à tous les droits de la Maison. Ayant appris que la règle s'affaiblissait dans le prieuré de Senlis, il chargea le prieur de Saint-Jean de Semur, son vicaire général, de visiter la maison de Saint-Maurice de Senlis, et d'y prescrire les réformes nécessaires, ce qui fut exécuté au mois de juin 1528. Quatre ans plus tard, le pape nomma prieur de Senlis un chanoine de Saint-Victor, qui chercha à se rendre indépendant de l'Abbaye,

---

1. La bulle de Paul III existe aux archives de l'Abbaye.

mais l'abbé Barthélemy le força à reconnaître la suprématie de la Maison-mère et à rendre un compte exact de son administration [1].

Barthélemy Sostionis mourut le 10 mai 1550.

JEAN V, MILÈS.

(1550-1572.)

Après la mort de Barthélemy, les chanoines de Saint-Maurice s'assemblèrent en chapitre le 22 juin 1550, et nommèrent Jean Milès, qui, selon les uns, était membre de la communauté d'Agaune, et, selon les autres, faisait partie du clergé séculier. Les termes de la lettre [2] adressée au pape par le chapitre afin d'annoncer l'élection de Milès semblent formels et font penser qu'il était déjà chanoine. D'un autre côté, Jules III, dans sa bulle de confirmation, insère la condition suivante : dans le délai de quatre mois, l'abbé Milès sera tenu de faire profession. Une telle injonction ne paraît-elle pas prouver que l'abbé élu n'appartenait pas à la communauté? Le fait reste douteux par conséquent.

Milès partit pour Rome, où il demeura deux mois entiers pour régulariser sa position. Ce voyage le fit connaître du souverain pontife et lui procura de puissantes amitiés ; après une foule de péripéties qu'il serait trop long de raconter ici, il fut confirmé par Jules III le 27 août 1550 [3].

L'évêque de Sion avait été convoqué pour la seconde reprise du concile de Trente ; mais, déjà avancé en âge et redoutant les fatigues de la route, il y députa à sa place l'abbé Milès [4], qui ne fut point admis à délibérer parce que ses pouvoirs étaient insuffisants, mais qui néanmoins fut écouté avec faveur et consulté sur toutes les questions.

En 1560, l'évêque de Sion et l'état du Valais prièrent Jean V de faire partie d'une députation solennelle envoyée aux cantons confédérés, afin d'aviser aux moyens les plus efficaces à employer pour éteindre la guerre civile.

Dans le cours de cette année (1560) un incendie dévora une partie de l'Abbaye. C'é-

---

1. Toutes les pièces qui concernent cette revendication de droits sont conservées aux archives de l'Abbaye.

2. « .... Non parum meritus de religione catholica....... imperterritus vindex ecclesiasticæ libertatis... « *Ordinis nostri fratrem*, quem ipse quoque ejus predecessor noster abbas, pro ecclesiæ bono, nobis ante ejus « obitum ferventissime suadebat. » Lettre du chapitre à Jules III, du 22 juin 1550, conservée aux archives de l'Abbaye.

3. Cette bulle existe aux archives de l'Abbaye.

4. Les lettres de procuration sont du 21 avril 1552; elles existent aux archives de l'Abbaye.

tait un malheur immense, car les finances de la Maison étaient alors en pitoyable état ;
tous les biens du pays de Vaud avaient été mis sous séquestre, les revenus étaient à peu
près nuls. Désespéré, et l'esprit préoccupé par l'unique pensée de chercher une chance de
salut, Milès s'imagina qu'il surmonterait les obstacles en recourant à la protection du gouvernement et de l'évêque. Aveuglé par la douleur, le malheureux abbé ne sut pas pré-
voir les maux qu'il préparait pour l'avenir.

L'état du Valais et l'évêque n'eurent garde de refuser des propositions qui leur permettaient de s'immiscer dans les affaires de la Maison, et, le 22 juin 1570, on dressa l'acte fatal
par lequel l'Abbaye s'engageait à ne jamais procéder à l'élection de ses abbés sans l'intervention et le consentement de l'état et de l'évêque. De son côté, le gouvernement du Valais
promettait à l'Abbaye de la protéger contre toute tentative d'usurpation. Milès s'était
réservé de faire approuver le traité par le Saint-Siége, qui ne le sanctionna jamais.

En consentant à signer une pareille convention, l'abbé Milès avait surtout en vue de
faire lever le séquestre qui pesait sur presque tous les domaines de l'Abbaye. Son but fut
atteint et les possessions restituées, mais au prix de quel sacrifice ! D'un trait de plume, il
annulait toutes les bulles qui garantissaient au chapitre d'Agaune la libre élection des
abbés, et ce droit que les princes de Savoie avaient toujours respecté, il l'abdiquait entre
les mains, de ses ennemis les plus intéressés, l'évêque de Sion et le gouvernement ! Ces
derniers, se fondant sur les termes du contrat, se prétendirent les maîtres d'approuver
ou de casser les élections, et voulurent en outre limiter le droit du chapitre à la faculté de
présenter à leur choix une liste de quatre candidats, parmi lesquels devait toujours se
trouver un personnage né dans le Haut-Valais. Seize élections furent entravées par ces
déplorables prétentions pendant le cours de plus de deux siècles ; la suite du récit démontrera cette vérité.

Peu de temps après avoir conclu le traité, prévoyant, mais trop tard, quelles en
seraient les conséquences, Jean V tomba malade de chagrin et mourut à Bagnes le
19 février 1572.

L'abbé Milès était doué d'une intelligence supérieure et possédait une vaste érudition ; il a laissé un recueil considérable de notes et de renseignements relatifs à l'histoire de
la Maison, et ces notes ont été d'un grand secours à l'abbé Jodoc de Quartéry lorsqu'il a
composé la *Nomenclature des abbés d'Agaune*. On doit aussi à Jean Milès un inventaire
complet du Trésor de l'Abbaye. Ce précieux document, écrit tout entier de sa main, ne
porte pas de date précise, mais il est le plus ancien de tous ceux qui existent dans les
archives de la Maison [1].

1. Voir cet inventaire aux pièces justificatives, n° 35.

MARTIN DE PLASTRO.

(1572-1587.)

Martin de Plastro, gentilhomme de la Bresse, élevé depuis sa jeunesse à l'Abbaye, fut nommé abbé le 1er mars 1572. L'élection terminée, Martin fut mis en possession immédiate et prêta serment. Le chapitre s'empressa d'envoyer l'acte d'élection au pape Pie V, ainsi qu'à l'évêque de Sion et au gouvernement du Valais. Dans sa lettre à ces derniers [1], le chapitre, tout en rappelant son privilége tant de fois confirmé d'élire ses abbés, a la faiblesse de déclarer « n'avoir entendu faire cette élection que sous leur consentement « et approbation, les priant de l'approuver et confirmer. » N'était-ce pas là donner une preuve gratuite de servilité et de pusillanimité? L'état n'osa pas refuser la confirmation, parce que le représentant de la France appuyait vivement Martin, dont le père était attaché à la cour en qualité d'écuyer du roi Charles IX.

Dès le 22 mars suivant, l'état de Berne accordait au nouvel abbé l'investiture des domaines qu'il n'avait pas encore confisqués et qui étaient situés sur son territoire.

Martin reçut sa bulle de confirmation de Grégoire XIII; elle est datée du 1er mai 1573 [2]. Dans cet acte, il est qualifié de chanoine de Saint-Maurice et curé de Saint-Jean de Marin, paroisse du diocèse de Genève.

En 1576, l'évêque de Sion, Hildebrand de Riedmatten, constitua Martin official de l'évêché pour le Bas-Valais. Cette nomination ne prouve-t-elle pas combien il eût été facile de résister aux injustes prétentions des évêques, et ne voit-on pas quel besoin avait le Haut-Valais d'appuyer sa tyrannie sur la bonne renommée et sur l'influence des abbés de Saint-Maurice?

L'année suivante, le duc de Savoie, Emmanuel-Philibert, donna à l'Abbaye un reliquaire en argent représentant saint Maurice à cheval. Ce riche présent, conservé aujourd'hui dans le Trésor, était accompagné d'une lettre autographe dont on trouvera la copie parmi les pièces justificatives [3].

En 1582, la peste désola de nouveau la vallée du Rhône et la ville de Saint-Maurice. A peine le fléau avait-il cessé, qu'un tremblement de terre acheva de semer l'épouvante

1. La minute de cette triste lettre est conservée aux archives de l'Abbaye.
2. Cette bulle est conservée aux archives de l'Abbaye.
3. La lettre d'Emmanuel-Philibert est aux pièces justificatives, n° 36.

et la ruine dans la contrée et dans l'intérieur de l'Abbaye. Des blocs de rochers détachés par la commotion s'écroulèrent sur l'église abbatiale et en détruisirent la plus grande partie.

Dans sa détresse, l'abbé Martin s'adressa au Saint-Siége, et Sixte V, pour venir à son secours, institua par bulle du 30 juillet 1585, l'évêque Hildebrand en qualité de commissaire apostolique, le chargeant de faire une enquête sur l'étendue des pertes subies et sur l'état de la Maison. Le représentant du pape avait aussi mission de rétablir la vie commune dans l'Abbaye; en effet, les religieux, par suite de la regrettable concession de Jacques d'Ayent, avaient acquis des biens, s'étaient attribué des prébendes, vivaient chacun chez soi, n'ayant plus rien de commun, sinon les offices et les affaires capitulaires. Peu à peu ils étaient devenus de véritables chanoines séculiers.

La mort ne laissa pas à Martin de Plastro le temps d'entreprendre la réforme de son Monastère, car, le 9 mars 1587, il mourut victime de la peste qui avait reparu dans le Valais.

ADRIEN DE RIEDMATTEN,

Abbé commendataire.

(1587-1604.)

Il n'existe aux archives de l'Abbaye aucun document qui permette de donner quelques détails sur la nomination d'Adrien. On peut affirmer cependant qu'elle a été la conséquence d'une pression violente exercée par l'évêque et le gouvernement. La preuve de cette assertion est dans le refus persistant de la cour de Rome, qui ne voulut point confirmer l'élection par ce seul motif que les suffrages n'avaient pas été libres. La peste, qui venait d'enlever Martin de Plastro, n'avait laissé vivants qu'un petit nombre de chanoines, et ces religieux, sans avoir le courage de s'opposer ouvertement à la volonté du gouvernement, s'étaient contentés d'instruire le Saint-Siége.

Adrien n'accepta la dignité d'abbé qu'à la condition de tenir l'Abbaye en commende et de conserver le décanat de Sion, poste qui lui permettait d'aspirer à remplacer son oncle sur le siége épiscopal.

La présence de cet abbé commendataire à la tête de la Maison dura pendant dix-sept ans, qu'il employa à s'occuper fort activement de ses propres intérêts, et très-peu de la bonne gestion des affaires de l'Abbaye.

On se rappelle le bref de Sixte V adressé à l'évêque Hildebrand dans le but de supprimer les prébendes particulières et de ramener les chanoines d'Agaune à la pratique de la vie commune. Loin de favoriser les desseins du souverain pontife, Adrien semble, de parti pris, se mettre en opposition avec le Saint-Siége, en augmentant les prébendes et en perpétuant ainsi des abus qu'il était appelé à détruire. On ne sait s'il restaura la maison abbatiale endommagée par un incendie survenu en 1590, mais ce qui est certain, c'est qu'il ne fit rien pour l'église, déjà à demi écrasée par des chutes de rochers et que de nouveaux éboulements avaient achevé de ruiner. Il ne consacra aucune somme à ces travaux urgents, bien qu'il cumulât les bénéfices d'abbé, d'aumônier et de chantre. Son avarice lui valut le surnom d'*économe*, qui lui est attribué par certains chroniqueurs plus complaisants que véridiques.

Un événement qui pouvait avoir les plus graves conséquences pour la paix publique en Valais signale cette administration égoïste. Je veux parler de la cession faite à la maison de Savoie d'une partie des reliques de saint Maurice, en vertu du traité conclu avec le gouvernement et l'évêque. Voici dans quelles circonstances cette convention avait été signée : Charles-Emmanuel ayant déclaré la guerre à Genève, les Valaisans prirent parti pour les Génevois que la France soutenait sous main. Afin de diminuer le nombre de ses ennemis, le duc envoya des plénipotentiaires en Valais pour négocier la paix; ces députés arrivèrent à Sion au moment où l'assemblée souveraine était réunie. Reçus à la diète le 16 décembre 1590, ils rappelèrent à l'évêque et aux délégués des districts les traités de 1568 et de 1569, demandant qu'ils fussent remis en vigueur, et prièrent les états d'accorder au duc la moitié des reliques et l'épée de saint Maurice, patron de la Savoie. En échange des précieuses dépouilles, ils offrirent de céder tous les revenus que le prieuré de Ripaille possédait dans le Val-d'-Illiez, et s'engagèrent à payer la somme de deux mille écus d'or en deux termes, août 1591 et décembre 1592. Ces conditions furent acceptées, et l'ordre de cession des reliques fut adressé, séance tenante, au chapitre de Saint-Maurice dans les termes les plus impératifs [1]. On remarquera dans cette pièce avec quel cynisme Hildebrand de Riedmatten ose dire, en parlant du monastère d'Agaune, *abbatia nostra*, comme s'il avait ignoré les termes précis d'exemption contenus dans toutes les bulles des souverains pontifes depuis l'origine de l'Abbaye.

Quelques jours plus tard, le 26 décembre, l'évêque de Sion remettait aux envoyés du duc une attestation constatant l'authenticité des reliques [2].

Le traité une fois conclu, les plénipotentiaires s'empressèrent d'en informer Charles-Emmanuel, afin qu'il envoyât sans perdre de temps un délégué chargé de recevoir les reliques; ce prince désigna Godefroy Ginodi, évêque d'Aoste.

1. Voir cet ordre aux pièces justificatives, n° 37.
2. Voir cette attestation aux pièces justificatives, n° 38.

Dans cet intervalle, la nouvelle du traité et l'ordre de cession étaient parvenus à Saint-Maurice; toute la paroisse se souleva, et on résolut de se faire tuer plutôt que de livrer les restes du chef de la sainte légion. Témoins de la résistance qui se préparait, les envoyés du duc écrivirent à l'évêque d'Aoste de se hâter, et celui-ci, malgré les difficultés de la route, traversa le Grand-Saint-Bernard le 23 décembre, accompagné de trois de ses chanoines et d'une suite nombreuse. Arrivé à Saint-Maurice, il trouva les habitants exaspérés à ce point que les députés savoyards n'osaient plus sortir de leurs logis, et qu'il fut obligé d'imiter leur prudence.

Des gardes veillaient nuit et jour dans la chapelle du Trésor, et le conseil général de Saint-Maurice, s'étant assemblé, avait déclaré qu'on ne pouvait rien décider sans le consentement du souverain pontife, et que jusque-là on ne devait rien céder. Les membres du conseil se rendirent chez l'abbé commendataire, et lui signifièrent que s'il livrait le corps de saint Maurice, on se considérerait comme dégagé de tout devoir, et on refuserait d'acquitter les dîmes ainsi que les autres redevances. Adrien jura qu'il n'avait participé en rien à la détermination du gouvernement et de l'évêque. Essayant ensuite d'un autre moyen, les conseillers se présentèrent chez l'évêque d'Aoste et le supplièrent de renoncer à ses prétentions. Tout fut inutile!

On publia sur ces entrefaites un nouvel ordre du gouvernement prescrivant de retirer sans délai les gardes de la chapelle du Trésor et d'exécuter le traité. L'évêque d'Aoste vint dire la messe dans cette chapelle avec l'intention de procéder à l'ouverture de la châsse à l'issue du service divin. En un instant l'alarme se répand dans la ville et la population tout entière accourt à l'église. Au moment même de l'élévation, Maurice Blanchu, habitant de la paroisse d'Outre-Rhône, se précipite l'épée à la main sur les marches de l'autel et prononce un discours plein d'énergie en engageant ses concitoyens à défendre les saintes reliques. En entendant ces paroles émues, les assistants brandissent les armes dont ils sont pourvus et jurent de mourir plutôt que de laisser profaner la dépouille du patron de la vallée. L'évêque, épouvanté, abandonne la chapelle et se réfugie dans le Monastère.

Les envoyés du duc informent aussitôt les magistrats de ces événements et réclament l'exécution du traité. Le gouvernement envoie à Saint-Maurice le bailli accompagné des conseillers et des notables de Sion. Leurs instructions étaient absolues: il fallait se soumettre ou s'attendre à voir déboucher les milices des districts du Haut-Valais.

En face d'un danger aussi imminent, le conseil de Saint-Maurice offre aux envoyés du duc d'équiper, de solder et d'entretenir pendant toute la durée de la campagne de Provence un corps de deux cents hommes, pour prix de leur désistement. Sacrifice considérable, qui prouve de quels sentiments la population était animée! L'offre est refusée;

alors, indigné d'une telle obstination, le conseil de Saint-Maurice fait succéder la menace à la prière et déclare que la résistance sera poussée à toute extrémité. Les députés savoyards, ne sachant pas s'ils sortiraient vivants de cette ville arrivée au comble de l'irritation, se décident à proposer une transaction : ils s'engagent à laisser à l'Abbaye les principales parties du corps du saint martyr et à se contenter de l'épée et du partage égal des ossements les moins importants.

Cette concession et la joie d'éviter une guerre civile calmèrent l'agitation. Le 29 décembre, l'évêque d'Aoste, après avoir officié à l'autel du Trésor, procéda à l'ouverture de la châsse en présence du chapitre, des envoyés du duc et des commissaires du Valais, auxquels s'étaient joints les gouverneurs de Monthey et de Saint-Maurice et les notables de la ville.

La châsse fut donc ouverte ; Adrien de Riedmatten, le sacristain et les chanoines dressèrent un acte attestant de nouveau l'authenticité des reliques et constatant en passant qu'on avait dû céder à la force [1].

On trouva, enfermé dans le premier coffret, un reliquaire en argent et en or qui contenait l'épée, les ossements et une petite statue équestre de saint Maurice. L'épée, un peu rouillée, dont la poignée et la garde étaient de fer, reposait dans un fourreau de cuir auquel était attaché un morceau de baudrier conservant encore de nombreuses traces de dorure.

Le sacristain fit le partage, en se conformant aux conditions proposées en dernier lieu par les députés de Savoie. La part destinée au duc fut remise à l'évêque d'Aoste en même temps que les deux attestations d'authenticité, celle donnée par l'évêque de Sion et celle d'Adrien et du chapitre.

L'abbé commendataire, dans l'espoir d'apaiser les esprits soulevés contre lui, rédigea et publia une protestation solennelle [2] ; mais personne ne fut dupe de son hypocrisie, car son consentement à ce marché honteux était bien connu de toute la population.

Une fois en possession des reliques, l'évêque d'Aoste s'empressa de regagner le Piémont ; il avait hâte de quitter une ville où il venait de se rendre complice d'une mesure qui blessait profondément les habitants. Les restes du chef des Thébéens furent reçus en grande pompe dans toutes les villes que le cortége traversa pour se rendre à Turin. L'évêque d'Aoste fit dresser, à la date du 16 janvier 1591, un acte qui témoigne de la remise des reliques par le chapitre d'Agaune et contient le récit de leur translation dans la capitale du Piémont [3].

---

1. Voir cet acte aux pièces justificatives, n° 39.
2. Voir cette protestation aux pièces justificatives, n° 40.
3. Voir cette relation aux pièces justificatives, n° 41.

Une lettre écrite six ans plus tard, le 6 février 1596, et adressée au chanoine-sacristain d'Agaune, prouve que la cour de Turin se souvenait encore de ceux qui avaient montré tant de complaisance dans cette affaire [1].

L'évêque de Sion mourut le 4 décembre 1604, et Adrien, son neveu, fut élu pour le remplacer le 17 du même mois. Il accepta et résigna sa dignité d'abbé entre les mains du bailli et des députés des districts. Ce dernier acte achève de flétrir la mémoire de cet homme. Oubliant tout sentiment d'honneur, il attenta aux droits les plus légitimes et les plus sacrés de l'Abbaye, car, en déposant ainsi la crosse abbatiale aux pieds du pouvoir civil, il ne faisait que fortifier le système d'oppression inauguré déjà depuis trop longtemps.

PIERRE III, DE GRILLY.

(1604-1618.)

Pierre de Grilly, originaire de Savoie, était chanoine de Sion et avait obtenu du pape Clément VIII, en 1602, le prieuré de Martigny devenu vacant par suite de l'apostasie du prieur.

Deux chanoines de l'Abbaye, après avoir assisté à la résignation d'Adrien de Riedmatten lorsqu'il avait remis sa démission à la diète de décembre 1604, demandèrent immédiatement à l'assemblée l'autorisation de procéder à l'élection d'un nouvel abbé. L'évêque et la diète ayant donné leur assentiment, les deux députés de l'Abbaye déclarent qu'ils sont investis des pouvoirs nécessaires pour élire leur abbé séance tenante, tant en leur nom qu'au nom du chapitre, et ils fournissent la preuve de leur mission. Sans perdre un instant, ils proclament abbé d'Agaune Pierre de Grilly, à la condition qu'il ne cédera aucun des droits de l'Abbaye, qu'il prendra l'habit de chanoine régulier, et qu'il rebâtira l'église à ses frais dans l'espace de six ans. Pierre promit de se conformer aux volontés du chapitre, fut reconnu par la diète et par l'évêque de Sion, et mis en possession de l'Abbaye par le grand bailli, le 22 janvier 1605. Le 26 du même mois, le gouvernement de Berne accordait l'investiture des biens situés sur son territoire.

La bulle de confirmation donnée par Paul V le 1er juin 1608 ordonne à Pierre III de faire profession, de résigner son canonicat de Sion, et lui accorde le terme de six mois pour accomplir les ordres du Saint-Siége.

---

1. Voir la lettre aux pièces justificatives, n° 42.

En 1610, le 17 juillet, le chapitre d'Agaune concéda aux pères Capucins la chapelle de Saint-Laurent, située au midi de la ville, avec la quantité de terrain nécessaire pour établir leur couvent. Depuis plus de dix ans des religieux de cet ordre, venus de Savoie au milieu de tous les dangers, parcouraient le Valais, luttant contre les réformés, qui cherchaient à y introduire leurs doctrines, et réussissant à maintenir les habitants dans la foi de leurs pères [1]. Ils n'avaient pas eu jusque-là de demeure fixe, et un pareil état de choses ne pouvait se perpétuer. Ils résolurent de fonder une maison à Saint-Maurice, le plus près possible du pays déjà envahi par l'hérésie, et firent les démarches nécessaires pour obtenir de l'abbé Pierre III la concession dont je viens de parler. La construction du couvent, commencée en février 1612, fut achevée trois ans après, et le 16 juillet 1615 le nouvel établissement était consacré par l'évêque de Sion.

Malgré sa promesse formelle de rebâtir l'église abbatiale dans l'espace de six ans, Pierre de Grilly n'avait encore, à la fin de 1610, donné aucun ordre pour commencer les travaux. Le 3 janvier 1611, un nouvel éboulement de rochers vint le forcer à sortir de son apathie; cet événement eut lieu dans la matinée, au moment où les religieux venaient de quitter le chœur, et l'église fut littéralement ensevelie sous les décombres.

Pour éviter à l'avenir de semblables désastres, on commença la reconstruction de l'église sur un terrain plus éloigné du pied de la montagne, au milieu des jardins de l'Abbaye. Selon toute probabilité, le nouveau chœur occupait la place de la chapelle qu'on nomme aujourd'hui la Vieille Sacristie.

Pierre III mourut le 13 mars 1618 et fut enseveli dans le caveau des abbés d'Agaune. Pierre de Grilly avait dû son élection à l'influence du duc de Savoie, et comme cette nomination était suspecte à la cour de Rome, il ne put obtenir sa bulle de confirmation que par l'entremise de saint François de Sales. Le Saint-Siége semble, en cette circonstance, avoir prévu que cet abbé serait peu soucieux de se dévouer à la communauté dont les intérêts lui étaient confiés. En effet, il oublia la promesse par lui faite de rebâtir l'église, et il laissa aliéner deux églises dépendantes de l'Abbaye, Sainte-Marie d'Abondance et le prieuré de Ripaille.

---

1. Voir dans le livre du chanoine Boccard, *Histoire du Valais,* ouvrage déjà cité.

GEORGES Ier, DE QUARTÉRY.

(1618-1640.)

Georges de Quartéry fut élu abbé de Saint-Maurice dans le chapitre tenu le 21 mars 1618; élevé au séminaire de Milan, puis nommé chanoine de Sion, il avait, dès l'année 1615 et sans renoncer à son canonicat, pris l'habit des religieux d'Agaune et fait profession.

A peine la nouvelle de la mort de Pierre de Grilly était-elle parvenue à la cour de Turin que Charles-Emmanuel Ier fit écrire au chapitre pour demander ses suffrages en faveur du frère de l'abbé défunt, promettant, dans le cas où ses espérances seraient réalisées, de contribuer de tout son pouvoir à la reconstruction de l'église. La duchesse de Savoie, joignant ses instances à celles du duc, adressait aussi à la communauté une lettre dans le même sens. Ces recommandations furent inutiles, car l'élection était faite au moment de l'arrivée des dépêches de Turin.

Le 8 avril suivant, les délégués de l'évêque de Sion et du gouvernement mirent Georges en possession du siége abbatial, après lui avoir fait jurer de maintenir intacts les immunités et les priviléges de l'Abbaye. Cérémonie dérisoire, puisqu'elle était présidée par ceux qui dès longtemps se montraient les ennemis les plus acharnés du Monastère.

Le Saint-Siége ne mit pas le même empressement à reconnaître l'élection de Georges, car, en avril 1619, le pape Paul V adressa à l'official de Sion un bref lui ordonnant de prendre des informations sur le nouvel élu et de l'instituer *auctoritate apostolica,* si l'enquête était favorable. Georges était chanoine de Sion; le pape l'autorisait à conserver sa prébende canoniale et à la réunir à son bénéfice abbatial, l'enquête devait donc être favorable, et elle le fut. En conséquence, l'abbé de Saint-Maurice reçut la bénédiction le 11 février 1620, dans l'église de Saint-Sigismond; elle lui fut donnée par l'évêque de Sion assisté de ses chanoines et accompagné de six conseillers d'État.

En 1624, Georges Ier accorda des reliques des martyrs Thébéens à la chapelle d'Abondance. A cette occasion, Jean François de Sales, évêque de Genève, lui écrivit pour le remercier, rendre grâce au chapitre de sa libéralité, et faire part en même temps des dispositions qu'il avait prises pour la réception des saintes dépouilles. J'ai pris une copie exacte de la lettre du prélat, le lecteur la trouvera aux pièces justificatives [1].

---

1. Voir la lettre de Jean François de Sales aux pièces justificatives, n° 43.

Grâce aux offrandes des fidèles de la ville et de toute la contrée, la reconstruction de l'église put se poursuivre et s'achever; on l'avait fondée à la place qu'elle occupe aujourd'hui, dans la direction du nord au sud, en l'éloignant assez du pied des rochers pour éviter les éboulements, cause de tant de désastres. Enfin, le 20 juin 1627, la consécration du nouvel édifice fut faite par le nonce du Saint-Siége, en présence d'un nombreux clergé, de toute la population et des députés des cantons catholiques.

L'événement le plus important de l'administration de Georges de Quartéry est le rétablissement de la vie commune à l'Abbaye. On se souvient que le pape Sixte V, sentant la nécessité de la réforme, en avait chargé l'abbé Martin de Plastro et l'évêque Hildebrand de Riedmatten. Le premier était mort avant de pouvoir rien entreprendre, et le second, tout plein du désir d'accroître la fortune de sa famille, avait fait de son neveu un abbé commendataire qui se montra préoccupé de ses intérêts personnels bien plus que des intérêts du Monastère. Tout était donc à faire, et tout conspirait à entraver la volonté du Saint-Siége. Le gouvernement était opposé à l'institution d'une discipline qui laissait moins de prise à ses manœuvres; toutes les grandes familles, convoitant pour un de leurs membres la dignité d'abbé commendataire, agissaient secrètement dans le but de faire échouer les efforts de l'autorité ecclésiastique.

Examinons quels furent les commencements et quels ont été les progrès de cette réforme salutaire pendant le cours de la prélature de Georges Ier.

La distribution des prébendes occasionnait de fréquentes mésintelligences entre le supérieur et les religieux de l'Abbaye; afin d'y mettre un terme, les chanoines présentèrent à la diète, en 1618, une requête par laquelle ils demandaient l'approbation d'un projet de constitution intérieure destinée, croyaient-ils, à ramener la concorde, et qui pourvoyait aux frais de reconstruction de l'église au moyen d'un impôt proportionnel assis sur chaque prébende.

Ces mesures ne produisirent aucun effet, puisque, en 1620, la nécessité décida les religieux à se réunir pour prendre les repas en commun. L'arrêté capitulaire porte que, considérant la modicité des revenus de l'Abbaye et la ruine de l'église, les chanoines n'ont trouvé qu'un seul moyen de subvenir à des frais aussi considérables, celui d'adopter la vie commune pendant trois années. Il est stipulé à la fin de l'acte que cette résolution ne peut changer en rien les coutumes anciennes et que, les trois années écoulées, chacun rentrera en possession de son bénéfice. C'était déjà, et malgré toutes les réticences, un acheminement à la réforme. Le nonce transmit la décision du chapitre à Rome vers le mois d'avril 1621, et Grégoire XV le chargea de se rendre à Saint-Maurice en qualité de visiteur apostolique, afin de constater par lui-même l'état dans lequel se trouvait l'Abbaye.

Conformément à la pensée de Sixte V, le pape ordonnait d'enlever aux chanoines la faculté de posséder, et interdisait à perpétuité toute collation de prébende. Afin de parvenir à ce but, le nonce soumit à l'abbé un projet de constitution contenant dix-huit articles dont voici les principales dispositions : obligation du vœu de pauvreté ; abolition des prébendes ; établissement d'un réfectoire, d'un cloître et d'un dortoir communs ; introduction du bréviaire et du rituel romains ; désignation des officiers de la Maison et de leurs attributions ; reconstruction de l'église ; établissement d'une salle pour les archives ; réparation de la chapelle du Trésor ; fixation de tous les devoirs religieux à remplir chaque jour.

Après avoir examiné le projet de constitution, quelques-uns des chanoines prétendirent qu'en vertu des priviléges concédés par les papes ils étaient exempts du vœu de pauvreté. Le nonce leur permit d'attendre le jugement de la cour de Rome sur cette question, mais il voulut que l'on procédât sur-le-champ à l'accomplissement de tous les autres articles. L'ordonnance fut signifiée à l'abbé, qui en donna lecture au chapitre le 13 avril 1623.

Malheureusement Georges de Quartéry n'était pas doué des qualités nécessaires pour mener à bonne fin une telle entreprise. Son caractère impérieux, sa vanité, qui le poussait à placer les armoiries de sa famille sur tous les bâtiments édifiés aux frais de la communauté, et son penchant à l'avarice, l'avaient privé de toute influence sur l'esprit de ses religieux. Il les mécontentait à tout propos, et se conduisait de telle sorte que les chanoines irrités envoyaient à la nonciature mémoires sur mémoires, afin d'exposer leurs nombreux griefs.

Les religieux étaient en trop petit nombre [1] pour célébrer dignement l'office divin, aussi le premier soin de l'évêque de Sion, subdélégué du Saint-Siége, fut-il d'inviter Georges à prendre des mesures pour porter à douze le nombre des chanoines. L'abbé répondit que tous les revenus du Monastère ne suffiraient pas à leur entretien, tandis que, de son côté, le chapitre démontrait la possibilité de pourvoir aux besoins du personnel ainsi augmenté, en y consacrant seulement la moitié des revenus de la mense abbatiale. L'évêque rendit plusieurs ordonnances pour forcer Georges à exécuter la réforme décrétée par le nonce, mais ce fut en vain ; plusieurs années se passèrent en négociations entre l'abbé et son chapitre.

Désirant arriver à une solution, le nonce écrivit à l'évêque, le 26 janvier 1624, qu'il avait appris avec douleur tous les prétextes inventés par l'abbé d'Agaune dans le but d'éluder les ordres du Saint-Siége, et lui prescrivit d'employer les censures ecclésiastiques pour vaincre cette résistance opiniâtre. L'évêque hésita longtemps ; mais ayant reçu, dans le courant de l'année 1635, plusieurs lettres du chapitre réclamant la mise en vigueur de

---

1. Le nombre des chanoines réguliers était alors réduit à quatre ; trois prêtres séculiers prébendés leur étaient adjoints, ce qui portait le personnel du chœur à sept officiants.

la réforme, et offrant de nouveau de pourvoir à l'entretien de douze chanoines et de deux novices, il se décida à agir selon les instructions de la nonciature et chargea le curé de Saint-Sigismond de signifier le mandat pénal à l'abbé d'Agaune. Le curé donna lecture de l'acte de censure le 29 août 1635, en présence de la communauté assemblée, puis le mandat fut affiché à la porte de l'église.

Deux années s'écoulèrent encore sans amener la fin de ces difficultés sans cesse renaissantes; la lutte se perpétuait et rien n'en faisait entrevoir le terme, lorsque Georges Ier se décida à rendre à la communauté l'administration du temporel, en se réservant une pension viagère proportionnée à sa dignité. Le chapitre fit alors des propositions que l'abbé accepta après avoir longtemps débattu le chiffre de sa pension, prouvant ainsi une fois de plus combien il était loin de partager l'opinion du philosophe païen sur le mépris des richesses. Le traité relatif à la retraite de l'abbé fut signé le 18 février 1637, et, le 14 juin suivant, l'abbé et le chapitre réunis ratifièrent les nouvelles constitutions [1].

Georges de Quartéry mourut le 26 février 1640; il avait gouverné l'Abbaye pendant vingt-deux ans, et cette longue administration, qu'il aurait pu rendre utile et heureuse, fut, par sa faute, remplie d'amertume et de chagrins.

PIERRE IV, MAURICE ODET.

(1640-1657.)

Le lendemain de la mort de Georges de Quartéry (27 février 1640), et après ses funérailles, le chapitre se réunit et lui donna pour successeur Pierre-Maurice Odet. Le nouvel élu, né à Saint-Maurice, avait fait ses études à Fribourg; plus tard il suivit la carrière du barreau, se maria, et, devenu veuf, il fit profession à l'Abbaye.

Pierre Odet fut mis en possession le 18 mars suivant par trois députés de l'évêque et du gouvernement, mais il ne reçut la bulle de confirmation d'Urbain VIII qu'à la date du 10 mai 1642 [2]. Il fut béni le 20 juillet de la même année dans l'église abbatiale par le nonce du Saint-Siége.

Le premier soin de Pierre IV fut de demander la confirmation des nouvelles constitutions; il reçut de la nonciature une ordonnance dans laquelle sont rappelés tous les articles

---

1. Presque toutes les pièces relatives à ces affligeants débats sont conservées aux archives de l'Abbaye.
2. L'original de cette bulle existe aux archives de l'Abbaye.

adoptés par le chapitre et l'abbé Georges Ier. Adrien III de Riedmatten, évêque de Sion, fut chargé de la faire exécuter et de visiter à cet effet le Monastère, mais seulement en qualité de délégué du Saint-Siége, et non pas comme évêque diocésain.

L'œuvre d'Urbain VIII fut continuée par Innocent X, qui chargea ses nonces en Suisse de veiller à l'exécution des réformes. L'abbé Odet, respecté de tous les chanoines, employa la légitime influence que lui donnaient son caractère et son dévouement aux intérêts de la Maison, à faire accepter de tous les nouveaux règlements.

Il abolit les dignités de sacristain, d'aumônier, de chantre, de marguillier, d'infirmier, réunit toutes les prébendes [1], puis institua le premier prieur claustral.

Il ne montra pas moins de zèle et d'énergie dans les luttes qu'il eut à soutenir au sujet des priviléges de l'Abbaye et pour défendre celle-ci contre les usurpations des évêques de Sion, Adrien III et Adrien IV, qui lui suscitèrent mille embarras à propos de leurs juridictions respectives.

L'Abbaye demeura paisible jusqu'en 1656, époque à laquelle la division sembla sur le point de renaître entre l'abbé et quelques-uns de ses chanoines. L'ascendant de Pierre IV l'emporta cependant, et toutes les difficultés furent aplanies par une convention capitulaire du 6 septembre. La réconciliation ne pouvait que déplaire à l'évêque de Sion, qui sans doute était l'instigateur de la querelle; il protesta contre la décision du chapitre de Saint-Maurice, sous prétexte que sa qualité de délégué du Saint-Siége avait été méconnue et qu'aucun arrêté ne pouvait être pris sans son consentement. Après de longs pourparlers, Adrien IV proposa, au mois de décembre suivant, un nouveau projet de convention auquel il eut soin d'ajouter un article qui anéantissait le droit de juridiction des abbés d'Agaune. L'abbé et le chapitre, ne voulant pas pousser les choses à l'extrême, acceptèrent l'acte proposé, qui était, de tous autres points, semblable au premier, conclu sans la participation de l'évêque; ils se contentèrent de protester formellement contre le neuvième article, introduit par Adrien IV dans un but évidemment hostile aux droits de l'Abbaye.

Les derniers jours de Pierre-Maurice Odet furent empoisonnés par les condamnables intrigues de quelques-uns des membres du chapitre, et il termina sa carrière le 9 août 1657, à l'âge de soixante-huit ans.

Cet abbé mérite d'être compté au nombre des chefs les plus méritants de la Maison; il se distingua par un dévouement absolu et par la mansuétude la plus exquise jointe à une inébranlable fermeté. Son désintéressement était tel que tout son patrimoine et toutes ses épargnes furent employés à de nombreuses réparations au Monastère et à l'église,

---

1. Les noms que portent encore aujourd'hui quelques pièces de vignes du domaine de Cries rappellent ces anciens titres. Telles sont : la Marguillière, l'Aumônerie, la Sacristie; ces portions de terrain faisaient partie de la prébende du marguillier, de l'aumônier ou du sacristain.

dont il fit construire le maître-autel et les orgues. Il enrichit le Trésor de plusieurs reliquaires et pourvut la sacristie d'ornements magnifiques.

Pierre Odet était protonotaire apostolique; il jouissait de toute la confiance du nonce,
qui le chargea souvent de faire exécuter ses ordonnances dans les différents cantons de
la Suisse. Ces missions lui attirèrent l'estime générale, et il emporta dans la tombe les
regrets de tous ceux que les circonstances avaient mis en rapport avec lui.

JEAN VI, JODOC DE QUARTÉRY.

(1657-1669.)

Le 11 mai 1657, Jean-Jodoc de Quartéry fut nommé abbé de Saint-Maurice par les
voix unanimes de la communauté, puis mis en possession le 25 du même mois par les
délégués du gouvernement et de l'évêque.

Le Saint-Siége cependant ne ratifia pas immédiatement l'élection, qui fut d'abord
déclarée nulle par les cardinaux. Enfin, après deux ans de démarches actives de la part
de l'évêque et du sénat de Sion, Alexandre VII, à la date du 24 mai 1659, adressa un bref
à l'official de Sion. Dans cet acte, le pape déclare que, malgré la nullité de l'élection et en
considération des nombreuses requêtes adressées en faveur du nouvel élu, il autorise
l'official de Sion à instituer Jean-Jodoc de Quartéry abbé de Saint-Maurice, *auctoritate
apostolica*. En vertu de ce bref, Jean VI fut béni le 8 septembre suivant dans la cathédrale de Sion, et intronisé dans l'église abbatiale le 22 du même mois.

Tout le zèle déployé par l'État et par l'évêque pour obtenir la confirmation de la cour
de Rome tenait surtout au passé de Jean VI, passé qui le rattachait étroitement aux intérêts
du Haut-Valais. L'abbé de Quartéry avait été chanoine de la cathédrale de Sion, grand
pénitencier, official du diocèse, puis prieur de Martigny.

Jean VI était doué d'un esprit élevé; il possédait une instruction solide et un véritable
amour pour les lettres. De telles qualités auraient suffi à l'illustration de son nom; malheureusement elles étaient effacées par l'indécision et l'indolence de son caractère. Cette
faiblesse, ce défaut de zèle et de surveillance dans la direction de la communauté,
amenèrent bientôt des résultats déplorables; la réforme opérée par l'abbé Odet fut aban-
donnée, et les religieux, préférant la liberté d'une vie indépendante, quittèrent peu à peu
l'Abbaye, qui en arriva à ce point de n'être plus desservie que par quatre chanoines,
y compris l'abbé.

Après douze années d'une administration qui fut loin d'être favorable à la prospérité de la Maison, Jean VI mourut le 4 août 1669.

J'ai dit plus haut que cet abbé aimait les lettres et l'érudition; il les cultivait aussi, car il laissa un ouvrage manuscrit intitulé : *Nomenclature des abbés de Saint-Maurice*. Ce travail important, rédigé d'après les pièces des archives et avec le secours de l'excellent recueil des notes rassemblées par l'abbé Milès, est aussi bien composé que pouvait le permettre, au milieu du XVIIe siècle, l'état de la science appelée « Critique de l'histoire ». La *Nomenclature*, soigneusement conservée aux archives de l'Abbaye, est donc un bon ouvrage, et je m'en suis souvent servi dans le cours de cette étude.

Pendant la durée de son administration, Jean de Quartéry fit à plusieurs reprises l'inventaire et la visite des reliques du Trésor. La copie des actes dressés dans ces circonstances est transcrite aux pièces justificatives [1].

JOSEPH Ier, TOBIE FRANC.

(1669-1686.)

Joseph Franc, né à Saint-Maurice en 1630, avait pris l'habit à l'Abbaye en 1651. Après avoir été curé de Saint-Sigismond pendant trois ans, lassé de la division qui régnait entre l'abbé et le chapitre, il demanda et obtint l'autorisation de se retirer à Paris, chez les chanoines réguliers de Sainte-Geneviève; il voulait étudier, en les pratiquant, tous les devoirs de la vie religieuse. De retour à Saint-Maurice, il fut nommé prieur et sut si bien s'attirer l'estime et le respect de ses confrères, que le 6 août 1669, jour de l'élection, la communauté le désigna d'une voix unanime pour succéder à Jean de Quartéry.

Le gouvernement, n'approuvant pas le choix du chapitre, sembla se préparer à y mettre opposition; mais toutes les difficultés furent levées par la présence de Joseph Franc, qui se rendit à Sion, conquit les suffrages des magistrats, et revint à l'Abbaye, où il reçut l'investiture aux acclamations de tous les assistants.

La bulle de confirmation donnée par Clément IX, le 21 novembre 1669, ne fut expédiée que par Clément X, à la date du 21 mai 1670 [2].

1. Voir ces inventaires aux pièces justificatives, n°s 44 et 45.
2. L'original de cette bulle existe aux archives de l'Abbaye.

Soutenu par le sentiment de sa responsabilité et par la fermeté de son caractère, le nouvel abbé chercha les moyens d'accomplir définitivement la réforme inutilement essayée par ses prédécesseurs. Il pensa que la mesure décisive serait l'association de l'Abbaye avec une communauté du même ordre. Ce parti lui permettait en effet d'appeler dans la Maison des religieux éprouvés, qui donneraient le bon exemple et faciliteraient l'établissement de la vie régulière parmi les chanoines. Il échoua dans ses tentatives d'union avec les chanoines réguliers de Sainte-Geneviève, mais il fut plus heureux auprès de la congrégation des chanoines réformés de Saint-Sauveur de Lorraine. Après avoir obtenu du Saint-Siége l'autorisation nécessaire, Joseph Franc signa le traité d'union [1] le 22 août 1672, et cet acte reçut la sanction immédiate de la nonciature.

L'abbé se mit à l'œuvre aussitôt que les constitutions furent adoptées, et tout semblait faire présager le succès, lorsque trois ou quatre anciens chanoines, qui regrettaient leur indépendance passée, employèrent les manœuvres les plus condamnables pour forcer leur supérieur à abandonner tout projet de réforme et à revenir au système des prébendes particulières. Ils intéressèrent à leur cause les membres du conseil d'État, qui saisirent avec empressement une occasion si favorable d'intervenir une fois de plus dans les affaires de l'Abbaye. La diète, dans sa session de décembre 1675, cita l'abbé Franc à comparaître devant elle pour rendre compte du traité d'union contracté avec des religieux étrangers sans l'autorisation du gouvernement. Joseph Ier, malade, ne put se rendre à Sion, et les magistrats, considérant son absence comme une insulte à leur autorité, envoyèrent à Saint-Maurice une députation chargée d'annuler le traité et d'expulser les chanoines de Saint-Sauveur appelés par l'abbé. Ces premiers abus de pouvoir ne suffirent pas aux membres du gouvernement; ils firent partir de nouveaux commissaires qui exigèrent la remise des clefs de l'Abbaye, du Trésor et des archives, rétablirent les prébendes particulières, et obligèrent le procureur à leur rendre compte de la situation des biens meubles et immeubles.

L'abbé Franc, au début de ces violences exercées au mépris de tout droit et de toute justice, avait prévenu le nonce de ces événements inqualifiables, puis, menacé de destitution et d'exil, il s'était réfugié à Fribourg. Une fois en sûreté dans cette ville, il avait de nouveau informé le nonce de ce qui se passait. Pendant tous les délais nécessités par l'échange d'une correspondance qui constate à quel point Joseph Ier avait su mériter l'estime de la nonciature, les commissaires du gouvernement continuaient le cours de leurs honteux exploits. Ils s'emparaient de l'administration de l'Abbaye, destituaient le prieur et le procureur, et remplaçaient ces dignitaires par deux de leurs créatures.

Enfin le nonce, indigné, envoie son auditeur à Saint-Maurice; ce délégué arriva le

---

1. L'original du traité est conservé aux archives de l'Abbaye.

3o janvier 1676, convoqua les religieux, leur reprocha sévèrement leur manque de courage dans la défense de leurs droits, abrogea les ordonnances édictées par les commissaires, rétablit dans leurs charges les anciens dignitaires, remit en vigueur la constitution adoptée par l'abbé, et commanda le refus d'obéissance à tout ordre émané du gouvernement, sous peine de privation perpétuelle de voix active au chapitre. Cet acte d'autorité fit ouvrir les yeux aux délégués des magistrats de Sion; ils reconnurent combien ceux qui les avaient chargés d'une telle mission outrepassaient leurs pouvoirs et ils annulèrent leurs ordonnances, en affirmant que leur intention n'avait jamais été de porter la moindre atteinte aux priviléges de l'Abbaye.

Joseph Franc rentra à Saint-Maurice au mois de mai suivant. Dans une lettre au nonce, il rend compte des événements qui se passèrent le jour de son arrivée; il ajoute que ses religieux avaient fait leur soumission et exprimé leur repentir, sauf un seul: *Michaele Colassot, dierum malorum sene, maledico, perturbatore, ʒiʒaniam inter fratres seminante* [1].

Le nonce, qui, au milieu de ces affligeants démêlés, avait eu l'occasion d'apprécier le rare mérite de l'abbé Franc, lui donna bientôt la plus grande preuve de confiance en le déléguant, en qualité de visiteur apostolique, pour réformer les maisons de chanoines réguliers des provinces de Besançon et de Bourgogne. Victor-Amédée II donna aussi à Joseph Ier un témoignage d'estime particulière en le nommant commandeur de l'ordre des SS. Maurice et Lazare et, par lettres patentes du 25 février 1680, membre de son conseil et aumônier de sa chapelle [2].

Toutes ces marques de distinction réveillèrent l'animosité de quelques-uns des religieux contre leur supérieur. L'Abbaye devint une fois encore le théâtre de dissensions tellement envenimées que Joseph Franc fut obligé de s'exiler de nouveau, afin de laisser passer ce moment de crise, après avoir toutefois prévenu le nonce. Le représentant du Saint-Siége rétablit l'ordre en prononçant une sentence exemplaire contre les chanoines insubordonnés.

L'abbé Franc, épuisé par cette vie de lutte, abreuvé de chagrins, mourut, jeune encore, le 11 février 1686.

1. Les pièces et la correspondance relatives à ces violences sont conservées aux archives de l'Abbaye.
2. Le diplôme et les lettres patentes existent aux archives de l'Abbaye.

PIERRE V, FRANÇOIS ODET.

(1686-1698.)

Aussitôt que l'abbé Franc eut rendu le dernier soupir, le chapitre notifia sa mort à l'évêque de Sion, Adrien V de Riedmatten, et aux magistrats. L'évêque, dans sa réponse, défendit de procéder à une élection avant d'avoir reçu l'ordre exprès de la nonciature. D'un autre côté, le gouverneur de Saint-Maurice ¦vint à plusieurs reprises, au nom du gouvernement, réclamer les clefs et l'administration de l'Abbaye, ce qui lui fut refusé avec une inébranlable fermeté. L'évêque et les magistrats tentaient cette fois encore d'imposer un supérieur de leur choix.

Ces tentatives d'usurpation n'empêchèrent pas les religieux de se donner un chef, et, le 15 février 1686, Pierre-François Odet, chanoine de l'Abbaye, secrétaire du chapitre, réunissait six suffrages sur douze votants. Il fut unanimement reconnu comme abbé parce que, avant l'élection, il avait été convenu que l'on proclamerait celui qui réunirait le plus de suffrages, alors même que le nombre de voix ne constituerait pas la majorité absolue.

Le même jour, l'acte de l'élection fut expédié à Sion et l'on députa un chanoine à Lucerne, afin d'en informer la nonciature et de faire connaître en même temps tous les obstacles suscités par l'évêque et par l'état. L'envoyé revint bientôt, chargé de trois lettres du nonce. La première pour l'évêque de Sion, à qui il rappelle les droits et les priviléges de l'Abbaye, en l'exhortant à se désister de ses injustes prétentions. Dans la seconde, adressée à l'abbé élu, le nonce donne à François Odet des marques d'estime et d'affection, et lui exprime combien il lui est pénible de se voir contraint d'annuler une élection qu'il approuve, mais qui n'est pas canonique. La troisième lettre, destinée au chapitre, l'engage à confirmer l'excellent choix qu'il a déjà fait et à procéder à la nouvelle élection sans délai et sans éclat.

Au retour du chanoine envoyé à Lucerne l'abbé élu se trouvait à Sion, où il s'était rendu, accompagné de deux chanoines, dans le but de se faire reconnaître et de réclamer l'investiture. Il s'était présenté devant la diète, et cette assemblée, loin de le reconnaître, exigeait que l'Abbaye fît une liste de trois candidats parmi lesquels le gouvernement choisirait. Ces conditions formellement repoussées par l'abbé et ses chanoines, l'affaire fut renvoyée à huit jours par les membres de la diète, qui voulaient, dirent-ils, prendre l'avis du chapitre de Sion. Pendant le cours de cette semaine, Pierre V eut le temps de faire réformer son élection. Le chapitre tenu le 2 mars 1686 lui donna l'unanimité des suffrages, et il retourna à Sion, où il refusa de nouveau d'accepter l'obligation de présenter une liste de candidats et de subir les exigences de la diète. Les magistrats, qui avaient appris par l'évêque avec quelle chaleur le nonce soutenait les intérêts de l'Abbaye, se contentèrent alors de proposer à l'abbé une convention qu'il devait signer s'il voulait être reconnu par l'état. Ce traité contenait six articles dont voici l'analyse : 1° l'abbé prêterait serment de fidélité au gouvernement suivant la coutume; 2° l'abbé recevrait à l'avenir parmi les novices les jeunes gens du Haut-Valais qui se présenteraient; 3° l'abbé ne pourrait plus faire aucun traité d'union avec des ordres étrangers sans le consentement des magistrats; 4° aucun domaine important de l'Abbaye ne serait aliéné sans l'autorisation préalable de l'état; 5° le châtelain de Bagnes serait tenu désormais de prêter serment de fidélité entre les mains de l'évêque de Sion; 6ᵈ l'Abbaye payerait annuellement aux pères Jésuites de Brigg une rente annuelle de six pistoles.

L'abbé Odet consentit à signer les quatre premiers articles, qui ne lui semblaient porter aucun préjudice aux droits de l'Abbaye, mais il refusa nettement d'approuver le cinquième et le sixième. Le cinquième article, en effet, reconnaissait la légitimité de toutes les menées des évêques de Sion dans la vallée de Bagnes, et contenait la renonciation à des droits incontestables; le sixième était une sorte d'impôt aussi injuste qu'arbitraire.

Les membres de la diète n'osèrent point insister, et nommèrent des députés chargés de mettre l'abbé élu en possession; l'investiture eut lieu le 11 mars suivant. L'acte dressé en cette circonstance décrit minutieusement la cérémonie, dont il n'est pas inutile, je crois, de donner un aperçu. Le secrétaire d'État, suivi des députés de la diète, se rendait sur la place du parvis; l'abbé, accompagné par le prieur et les chanoines, sortait du Monastère et recevait de la main des magistrats un trousseau de clefs, signe de l'investiture des fiefs et des juridictions de l'Abbaye. Ensuite l'abbé était conduit processionnellement dans l'église, où le prieur claustral, en sa qualité de chef du chapitre, le mettait en possession du spirituel et du temporel par la simple tradition des clefs de l'église, du Trésor et des archives. On l'installait enfin sur le siége abbatial et on chantait le *Te Deum* d'actions de grâces.

Pierre V reçut du pape Innocent XI la bulle de confirmation, datée du 12 juin 1686 [1], et fut béni à Lucerne par le nonce le 8 octobre de la même année.

Pendant le cours de sa visite épiscopale, en 1687, l'évêque de Sion s'efforça d'usurper la juridiction de plusieurs églises dépendant de l'Abbaye, mais il fut obligé de céder aux

---

1. L'original de cette bulle existe aux archives de l'Abbaye.

injonctions de la nonciature, qui, à deux reprises, le 3 juillet 1687 et le 2 août 1689, lui intima l'ordre de reconnaître les droits de l'Abbaye et de restituer les juridictions en litige.

L'abbé Odet mourut le 1er mai 1698, non sans avoir eu encore bien des luttes à soutenir contre plusieurs de ses chanoines, qui ne pouvaient se décider à suivre les règles de la vie commune et tentaient de revenir au régime des prébendes particulières.

Pendant son administration, le 23 février 1693, l'Abbaye fut la proie d'un violent incendie qui ravagea entièrement la bibliothèque et la sacristie ; la toiture de l'église et les boiseries du chœur furent dévorées par les flammes, qui, par une sorte de miracle, s'éteignirent à quelques pas seulement de la chapelle du Trésor.

NICOLAS Ier, ZURTHANNEN.

(1698-1704.)

Nicolas Zurthannen, issu d'une famille patricienne de Fribourg, chanoine d'Agaune et curé de Saint-Sigismond, fut nommé abbé le 2 mai 1698.

Les obstacles accumulés à propos de cette élection par l'évêque de Sion et par le gouvernement du Valais sont une nouvelle preuve de la passion qui les poussait à s'emparer peu à peu des droits et des domaines de l'Abbaye.

Dès que la nouvelle de la nomination de Nicolas Zurthannen fut parvenue à Sion, le bailli expédia au chapitre de Saint-Maurice l'ordre de s'assembler sans délai, afin de présenter quatre candidats parmi lesquels les magistrats choisiraient un abbé. Quelques jours après, le 17 mai, sur le refus formel des religieux d'Agaune d'obéir à l'injonction du bailli, l'évêque de Sion, à la demande des magistrats, délégua un de ses chanoines muni de pleins pouvoirs et autorisé à prendre la direction de l'Abbaye jusqu'au moment où les religieux auraient fait une élection approuvée par l'état.

Les instructions du chanoine délégué lui prescrivaient de placer sous le sceau épiscopal le Trésor, les archives et tous les titres de l'Abbaye, d'interdire aux religieux tout acte d'administration et de gérer lui-même les affaires de la communauté.

Le 19 mai, le chapitre réuni formula une protestation très-nette et déclara ne reconnaître d'autre supérieur que le nonce.

Cependant l'abbé élu avait été officiellement reconnu par les états de Berne et de Fribourg, et en avait obtenu l'investiture des biens situés sur leurs territoires, malgré les réclamations du gouvernement du Valais.

Une année entière s'écoula, chaque jour amenant de nouvelles prétentions de la part des persécuteurs de l'Abbaye ; enfin, le 11 décembre 1699, les magistrats sommèrent Nicolas Ier de quitter sans délai le Valais, et ordonnèrent au prieur, Fribourgeois comme son supérieur, de se présenter à Sion pour répondre aux accusations portées contre lui. L'abbé et le prieur s'éloignèrent de Saint-Maurice et se réfugièrent dans le domaine de Sallaz, fief de l'Abbaye, situé sur le territoire du pays de Vaud.

Afin de motiver la sentence d'exil auprès des cantons qui prenaient le parti de Nicolas Zurthannen et regardaient son exclusion comme une insulte à toute la Suisse, le gouvernement du Valais expédia à ses confédérés une longue dépêche contenant l'exposition des prétendus griefs [1]. L'abbé Zurthannen démontra facilement la fausseté de pareilles allégations.

Fribourg et Berne, usant de représailles, frappèrent de séquestre tous les biens situés sur leurs territoires et autorisèrent l'abbé à en percevoir les revenus ; cette mesure réparatrice mit Nicolas Ier et le prieur exilés à l'abri du besoin.

Le gouvernement, non content d'avoir expulsé le chef légitime de la communauté d'Agaune, voulut encore le priver de toute communication avec les habitants, et défense fut faite à tous les citoyens valaisans de correspondre avec l'abbé, soit par écrit, soit de vive voix.

Pendant que tous ces événements se passaient en Suisse, le pape faisait instruire l'affaire avec le plus grand soin, prêtant une égale attention aux griefs mis en avant par la diète du Valais et par l'évêque de Sion, et à la justification de Nicolas Ier. La défense de l'abbé d'Agaune était présentée à la fois par les états de Berne et de Fribourg, par l'ambassadeur de France et par le prieur de l'Abbaye, qui était accouru à Rome afin de plaider lui-même la cause de son supérieur lâchement attaqué.

La vérité et l'innocence triomphèrent enfin ! Le souverain pontife découvrit clairement les perfides menées du gouvernement du Valais et la fausseté des accusations intentées par l'évêque de Sion, Adrien V. Ce prélat ambitieux et avide, ne reculant devant aucune imposture pour arriver à ternir la réputation de Zurthannen, avait osé le représenter comme étroitement lié avec les calvinistes. Clément XI, pleinement édifié sur la moralité des accusateurs, nomma *auctoritate apostolica*, par bulle [2] du 20 mai 1701, Nicolas Zurthannen abbé de Saint-Maurice d'Agaune.

Le gouvernement, voyant que Nicolas Ier était reconnu par la cour de Rome, pré-

1. Les archives de l'Abbaye possèdent des copies authentiques et du temps de la dépêche du gouvernement et de la réponse de l'abbé. La dépêche est un honteux monument de mauvaise foi ; la réponse est calme, pleine de dignité, et ne laisse aucun doute sur la vérité des faits. J'ai renoncé avec regret à publier *in extenso* ces pièces intéressantes, mais je me suis, une fois encore, arrêté devant les limites imposées à ce travail.

2. L'original de cette bulle existe aux archives de l'Abbaye.

senta divers projets de conciliation; mais comme toutes ces propositions portaient atteinte aux droits et aux priviléges de l'Abbaye, l'abbé ne voulut en accepter aucune. Il aima mieux mourir dans l'exil que de rentrer à Saint-Maurice en faisant des concessions réprouvées par sa conscience.

Les chagrins qui accablaient l'infortuné Zurthannen depuis six ans avaient profondément altéré sa santé; la mort vint mettre un terme à ses souffrances, et il rendit le dernier soupir le 23 mars 1704, à Fribourg, où il avait passé la plus grande partie du temps de son exil.

NICOLAS II, CAMANIS.

(1704-1715.)

Le 21 avril 1704, le chapitre se réunissait pour nommer un abbé, et l'unanimité des voix désignait Nicolas Camanis, originaire de Saint-Maurice et chanoine de la Maison.

Son élection ne fut pas entravée; les graves embarras provoqués par la conduite tenue envers l'abbé Zurthannen avaient rendu les magistrats plus prudents; ils se contentèrent, au moment où Nicolas II se présenta pour prêter serment, de lui rappeler que les religieux de Saint-Maurice devaient obéissance au gouvernement et ne pouvaient procéder à l'élection de leur supérieur sans l'autorisation préalable de la diète.

La bulle de confirmation ne se fit point attendre [1]; elle émane de Clément XI et porte la date du 2 décembre 1704.

L'abbé Camanis, qui avait exercé les fonctions de procureur depuis l'année 1701, s'était efforcé de faire disparaître les traces de l'incendie de 1693; il avait su diriger les travaux de réparation, doter l'église d'ornements suffisants, pourvoir à la refonte des cloches détruites par le feu, et commencer la construction des stalles du chœur, qui furent achevées seulement quelques années plus tard.

En 1707, il jeta les fondements des bâtiments qui existent aujourd'hui, et en 1713 la communauté s'installa dans les nouveaux édifices.

Nicolas II possédait toutes les qualités qui distinguent les bons administrateurs : activité, prudence, économie; aussi parvint-il à faire face aux énormes dépenses devenues

---

1. L'original de cette bulle existe aux archives de l'Abbaye.

indispensables. Il est bon d'ajouter qu'il trouva un puissant secours dans les épargnes accumulées par l'abbé Zurthannen, et qu'il fut aidé par le sénat de Berne et par les aumônes des fidèles.

Nicolas Camanis mourut le 13 février 1715, à l'âge de quarante-deux ans.

FRANÇOIS Ier, DE FAGO.

(1715-1719.)

François de Fago était curé de Bagnes lorsqu'il fut élu abbé, le 22 février 1715, par le chapitre réuni.

L'auditeur de la nonciature de Lucerne annula l'élection sans aucune forme de jugement, sans même exprimer un seul des motifs qui l'avaient déterminé à prendre cette décision, et ordonna de procéder à une nouvelle nomination. Le chapitre se rassembla donc une seconde fois, le 29 mars suivant, et Louis Charlety, chanoine de l'Abbaye, réunit la pluralité des suffrages. Il fut aussitôt reconnu par le gouvernement et reçut de la nonciature l'administration de la Maison, par lettres patentes du 25 avril de la même année. Ce dernier chapitre avait été très-irrégulièrement présidé par le vicaire-général du diocèse de Sion.

La double élection de François de Fago et de Louis Charlety donna naissance à une scission opiniâtre entre les religieux, qui s'étaient partagés en deux camps. Chacun des compétiteurs avait ses partisans, et tous deux s'obstinaient à se faire reconnaître en qualité de supérieurs légitimes.

Désireux de mettre fin à une situation qui, de jour en jour, devenait plus difficile, les deux rivaux partirent pour Rome, où le tribunal de la Rote, après avoir examiné l'affaire, prononça l'annulation de la seconde élection. François de Fago reçut de Clément XI la bulle de sa confirmation à la date du 4 juillet 1716 [1], et fut béni à Rome, dans l'église de Sainte-Pudentienne, le 7 septembre suivant.

A son retour de Rome, en 1717 probablement, François Ier consacra l'église de Salvan. Il avait obtenu, sans doute par le crédit des nombreux amis qu'il s'était faits à la cour pontificale, les pouvoirs nécessaires pour accomplir cet acte épiscopal. Les archives de l'Abbaye ne contiennent en effet aucun titre qui témoigne de cette autorisation.

---

1. L'original de cette bulle existe aux archives de l'Abbaye.

La courte administration de l'abbé de Fago fut troublée par les incessantes difficultés que lui suscita le gouvernement du Valais à propos de la cure de Collombey.

Pendant son séjour à Rome, François Ier avait fait associer l'Abbaye à la congrégation de Latran. L'acte d'union, en date du 17 septembre 1716 [1], fait participer les religieux de Saint-Maurice à tous les priviléges de la congrégation, à la condition qu'il sera dit chaque année, dans l'église abbatiale, une messe solennelle à son intention [2].

François de Fago mourut le 20 septembre 1719.

LOUIS CHARLETY.

(1719-1736.)

Quatre jours après la mort de François de Fago, le chapitre se réunit pour lui donner un successeur, et les suffrages se portèrent sur Louis Charlety, qui était alors recteur de l'hôpital de Saint-Jacques.

On ignore à quelle époque et dans quels termes il reçut l'investiture du gouvernement, mais il demeure certain que cette formalité fut accomplie.

Confirmé par le nonce le 25 octobre 1719, et chargé dès lors régulièrement de l'administration du Monastère, l'abbé Charlety n'obtint cependant sa bulle de confirmation qu'en 1721 ; cet acte émane du pape Innocent XIII, et porte la date du 30 mai [3].

Louis Charlety fut béni le 16 octobre 1721, dans l'église collégiale de Fribourg, par l'évêque de Lausanne.

Il eut à soutenir contre les Capucins établis à Saint-Maurice un long procès, qui ne dura pas moins de huit ans et dont la cause était bien futile : il s'agissait d'un verger dépendant de l'Abbaye, acheté par ces religieux, et de leur refus d'exécuter les conditions du contrat [4].

L'abbé Charlety était doué d'un esprit élevé; il aimait les travaux d'érudition, et il a laissé trois volumes in-folio manuscrits qui contiennent la reproduction de la *Nomenclature* de Jodoc de Quatéry, mais cette reproduction est accompagnée de la copie d'une

---

1. Le traité d'union est conservé aux archives de l'Abbaye.

2. Il existe aussi aux archives de l'Abbaye une lettre du 11 mai 1735, dans laquelle le général de la congrégation de Latran explique et développe tous les priviléges concédés à l'Abbaye par ce traité d'association.

3. L'original de cette bulle existe aux archives de l'Abbaye.

4. Toutes les pièces de ce procès sont conservées aux archives de l'Abbaye.

grande partie des titres conservés dans les archives. Malgré les nombreuses erreurs de lecture commises dans la transcription des actes, l'ensemble de cette œuvre constitue un travail long, difficile, et qui exigeait de la part de son auteur une instruction solide unie à une grande persévérance.

En 1728, le roi de Sardaigne, Victor-Amédée II, par lettres patentes du 17 février[1], accorda la croix de l'ordre des S. S. Maurice et Lazare à l'abbé Charlety et à tous ses successeurs à venir, à la seule condition de recourir au roi avant de porter les insignes de chevalier. Victor-Amédée II concéda en outre à l'abbé le droit de désigner trois de ses chanoines afin de leur accorder la même faveur.

Pendant les dernières années de la prélature de Louis, de 1732 à 1736, J. de L'Isle, abbé de Saint-Léopold de Nancy, vint à Saint-Maurice, dans le but de recueillir sur le théâtre même du massacre ordonné par Maximien les éléments d'une dissertation qu'il publia sous le titre de *Défense de la vérité du martyre de la légion thébéenne*. Il profita de son séjour à l'Abbaye pour dresser l'inventaire détaillé du Trésor, et il envoya son travail aux auteurs des *Acta Sanctorum*, qui l'ont inséré dans leur recueil à la date du 22 septembre, jour de saint Maurice[2].

Louis Charlety mourut le 9 décembre 1736.

JEAN VII, JOSEPH CLARET.

(1737-1764.)

Pendant tout le mois de décembre 1736 et pendant la majeure partie du mois de janvier 1737, le chapitre s'assembla à plusieurs reprises dans le but de donner un successeur à Charlety. Ces tentatives d'élection demeurèrent infructueuses, parce que les suffrages se partageaient toujours également entre deux chanoines de l'Abbaye, et que ni l'un ni l'autre ne pouvait réunir le nombre de voix exigé par les canons. Enfin, dans le chapitre tenu le 24 janvier 1737, on jeta les yeux sur Jean Claret, qui obtint neuf suffrages sur dix-sept capitulants.

Entré à l'Abbaye en 1710, le nouvel abbé avait été seize ans procureur, trois ans prieur et cinq ans recteur de l'hôpital de Saint-Jacques. Il obtint du nonce, le 13 février 1737,

1. Ces lettres patentes existent aux archives de l'Abbaye.
2. Voir l'inventaire de J. de l'Isle aux pièces justificatives, n° 46.

l'administration de l'Abbaye et l'autorisation de recevoir l'investiture du gouvernement, qui lui fut donnée à Sion, à la diète du mois de mai de la même année.

L'élection de Jean VII fut déclarée nulle à Rome, par ce motif qu'il ne pouvait compter qu'une demi-voix au-dessus du nombre total des suffrages exprimés. Malgré cette irrégularité, le pape Clément XII lui adressa la bulle de confirmation à la date du 12 juin 1737[1], et l'évêque de Sion, assisté des abbés d'Abondance et de Haute-Rive, le bénit dans l'église de l'Abbaye le 15 septembre de la même année.

En août 1745, l'abbé Claret s'étant rendu à Bagnes pour visiter cette paroisse, vit éclater un complot formé de longue main contre son autorité. La maison qu'il habitait fut attaquée par une bande de révoltés, qui le contraignirent à signer la cession de tous les droits de l'Abbaye. N'ayant aucun moyen de résister à un tel acte de violence, Jean VII consentit à toutes les exigences des auteurs de ce guet-apens, mais, de retour à Saint-Maurice, il adressa une protestation aux magistrats du Valais. A sa requête, une commission de neuf membres, nommée par le gouvernement, se transporta à Bagnes le 12 septembre suivant, et commença l'instruction de cette déplorable affaire. Les notables de la paroisse déclarèrent que rien ne pouvait justifier la rébellion, et affirmèrent qu'elle était le résultat des menées de quelques hommes dangereux et mal famés. Le 19 septembre, les commissaires rendirent une sentence qui condamnait les coupables à faire leur soumission aux genoux de l'abbé, et à payer les frais du procès ainsi qu'une grosse amende. Le principal chef du complot fut exilé, toutes les signatures données par l'abbé sous la pression de la menace furent annulées, et l'Abbaye réintégrée dans ses droits et prérogatives.

Pendant l'administration de Jean Claret, on exécuta de grands et utiles travaux d'assainissement dans l'enclos de l'Abbaye. Avant lui, la majeure partie des terrains situés entre la façade occidentale du Monastère et le rempart de la ville était occupée par un marais toujours inondé et semé d'énormes blocs de rochers. On releva le sol, on facilita l'écoulement des eaux, on fit disparaître les rochers, et ce lieu malsain devint une prairie plantée d'arbres. L'emplacement ainsi reconquis se nomme aujourd'hui *la Grande Allée*, et les élèves du collège y passent les heures consacrées aux récréations.

Jean VII fit aussi reconstruire la chapelle de Vérolliez; les travaux, commencés en 1742, ne furent achevés qu'en 1750. Depuis cette époque aucun changement n'a été apporté à ce modeste édifice : il est resté ce qu'il était au temps de l'abbé Claret.

Jean VII eut à soutenir deux procès longs et épineux relativement aux paroisses de Monthey et de Trois-Torrents : il les conduisit avec autant de droiture que d'habileté[2].

1. L'original de cette bulle existe aux archives de l'Abbaye.
2. Toutes les pièces relatives à ces deux procès sont conservées aux archives de l'Abbaye.

L'abbé Claret mourut le 16 mai 1764, à l'âge de soixante-quinze ans, après avoir gouverné la communauté pendant vingt-sept ans. Il avait su si bien mériter la vénération de ses religieux et se concilier l'estime des états de Berne et du Valais, que sa longue administration ne fut troublée ni par les divisions intérieures, ni par les difficultés politiques.

GEORGES II, SCHINER.

(1764-1794.)

Georges Schiner, originaire du Haut-Valais, ne se destinait pas à la vie religieuse dans sa première jeunesse, car à vingt-trois ans il était juge du district de Conches, et assistait aux diètes générales comme chef de la députation de son pays. Bientôt fatigué de la vie publique et du monde, il renonça à toutes les espérances que pouvaient lui faire concevoir son talent et l'influence de sa famille[1] pour se retirer à la Grande-Chartreuse. Sa santé, très-chancelante alors, ne lui permettant pas de supporter les rigueurs d'une règle aussi sévère que celle des Chartreux, il se présenta à l'Abbaye, où il fut accueilli; il devint bientôt administrateur de l'église de Saint-Sigismond, et fut plus tard nommé recteur de l'hôpital de Saint-Jacques.

Georges II avait cinquante ans à la mort de Jean Claret et lorsqu'il fut élu abbé dans le chapitre tenu le 23 mai 1764. Il reçut l'administration de l'Abbaye par lettres patentes du nonce le 15 juin suivant, et la bulle de confirmation lui fut adressée par le pape Clément XIII au mois d'avril 1765[2].

Le nonce avait invité l'abbé Schiner à venir à Lucerne pour recevoir la bénédiction, mais Georges II était trop l'ennemi du faste et des dépenses inutiles pour accepter une pareille offre. Il s'achemina simplement vers Sion, accompagné du sacristain de l'Abbaye, et fut béni par l'évêque le 13 septembre 1765[3].

En 1782, le roi de Sardaigne, Victor-Amédée III, conféra, par lettres patentes du 29 décembre[4], le titre de comte à Georges Schiner et à tous les abbés qui lui succéderaient,

---

1. Il appartenait à la famille de Mathieu Schiner, cardinal, évêque de Sion, qui avait été l'implacable ennemi de la France.

2. L'original de cette bulle existe aux archives de l'Abbaye.

3. Le compte des frais de ce voyage se trouve aux archives de l'Abbaye. La somme dépensée s'élève à treize petits écus et seize batz, environ quarante francs.

4. Ces lettres patentes existent aux archives de l'Abbaye.

sans aucune réserve, ce titre étant attaché à la dignité abbatiale. Par ces mêmes patentes, le roi nomma Georges II chevalier grand croix de l'ordre des S. S. Maurice et Lazare, faisant remarquer que cette faveur est personnelle, puisque les lettres patentes de Victor-Amédée II ne confèrent aux abbés de Saint-Maurice que la simple croix de chevalier.

Sous cet abbé, que ses vertus rendaient si vénérable, et dont le bon exemple aurait dû seul suffire pour encourager les religieux, la discipline se relâcha excessivement dans le Monastère. Georges II était un saint homme, mais un trop faible supérieur; fait pour obéir, il se montra incapable de commander.

Il mourut le 13 octobre 1794, âgé de quatre-vingts ans. A ses funérailles, l'office divin fut célébré par Monseigneur de Galard, évêque du Puy, que le sanglant délire de la révolution française avait contraint de fuir son diocèse pour se réfugier à Saint-Maurice.

JOSEPH II, ANTOINE COCATRIX.

(1794-1795.)

Joseph Cocatrix, issu de l'une des meilleures familles de Saint-Maurice, était entré fort jeune à l'Abbaye ; après avoir été pendant de longues années prieur de Vétroz, il avait été appelé à diriger une église de la ville. Il était donc chanoine, curé de Saint-Sigismond, lorsque le chapitre, réuni le 12 novembre 1794, l'enleva à ses utiles et modestes fonctions pour lui confier l'administration de la Maison.

En cette circonstance, le gouvernement du Valais essaya encore de soulever des difficultés, mais il n'osa pas persister dans ses intentions malveillantes, et accorda l'investiture le 16 décembre suivant.

Au mois de juin de l'année 1795, le nouvel abbé reçut la bulle de sa confirmation, émanée du pape Pie VI.

Une mort violente devait bientôt interrompre la carrière de Joseph II et briser une existence qui promettait d'être utile, si l'on considère le talent et les vertus de la victime. Racontons en peu de mots ce tragique événement : avant d'avoir reçu la bénédiction, l'abbé Cocatrix s'était rendu, suivant la coutume, à Bagnes, pour se faire reconnaître en qualité de seigneur de cette populeuse paroisse. Déjà il avait rempli le but de son voyage et revenait, le 13 juillet 1795, satisfait de l'accueil qu'il avait rencontré dans cette vallée. La route de Saint-Brancher côtoyait alors la rive de la Dranse opposée à celle qu'elle suit aujourd'hui; le chemin, étroit, mal entretenu et tracé à une grande hauteur au-dessus du torrent, présentait de véritables dangers. Le cocher qui conduisait le lourd carrosse de l'abbé s'endormit probablement, et bientôt l'équipage tout entier alla s'engloutir au fond du précipice, dans les eaux de la Dranse. Quatre personnes trouvèrent la mort dans cette terrible catastrophe. Le corps de Joseph II fut retrouvé seulement un mois après l'événement ; on le transporta à Saint-Maurice, et il repose dans le caveau abbatial.

Un ecclésiastique du val d'Entremont, dont je tairai le nom, eut le triste courage de composer et de faire circuler une épitaphe satirique qu'il proposait de graver sur la tombe de l'abbé. Voici ces quatre vers, aussi dénués de poésie que de charité :

> Ci-gît l'abbé Joseph-Antoine
> Victime de sa vanité ;
> S'il eût voyagé comme un moine,
> Il serait en bonne santé.

On pourrait croire ce méchant quatrain emprunté aux publications périodiques qui s'impriment de nos jours et dont les railleries, sottes, plates et lourdes, ne semblent faites que pour égayer les intelligences incultes et grossières.

On doit à l'abbé Cocatrix les grands poêles en pierre qui chauffent les chambres des religieux. Ces appareils sont construits de façon à ne pouvoir être alimentés que par des trappes s'ouvrant dans les vastes corridors de la Maison. Pendant les rigoureux hivers qui sévissent dans les pays de montagnes, une semblable amélioration était un bienfait. Aujourd'hui, lorsque les chanoines, retirés chez eux, préparent les travaux de leurs élèves sans souffrir du froid, il me semble qu'ils doivent tous avoir une pensée de reconnaissance pour celui qui leur a assuré ce bien-être.

JOSEPH III, GASPARD EXQUIX.

(1795-1808.)

Le 28 juillet 1795, le chapitre de Saint-Maurice procéda à l'élection du successeur de l'abbé Cocatrix, et la majorité des suffrages désigna Joseph Exquix, chanoine et procureur de la Maison.

Comme il était déjà connu et estimé par les gouvernements de Berne et de Fribourg, il en obtint l'investiture avant d'avoir reçu la bulle de confirmation de Rome. Ces deux états se contentèrent du serment de fidélité prêté par le nouvel abbé, et qui leur fut adressé sous le sceau de l'Abbaye. Le gouvernement du Valais, entraîné par l'exemple, ne souleva aucune difficulté et accorda sans tarder l'investiture.

La bulle de confirmation arriva promptement aussi; elle fut donnée par le pape Pie VI, et porte la date du 18 novembre 1795[1].

Joseph III reçut la bénédiction dans l'église de l'Abbaye, le 2 mars 1796. La cérémonie était présidée par l'évêque de Sion assisté de deux prélats chassés de leurs siéges, Joseph de Galard, évêque du Puy, et Gabriel de Messéï, évêque de Valence. Jamais peut-être le sacre d'un abbé d'Agaune n'avait été célébré avec autant de pompe; non-seulement trois évêques, mais encore toutes les autorités du Valais y assistaient. Le grand bailli, les gouverneurs de Saint-Maurice, de Monthey et d'Aigle, accompagnés de toute la noblesse du pays et d'un grand nombre de gentilshommes émigrés de Savoie, avaient voulu témoigner, par leur présence, du respect que leur inspirait l'abbé de Saint-Maurice.

Ces apparences de concorde et de paix ne devaient pas tarder à recevoir un cruel démenti des événements. Au moment où Joseph Exquix prenait les rênes du gouvernement de l'Abbaye, la révolution, qui depuis six ans déjà bouleversait la France, n'avait pas encore profondément ébranlé le Valais. Les esprits étaient restés calmes, malgré une tentative d'insurrection très-énergiquement réprimée, et malgré l'excitation produite par l'arrivée d'une foule d'émigrés forcés de quitter la France. L'orage approchait cependant, et la présence des troupes françaises, qui commençaient à entrer en Suisse, encourageait les menées des révolutionnaires valaisans. Le 28 janvier 1798, le premier arbre de liberté fut planté à Saint-Maurice par une bande d'étrangers, qui avaient facilement séduit et entraîné le rebut de la population. Pour éviter le pillage et l'incendie, l'Abbaye se vit obligée de payer une forte rançon à ces misérables.

Au mois de mars suivant, les Français, maîtres de Berne, décrétaient la république helvétique, une et indivisible, en y adjoignant le Valais, jusqu'alors état libre. Le premier soin du nouveau gouvernement fut de prononcer le séquestre des biens de l'Abbaye et de nommer une commission chargée de tout inventorier, meubles et immeubles; il fut en outre interdit au chapitre de recevoir des novices, mesure qui entraînait fatalement la ruine de la Maison. L'abbé Exquix, comprenant l'impossibilité de toute résistance, mit en sûreté les reliquaires du Trésor ainsi que les ornements les plus précieux, et n'apporta aucun obstacle aux travaux de la commission; celle-ci dressa l'inventaire pendant qu'une troupe de soldats bloquait étroitemement l'enclos de l'Abbaye.

Dès le milieu du mois de juin de cette année, les Français avaient complétement envahi le Valais et s'étaient emparés de Sion. A dater de ce moment, tout le pays fut soumis

---

1. L'original de cette bulle existe aux archives de l'Abbaye.

aux généraux français et aux commissaires du Directoire, qui ne se firent pas faute de rançonner et de pressurer l'Abbaye [1].

L'institution du Consulat mit un terme à ces exactions et procura quelques années de repos relatif à l'abbé Exquix, qui dut cependant recevoir et héberger à l'Abbaye les soldats de Bonaparte, lorsqu'ils franchirent le Grand-Saint-Bernard pour remporter, en Italie, la victoire de Marengo.

En 1805, voyant qu'il était question de proposer à la diète du Valais ou la suppression de l'Abbaye ou sa réunion à la maison du Saint-Bernard, Joseph Exquix eut l'heureuse inspiration de relever le collége de Saint-Maurice. En effet, déjà au XIVe siècle les chanoines de la Maison avaient instruit la jeunesse. En 1559, ils établissaient un collége que le gouvernement du Valais supprimait en 1560, par jalousie, pour fonder le lycée de Brigg (Haut-Valais). L'abbé, pleinement instruit de ce qui se tramait, s'aboucha avec les députés des districts de Saint-Maurice et de Monthey, les prévint du danger qui menaçait l'Abbaye, et leur démontra que le seul moyen de la sauver était de rétablir l'ancien collége, si utile à tout le Bas-Valais et si arbitrairement fermé. Les députés approuvèrent le projet sans restrictions et se chargèrent de le présenter au gouvernement, en l'appuyant de tout leur pouvoir et en faisant valoir la nécessité de mettre l'instruction à la portée de tous les habitants. L'état conclut un traité avec l'Abbaye, qui se chargeait d'ouvrir des classes et d'y faire les cours nécessaires à des études complètes, moyennant une subvention annuelle d'environ six cents francs, destinée à payer les professeurs étrangers à la Maison.

Les cours du collége de Saint-Maurice furent ouverts à la fin de l'année 1806; en 1807 la bourgeoisie de la ville, comprenant les services que cet établissement était destiné à rendre au Bas-Valais, adressa une pétition au gouvernement pour demander que la subvention fût doublée, et offrit d'en payer la moitié. Un nouveau traité fut donc conclu sur ces bases le 22 décembre 1807, entre l'état, la bourgeoisie et l'Abbaye.

Après avoir occupé le siége abbatial pendant près de treize ans à une époque aussi tourmentée, miné par l'inquiétude et les chagrins, Joseph III mourut à peine âgé de soixante ans, le 9 janvier 1808.

---

1. Voir, pour les détails de l'occupation française, l'*Histoire du Valais*, par le chanoine Boccard, in-8, Genève, 1844; *ouvrage déjà cité.*

ÉTIENNE Ier, GERMAIN PIERRAZ.

(1808-1822.)

Étienne Pierraz, chanoine de Saint-Maurice et curé de Saint-Sigismond, fut élu pour remplacer l'abbé Exquix le 27 janvier 1808. Après avoir reçu la bulle de confirmation du pape Pie VII, en date du 11 juillet de la même année[1], il fut béni le 23 octobre suivant, dans l'église de l'Abbaye, par le nonce du Saint-Siége.

Les premières années de la prélature d'Étienne Ier ne furent troublées par aucun événement sérieux. Les affaires de l'Abbaye marchaient régulièrement, le collége était en voie de prospérité. Mais un changement complet eut lieu à la fin de 1810, époque à laquelle l'empereur Napoléon Ier décréta la réunion du Valais à la France, et en fit le département du Simplon. En même temps qu'il prenait cette mesure, l'empereur décidait la conservation des trois colléges de Saint-Maurice, de Sion et de Brigg; mais à Saint-Maurice comme à Brigg, il n'autorisait les études que jusques et y compris la classe de troisième. Le même décret ordonnait la réunion de l'Abbaye à la communauté du Grand-Saint-Bernard. C'était méconnaître la juste renommée de l'antique Maison et l'histoire de son passé, de ce passé illustre surtout par les services rendus à la religion et à la civilisation. La communauté du Grand-Saint-Bernard prit possession de l'Abbaye conformément aux ordres du souverain, mais elle ne toucha point à l'organisation du collége, qui fut, comme auparavant, dirigé par les chanoines de Saint-Maurice.

En 1814, le Valais recouvra son indépendance et l'Abbaye fut réintégrée dans ses droits.

Pendant l'administration d'Étienne Ier, l'Abbaye eut à soutenir un long procès à propos du domaine de Vérolliez, la plus ancienne, on peut même dire la première de toutes ses possessions, puisque ce lieu fut le théâtre du martyre de la légion Thébéenne. Trop confiants dans la validité de leurs droits, poussés par la charité et ne pouvant pas croire à l'ingratitude de la communauté civile de Saint-Maurice, les abbés d'Agaune avaient, de temps immémorial, accordé aux bourgeois de la ville la faculté de parcours pour leurs bestiaux pendant un nombre de jours et à une époque déterminés, dans les années de disette ou de sécheresse. Les bourgeois ne tardèrent pas à transformer cette concession toute bénévole en un droit qui, faute de protestation, ne fut bientôt plus contesté.

---

1. L'original de cette bulle existe aux archives de l'Abbaye.

Une loi, rendue le 3o mai 1809, décréta l'abolition du droit de parcours sur les propriétés particulières, et le déclara rachetable. L'Abbaye voulut profiter du bénéfice de la loi et racheter le parcours sur la terre de Vérolliez. La bourgeoisie s'y refusa, prétendant, en dépit de toute bonne foi, avoir sur ce domaine droit de propriété par indivis.

Les temps étaient menaçants, on redoutait la prochaine réunion du Valais à la France et la suppression absolue de la communauté; l'abbé Pierraz se décida à transiger, et, sans consulter le chapitre, par une convention du 13 février 1810 il céda aux bourgeois, en toute propriété, vingt-cinq mesures de terre sur les cinquante-six qui formaient la contenance du domaine de Vérolliez, réservant cependant le consentement du Saint-Siége. Le partage s'opéra au printemps; chaque particulier fut mis en possession de la parcelle qui lui était attribuée, et en jouit sans protestation pendant sept années.

Au bout de ce temps, la convention signée par l'abbé Pierraz tomba par hasard sous les yeux des chanoines de Rivaz et Maret; ces religieux, voyant combien cette prétendue transaction était désastreuse pour l'Abbaye, et constatant que le consentement du Saint-Siége n'avait même pas été demandé, proposèrent au chapitre général, tenu le 26 août 1817, de porter la cause par-devant la nonciature et de réclamer l'annulation du traité. Leur proposition est adoptée; le nonce, informé, reconnaît la justice de la requête, mais, voulant éviter un procès retentissant, il charge l'évêque de Sion de concilier les parties.

Il serait trop long de raconter ici toutes les péripéties de cette affaire; on peut affirmer cependant que les chefs de la bourgeoisie jouèrent un triste rôle, et que la conduite de l'évêque de Sion ne brilla pas par la droiture, car s'il condamnait tout haut les prétentions de la bourgeoisie, tout bas il les encourageait; fidèle en cela aux traditions de ses prédécesseurs, dont le but fut toujours, sauf quelques honorables exceptions, de nuire le plus possible aux intérêts de l'Abbaye, dont ils jalousaient la légitime influence. Contentons-nous de dire que le 25 octobre 1819 une transaction définitive fut conclue entre l'Abbaye et la bourgeoisie. Comme en toutes circonstances, l'Abbaye donna la preuve de sa générosité et de son amour de la paix, car elle accepta des conditions plutôt onéreuses que rémunératrices[1].

Le chanoine de Rivaz, qui devait peu d'années après prendre possession du siége abbatial, eut beaucoup à souffrir au sujet de cette revendication, si équitable cependant. Il s'attira l'animadversion des bourgeois, qui ne consentaient point à se séparer d'un bien mal acquis, la haine des magistrats, auxquels il arrachait une proie tenue pour assurée, et enfin le mauvais vouloir d'un supérieur dont il avait dévoilé la faiblesse.

L'abbé Pierraz mourut le 4 septembre 1822.

---

1. Toutes les pièces du procès, les mémoires et la correspondance du chanoine de Rivaz, sont conservés aux archives de l'Abbaye.

FRANÇOIS II, DE RIVAZ.

(1822-1834.)

Le chanoine de Rivaz occupait à l'Abbaye la chaire de rhétorique depuis l'année 1813, lorsqu'il fut élu abbé dans le chapitre tenu le 20 novembre 1822.

La bulle de confirmation donnée par le pape Pie VII porte la date du 10 mars 1823 [1], et François II fut béni le 27 avril suivant, dans l'église abbatiale, par l'évêque de Sion assisté du prévôt du Grand–Saint-Bernard.

Par lettres patentes du 24 février 1824, le roi Charles-Félix nomma l'abbé de Rivaz chevalier grand-croix de l'ordre des S. S. Maurice et Lazare [2].

Pendant neuf ans, l'administration de François II fut heureuse et calme; sa conduite pleine de tact et de prudence avait fait oublier à tous les habitants du pays les querelles soulevées par le procès de Vérolliez; le collége de l'Abbaye prospérait sous sa direction habile et ferme. Mais, à la fin de 1831, les mauvais jours arrivèrent; il eut à lutter contre l'esprit révolutionnaire qui agitait le Bas-Valais : c'était la conséquence des événements de 1830, dont le retentissement avait ébranlé l'Europe. L'Abbaye était menacée, et bientôt à la menace succédèrent les actes de violence. Dans la nuit du 10 février 1834, la maison fut attaquée, et l'explosion d'un pétard destiné à faire sauter la porte d'entrée contraignit l'abbé, déjà souffrant, à se lever pour essayer d'arrêter les furieux, dont le but, hautement proclamé, était de piller et de raser l'Abbaye. Il réussit à calmer les passions excitées, mais cet effort lui coûta la vie. Atteint d'une pneumonie aiguë à la suite des fatigues de cette nuit terrible, il ne put vaincre la maladie, et après avoir langui quelque temps il expira le 29 août suivant.

Ses funérailles, qui eurent lieu le 1er septembre, prouvèrent à quel point François II avait su s'attirer l'estime générale. Le conseil de la ville en corps, les magistrats de Monthey, de Martigny, et même de plusieurs communes du canton de Vaud, presque tous les ecclésiastiques du Valais, assistèrent à la cérémonie, rendant ainsi un dernier et touchant hommage à sa mémoire.

L'abbé de Rivaz réunissait les qualités les plus propres à la mission qu'il avait eu à remplir. Il connaissait bien les hommes, joignait à une grande facilité d'élocution la finesse de l'esprit, le tact et un jugement très-sûr. Son instruction était vaste et variée, et,

---

1. L'original de cette bulle existe aux archives de l'Abbaye.
2. L'original de ce diplôme existe aux archives de l'Abbaye.

ce qui l'emporte sur tous les talents, son cœur était bon, sa charité infinie. On pourrait donc à bon droit s'étonner si la perte d'un tel homme n'avait pas été vivement ressentie.

ÉTIENNE II, BAGNOUD.

(1834.)

Étienne Bagnoud, né à Lens, district de Sierre, en 1803, fit profession à l'Abbaye le 1er janvier 1823. Il devint successivement professeur de sixième, puis de quatrième, et mérita toute la confiance de l'abbé de Rivaz, qui, à son lit de mort, le désigna au choix de la communauté comme étant le plus digne de lui succéder. Le chapitre, tenu le 3 septembre 1834, s'empressa de suivre les conseils du mourant, et le jeune chanoine réunit la majorité des suffrages.

Le pape Grégoire XVI envoya la bulle de confirmation à la date du 19 décembre 1834 [1], et bientôt après, le 21 avril 1835, le nouvel abbé fut béni dans l'église de la Maison par l'évêque de Sion assisté du prévôt du Grand-Saint-Bernard.

Le 31 mai 1835, le roi Charles-Albert adressa à l'abbé Étienne II les lettres patentes par lesquelles il le nommait chevalier grand-croix de l'ordre des S. S. Maurice et Lazare.

Grégoire XVI appartenait à l'ordre des Bénédictins-Camaldules et avait passé toute sa jeunesse au couvent de Saint-Michel de Murano. Après y avoir fait de brillantes études, il était devenu un savant professeur et avait enseigné longtemps à Murano même, à Rome et à Padoue. Il fut nommé successivement abbé du couvent du Mont-Cœlius, à Rome, en 1807, puis en 1823 général de son ordre; enfin le conclave de 1831 lui donna la tiare. Mieux que personne, Grégoire XVI avait donc été à même d'étudier l'organisation des ordres religieux et d'en apprécier l'utilité; il voulut mettre l'Abbaye à l'abri des conflits sans cesse soulevés par l'évêché de Sion. Par un bref en date du 3 juillet 1840 [2], il conféra aux abbés de Saint-Maurice, et à perpétuité, la dignité d'évêque. Les termes du bref ne peuvent donner lieu à aucune interprétation, ils sont clairs et précis; ce n'est pas là une faveur personnelle, c'est une institution. Les abbés futurs de Saint-Maurice seront tous évêques de Bethléem par le seul fait de leur élection canonique confirmée par le Saint-Siége.

Le 4 août suivant, un nouveau bref de Grégoire XVI vint témoigner de l'ardente sollicitude du souverain pontife pour l'antique Abbaye. Par cet acte [3], les chanoines du

---

1. Voir cette bulle aux pièces justificatives, n° 47.
2. Voir ce bref aux pièces justificatives, n° 48.
3. Voir ce bref aux pièces justificatives, n° 49.

chapitre d'Agaune sont assimilés aux chanoines de cathédrale, et doivent jouir à l'avenir des mêmes prérogatives; ils ont la faculté de se revêtir de la *cappa magna*, habillement réservé aux prélats; le nombre des chanoines honoraires est fixé à douze, et la nomination des six premiers appartient à la cour de Rome.

Tous ces actes ne sont que des actes de justice. Grégoire XVI connaissait l'histoire de la Maison, il savait ce que tous les papes ses prédécesseurs avaient fait pour elle; il n'ignorait pas les luttes incessantes soutenues pour maintenir son indépendance, et afin d'en prévenir le retour, il établissait l'égalité hiérarchique complète entre l'abbé et le chapitre d'Agaune et leurs ambitieux voisins.

Monseigneur Bagnoud gouverna paisiblement la communauté jusqu'en 1844, appliquant surtout ses soins à la direction des études dans le collége. A la paix profonde dont on jouissait alors succéda une période d'agitation et de troubles, pendant laquelle l'Abbaye ne dut son salut qu'à l'énergie de l'abbé Étienne II et au dévouement des honnêtes citoyens de Saint-Maurice.

Depuis quelques années déjà les menées secrètes d'une association politique qui s'était donné le nom de *Jeune Suisse* excitaient une sourde émotion dans les districts du Bas-Valais; au commencement de 1844, le drapeau de la révolte fut ouvertement déployé. Une troupe de forcenés, rassemblée à Monthey, se mit en marche sur Saint-Maurice, arriva sur la place de l'Abbaye en vociférant des cris de mort contre l'abbé, et mit en batterie deux pièces de canon dans le but d'enfoncer les portes de la Maison. C'en était fait sans le courage du président de la ville, qui, au péril de sa vie, empêcha le meurtre, l'incendie et le pillage. Les troubles cependant allaient croissant; la *Jeune Suisse* avait pris les armes, organisé ses bataillons, et annonçait hautement le dessein d'emporter Sion de vive force. En apprenant ces inquiétantes nouvelles, Monseigneur Étienne donna ordre à ses chanoines de quitter la Maison, et voulut y demeurer seul, bien résolu à braver tous les dangers. Les bandes révolutionnaires, arrêtées par les troupes du gouvernement, furent vigoureusement ramenées jusque sur les bords du Trient; là, après un combat opiniâtre et sanglant, la victoire la plus décisive resta au parti des honnêtes gens, et la *Jeune Suisse,* complétement dispersée, cessa depuis cette journée d'occuper la scène politique.

Trois ans plus tard éclata la guerre dite du Sonderbund. Monseigneur Étienne avait tout à craindre pour le salut de l'Abbaye, car les troupes fédérales dévastaient, pillaient et supprimaient les couvents et les maisons religieuses dans les villes où elles entraient victorieuses. Dans cette lutte inégale, les cantons catholiques furent soumis par la force, et le Valais signa le dernier l'acte de capitulation. L'abbé-évêque, redoutant le moment où les troupes fédérales déboucheraient à Saint-Maurice, avait fait mettre le Trésor en sûreté et donné de nouveau l'ordre à ses chanoines de le laisser seul à l'Abbaye.

Les troupes arrivèrent et convertirent la Maison en caserne; l'état-major s'installa dans les appartements de l'abbé; mais, grâce à l'influence que monseigneur Bagnoud, par son courage et son aménité, sut prendre sur les chefs de l'armée, aucun désordre ne fut commis, les soldats respectèrent l'église et le Monastère.

Après l'évacuation des troupes fédérales, le gouvernement provisoire installé en Valais fit peser sur le clergé principalement une énorme contribution; l'Abbaye ne fut point oubliée, et on la taxa pour sa part à la somme de trois cent mille francs. Cette mesure arbitraire et inique réduisit encore de beaucoup les ressources déjà restreintes de la communauté, car pour payer une imposition tellement exorbitante le chapitre se vit contraint d'aliéner à vil prix le domaine de Sallaz, le plus vaste et le plus productif des biens qui lui restaient.

Je ne veux pas m'appesantir sur l'affligeant tableau de la guerre civile. Aujourd'hui les passions sont calmées, la vérité s'est dégagée de tous les nuages dont les partis extrêmes s'étaient plu à l'envelopper. Les services éminents que l'Abbaye a rendus dans tous les temps à la Religion, ceux qu'elle rend encore à cette cause sainte et à l'instruction de la jeunesse, ont ouvert tous les yeux. Si, ce qu'à Dieu ne plaise, de nouveaux troubles se produisaient dans ce beau pays de Suisse, le monastère d'Agaune et son digne abbé verraient accourir, pour les défendre, l'immense majorité de la population.

Je ne puis exprimer ici tous mes sentiments personnels; ma respectueuse amitié est condamnée au silence par la crainte de blesser une pieuse modestie. Je m'arrête donc, et je ferme le catalogue des abbés de Saint-Maurice d'Agaune en demandant à Dieu d'accorder encore de longs jours au prélat vénéré qui préside aujourd'hui aux destinées de l'antique Abbaye.

INVENTAIRE DU TRÉSOR.

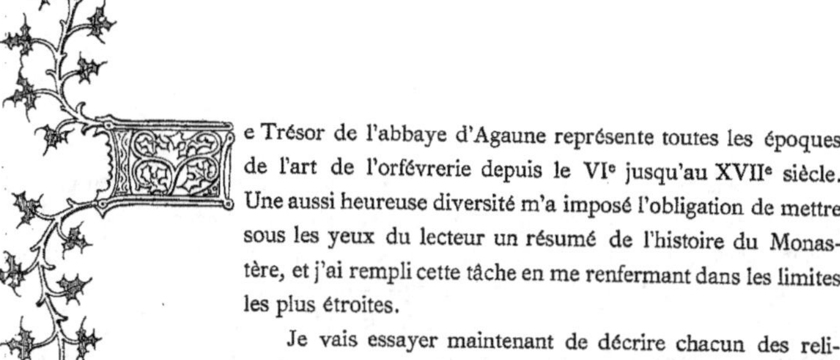

e Trésor de l'abbaye d'Agaune représente toutes les époques
de l'art de l'orfévrerie depuis le VIᵉ jusqu'au XVIIᵉ siècle.
Une aussi heureuse diversité m'a imposé l'obligation de mettre
sous les yeux du lecteur un résumé de l'histoire du Monastère, et j'ai rempli cette tâche en me renfermant dans les limites
les plus étroites.

Je vais essayer maintenant de décrire chacun des reliquaires, en rappelant les articles de l'inventaire de l'abbé
Milès[1] ainsi que ceux de l'inventaire dressé par J. de L'Isle[2]
et publié par les Bollandistes, auxquels il l'avait commu-
niqué[3]. La comparaison de ces deux documents avec l'inventaire actuel établira
avec quelle sollicitude les chanoines de Saint-Maurice ont veillé sur le précieux dépôt
qui leur était confié.

1. Voir l'inventaire de l'abbé Milès aux pièces justificatives, n° 35.
2. Voir l'inventaire de J. de L'Isle aux pièces justificatives, n° 46.
3. L'inventaire communiqué aux Bollandistes par J. de L'Isle, abbé de Saint-Léopold de Nancy, concorde
presque entièrement, pour le nombre de pièces qu'il énumère, avec l'inventaire que j'ai dressé. La seule différence
consiste dans la disparition des trois châsses en bois doré et de l'un des bras. L'inventaire de J. de L'Isle comprend
trente objets inscrits dans vingt et un articles, mais il a négligé les deux crosses, les chandeliers, l'encensoir, la

A défaut de documents authentiques servant à constater l'âge et la provenance des reliquaires, j'ai été contraint de renoncer à les classer en ordre chronologique. Si j'avais adopté ce système, le seul vraiment rationnel, je me serais vu forcé, dans la plupart des cas, de fixer les dates d'après mes appréciations personnelles, et j'aurais pu facilement tomber dans l'arbitraire et l'erreur. J'ai préféré décrire les objets qui composent à cette heure le Trésor de l'Abbaye, sans suivre un classement rigoureux, en ayant soin toutefois de grouper les pièces qui présentent une certaine analogie de forme, et en me réservant de proposer mes conjectures sur l'âge des reliquaires, sur les ateliers où ils ont été fabriqués. Autant qu'il a été en mon pouvoir, je me suis appliqué à ne mettre en avant que des hypothèses justifiées par des comparaisons attentives avec des monuments à dates certaines. Je commence donc cette étude délicate et pleine de difficultés.

I

GRANDE CHASSE

(DITE CHASSE DE SAINT MAURICE).

Ce reliquaire[1], exécuté au repoussé en argent naturel ou doré, est orné par places de pierres fines montées sur des plaques d'argent ou de cuivre doré, et dont les chatons sont accompagnés d'ornements en filigrane. Ces pièces de rapport, d'un style tout autre que celui de la châsse sur laquelle elles ont été grossièrement clouées, proviennent sans aucun doute d'autres reliquaires dont on aura voulu ainsi utiliser les débris. Par places aussi, on a substitué aux motifs d'ornements repoussés des bandes d'argent étroites, courtes et décorées de dessins niellés, tous différents les uns des autres. Il est évident que la châsse de saint Maurice a été remaniée, et peut-être plus d'une fois.

mitre et le calice du cardinal Schiner, que j'ai cru devoir comprendre parmi les monuments du Trésor à cause de l'intérêt qu'ils présentent. En ajoutant ces six objets à l'inventaire publié par les Bollandistes, on arrive à un total de trente-six, tandis que mon travail compte seulement trente-deux pièces cataloguées. Depuis deux siècles et plus, il n'a donc disparu du Trésor que quatre reliquaires, dont trois en bois, et ils ont été anéantis probablement dans l'incendie qui dévora le village de Vionnaz, le 20 août 1800. On avait porté et caché dans la chapelle de ce hameau une partie des reliquaires de l'Abbaye, lors de l'invasion des Français en 1798. Le reste du Trésor avait été dispersé chez les habitants dont on connaissait les principes et le courage; dès que la tempête fut apaisée et le calme rétabli, ces fidèles dépositaires restituèrent à l'Abbaye les richesses qu'ils avaient si heureusement préservées.

1. Article 5e de l'inventaire de l'abbé Milès: « Capsa sancti Mauritii cum multis cristallis aliisque qui desunt impositi pixidi ligneæ. »

Article 3e de l'inventaire des Bollandistes : « Magna lipsanotheca argentea, gemmis ornata, quæ continet reli- « quias sancti Mauritii, præfecti thebeæ legionis. »

Premier grand côté, façade carrée[1]. Cette face représente un portique à quatre arcades, dont les arcs en plein cintre retombent sur des colonnes lisses à bases et à chapiteaux exécutés dans le style roman. Sous chacune des arcades on voit assises des figures d'apôtres ; ce sont S. IOHS, S. ANDREAS, S. IACOBVS, S. PHILIPPVS. Les visages, les mains et les pieds des statuettes portent des traces de peinture très-visibles encore. L'archivolte des arcades est dorée ; sont dorés aussi les siéges des apôtres, les consoles sur lesquelles reposent leurs pieds, les nimbes, les chevelures, les barbes, ainsi que les livres ou les rouleaux que chacun des personnages tient à la main. Les vêtements de dessous et les fonds sont d'argent naturel et poli. Au-dessus de la tête de chaque apôtre, dans la frise, on a placé deux pierres serties sur une plaque filigranée ; des pierres ainsi montées sont clouées entre les retombées des arcades et à côté des figures. Ces pierres se composent d'onyx, de malachites, de grenats, d'améthystes, de cornalines, de cristaux de roche, etc.; quelques-unes d'entre elles sont des intailles sans aucune valeur artistique. Le soubassement au repoussé de cette façade a été remplacé en entier par les plaques niellées dont j'ai déjà parlé.

Même façade, partie formant toit. Le profil de ce toit n'est pas un plan incliné tout simple ; il se compose d'une partie étroite inclinée, d'un rentrant à angle droit, d'une large partie inclinée, et d'un second rentrant à angle droit, dont le bandeau perpendiculaire vient s'ajuster sur la corniche de la façade carrée. Voici du reste la coupe de ce toit un peu tourmenté.

Les parties perpendiculaires des rentrants sont décorées de rinceaux d'un dessin à la fois élégant et très-vigoureux, exécutés au repoussé et non dorés. La grande partie inclinée contient trois médaillons qui, tout en étant entourés et rattachés l'un à l'autre par un ruban plat et double, sont néanmoins séparés par un rinceau de feuillage en forme d' X et du meilleur style. Le premier de ces médaillons représente Adam et Ève après leur faute ; autour du sujet et tracée sur le ruban dont j'ai parlé se lit cette inscription :

PANDITVR HIS CRIMEN PATRIE PERDVNT CITO LIMEN[2].

---

1. Planche n° I.

2. Les inscriptions tracées autour des six médaillons sont composées en vers léonins ; on appelle ainsi des vers dans lesquels la syllabe qui forme la césure rime avec la syllabe finale.

Le second médaillon représente l'ange armé de l'épée et chassant les coupables du paradis; l'inscription suivante accompagne cette composition :

ILLIS SVSPENSIS OPPONITVR IGNEVS ENSIS.

Sur le troisième médaillon on voit notre premier père occupé à fendre péniblement une souche de bois; l'inscription explique le châtiment qu'il subit :

ECCE MISER PLORAT PRO VICTV SEPE LABORAT.

Les personnages, les rinceaux, les rubans et les inscriptions sont exécutés au repoussé et dorés sur fond d'argent poli. Des pierres fines ainsi que des plaques niellées ont été placées avec une sorte de symétrie sur cette partie de la châsse; la gravure en donnera la place exacte. Le nombre des pierres fines répandues sur cette face du monument (partie droite et partie formant toit) était de cent cinq, en y comprenant quelques chatons vides aujourd'hui.

Deuxième grand côté, façade carrée[1]. Cette face représente aussi un portique à quatre arcades, du même style que celui de la première façade. Sous ces arcades sont quatre figures, dont deux debout, celles des extrémités, et deux assises, celles du milieu. Les siéges de ces dernières, faits en forme de pliants dont les montants se terminent par des griffes et des têtes de dragons, ramènent à l'esprit le souvenir de la chaise curule. Les figures debout sont celles d'un « S^{vs} SERAPHIN. » et d'un « S^{vs} CHERVBIN. », vêtus de longues robes et enveloppés de trois paires d'ailes dont les bords sont semés d'yeux ouverts[2]. L'ange, l'aigle, le bœuf et le lion, dont on voit surgir les têtes derrière le bord des ailes qui se développent au-dessus des épaules des personnages, symbolisent les quatre évangélistes. Les figures assises sont celles de S. PETRVS et de S. PAVLVS. J'ai constaté les mêmes traces de peinture sur les visages, les pieds et les mains. Les cheveux, les barbes, les manteaux de saint Pierre et de saint Paul, ainsi que les ailes du Séraphin et du Chérubin, sont dorés. Au-dessus de la tête de chaque apôtre, dans la frise, on a cloué une grosse pierre montée sur plaque décorée de filigranes. L'ornementation de cette façade est complétée par des chatons disposés dans un ordre différent de l'ordre adopté sur la première façade, sauf cependant pour les pierres placées entre les retombées des archivoltes, qui sont ajustées de la même façon.

---

1. Planche n° II.

2. On trouve un exemple de séraphin à ailes ocellées à Chartres, au porche du midi de la cathédrale. Dans cette sculpture, les yeux sont disposés au centre des ailes qui se croisent sur la poitrine de l'ange, au lieu d'être posés sur les bords. Mais la pensée est la même, et elle rappelle la vision d'Ézéchiel, qui a contemplé les *Trônes* sous la forme de roues ayant à leur pourtour des ailes parsemées d'yeux.

Au bas du portique, sur le bandeau du soubassement, on lit ces trois inscriptions, arrangées ainsi :

THEBEA LEGIO. S. SECVND. † THEBE   SANCTORVM TVRBE SIC EGREDIVNTVR AB VRBE / DE MVRIS FLENTES ASPEXERE PARENTES   SANCTVS. MAVRICIVS.

L'inscription tracée en grands caractères, évidemment tronquée et rapportée là tout à fait au hasard, est niellée sur plaques d'argent de dimensions égales à celles des plaques d'ornements ; c'est le même travail et le même style. L'inscription à petits caractères gravés sur deux lignes, qui est placée au milieu du soubassement, est aussi niellée et doit être attribuée à la même époque. Je ne puis pas mettre en doute un seul instant que ces fragments niellés et ces pierres montées sur plaques filigranées n'aient fait partie d'autres reliquaires en ruines au moment où l'on a réparé la châsse de saint Maurice. L'ouvrier malhabile chargé de ce travail aura voulu employer tous les débris mis à sa disposition, sans savoir discerner à quel point il altérait la simplicité magistrale de l'œuvre primitive.

La partie formant toiture est identiquement copiée sur la première face pour tous les motifs d'ornementation, rubans, rinceaux, feuillages, pierreries et plaques niellées. Voici les scènes que représentent les trois médaillons et les inscriptions dont ils sont entourés : Ève filant sa quenouille :

IN MVNDI PAGO NET MERENS ISTA VIRAGO.

Abel agenouillé et recevant la bénédiction d'une main qui sort des nuages :

DVM DAT ABEL AGNVM PASCHALEM PREVIDET AGNVM.

Un homme portant une gerbe :

OBTVLIT HIC PANEM SED MENTEM GESSIT INANEM.

Les personnages, les rinceaux, les rubans et les inscriptions sont dorés comme sur l'autre façade. Les rinceaux qui courent sur les parties perpendiculaires des rentrants sont en argent naturel, et tous les fonds en argent poli. La gravure donnera aussi la place exacte des pierres fines, au nombre de quatre-vingt-quatorze pour cette façade ; ces pierres sont de même assortiment, sauf que sur ce second côté on compte trois gros saphirs cabochons d'une assez belle eau. Plusieurs de ces onyx, cornalines ou sardoines sont gravés, mais, à vrai dire, fort grossièrement.

Premier petit côté. Tout ce petit côté, ou pignon, est occupé par la statue assise de la sainte Vierge. Ses pieds reposent sur le soubassement même de la châsse, et sa tête s'élève presque au niveau de la crête du toit. Autour de la figure, au dedans de la moulure qui forme l'encadrement de ce petit côté, on a cloué des bandes d'argent niellées portant l'inscription suivante, que je transcris ici, en indiquant toutes les coupures qui séparent les plaques de métal :

IESSE⁞ | VIRGA⁞ | FRO | NDVIT | IHESVM⁞V | IRGO⁞ | GENVIT⁞ | GREMI | O⁞CON | TINVIT⁞ | CONTINE | NTEM⁞ | OMNIA⁞ |

Les lettres sont du même style que celles de l'inscription placée sur le soubassement de la seconde grande façade.

Le visage, le cou et les mains de la Vierge ont été peints aussi ; la chevelure, le voile, le manteau, la chaussure et la ceinture sont dorés ; la robe est d'argent. La Vierge tient entre les doigts de sa main droite une petite boule ou pomme d'or[1]. La statuette est exécutée au repoussé, en grand relief. Deux fragments de bandes d'argent niellées sont fixés horizontalement à la hauteur du siége, et deux autres fragments de bandes d'argent ornées de rinceaux repoussés et dorés sont attachés de chaque côté perpendiculairement, de manière à figurer le trône et les montants qui le soutiennent. Ce petit côté était orné de treize pierres fines montées comme toutes les autres ; deux gros chatons sont vides aujourd'hui.

La figure de la Vierge, évidemment trop grande pour le pignon sur lequel elle a été fixée sans précautions et à l'aide de clous énormes, appartient à une époque plus récente. Le modelé de la tête et des mains, les vêtements, drapés avec moins de simplicité et d'ampleur, tout indique un art postérieur au moins d'un siècle à l'art qui a inspiré les statuettes des deux grandes façades du même monument.

Derrière la tête, qui se détache en ronde bosse, l'artiste a enchâssé dans le fond une agate ovale afin de remplacer le nimbe.

Deuxième petit côté. Ce pignon est occupé par la statue de Jésus-Christ, exécutée aussi au repoussé, mais dans des proportions beaucoup moins grandes que celles de la figure de la sainte Vierge. Le Christ est représenté assis, bénissant de la main droite, et tenant de la main gauche un livre fermé. Le visage, les mains et les pieds étaient peints autrefois. Un nimbe crucifère repoussé et doré est tracé sur le fond, derrière la tête. La chevelure, la barbe, le manteau, les orfrois de la robe, sont dorés. A droite et à gauche du nimbe on lit ces lettres, repoussées et dorées :

A   Ω

---

1. J'ai vainement consulté tous les ouvrages qui traitent de la symbolique chrétienne, et dans aucun d'eux je n'ai trouvé la signification de ces petites boules ou pommes d'or que la sainte Vierge tient entre ses doigts. Cependant c'était une représentation en usage, car, pour ne citer que les objets du Trésor, nous verrons encore la Vierge tenant la même pomme, sur la châsse donnée par l'abbé Nanthelme.

A la droite de Jésus-Christ on a attaché divers fragments provenant d'autres reliquaires. C'est d'abord un ange ailé dont la tête manque, puis plus bas, vers les pieds de Notre-Seigneur, un aigle au repoussé en haut relief, nimbé, doré, qui doit être la représentation symbolique de saint Jean l'Évangéliste, et qui porte l'empreinte manifeste du XIIIe siècle.

A la gauche du Christ on voit un ange dont la tête et le bras sont exécutés en haut relief, et qui semble bénir un personnage agenouillé auprès du pied gauche de Notre-Seigneur. Cet ange est dessiné avec une remarquable pureté, et le travail y atteint un degré de finesse qui le met bien au-dessus des autres statuettes de la châsse. Ce fragment appartient sans conteste à la plus belle époque de l'art du XIIIe siècle, et le reliquaire dont il provient devait être un chef-d'œuvre.

On compte sur ce pignon dix–neuf belles pierres montées aussi sur plaques d'argent filigranées, sauf celle qui orne la pointe du toit.

Il n'est pas, je le crois, permis à un archéologue d'hésiter sur la date à assigner à ce beau reliquaire [1]. D'après l'ensemble de la composition, d'après le dessin de ces rinceaux si largement enroulés, d'après le caractère et l'exécution des figures, dont les têtes sont rudes et vigoureusement accentuées, et dont les vêtements sont drapés avec ampleur, il me semble que le doute n'est pas possible ; on est en face d'un monument du XIIe siècle. L'art du XIIIe siècle était plus fin, plus délicat ; les statuettes qui ornaient les châsses de cette époque, et nous avons pu en juger par les figures de la châsse de saint Taurin, d'Évreux [2], avaient plus de douceur dans l'expression, plus de moelleux dans l'attitude ; le métal était traité avec plus de ménagement et de délicatesse d'outil. Je pense donc que toutes les parties en argent repoussé, naturel ou doré, sont du XIIe siècle. Que dire maintenant sur les ornements ajoutés depuis à cette châsse ? Que dire de ces pierres fines montées sur plaques d'argent ou de cuivre doré, et dont la sertissure est accompagnée de rinceaux légers exécutés en filigrane ? Que dire des plaques d'argent niellées, couvertes d'arabesques

---

1. Voici les principales dimensions de la châsse de saint Maurice :

Longueur totale	0ᵐ.798
Largeur totale (dans le sens d'épaisseur)	0ᵐ.357
Hauteur totale	0ᵐ.575
Hauteur des façades perpendiculaires ou carrées	0ᵐ.395
Hauteur des figures des façades carrées, variant de	0ᵐ.315 à 0ᵐ.330
Hauteur de la statue de la sainte Vierge	0ᵐ.502
Hauteur de la statue de Jésus–Christ	0ᵐ.402
Diamètre des médaillons du toit	0ᵐ.091

2. Nous avons tous été à même d'étudier ce reliquaire, si admirable encore malgré les nombreuses réparations dont il a été l'objet ; il était exposé dans les galeries de l'Histoire du travail, en 1867. La réunion dans les mêmes salles des chefs-d'œuvre d'orfévrerie appartenant à tous les siècles m'a permis d'établir des comparaisons qui m'ont singulièrement éclairé.

les plus capricieuses et d'animaux réels ou fantastiques ? Le filigrane est de tous les temps, les Étrusques, les Romains, l'ont fabriqué ; il est certain que sous les Mérovingiens, sous les Carolingiens, on l'a aussi employé, ainsi que sous les rois de la troisième race. Donc, lorsqu'on n'a devant les yeux que ce seul élément d'appréciation, il est bien difficile, même de proposer un jugement. Quant aux plaques niellées, j'ai comparé la forme des lettres qui les couvrent avec les caractères gravés sur la châsse *datée* de l'abbé Nanthelme, dont je parlerai plus loin, et je me suis convaincu que plaques et châsse sont, à très-peu de chose près, de la même époque ; je crois donc pouvoir avancer que tous ces ouvrages de niellure ne remontent pas plus loin que le milieu du XIIIᵉ siècle. L'étude des rinceaux, des arabesques et des animaux qui décorent les plaques sur lesquelles il n'y a pas de lettres gravées, ne fait du reste que confirmer mon opinion ; on y retrouve je dirai presque cette maigreur de contours, qui a été toujours en augmentant du XIIᵉ au XVᵉ siècle, et qui peut être un guide presque certain dans les recherches de cette nature.

II

CHASSE DES ENFANTS DE SAINT SIGISMOND.

Cette châsse [1], qui contient les reliques des deux fils du roi Sigismond, Gistald et Gondebald, est exécutée au repoussé, en argent naturel ou doré, sauf le soubassement de l'un des deux grands côtés, sur lequel les feuilles d'argent couvertes de rinceaux repoussés ont été remplacées par des plaques de cuivre doré décorées d'émaux champlevés.

Premier grand côté, façade carrée [2]. — Cette face représente un portique composé de sept arcades, dont les arcs en plein cintre sont soutenus par des colonnes torses à bases et à chapiteaux de style roman. Les archivoltes de ces arcs ne sont pas toutes composées des mêmes éléments ; les unes présentent un tore en spirale analogue au fût des colonnes, mais encadré dans deux baguettes ; les autres, une réunion de moulures très-simples, mais d'un profil élégant. Les colonnes et les archivoltes sont dorées. Sous chacune des arcades

---

1. Article 3ᵉ de l'inventaire de l'abbé Milès : « Alia capsa argentea habens in anteriori parte septem ima-
« gines, in posteriori sex. A latere vero dextro imagines sancti Mauritii, sancti Sigismundi, cum duabus aliis. »
    Article 8ᵉ de l'inventaire des Bollandistes : « Capsa argentea, in qua servantur ossa aliqua sancti Sigismundi, restauratoris monasterii agaunensis, ejusque filiorum Gistaldi et Gundebaldi. »
2. Planche nᵒ III.

est assise une figure d'apôtre en haut relief, dont le nom est inscrit sur la frise de la corniche régnant au-dessus du portique. Voici ces noms reproduits fidèlement et dans leur
ordre :

S. IOHS = S. TOMAS = S. PETRVS = S. ANDREAS = S. PAVLVS = S. IACOBVS = S. PHILPVS =

Saint Pierre tient de la main droite un livre, et de la gauche les clefs symboliques.
Saint André tient une croix dans la main droite et un livre dans la main gauche. Saint
Jacques tient un livre dans la main gauche, et de la droite présente une fleur. Les quatre
autres personnages portent chacun un livre ou un rouleau. Les chevelures, les barbes, les manteaux, les siéges et les marchepieds des apôtres sont dorés; les visages, les
mains, les pieds et les robes sont d'argent naturel. Il n'existe aucune trace de peinture sur
les parties représentant les chairs. Le soubassement et les colonnes engagées placées aux
quatre angles de la châsse, pour en soutenir le toit, sont ornés de rinceaux, de feuillages
et d'arabesques exécutés au repoussé; les motifs de toute l'ornementation sont variés,
d'un dessin à la fois élégant et ferme, et du meilleur style. Le bandeau de la corniche est
fort dégradé, mais dans les parties qui n'ont point été complétement aplaties et effacées,
on distingue encore des restes de rinceaux repoussés et dorés. Ces bandes d'ornements
sont postérieures de deux siècles au moins au reste de la châsse. Un nimbe entoure la tête
de chaque apôtre, et ces nimbes, tous dorés, sont ou simples ou entourés d'un grènetis
fait très-finement au repoussé. Les fonds sont d'argent poli.

Même façade, partie formant toit. — Sur cette châsse, le profil du toit est tout uni;
c'est un simple plan incliné, terminé à son extrémité supérieure par un cylindre autour
duquel s'enroulent en spirale et alternées deux bandes de métal, l'une d'argent, l'autre
d'argent doré. Cet ornement, d'un assez pauvre aspect, a été évidemment inventé pour
remplacer des rinceaux en feuillages repoussés, dont les vestiges subsistent encore à l'une
des extrémités du cylindre. La toiture est en outre bordée par une plate-bande ornée de
rinceaux semblables, du meilleur goût et du meilleur travail.

Sur cette partie inclinée est représenté un portique à cinq arcades, dont les arcs en
plein cintre sont supportés par des colonnes torses à bases et à chapiteaux romans. Les
archivoltes sont composées d'un bourrelet unique et tordu qui semble n'être que la conti-
nuation du fût de la colonne. Colonnes et archivoltes sont alternativement et en spirale
dorées et d'argent naturel; c'est peut-être cette disposition existant sur les faces de la
châsse qui a donné l'idée, plus tard, de couvrir le cylindre du toit avec ces deux rubans
de métaux divers.

Sous la première arcade (en commençant par la gauche) on voit l'ange Gabriel, dont le nom est inscrit perpendiculairement sur le fond, à la gauche de la figure. Il tient de la main gauche une palme à trois branches. Le nimbe, la chevelure, la bordure du manteau et de la robe, la palme, sont dorés; les ailes, les chairs et la robe sont d'argent.

Sous l'arcade suivante est une figure debout que je crois être l'image de saint Jean-Baptiste; sa chevelure un peu en désordre et son geste, qui semble désigner le Rédempteur représenté sous l'arcade du milieu, m'ont fait supposer que l'artiste avait voulu placer là le Précurseur. Le nimbe, les cheveux, la barbe et le manteau sont dorés; les chairs et la robe sont d'argent.

Sous l'arcade du milieu, plus ouverte que les autres, Jésus-Christ est représenté assis, bénissant de la main droite et tenant un livre de la main gauche. Cette figure est inscrite dans une auréole ovale, tracée autour d'elle par une moulure simple, mais d'un relief assez sensible, exécutée au repoussé et dorée. Le nimbe crucifère, la chevelure, le manteau, le livre et le trône sont dorés; le visage, le col, la robe, les mains et les pieds, qui reposent sur un coussin demi-sphérique, sont d'argent naturel.

La quatrième arcade contient une figure debout, qui paraît de la main droite montrer Notre-Seigneur, et qui tient une fleur dans la main gauche. En l'absence d'attributs plus significatifs, j'avoue que je ne sais au juste quel est ce personnage. C'est un apôtre, sans aucun doute, car la figure a les pieds nus, et c'est ainsi que les apôtres ont été toujours représentés. Mais lequel? Voilà la question. Le nimbe, les cheveux et le manteau sont dorés; tout le reste est d'argent.

Enfin, sous la dernière arcade est debout une figure ailée qui tient dans la main droite une longue tige surmontée d'une fleur de lis, et dans la main gauche un *volumen* ou rouleau à demi développé. Ce doit être l'archange Raphael. Le nimbe, les cheveux, le manteau, les orfrois de la robe, le rouleau, la tige et le lis sont dorés; le visage, le col, la robe, les mains et les pieds sont d'argent naturel.

Tous les motifs d'ornement et toutes les figures qui décorent cette partie en plan incliné sont exécutés au repoussé, en *mi-relevé*; les champs ou fonds sont d'argent poli [1].

Deuxième grand côté, façade carrée [2]. — Sur cette face, le portique ne compte que six arcades, dont les arcs en plein cintre reposent sur des colonnes couvertes d'ornements différents, et dont les chapiteaux et les bases sont variés aussi. La façade qui nous occupe ici a été remaniée, et remaniée bien maladroitement. Les arcades sont réunies avec assez

---

1. Toutes les fois que je me sers de ce mot, *poli*, pour exprimer l'état des fonds de tous ces admirables morceaux d'orfévrerie, j'entends un fond uni au marteau, et non pas adouci au rifloir et au brunissoir, comme on le fait dans l'industrie moderne.

2. Planche n° IV.

dé justesse deux par deux, mais on s'aperçoit qu'il manque une arcade tout entière ; en effet, il y a une trop grande distance entre les groupes de deux, et dans l'espace qui sépare le second groupe du troisième, à droite, on voit une naissance d'archivolte interrompue à deux ou trois centimètres du chapiteau. Sous ces arcades sont assises six figures tenant toutes un livre dans la main droite ou dans la main gauche. Les quatre premières figures, toujours en commençant par la gauche, n'ont aucune inscription ; les deux dernières ont les noms suivants tracés au-dessus de leurs têtes, dans la frise de la corniche :

S. IACOBVS = S. DATDEVS.

Saint Jacques est déjà nommé parmi les personnages qui occupent l'autre façade ; ce sont donc saint Jacques le Majeur et saint Jacques le Mineur. Je suis convaincu que l'arcade vide était occupée par la figure de Jésus-Christ, et que cette statue ayant éprouvé des avaries telles qu'il ne fallait plus songer à la conserver, on a desserré les arcades le moins gauchement possible, afin de regagner par les séparations la place qu'occupait la statuette écrasée et perdue. Le sujet principal de la châsse, pour les figures en haut relief groupées sur les façades carrées, devait être Notre-Seigneur entouré de ses apôtres, auquel l'artiste avait joint saint Paul ou peut-être saint Barnabé. Comme sur l'autre face, les colonnes et les archivoltes du portique, les nimbes, les chevelures, les barbes, les manteaux, les livres, les siéges et les marchepieds des personnages sont dorés ; les visages, les cóls, les mains, les pieds et les robes sont d'argent naturel ; les fonds d'argent poli.

Si l'on étudie cette façade avec grande attention, on sera frappé d'une différence, insensible au premier coup d'œil, dans la manière dont le repoussé est exécuté. Sur la première façade tout est large et simple ; sur la seconde, au contraire, les figures semblent traitées avec une sorte de mignardise, les vêtements se drapent moins naturellement, les colonnes, les archivoltes et les siéges sont chargés d'un dessin vermiculé d'un effet assez prétentieux. Que faut-il conclure de ces observations ? Devons-nous penser que ce second côté n'est pas de la même époque, ou seulement qu'il a été exécuté par un artiste plus adroit et plus raffiné ? C'est, je le crois, à cette dernière conjecture qu'il faut s'arrêter, car le style général du monument dans son ensemble est trop homogène pour que l'œuvre n'ait pas été accomplie à très-peu près dans le même temps.

A défaut de l'ornement repoussé qui le décorait primitivement, le soubassement de cette façade a été recouvert de plaques d'émaux champlevés sur cuivre doré, de dessins divers, mais tous d'un goût exquis ; onze de ces émaux existent aujourd'hui, la place de la douzième plaque est vide. Le style des arabesques, les couleurs employées et le mode de fabrication de ces émaux me donnent la certitude qu'ils appartiennent à l'école de Limoges et ont été exécutés dans la seconde moitié du XIIIᵉ siècle.

Même façade, partie formant toit. Sur le plan incliné de ce côté est aussi représenté un portique à cinq arcades supportées par des colonnes torses; il est à remarquer que la dernière colonne à droite a disparu; on y a suppléé en dessinant en creux au traçoir, sur le fond, la silhouette d'une colonne à chapiteau et à base carrés. Les archivoltes des deux arcades extrêmes sont torses comme les colonnes; les trois autres archivoltes sont composées d'une double moulure à gorge d'une grande simplicité. Archivoltes et colonnes sont dorées.

Sous la première arcade on voit saint Michel transperçant le dragon, qu'il foule aux pieds. L'archange est ailé et debout dans une attitude pleine d'énergie. Un bouclier très-orné est suspendu à son bras gauche, et de la droite il tient la lance qu'il plonge dans la gueule du monstre. Le nimbe, la chevelure, le manteau, le bord des ailes, les fasces et l'umbo du bouclier, les franges de l'écharpe et la tête du dragon sont dorés; tout le reste de la figure est d'argent naturel.

Sous la seconde arcade se tient la sainte Vierge; elle a la tête tournée vers son divin fils et ses mains sont jointes; son attitude révèle une profonde douleur et une touchante résignation. Le nimbe, le voile et le manteau sont dorés; le visage, les mains et la robe sont d'argent naturel.

L'arcade du milieu, plus large que les autres, contient Jésus-Christ sur la croix. Cette figure a été composée suivant le type adopté par les artistes byzantins, et qui a persisté avec bien peu de modifications jusqu'au XVe siècle. C'est bien la même maigreur des membres, la même longueur démesurée des mains et des pieds, la même anatomie cadavérique de la poitrine et des côtes, la même expression de ce visage trop allongé. La croix sur laquelle est attaché le Sauveur est très-large; elle est d'argent et bordée tout autour d'un rang de petites perles dorées ressemblant au grènetis des monnaies. Le nimbe crucifère, la chevelure, la barbe et la tunique du Christ sont dorés; tout le reste de la figure est d'argent. De chaque côté de la croix il y a deux étoiles à huit pointes repoussées sur le fond. Ces deux étoiles sont-elles tracées pour représenter le soleil et la lune qui accompagnent ordinairement la scène du crucifiement?

Sous l'arcade suivante, à la gauche du Christ, on voit une figure debout qui ne peut être que saint Jean l'Évangéliste; le bras droit est relevé le long de la poitrine, de façon que la main touche presque au menton; la main gauche tient un livre fermé; le visage est imberbe, et la tête est penchée vers Notre-Seigneur. Cette attitude, qui est celle de la douleur et qui s'est conservée si longtemps, se retrouve sur beaucoup de monuments où l'on a retracé la même scène, entre autres sur le reliquaire de Pascal II, si bien décrit par M. Darcel[1]. Je crois donc pouvoir dire que la figure représentée sur notre châsse est celle

---

1. M. A. Darcel, *Trésor de Conques*, Annales archéologiques, t. XX, p. 215.

de saint Jean l'Évangéliste. Le nimbe, les cheveux, le manteau et le livre sont dorés. Les chairs et la robe sont d'argent.

La dernière arcade est occupée par la figure debout d'un ange ou d'un archange tenant de la main droite une tige terminée par une croix, et de la gauche un *volumen* à demi déployé. Je cherche encore quel nom il faut donner à ce personnage. Son nimbe, sa chevelure, son manteau, son *volumen* et sa lance surmontée d'une croix sont dorés; le reste est d'argent naturel.

Les fonds, de ce côté comme de l'autre, sont d'argent poli.

Premier petit côté[1]. Ici l'artiste a représenté toute une scène dont le sens n'est pas très-clair. C'est d'abord le roi Sigismond assis sur un trône dont la forme rappelle le dessin de la chaise curule en bronze désignée sous le nom de fauteuil de Dagobert. Sigismond est couronné et nimbé; il tient de la main gauche un sceptre terminé par une fleur qui fait vaguement penser à la fleur de lis, et désigne de la droite un groupe de quatre personnages s'avançant vers lui. Le premier de ces personnages tient dans la main droite une épée dans le fourreau, la pointe en l'air; les trois autres le suivent l'épée au côté. Quel est le sujet de cette scène? Est-ce Sigismond au moment où il vient d'être couronné, et où il reçoit l'épée après avoir déjà reçu le sceptre? est-ce le roi agréant l'hommage des comtes de ses états dans l'Assemblée où il va décréter la fondation de l'abbaye d'Agaune?

A la hauteur de l'oreille droite de Sigismond sont deux lettres de l'inscription suivante, qui se termine en caractères plus petits inscrits au repoussé sur le champ ou fond du tableau, dans l'angle formé par la pointe du toit de la châsse et au-dessus de la tête du roi.

$\overline{\text{S.S.}}$ REX
SIGISM
VNDVS.

Le nimbe, la couronne, le manteau, le sceptre, le trône, les chaussures de Sigismond, sont dorés; le visage, la barbe, les mains et la tunique sont d'argent naturel.

Les cheveux, les orfrois des manteaux, les chaussures et les épées des quatre autres personnages sont dorés; leurs visages, leurs manteaux, leurs tuniques, leurs mains et leurs jambes sont d'argent naturel.

La plate-bande en saillie, qui suit l'inclinaison du toit, entoure le pignon tout entier et repose sur les colonnes d'angles décrites plus haut, est ornée d'un rinceau d'une grande élégance et du meilleur style. A l'intérieur et servant d'encadrement au tableau, règne un

---

1. Planche n° V.

cordon composé de grosses perles ovales repoussées et posées l'une horizontalement, l'autre perpendiculairement. Le soubassement de ce petit côté, ou pignon, est décoré de rinceaux fleuris, alternativement dorés et d'argent naturel.

Deuxième petit côté[1]. Cette face de notre châsse contient une seule figure, celle de saint Maurice à cheval, exécutée comme toutes les autres; mais ici le travail, sans être aussi *relevé* que dans les statuettes des grandes faces, n'est pas en aussi mince relief que les sujets tracés sur les plans inclinés du toit et sur le premier pignon. Le saint et son cheval sont repoussés en demi-bosse, si l'on peut parler ainsi; la tête même du saint est en ronde bosse et tout à fait détachée du fond. Saint Maurice, coiffé d'un casque cylindro-conique posé sur une cotte de mailles qui enveloppe la tête et couvre le corps tout entier, tient dans la main droite une lance au bout de laquelle flotte une petite bannière; un écu de forme très-allongée, très-pointue, et orné d'une croix cantonnée de rinceaux, est suspendu au bras gauche. Le cheval n'a pas de caparaçon; il ne porte qu'un bandeau de poitrail auquel sont attachés de nombreux petits croissants. L'attitude de la figure est fort débonnaire, et si l'on ne voyait pas tout ce luxe d'armes, casque, maille, lance et bouclier, on penserait plutôt à un évêque faisant sa tournée pastorale, monté sur une paisible haquenée, qu'au soldat énergique qui commandait la légion Thébéenne. L'inscription suivante est disposée dans cet ordre de chaque côté de la tête :

MAVRI
CIVS.   SCS

Le bandeau du casque, la bordure, la croix et les rinceaux du bouclier, les jambes et les pieds du saint, le pan de manteau et le fourreau d'épée que l'on voit passer sous le ventre du cheval, la crinière et la queue de l'animal, la lance et la bannière, tout cela est doré; le reste de la figure est d'argent naturel.

Les ornements qui décorent ce deuxième pignon, plates-bandes du toit, perles du cadre intérieur, colonnes d'angles et soubassement, sont les mêmes que sur le premier petit côté[2].

---

1. Planche n° VI.
2. Voici les dimensions de la châsse des enfants de saint Sigismond :

Longueur totale	0ᵐ.715
Largeur totale (dans le sens d'épaisseur)	0ᵐ.333
Hauteur totale	0ᵐ.454
Hauteur des figures des façades carrées	de 0ᵐ.160 à 0ᵐ.173
Hauteur des figures des plans inclinés	de 0ᵐ.165 à 0ᵐ.194
Hauteur de la figure de saint Sigismond	0ᵐ.251
Hauteur de la figure de saint Maurice	0ᵐ.274

Cette châsse doit être, à peu d'années près, de la même époque que la châsse de saint Maurice. Nous remarquons dans les ornements qui les décorent toutes deux la même abondance de motifs, la même fermeté et la même ampleur de dessin, la même rudesse d'outil. Cependant, les figures qui me semblaient traitées avec plus de soin, leurs attitudes moins roides, et l'expression plus douce de leurs visages, me portaient à croire que l'époque de la fabrication se rapprochait du XIIIᵉ siècle. Les costumes militaires des personnages qui se présentent devant Sigismond et du saint Maurice à cheval sont venus fournir les éléments d'une appréciation plus exacte. Le vêtement de mailles couvrant tout le corps et enveloppant la tête ; la forme cylindro-conique du casque, forme si éloignée du casque plat, à visière en pointe, que nous retrouverons sur la châsse de l'abbé Nanthelme ; la coupe du bouclier, étroite, allongée, ronde par le haut, très-aiguë par le bas, et qui se rapproche des boucliers portés par les personnages de la tapisserie de Bayeux ; tout cela compose un ensemble de preuves qui permet d'avancer que ce monument a été exécuté dans la première moitié du XIIᵉ siècle.

Les plaques d'émaux champlevés sur cuivre doré qui ornent le soubassement de l'un des deux grands côtés sont, je le crois et je l'ai dit déjà, postérieurs d'un siècle au moins ; nous rencontrerons d'autres émaux de fabrication semblable appliqués sur quelques-uns des reliquaires du Trésor.

III

CHASSE DONNÉE PAR L'ABBÉ NANTHELME

(DITE ANCIENNE CHASSE DE SAINT MAURICE).

Cette châsse[1], en cuivre argenté et doré, est un coffre quadrangulaire dont le couvercle a la forme d'un toit. Elle est très-simple, et toute sa décoration consiste en divi-

---

1. Article 1ᵉʳ de l'inventaire de l'abbé Milès : « Unus cophinus argenteus a foris cum laminis deargentatis « et imaginibus sancti Sigismundi, sancti Mauritii ; in medio Gundegesillus et Gundebaudus. In inferiori parte « Maximianus, sanctus Mauritius. Ab alio latere imagines : Ecclesia, Jesus Nazarenus, Sinagoga ; inferius, Nati- « vitas, Annunciatio, Epiphania, anno graciæ 1255 (erreur, pour 1225), septima kal. novembris ; tempore Nanthelmi « abbatis, cum quatuor evangelistarum imaginibus, quæ non fuit aperta. »

Article 9ᵉ de l'inventaire des Bollandistes : « Capsa altera itidem argentea, continens ossa aliquot Thebæo- « rum martyrum. Servantur præterea in tribus aliis capsis ligneis deauratis, præter illa, quibus duæ majores « cistæ repletæ sunt. » (Ces châsses en bois doré n'existent plus.)

sions carrées, qui sont séparées par des bandes de métal couvertes de rinceaux, tous différents les uns des autres, dorés, polis et exécutés en gravure au traçoir et au burin, sans
relief ni repoussé, sur un fond lourdement guilloché au ciselet.

Chaque grande façade carrée et chaque face du plan incliné formant toiture sont
divisées en trois compartiments dans lesquels sont gravées des figures argentées et dorées
qui se détachent sur des fonds en échiquier, tantôt à angles droits, tantôt losangés, et de
dimensions différentes. L'exécution des figures placées dans ces compartiments et de
l'échiquier qui en forme les fonds est la même que celle des rinceaux dont je viens de
parler; même absence de relief; tous les motifs d'ornements et tous les personnages se
détachent parce qu'ils sont polis sur un fond guilloché.

Sur la bande qui forme l'arête du toit de l'un des côtés de la châsse [1], on lit l'inscription suivante, gravée en deux lignes :

AGNO:GRACIE:MILLESIMO:DVCENTESIMO:VICESIMO:QVINTO:VII:KL:NOVEMBRIS:RELEVATVM.FVIT:COR

PVS:BEATI:MAVRICII:ET:IN:HOC:PHILTRO:RECONDITVM:TEMPORE:NANTELMI:HVIVS:LOCI:ABBAS:

Ces lettres, argentées et polies, sont gravées aussi sur un fond guilloché; elles ont
0^m.011 de hauteur sur les deux lignes de l'inscription, qui suit d'un bout à l'autre l'arête
du toit.

Au-dessous de l'inscription, le plan incliné du toit est divisé en trois compartiments,
ainsi que je l'ai dit déjà.

Dans le premier compartiment, en commençant par la gauche, on voit le roi Sigismond un genou en terre et semblant offrir la couronne qu'il tient des deux mains au
personnage représenté dans le compartiment suivant. La chevelure, la tunique, les
chaussures et la couronne sont dorées; le reste de la figure est argenté. Au-dessus de la
tête de saint Sigismond on voit l'inscription suivante, gravée sur une banderole :

S. SIGISMVND.

Dans le compartiment du milieu, saint Maurice est assis sur un trône. Il est revêtu
d'une cotte de mailles qui entoure sa tête de manière à ne laisser visibles que les yeux et
le nez. Par-dessus cette cotte de mailles, qui lui couvre aussi les bras, les mains, le corps,
les jambes et les pieds, et qui est argentée, flotte une cotte d'armes dorée. Le saint lève
la main droite, et de la gauche tient la palme du martyre. Sa tête est entourée d'un nimbe
doré; sur le trône, à ses côtés, repose un casque cylindrique, dont la visière fixe, en

1. Planche nᵒ VII-VIII.

pointe et percée d'une infinité de trous, est fabriquée de façon à protéger entièrement le visage, sans priver les yeux de toute leur liberté. Au-dessus de la tête de saint Maurice est une banderole portant cette inscription :

S. MAVRICIVS.

Sur le troisième compartiment l'artiste a gravé deux personnages qui sont tournés du côté de saint Maurice, tendent les bras vers lui, et semblent lui présenter, en fléchissant le genou, leurs épées, qu'ils tiennent nues, de la main droite. Ces deux figures ont le casque en tête, une cotte de mailles les couvre entièrement, et leurs genoux sont protégés par une armure de forme particulière, faite de lames de métal. Une cotte d'armes dorée flotte sur leurs épaules. Au-dessus de leurs têtes, sur deux bandelettes superposées, on lit ces noms :

GVNDEBALD
GISCALD

Ce sont les deux fils du roi Sigismond, assassinés en même temps que leur père par Clodomir, roi d'Orléans.

Les compartiments de la façade carrée correspondent exactement à ceux de la partie formant toit. On voit à gauche, au-dessous du roi Sigismond, un personnage debout, vêtu d'une robe longue, les épaules couvertes d'un manteau flottant, la couronne en tête, et portant de la main droite une large épée nue appuyée sur l'épaule; de la main gauche il semble donner le signal du supplice de saint Maurice, représenté dans le tableau suivant. La couronne, la chevelure, le manteau, les orfrois de la robe et les chaussures sont dorés; le reste est argenté. Une banderole placée à droite de la tête porte ce nom :

MAXIMIAVS

pour Maximianus, le collègue de Dioclétien, celui qui ordonna le massacre de la légion Thébéenne. Cette figure se détache sur un fond échiqueté, à cases assez serrées.

Au milieu, le sujet de la scène représentée est le supplice de saint Maurice. Le saint, debout, ayant à ses pieds son casque et son épée, a déjà la tête à demi tranchée, et cette tête pend sur le bouclier orné de la croix, qui couvre la poitrine. Deux soldats sont debout à la gauche; l'un d'eux achève de couper la tête du martyr; le second lève son épée, prêt à frapper à son tour. La chevelure et le manteau de saint Maurice sont dorés; sa cotte de mailles, ses jambes, son visage et le bouclier sont argentés. Le surtout du premier soldat est seul doré; tout le reste est argenté. Ces deux hommes ont leurs têtes couvertes de casques semblables à celui déjà décrit, sauf que les trous nombreux ménagés dans la visière du premier sont ici remplacés par deux ouvertures carrées. La banderole qui flotte au-dessus de saint Maurice porte cette inscription :

S. MAVRICIVS.

Dans le bandeau d'ornements qui remplace la frise de la façade carrée de la châsse, et précisément au-dessus de la scène du martyre, on voit l'âme de saint Maurice sous la forme d'un petit personnage gravé d'après le même procédé. Il est nu, nimbé, placé au milieu d'une auréole elliptique soutenue par deux anges qui s'envolent et l'emportent au ciel.

Sur le troisième compartiment, on voit quatre personnages couverts de cottes de mailles et de manteaux, têtes nues, et qui, tournés vers saint Maurice, paraissent attendre le supplice, ou s'émouvoir à la vue du martyre. Il est probable que le graveur a voulu représenter ici les soldats de la légion Thébéenne assistant au meurtre de leur chef et se préparant eux-mêmes à la mort. Les chevelures des soldats et leurs manteaux sont seuls dorés, tout le reste est argenté.

Sur la façade opposée[1], dont les divisions sont tout à fait semblables à celles de la première face, on voit sur la partie inclinée formant toit, dans le compartiment de gauche, une femme debout, vêtue d'une robe traînante; elle est couronnée, tient de la main droite un calice et de la gauche un étendard dont la hampe est surmontée d'une croix. C'est l'Église, ainsi que l'indique le nom suivant, gravé dans une banderole au-dessus de sa tête :

ECCLESIA.

La robe, la chevelure, la couronne et le calice sont dorés; le reste de la figure est argenté.

Dans le compartiment du milieu, on a représenté Jésus-Christ sur la croix, la tête entourée du nimbe crucifère. A ses côtés se tiennent debout deux personnages, dont l'un, celui qui est à la gauche de Notre-Seigneur, porte un livre, c'est l'apôtre saint Jean sans aucun doute, et l'autre, celui de droite, lève les mains vers le Sauveur. Cette figure repré-sente la sainte Vierge; elle est reconnaissable à sa robe traînante et au long voile qui lui couvre la tête en descendant jusque sur les épaules. Le crucifiement a presque toujours été figuré ainsi, nous en aurons la preuve en nous rappelant la châsse des enfants de saint Sigismond, puis en examinant le reliquaire de Pascal II (Trésor de Conques), la boîte d'or du musée du Louvre et bien d'autres monuments du moyen âge.

1. Planche n° IX-X.

De chaque côté de la croix se trouve un médaillon : celui de gauche contient une figure entourée d'un nimbe rayonnant, c'est le soleil; celui de droite est occupé par une figure de femme accompagnée d'un croissant, c'est la représentation de la lune.

Au-dessus de la tête du Christ et sur la croix elle-même, qui est recroisettée, on lit l'inscription suivante :

IHESVS NA
ZARENVS R
EX IVDEORVM

Les deux médaillons sont entièrement dorés; le nimbe, la chevelure, la barbe et la tunique de Jésus sont dorés, ainsi que le nimbe et la robe de dessous de la sainte Vierge. Le nimbe et la robe de dessous de saint Jean sont aussi dorés; le reste des figures est argenté.

Dans le troisième compartiment est gravée une femme debout, aux yeux couverts d'un large bandeau; sa main droite laisse échapper les tables de la loi; dans la main gauche elle tient un étendard dont la hampe est brisée en cinq morceaux; la couronne, tombée de sa tête, est près de toucher terre à ses pieds; la robe traînante de cette figure est dorée, ainsi que la couronne et la partie centrale du drapeau.

On devine, même sans le secours de l'inscription suivante tracée au-dessus, dans une banderole :

SINAGOGA

que c'est le symbole du triomphe de la loi nouvelle sur l'ancienne loi; cette représentation symbolique est fréquente aussi au moyen âge, et sans chercher bien loin nous la trouvons reproduite au grand portail de Notre-Dame de Paris.

Viennent ensuite les trois sujets représentés sur la façade carrée. On voit dans le premier compartiment, au-dessous de l'Église, l'Annonciation. La sainte Vierge est debout; l'ange se tient devant elle, la bénissant de la main droite et tenant de la main gauche un sceptre surmonté d'une fleur de lis. Les nimbes, les robes de dessous de l'ange et de la Vierge, sont dorés; sont dorés aussi la chevelure de l'ange et la fleur de lis du sceptre, ainsi que le voile de la Vierge.

Dans le compartiment du milieu l'artiste a retracé la scène de la Nativité. La sainte Vierge repose sur son lit, étendant la main gauche vers l'enfant Jésus, qui est couché dans la crèche, la tête entourée du nimbe crucifère. Au-dessus de la crèche apparaissent les têtes de l'âne et du bœuf; au pied du lit, saint Joseph est représenté assis, tenant de la main droite un livre ouvert. Les nimbes des trois personnages, la robe de la sainte Vierge, le visage de saint Joseph, son livre, les orfrois de sa robe et ses pieds sont dorés. Le reste des personnages et des accessoires composant cette scène est argenté.

Le dernier tableau représente les trois rois suivant l'étoile; tous trois sont couronnés. Le premier, vers la droite, a un genou en terre et semble offrir un calice plein de myrrhe, qu'il soutient des deux mains. Les deux autres rois sont debout, et celui qui occupe le milieu du groupe montre l'étoile au troisième. Ces deux derniers portent aussi des coffrets contenant sans doute les présents qu'ils vont mettre aux pieds du Sauveur. Les couronnes, les chevelures et les barbes des personnages sont dorées, ainsi que les poignets et les chaussures de celui qui est agenouillé. Le vêtement tout entier du second personnage est doré, ainsi que le manteau du troisième. Le fond est un échiquier à angles droits dont les cases sont très-serrées.

Sur l'un des petits côtés de la châsse, dans la partie supérieure, on voit un ange à mi-corps, nimbé, ailé, tenant des deux mains une banderole sans inscription, et dont la chevelure et la robe de dessous sont seules dorées. Ce doit être là la figure symbolique représentant l'évangéliste saint Matthieu; ce qui me porte à présenter cette hypothèse, c'est l'aigle de saint Jean gravé sur le second pignon de la même châsse. Le fond est ici composé de losanges dont les lignes sont parallèles à l'inclinaison du toit.

Dans la partie inférieure et carrée de ce petit côté, on voit le Christ assis sur un trône, bénissant de la main droite et portant le monde dans la main gauche. Son nimbe est crucifère; au côté droit de sa tête est tracé un A, au côté gauche un Ω. Le nimbe, les cheveux, la robe de dessous, le monde et une partie du trône sont dorés, le reste est argenté. Le fond est losangé, et les bandes d'ornements qui encadrent cette partie carrée du pignon ont été remplacées par des plaques d'émaux champlevés sur cuivre d'un travail assez rude, mais dont les dessins, tous divers, sont d'un beau style.

Sur le second petit côté, on voit dans la partie supérieure un aigle nimbé, tenant dans ses serres une banderole où sont inscrits ces mots :

IOHANNES AQVILA.

Le corps, le col et la tête de l'aigle sont seuls dorés; le fond est en losanges parallèles à l'inclinaison du toit.

Dans la partie carrée de ce pignon, la sainte Vierge est représentée assise sur un trône et portant dans ses bras l'enfant Jésus, qui bénit de la main droite et presse entre les doigts de sa main gauche une petite boule d'or. La Vierge tient aussi une boule dans la main droite [1]. Le voile, les poignets de la robe et les pieds de la Vierge sont dorés, ainsi qu'une partie du trône. L'enfant Jésus est entièrement doré. Le fond est composé d'un

---

1. Dans la description de la châsse de saint Maurice, j'ai déjà signalé l'impossibilité où je me trouvais de donner l'explication symbolique de ces petites boules, je ne reviendrai pas sur ce sujet.

petit damier dont les carrés, de quatre millimètres de côté, sont alternativement unis et guillochés[1].

Cette châsse, dont la date n'est pas discutable, porte déjà l'empreinte des modifications que le XIIIe siècle allait faire subir aux arts, tout en conservant cependant dans l'ampleur et la fermeté des rinceaux d'ornements la tradition du XIIe siècle. Les figures sont plus finement dessinées, les attitudes plus souples, les vêtements drapés avec plus d'élégance. La composition est claire, logique; tout s'enchaîne et se tient dans les sujets gravés qui ornent cet intéressant reliquaire.

On peut aussi puiser de bons et utiles renseignements dans les vêtements militaires de quelques-uns des personnages; on y retrouve la forme exacte des cottes de mailles, des casques, des épées et des boucliers en usage à cette époque. L'étude attentive des indications de toute nature fournies par la châsse de l'abbé Nanthelme peut conduire à dater plus sûrement des monuments dont l'âge est resté jusqu'ici l'objet des doutes les mieux fondés.

IV

CHASSE-COFFRET

DÉCORÉE DE VERROTERIES CLOISONNÉES (ÉPOQUE MÉROVINGIENNE).

Ce reliquaire[2], l'un des plus précieux du Trésor, a la forme d'un coffret carré-long[3]; son couvercle figure un toit dont l'arête supérieure est ornée d'un cylindre. Les faces an-

---

1 Voici les dimensions de la châsse donnée par l'abbé Nanthelme :

Longueur totale	$0^m.688$
Largeur totale (dans le sens d'épaisseur)	$0^m.315$
Hauteur totale de la base à l'arête du toit	$0^m.428$
Hauteur des parties carrées ou perpendiculaires	$0^m.219$
Largeur des bandes d'ornements qui encadrent les faces du reliquaire et séparent les sujets les uns des autres, variant de	$0^m,038$ à $0^m.047$
Largeur des plaques d'émaux champlevés remplaçant les bandes d'ornements primitives	$0^m.026$
Longueur des dites plaques, variant de	$0^m.085$ à $0^m.110$

2. Article 7e de l'inventaire de l'abbé Milès : « Reliquiare sanctorum apostolorum quod in summis portatur « festis. » Il est clair, malgré la pauvreté de la description, que l'abbé Milès a désigné ici le coffret mérovingien.

Article 7e de l'inventaire des Bollandistes : « Lipsanotheca prædives, in qua sunt reliquiæ sanctorum Petri « et Pauli et aliorum; donum est Eugenii tertii pontificis, qui consecravit veterem basilicam, profecturus ad con- « cilium remense. Ejus effigies spectatur in apice. »

3. Planche n° XI-XII.

térieures et latérales sont entièrement décorées de verroteries et de pâtes de verre cloisonnées, au milieu desquelles sont serties sur chatons des pierres précieuses unies ou gravées et des perles fines. Les faces postérieures et le dessous du coffret, fabriqués avec l'or le plus pur, sont couverts de dessins en filigranes et d'une inscription dont je parlerai plus loin.

Sur la partie carrée de la face antérieure, au milieu, est enchâssé un camée antique brisé, et tellement usé qu'il est bien difficile de déterminer le personnage qu'il représente. De chaque côté de ce camée, l'artiste a serti quatre grosses pierres ovales de grandeurs différentes et formant un carré au milieu duquel est placée une grosse perle fine. Ces pierres et ces perles sont reliées entre elles par des rangées de petites perles fines disposées en X et enfermées dans des cloisons semblables à celles des verroteries, sans chatons en relief.

La partie antérieure du couvercle est ornée de cinq pierres ; celle du milieu est carrée et taillée en tables ; les quatre autres sont ovales, cabochons ou taillées en tables.

Les petits côtés sont ornés dans la partie carrée de trois pierres fines posées une et deux et d'une croix de petites perles fines les reliant entre elles. Dans la partie des petits côtés formant le couvercle, il n'y a qu'une seule pierre fine cabochon d'un côté, pierre gravée de l'autre. Le fond de la décoration des faces antérieures et latérales est composé, ainsi que je l'ai dit en commençant, de verroteries d'un rouge-grenat tirant plutôt sur le jaune que sur le violet et de pâtes de verre bleu-lapis et vert-d'eau, le tout serti dans un réseau de cloisons en or formant un dessin à motifs presque réguliers et du goût le plus exquis. La gravure seule peut en donner une idée exacte.

Les petits côtés sont munis de poignées plates, en or à l'intérieur, en verroteries cloisonnées et en perles fines à l'extérieur ; ces poignées tournent sur une broche, et elles maintenaient autrefois une courroie que le prêtre passait autour de son col pour soutenir le reliquaire pendant les processions.

Les neuf parties composant toutes les faces du reliquaire sont entourées d'un rang de perles d'or ; la charnière est faite d'un rang de perles beaucoup plus grosses que les autres et traversées à leur centre par une broche de fer.

Le cylindre, qui forme l'arête du toit, est décoré de pâtes de verre blanc, bleu clair et foncé, vert clair et foncé, cloisonnées dans un réseau en or. A la partie supérieure du cylindre se trouve une rangée de perles fines qui va d'un bout à l'autre du reliquaire.

L'inscription suivante est tracée en lettres frappées sur la partie carrée de la face postérieure [1] :

TEVDERIGVS PRESBITER IN HONVRE S̄C̄I MAVRICII FIERI IVSSIT AMEN. NORDOALAVS ET RIHLINDIS ORDENARVNT FABRICARE. VNDIHO ET ELLO FICERVNT.

<hr>

[1]. Planche n° XIII-XIV.

Chaque lettre est enfermée dans un des carrés formés par le dessin filigrané ; seuls, deux des carrés contiennent chacun deux lettres. L'inscription est tracée en biais, en partant de l'angle droit supérieur de cette face du reliquaire (angle à droite pour celui qui regarde).

Une tradition déjà ancienne, puisqu'elle se trouve consignée dans l'inventaire des Bollandistes, attribue au pape Eugène III le don de ce reliquaire et des reliques qu'il contient. Eugène III fit un voyage en France en 1147, pour se rendre au concile de Reims, et, soit en allant, soit au retour, il s'arrêta à Saint-Maurice. Nous avons vu déjà, dans le récit de la vie de l'abbé Hugues, que le souverain pontife avait consacré la basilique d'Agaune à son passage et confirmé par une bulle tous les priviléges de l'Abbaye. Dans cette bulle, il n'est fait aucune mention du reliquaire dont nous nous occupons. Cette tradition est en contradiction absolue avec l'inscription placée sur la face postérieure de la châsse. Que lisons-nous, en effet? qu'un prêtre nommé Teuderigus a prescrit de faire ce reliquaire *en l'honneur de saint Maurice;* qu'un particulier, nommé Nordoalaus, et sa femme Rihlindis [1], donnaient des ordres pour la fabrication, qui fut confiée aux deux orfévres Undiho et Ello. On peut avoir enfermé plus tard dans cette châsse des reliques de saint Pierre et de saint Paul données peut-être par Eugène III, mais il n'en reste pas moins positif que le reliquaire avait une destination spéciale et qu'il était fait pour saint Maurice. La forme de tous les noms inscrits sur ce monument peut être une très-sérieuse indication pour le dater, et MM. de Lasteyrie et de Linas [2], qui tous deux ont parlé de ce reliquaire, sont unanimes pour fixer cette date à l'époque mérovingienne.

En comparant ce merveilleux coffret aux objets d'art de la même époque que j'ai pu étudier, tels que la fibule donnée par le duc de Luynes, le pectoral de la Bibliothèque impériale, les aigles et les couronnes de Guarrazar du musée de Cluny, l'épée de Childéric du musée du Louvre et la monture du vase, dit de saint Martin, dont je parlerai bientôt, j'ai constaté des différences de fabrication que je crois utile d'indiquer. Dans tous les objets que je viens de citer, les verroteries ou les grenats en tables très-minces ont été enchâssés dans des cases formées par des lamelles d'or très-menues et fixées là, soit dans un mastic très-adhérent, soit par le rabattage au brunissoir de la tranche extérieure de la cloison de métal ; mais ce rabattage est très-léger. La tranche de la cloison d'or n'est pas

---

1. Il n'y a pas à douter que ce ne soit là un nom de femme ; à l'époque mérovingienne, nous trouvons une foule de noms terminés ainsi : Chrotechildis, Brunechildis, Adaltrudis, Rinchildis, Hiltrudis, etc.; il serait facile de multiplier les citations.

2. M. F. de Lasteyrie, *Mémoires de la Société des Antiquaires de France,* t. XXVI, p. 76.

M. Ch. de Linas, *Orfévrerie mérovingienne. Les Œuvres de saint Éloi et la verroterie cloisonnée;* in-8°, Paris, 1864.

sensiblement élargie, et elle affleure à très-peu près le niveau de la verroterie. Elle conserve l'apparence d'une cloison dans des travaux d'émaillerie exécutés un peu grossièrement; et cela doit être ainsi, puisqu'il est à peu près certain que les objets d'orfévrerie en verroteries cloisonnées des artistes mérovingiens ne sont qu'une imitation imparfaite et laborieuse des émaux byzantins et orientaux, dont le secret était alors inconnu en Occident. Sur la petite châsse de saint Maurice, au contraire, le réseau en or qui forme le cloisonnage est relativement épais; il est en saillie, et les bords de la tranche supérieure sont franchement rabattus à l'outil, de manière à former une vraie sertissure, qui maintient solidement les tables de grenat taillées, pour chaque case, à la meule et avec une extrême précision.

Trouvera-t-on dans cette façon de procéder un indice suffisant pour établir que notre reliquaire est antérieur ou postérieur aux monuments divers que je viens de citer, je ne sais; il ne m'est pas possible de présenter une solution, je dois me contenter de hasarder des conjectures et laisser aux savants que j'ai nommés le soin d'élucider complétement ces questions pleines de doutes et de sérieuses difficultés.

Les tables de grenat qui composent le fond de la châsse, les pâtes de verre vertes et bleues qui remplissent les cases en forme de poires et la couronne tracée autour du camée, sont toutes posées sur paillon en or gaufré. Ce paillon, très-visible sous les tables de grenat, ne l'est point sous les pâtes vertes et bleues, qui sont plutôt opaques que translucides; il y existe néanmoins, et il est facile de le constater en examinant les cases vides aujourd'hui. La présence du paillon gaufré au fond des cases dont je viens de parler m'a conduit à supposer que dans le principe ces pâtes de verre vertes et bleues étaient translucides. Le temps seul leur aurait donné l'opacité actuelle, en agissant sur elles comme il a agi sur les fioles de verre antiques; on sait que les siècles étendent sur le verre une teinte laiteuse et irisée qui lui enlève toute sa transparence.

Les pâtes de verre enfermées dans le réseau de cloisons qui couvre le cylindre du toit ne sont pas posées sur paillon; le fond des cases, relativement assez profondes, m'a paru rempli par un mastic grisâtre.

Les filigranes qui composent les motifs d'ornements sur les faces postérieures et sur le dessous de la châsse, sont faits de deux fils d'or réunis, tordus en spirale et soudés sur la plaque d'or, finement matée à l'outil, qui forme le fond du reliquaire. Les lettres de l'inscription sont frappées à la main d'une façon assez irrégulière, et l'extrémité des jambages, au lieu d'être terminée par un trait transversal, est arrêtée par un coup de poinçon circulaire.

Cette châsse est le morceau d'orfévrerie le plus rare et le mieux conservé que j'aie vu jusqu'ici; il dépasse de beaucoup toutes les pièces que renferment nos musées, et mérite d'attirer l'attention des archéologues qui ont particulièrement étudié cette branche de la science. Si j'osais émettre une opinion, je dirais que ce reliquaire [1] a été fabriqué à la fin du Ve ou au commencement du VIe siècle par des orfévres franks ou bourguignons; la présence des pierres gravées antiques pourrait, je pense, corroborer cette opinion, si l'on considère que les rois de France et de Bourgogne avaient alors des relations suivies avec Rome, puisque leur plus grande ambition était de recevoir le titre de patrice.

Parmi les sujets gravés sur les dix pierres antiques qui décorent les faces cloisonnées de la châsse, voici ceux que j'ai reconnus :

Face principale.	*Cornaline :* Fortune couronnant la Victoire.
Autour du grand camée. . . .	*Onyx :* Un lion.
	Calcédoine : Foudre accompagné d'une étoile.
	Onyx : Grappe de raisin.
etits côtés.	*Cornaline :* Mars ou Ajax.
	Cornaline : Aigle.
	Cornaline : Jupiter avec l'aigle.
	Onyx : La Fortune (très-belle gravure).

<h1 style="text-align:center">V</h1>

<h2 style="text-align:center">CHASSE-COFFRET</h2>

EN ARGENT DORÉ, ORNÉE DE PIERRERIES.

Cette petite châsse [2] si simple, mais cependant si intéressante, est encadrée sur les angles et sur l'arête du toit par des rangées de grosses perles exécutées au repoussé. Le fond, uni et poli, se compose d'une mince plaque d'argent doré. La face antérieure [3] était ornée, dans le principe, de vingt-trois pierres fines montées sur des chatons fixés au

---

1. Voici les dimensions de cette châsse :

Longueur.	0^m.185
Largeur (dans le sens d'épaisseur).	0^m.065
Hauteur totale, du bas au sommet du cylindre.	0^m.125
Hauteur de la partie carrée.	0^m.078
Hauteur de la partie formant toit jusqu'à la naissance du cylindre.	0^m.045
Diamètre du cylindre	0^m.011

2. Article 17e de l'inventaire de l'abbé Milès : « Cophinus duplex argenteus cum multis reliquiis. »

Article 15e de l'inventaire des Bollandistes : « Lipsanothecæ duæ variis ornatæ gemmis in quibus servantur « variæ reliquiæ. »

Nota. Les Bollandistes ont réuni en un seul article deux petites châsses-coffrets, celle dont nous nous occupons en ce moment, et celle qui porte le n° VI de mon inventaire.

3. Planche n° XV.

moyen de deux rivets sur la feuille de métal qui forme le fond du reliquaire. Il manque aujourd'hui sept pierres, dont quatre ont disparu avec les chatons qui les contenaient. Les pierres restantes sont des saphirs, des émeraudes, des améthystes et des cristaux de roche.

Les petits côtés étaient décorés chacun de quatre pierres montées comme celles de la face antérieure et posées en ligne perpendiculaire, l'une au-dessous de l'autre. Sur le petit côté, à droite, il ne reste qu'une pierre et un chaton vide; la pierre restante est un saphir d'un bleu très-pâle.

La face postérieure [1] est occupée tout entière par un double rinceau partant du même ornement, au bas de la châsse, s'élargissant de chaque côté au point de toucher presque aux rangs de perles de la bordure, et se réunissant de nouveau vers l'arête du toit. Ces deux rinceaux, largement déroulés, donnent naissance à des stipules d'un dessin vigoureux et sont exécutés au repoussé; ils sont en argent naturel et se détachent sur un fond doré, semblable à celui de toutes les autres parties du reliquaire. Le pied de la châsse est entouré sur les quatre faces d'une baguette de métal à double filet, maintenue sur la plaque de fond par de petits clous d'argent.

A quelle époque faut-il attribuer la fabrication de ce monument? Si je m'en étais rapporté à ma première impression lorsque j'ai examiné cet encadrement de grosses perles repoussées, attachées sans plus de façon sur les angles du coffret à l'aide de rivets apparents et grossiers, je me serais cru autorisé à décider pour la fin du Xe ou le commencement du XIe siècle; mais en étudiant attentivement la composition et l'exécution de l'ornement repoussé qui décore la face postérieure, en voyant avec quelle précision les chatons sont façonnés et soudés, combien les pierres elles-mêmes sont finement taillées, adroitement serties, j'ai rectifié mon premier jugement, et j'en suis arrivé à proposer la première moitié du XIIe comme l'époque la plus probable de la fabrication de ce curieux morceau d'orfévrerie [2].

Je ne serai pas non plus assez téméraire pour déterminer la patrie de l'artiste qui a produit le reliquaire en question. Il me semble cependant que l'on doit tout d'abord éliminer les principaux ateliers de France et d'Italie, où l'on exécutait à cette époque de véritables merveilles au double point de vue de l'art et du métier. J'incline donc à penser que notre petite châsse sort d'un atelier secondaire du nord de la France ou de l'Allemagne.

---

1. Planche n° XV.
2. Voici les dimensions de cette châsse-coffret :

Longueur.	0^m.128
Largeur (dans le sens d'épaisseur).	0^m.050
Hauteur totale.	0^m.142

VI

CHASSE-COFFRET

EN CUIVRE DORÉ, AVEC PIERRES FINES ET INSCRIPTIONS.

La face antérieure de ce reliquaire [1] est ornée de trois très-grosses pierres ovales [2], montées sur des chatons à sertissures dentelées, et accompagnées de huit petites pierres carrées montées aussi sur des chatons, mais serties seulement par quatre griffes chacune. Les trois grosses pierres sont : un cristal de roche, une aigue-marine, toutes deux taillées en cabochons, et une belle agate taillée en tables.

La partie formant toit porte en son milieu un médaillon rond qui contient, sous verre, une inscription tracée en écriture du XVe siècle sur un papier taché de rouille, et ainsi conçue :

anno milleno
IIII C. XIIII annis
tribusque demptis
frater Jo. domingii
hoc reliquiarum in sanctorum
Laurentii Cosme et
Damiani conservi
fecit et plurium
aliorum honorum.

Le médaillon est accompagné de quatre pierres carrées montées sur chatons et serties par quatre griffes.

La face postérieure est décorée de six pierres carrées et de six quintefeuilles en relief alternées. Ces fleurs, exécutées au marteau, sont, comme tout le reste du reliquaire, en cuivre doré, et fixées au moyen d'un rivet sur la plaque de métal qui constitue le fond du coffret.

La partie formant toit porte sur cette face de la châsse, de même que sur la partie

1. Article 8e de l'inventaire de l'abbé Milès : « Aliud reliquiare ubi legunt per translucidum vitrum. »

Article 15e de l'inventaire des Bollandistes : « Lipsanothecæ duæ variis ornatæ gemmis, in quibus servantur « variæ reliquiæ. »

Nota. Article déjà cité dans la précédente description, n° V de mon inventaire.

2. Planche n° XV.

correspondante de la face antérieure, un médaillon d'un diamètre égal, accompagné aussi de quatre pierres carrées. L'inscription placée sous le verre est encore plus usée et plus tachée que la première; la voici cependant :

> Idemque frater
> Jo. domengii
> in thebeorum
> honorem construi
> fecit nutram (*sic*)
> fremalibus argenti
> et lapidibus fulsitis
> amplures que argenti.

Les deux petits côtés sont ornés, et seulement dans leur partie inférieure, de deux pierres carrées. Sur les petits côtés du toit il n'y a aucun motif de décoration.

Au-dessus de la corniche, qui couronne la partie carrée du reliquaire, court un ornement qui simule un rang de créneaux; l'arête du toit est surmontée à ses extrémités par deux boules en métal. Toutes les pierres taillées en carré, qui se composent de quelques saphirs vrais, de topazes et de verres colorés, sont montées de la même façon et serties par quatre griffes [1].

Ce reliquaire, presque nul sous le rapport des matières employées pour sa fabrication, porte cependant l'empreinte de l'époque où il a été exécuté. Malgré sa simplicité et le manque absolu d'ornements caractéristiques, soit ciselés, soit repoussés, c'est bien là une œuvre du XVe siècle; la date donnée par l'inscription me semble parfaitement d'accord avec la forme générale, avec la ligne de créneaux qui surmonte la corniche, enfin avec la façon dont les chatons sont travaillés et les pierres serties.

---

1. Les dimensions de cette châsse sont les suivantes :

Longueur 0m,160
Largeur (dans le sens d'épaisseur) 0m,083
Hauteur de la partie carrée jusqu'à la saillie de la corniche 0m,060
Hauteur totale, de la base au sommet de l'arête du toit 0m,115

·VII

CHASSE-COFFRET

EN ARGENT ET A PALMETTES.

Cette petite châsse [1] est encadrée sur toutes ses faces par des bandes de métal moulurées de trois gorges peu profondes, fixées sur le fond par des clous d'argent à têtes plates. En dedans de ces bandes règne un rang de palmettes frappées en creux dans la plaque d'argent qui constitue le champ ou le fond du reliquaire. La partie formant toit est ornée, sur la face antérieure, de huit rangées des mêmes palmettes frappées les unes au-dessous des autres sans aucun intervalle, en sorte cependant que la première rangée fait partie de la façade perpendiculaire.

Cette façade, partagée en deux carrés par un double rang de palmettes adossées, est décorée de deux médaillons ovales, ciselés, inscrits chacun au milieu de l'une des deux divisions formées par les palmettes. Celui de gauche représente une tête d'ange ailé et nimbé ; ces mots : AVE GRATIA P., gravés sur le champ du médaillon, semblent sortir de la bouche de l'ange. Sur le médaillon de droite, on voit la sainte Vierge nimbée et portant sur la tête une couronne fleurdelisée ; l'inscription suivante : ECCE ANCILLA DOMI., est gravée comme la précédente, de façon à ce que les mots semblent sortir de la bouche de la Vierge. Les deux têtes se regardent, et il est, je le crois, inutile d'ajouter que l'artiste a voulu représenter l'Annonciation. Ces médaillons sont gravés avec une finesse et une élégance qui rappellent les meilleures œuvres de la Renaissance française. On serait tenté d'attribuer ce reliquaire à la seconde moitié du XVIe siècle, si l'on ne voyait, fixée dans la baguette moulurée qui encadre le bord supérieur de cette façade, une petite tête d'ange enveloppée de ses ailes et ciselée en ronde bosse. Cette figurine, toute gracieuse qu'elle est, porte l'empreinte évidente du temps où elle a été exécutée ; elle appartient incontestablement au milieu du XVIIe siècle.

---

1. Article 16e de l'inventaire des Bollandistes : « Capsa argentea in qua sunt partes vestium sanctissimæ Virginis et capitis sancti Felicis. »

Ce reliquaire, exécuté au XVIIe siècle, ne peut pas figurer sur l'inventaire de l'abbé Milès.

Sur la face postérieure, la partie inclinée qui forme le toit ne compte que sept rangées de palmettes, et la façade perpendiculaire, comprenant par conséquent un champ

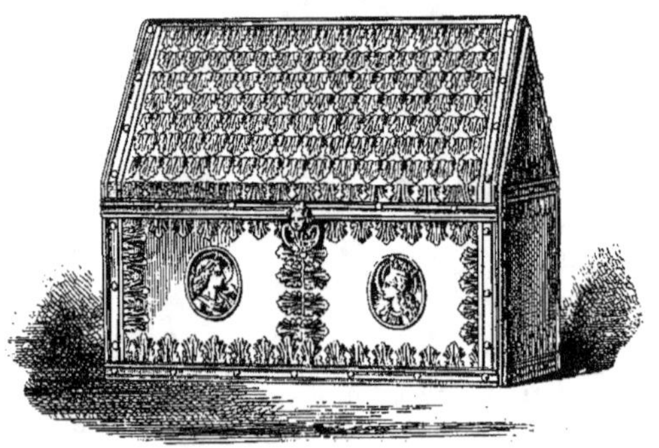

plus élevé de la hauteur d'un rang de palmettes, porte l'inscription suivante, qui est séparée en deux parties par un double rang de palmettes adossées et disposées comme elles le sont sur la face antérieure :

INSVNT
DE VESTE DEI PARÆ
S. IOAN. EVANG : F. MAGDAL.
RELIQUIÆ
APLRVM PETRI. PAVLI.
ANDREÆ. BARTHOE. MARTI.
STEPHA. S. NICOLAI. LAVREN.
S. VINCENTI COSM. ET DAM.
CAPILLI. S. FRAN. ASS.
DE PETRA. VBI. NATVS ES
XPS

INSIGNIS. PARS. CAPIT.
S. FELICIS
RELIQVIÆ. INNOCENTII. MAVRI.
S. EVSEBII. ET. PANTAL.
THAEBEORVM.
DE COLVMNA CHRIST.
ET TERA. VBI. STETIT. ARCHA
B. B.
PONTII. C. REG. ABB. DE. SIS. [1]
FANC. DE. SALES. EP. GE. [2]

Ce gracieux monument [3] a été exécuté par ordre de l'abbé Pierre-Maurice Odet, qui gouverna l'Abbaye de 1640 à 1657.

1. Abbaye de Sixt, en Savoie.

2. Les noms de saint Nicolas, saint Laurent, saint Vincent, saint Cosme et saint Damien, et les mots *cheveux de saint François d'Assises*, ont été rayés à la pointe, ce qui signifie que les reliques ont été enlevées de la châsse.

3. Voici les dimensions de ce reliquaire :

    Longueur. 0ᵐ.168
    Largeur (dans le sens d'épaisseur). 0ᵐ.093
    Hauteur de la façade carrée antérieure y compris les bordures. 0ᵐ.073
    Hauteur totale, de la base à l'arête du toit. 0ᵐ.147

VIII — IX — X — XI — XII

CINQ PETITS RELIQUAIRES EN FORME DE COFFRET,

DEUX EN ARGENT ET TROIS EN CUIVRE ARGENTÉ.

Quatre de ces reliquaires [1] ont été faits d'après les ordres de l'abbé Jodoc de Quartéry, qui siégea de 1657 à 1669. Les ornements qui décorent ces cinq châsses sont grossièrement estampés, mal dessinés, disgracieux et sans aucune valeur artistique ou archéologique. Je les mentionne dans le seul but de présenter un inventaire complet, car ils ne méritent pas d'être décrits. Nous ne nous y arrêterons donc pas davantage.

XIII

VASE EN SARDONYX

(DIT VASE DE SAINT MARTIN).

Ce vase [2], creusé dans une magnifique sardonyx décorée de figures sculptées à la manière des camées sur pierres dures, et monté en verroteries cloisonnées enrichies de pierreries, est sans contredit un des monuments les plus précieux qui nous aient été transmis à travers les âges [3].

1. Article 11e de l'inventaire de l'abbé Milès : « Reliquiare pollicis sancti Antonii. »
Nota. L'abbé Milès, ayant siégé de 1550 à 1572, ne peut pas avoir inventorié les quatre autres châsses, qui ont été fabriquées un siècle après sa mort.
Articles 18e et 21e de l'inventaire des Bollandistes : « Altera (lipsanotheca) in qua etiam videtur portio pollicis sancti Antonii.
« Præter hæc, lipsanothecæ argenteæ quatuor sunt minus spectabiles, iisque servantur reliquiæ aliquæ « sancti Amati, Sedunensis episcopi et abbatis sancti Mauritii, S.S. Florentini, itidem Sedunensis præsulis, et « diaconi ejus Hilarii, martyrum. »
2. Article 20e de l'inventaire de l'abbé Milès : « Alabastrum ab angelo sancto Martino allatum in Viroleto. »
Article 4e de l'inventaire des Bollandistes : « Vasa duo repleta sanguine sanctorum Thebæorum martyrum. »
Nota. J. de l'Isle désigne ainsi le vase en sardonyx et l'aiguière en émail cloisonné, dont je parlerai plus tard. C'est pour les objets les plus remarquables du Trésor que l'abbé de Saint-Léopold a réservé ses descriptions les plus sommaires.
3. Planche n° XVI-XVII.

La pierre sur laquelle a été exécuté ce remarquable bas-relief est d'une grande beauté comme matière; elle est d'un ton brun foncé, veiné de rouge-brun, de jaune, avec des couches de blanc-laiteux et de gris. Ces nuances diverses ont été habilement mises à profit par l'artiste, qui en a tiré un parti excellent pour varier ses effets.

La monture consiste en un pied conique en or, couvert de verroteries d'un rouge-grenat tirant un peu sur le violet et tout incrusté de pierres précieuses serties en quatre rangées horizontales et parallèles. La première rangée, au bas, se composait de quatorze perles fines; la seconde et la troisième, chacune de quatorze émeraudes et saphirs alternés, et la rangée supérieure de quatorze perles fines plus petites que celles de la rangée inférieure. Quelques sertissures sont vides aujourd'hui. Le cloisonnage en or forme un dessin très-régulier: ce sont des carrés croisés d'X, dont chaque angle est occupé par une pierre fine.

Le col du vase est entouré d'une monture semblable à celle du pied, mais malheureusement tout le bord supérieur est empâté par une masse de cire recouvrant le morceau de parchemin et les trois ou quatre tours de cordelette qui ont servi à sceller le couvercle. Sur la cire on voit encore, mais très-indistinctement, les traces d'un sceau épiscopal; la tête et la mitre d'un évêque peuvent encore se deviner, mais il est impossible de déchiffrer une seule des lettres de la légende.

La monture du col est une sorte de bracelet d'or incrusté de pierres fines serties sur un fond de verroteries cloisonnées, de couleur grenat tout à fait pareille à celle des verroteries du pied. On voit encore trois rangées horizontales de pierreries, et il est certain pour moi que la quatrième rangée est enfouie sous le morceau de parchemin, la cordelette et la cire qui ferment le vase. La rangée inférieure comptait dix-huit perles fines, la seconde et la troisième chacune dix-huit émeraudes ou saphirs alternés. Il est probable que le rang supérieur est composé de dix-huit perles fines. Au-dessous du filet d'or qui borde la partie inférieure des verroteries de la garniture du col, court une fine torsade filigranée du travail le plus délicat. Le cloisonnage forme aussi une série de carrés dont les angles sont occupés par des pierres fines; seulement ici, les X qui croisent les carrés du pied sont remplacés par un seul filet allant de l'un des angles supérieurs à l'angle inférieur opposé.

Le réseau d'or formant le cloisonnage est fait de bâtes, ou lames, soudées sur le fond; ces bâtes sont beaucoup plus minces que celles de la châsse dite d'Eugène III; les compartiments disposés pour recevoir les tables de verre taillées à la meule sont beaucoup plus profonds, et le fond de la case n'est pas garni d'un paillon d'or gaufré. Deux ou trois de ces compartiments étant vides aujourd'hui, j'ai pu m'assurer de leur profondeur, qui est au moins de cinq millimètres; il m'a semblé aussi reconnaître dans le fond de l'un d'eux les traces d'un mastic jaunâtre. La bâte d'or qui retient les verroteries est très-légèrement rabattue au brunissoir, et elle affleure presque la surface des tables de verre. Au premier aspect il est facile de confondre ce travail, si délicatement exécuté, avec les véritables émaux cloisonnés; j'ai moi-même commis cette erreur au début de mes études sur le Trésor de l'Abbaye. Mais plus tard, après avoir lu et médité les remarquables travaux de MM. de Lasteyrie [1], de Linas [2], Labarte [3] et E. Grésy [4], j'y ai regardé plus attentivement et j'ai reconnu, dans cette monture, une œuvre exécutée d'après les mêmes procédés que l'épée de Childéric, les armes de Pouan et de Beauvais, les fibules et le fermoir d'Envermeu, et tous les bijoux de l'époque mérovingienne conservés à la Bibliothèque impériale et au musée de Cluny.

L'anse, dont il ne reste plus que le tiers environ, a été brisée à sa naissance sur la panse du vase, vers le milieu, et à l'endroit où elle se rattachait au col. Cette anse était décorée de cannelures fines, serrées et sculptées avec le même soin que le sujet lui-même. Le fragment qui subsiste est la partie supérieure, et il tient seulement à l'aide de la cordelette qui entoure le parchemin. Si ce regrettable accident, dû sans doute à l'obligation si souvent répétée de mettre tous les reliquaires du Trésor à l'abri du pillage, n'était pas arrivé, le vase de saint Martin serait un monument unique au monde.

Passons maintenant à la description des personnages sculptés sur le vase [5]. Ces figures composent une scène dont il n'a été donné jusqu'ici aucune explication tout à fait satisfaisante. Je commence à droite de la feuille de vigne d'où partait l'anse, et, contournant toute la circonférence du reliquaire, je reviendrai à mon point de départ, à gauche de la feuille de vigne précitée. On voit d'abord une femme assise sur un siége dont les pieds figurent des pattes de lion, et qui est couvert d'un riche tapis. Cette femme porte l'index de sa main gauche à ses lèvres, comme pour commander le silence; elle s'appuie de la droite sur le dossier du siége, et se tourne à droite vers une autre femme debout qui s'approche légèrement inclinée, dans une attitude de respect, et tenant de la main gauche une amphore. Ces deux figures sont couvertes de longs voiles qui cachent la moitié de la coiffure et retombent sur les épaules.

Le troisième personnage est un vieillard à longue barbe; il est assis; sa pose est forcée; ses genoux sont dirigés vers le groupe précédent, tandis que le reste du corps et la tête, vue de profil, sont tournés avec effort vers la droite. Des deux mains il s'appuie sur

1. M. de Lasteyrie, *Mémoires déjà cités*, tome XXVII, p. 60-65, 122-126; tome XXVIII, p. 48-68.
2. M. de Linas, *ouvrage déjà cité*.
3. M. Labarte, *Histoire des arts industriels au moyen âge et à l'époque de la Renaissance*, in-8º et in-4º; Paris, 1864-1866.
4. E. Grésy, *Calice de Chelles; Mémoires de la Société des Antiquaires de France*, tome XXVII, p. 203-231.
5. Planche nº XVIII.

un long bâton dont l'extrémité repose sur le sol. Sa tête est couverte d'une draperie retombant sur les épaules, et ses pieds sont nus.

Près de lui est représentée une femme assise à terre, les jambes étendues et les pieds cachés par le siége du vieillard. Cette femme, dont l'attitude est celle de l'attention ou de la douleur, a les yeux fixés sur le vieillard; son menton est appuyé sur sa main droite, et sa main gauche, étendue sur la terre, soutient son corps affaissé. Malgré le voile qui couvre une longue chevelure dont les boucles viennent se jouer jusque sur la poitrine de la belle jeune femme, on aperçoit la couronne de roses ou de pierreries qui orne sa tête.

Le cinquième personnage est une femme debout, soulevant de ses deux mains un glaive dans le fourreau. Cette figure, de profil, regarde à gauche le vieillard et la femme couchée à terre; elle semble leur montrer l'arme dont elle s'est saisie. La chevelure est abondante et bouclée, mais courte; la tête est découverte, et le voile qui la couvrait tombe jusqu'au bas de la robe, retenu seulement par un dernier pli de l'étoffe tourné autour du poignet gauche.

Derrière cette femme, au second plan, on voit un trophée composé d'un large bouclier ovale surmonté d'un casque, et derrière lequel apparaissent quelques franges d'une cotte d'armes et le bout arrondi du fourreau d'un glaive.

Enfin le dernier groupe se compose de deux chevaux placés l'un devant l'autre, la tête tournée à droite, et la croupe cachée derrière le trophée. La jambe gauche de devant du cheval sculpté sur le premier plan est levée et touche presque à la naissance de l'anse.

Malgré la merveilleuse habileté que l'artiste a déployée dans la composition de cette scène, dans l'exécution des figures et dans l'emploi des couches diversement colorées de la pierre, je n'hésite pas à dire que je ne reconnais pas la main des graveurs de camées de la belle époque de l'art antique. Il y a dans la tête du vieillard, trop grosse d'ailleurs, une imperfection de dessin, une rudesse de touche inconnue aux sculpteurs de la Rome d'Auguste. La tête de la femme qui tient le glaive est aussi trop forte; toutes les draperies sont un peu tourmentées, elles manquent de cette ampleur et de cette simplicité qui distinguent les œuvres sans défauts. Je crois fermement que le vase de saint Martin a été exécuté par un artiste grec vivant sous le règne de Constantin ou de ses successeurs immédiats. La tête et la large encolure des chevaux me confirment encore dans cette opinion, que partageront tous ceux qui ont étudié des bas-reliefs grecs du IVe siècle où quelques-uns de ces animaux sont représentés.

J'ai dit plus haut qu'il n'a encore été donné aucune explication complétement satisfaisante sur le sujet de cette scène. Les uns y voient le retour d'Ulysse à Ithaque; les autres, Achille à Scyros au milieu des filles de Lycomède; d'autres encore, un épisode de la guerre de Troie. Dans la première hypothèse, la femme assise sur le trône serait Pénélope, à qui la nourrice Euryclée vient raconter tout bas comment elle a reconnu son maître; le vieillard assis serait Ulysse déguisé en mendiant. Comment expliquer alors la femme couchée à terre, celle qui tient l'épée, puis le trophée? Faudrait-il supposer que la première représente une des suivantes infidèles qui avaient trahi Pénélope pour se livrer aux ennemis d'Ulysse, et la seconde Minerve elle-même apportant au roi d'Ithaque les armes, instruments de sa vengeance? Mais alors, pourquoi ces chevaux, inutiles dans le combat qui va se livrer? Il me semble impossible d'accorder tous ces éléments.

Dans la seconde hypothèse, celle d'Achille à Scyros, je laisse parler l'abbé Cavedoni, qui, sans avoir vu le vase et d'après un dessin ou une simple description, avait tenté d'élucider la question; voici ce qu'il dit : « C'est Achille au moment où la vue des armes le fait « tressaillir; dans les vases peints du musée Bourbon (t. IX, pl. 6-7), Achille a de même « casque, écu, épée. Une des filles de Lycomède montre à sa sœur un vase de parfums « mêlé par les Grecs aux armes qu'ils avaient apportées. Les deux chevaux sont ceux du « char qui va emmener le héros, et Déidamie est couchée près d'Achille, sur le sol, « toute à son désespoir. A côté d'elle est assise la nourrice, *nudrice*, des filles de Ly- « comède. »

Il y a dans cette explication deux erreurs matérielles qui prouvent que le savant italien n'avait entre les mains qu'un mauvais dessin ou qu'une description erronée. Il fait une femme du vieillard à longue barbe et il place un casque sur la tête de la figure qui tient l'épée, tandis que ce casque fait partie d'une panoplie très-positivement suspendue au second plan. Mais ces erreurs matérielles ne sont pas suffisantes pour détruire complétement cette explication. Ulysse assistait à la scène que lui-même avait suscitée; rien ne s'oppose donc à ce qu'on le reconnaisse sous les traits du vieillard assis et habillé en marchand. D'un autre côté, Achille n'a pas besoin d'avoir le casque en tête pour se saisir d'une épée au milieu des armes étalées sous ses yeux. On peut aisément concilier ces personnages avec l'hypothèse de Cavedoni; mais ce qui me paraît plus difficile, c'est d'expliquer naturellement l'attitude de la femme assise sur le trône et celle de la femme debout qui s'avance, une amphore à la main. Pourquoi cet index posé sur la bouche, geste qui semble commander la discrétion? Pourquoi la pose respectueuse de la figure debout? Je ne puis voir là l'image de deux jeunes filles toutes joyeuses de contempler et de se faire mutuellement admirer des objets séduisants et précieux.

La troisième hypothèse, celle d'un épisode de la guerre de Troie, a été mise en avant par un antiquaire romain, Melchiade Tossati, et adoptée avec quelques légères modifica-

tions par M. Blavignac [1]. Voici comment s'exprime ce dernier : « Le sujet représente,
« selon toute probabilité, un épisode de la guerre de Troie. Dans la première scène, Cly-
« temnestre offre un sacrifice à Diane; Agamemnon, ayant Iphigénie à ses pieds, détourne
« ses regards de l'inflexible déesse ; des armes, des chevaux sur le départ et le personnage
« qui sort le glaive du fourreau indiquent l'instant à la fois heureux et funeste où la fille
« du roi des rois va tomber sous le glaive, et où la Grèce va être vengée de la violation des
« droits sacrés de l'hospitalité. »

Il me semble absolument impossible d'admettre une telle explication. Diane serait
alors cette figure assise, un doigt sur les lèvres; mais comment reconnaître la déesse? Que
sont devenus ses attributs traditionnels, le croissant, l'arc, les flèches? Dans quel costume
est-elle représentée, et dans quelle attitude? Comment se contenter de la définition de ce
personnage prêt à tirer l'épée, qui symbolise la vengeance de la Grèce? Cela me paraît, je
le répète, tout à fait impossible.

Malgré les objections que j'ai faites à l'hypothèse d'Achille à Scyros, je ne puis dissi-
muler que des trois explications proposées, c'est la plus satisfaisante, à mon avis. Je me
garderais bien, du reste, de prétendre à décider la question; j'ai demandé la solution de
cette grave difficulté au savant le plus versé dans la connaissance des vases antiques, c'est
nommer M. le baron de Witte. Ce juge si compétent ne peut pas admettre d'autre explication que cette dernière.

La scène représentée est donc le moment où Achille, en présence d'Ulysse ou bien
de Lycomède, et au milieu des filles du roi de Scyros, se trahit à la vue des armes [2].

Maintenant que j'ai décrit de mon mieux cet admirable vase, il me reste à dire pour
quel motif on le désigne sous le nom de vase de saint Martin. C'est à une légende très-
ancienne, rapportée avec grands détails par le P. Berodi, de l'ordre des franciscains, dans
son histoire du glorieux saint Sigismond, que ce merveilleux objet d'art doit cette dénomination. Je crois utile de transcrire ici, en l'abrégeant, le récit du naïf historien. La tradition nous apprend que saint Martin, évêque de Tours, vint à Saint-Maurice afin d'honorer les saints de la légion Thébéenne, et qu'il se fit conduire sur le champ du mar-

---

1. M. Blavignac, dans son livre intitulé : *Histoire de l'architecture sacrée, du IVe au Xe siècle, dans les anciens évêchés de Genève, Lausanne et Sion*, a sommairement décrit quatre objets du Trésor de Saint-Maurice : le buste de saint Candide, le bras de saint Bernard, l'aiguière et le vase de sardonyx. Il dit lui-même en parlant de ces monuments : « Ils devront être plus tard décrits d'une manière complète. »

2. Voici les dimensions du vase dit de saint Martin :

Hauteur totale, monture du pied comprise.	0^m.223
Hauteur de la sardonyx, entre les deux montures	0^m.160
Circonférence du vase au renflement de la panse, y compris l'anse.	0^m.350
Hauteur du pied.	0^m 055
Hauteur de la monture du col, y compris la couche de cire.	0^m.055
Hauteur des personnages sculptés	de 0^m.080 à 0^m 083

tyre. Arrivé sur ce terrain sacré, il se prosterna, pria longtemps, puis creusa le sol avec un couteau emprunté à un berger qui veillait sur son troupeau paissant dans la prairie voisine. Le sang jaillit bientôt; saint Martin le recueillit et en remplit deux ampoules dont il s'était muni. Comme le sang continuait de couler, il se mit une seconde fois en prière, demandant à Dieu de lui envoyer un nouveau vase. Aussitôt un ange descendit du ciel et lui remit un objet d'un prix inestimable, « qui semble fait de pierre noire, à la « façon d'une agate, et sur lequel sont représentées diverses figures élaborées d'un admi- « rable artifice. » L'ange commanda ensuite au saint évêque de laisser dans l'église où reposent les corps de saint Maurice et de ses compagnons le beau vase qu'il venait de remplir et le couteau dont il s'était servi.

Saint Martin, se conformant aux ordres transmis par le messager céleste, déposa dans la chapelle du Trésor du monastère d'Agaune le vase miraculeux et le couteau à l'aide duquel il avait fait jaillir le sang des Martyrs.

Je ne me permettrai pas de discuter cette pieuse légende; il était cependant nécessaire d'en faire mention, afin de justifier le nom donné au précieux monument dont nous venons de nous occuper.

Pendant plusieurs siècles, le couteau de saint Martin a été conservé dans le Trésor de l'Abbaye, mais il a disparu depuis longues années déjà.

XIV

AIGUIÈRE EN OR DÉCORÉE D'ÉMAUX CLOISONNÉS.

Ce vase [1] est en or fin, couvert d'ornements ciselés ou exécutés en filigranes, et décoré de plaques d'émaux cloisonnés d'une délicatesse infinie. Il se compose d'un pied cylindrique, d'une panse circulaire et aplatie, d'un col à huit pans, d'un bec trilobé et d'une anse.

---

1. Article 21e de l'inventaire de l'abbé Milès : « Cantharus argenteus miro decore ornatus quem sanguine « sanctæ thebaicæ legionis plenum, idem sanctus Martinus reliquerat. »

Nota. — *Cantharus miro decore ornatus* ne peut s'appliquer qu'à l'aiguière; l'abbé Milès aura sans doute écrit argent pour or.

Article 4e de l'inventaire des Bollandistes, déjà cité pour le vase dit *de saint Martin :* « Vasa duo repleta san- « guine sanctorum martyrum. »

Planches nos XIX-XX et XXI-XXII. Vue d'ensemble et détails.

Le pied, tout uni aujourd'hui, était très-probablement autrefois orné de dessins en filigranes; ce qui me porte à le supposer, c'est que le métal conserve encore les traces fort visibles d'un matage finement exécuté à l'outil, comme il était d'usage de procéder pour faire les fonds des ornements en filigranes. On s'expliquerait difficilement aussi que l'artiste eût laissé cette partie de son œuvre dénuée de toute décoration, alors que les autres sont couvertes d'ornements à la fois riches et abondants.

La panse circulaire porte au centre une plaque d'émail cloisonné, bombée, circulaire aussi, sauf dans la partie inférieure, où elle se termine par un plan horizontal. Une bordure encadre l'émail; elle se compose d'abord d'une large sertissure qui retient la plaque émaillée; un rang de perles d'or contourne cette sertissure. Vient ensuite un bandeau bombé, couvert de deux rangées de feuilles affrontées, qui sont posées sur un treillis rayonnant, visible dans les intervalles que laissent vides les pointes du feuillage. Enfin huit saphirs cabochons, plus ou moins purs, espacés régulièrement, montés sur des chatons entourés à leur base d'un rang de petites perles d'or, complètent l'ornement du bandeau. Ce bandeau, dont les feuilles bien dessinées présentent les caractères de l'art antique dans toute sa pureté, est entouré par un double rang de perles d'or; au milieu de ces perles est un champ décoré de demi-cercles juxtaposés et exécutés en filigranes plats, striés sur la tranche de façon à imiter de très-petites perles. La même bordure se présente sur les deux faces de la panse; les sujets figurés sur les plaques d'émail sont seuls différents; j'y reviendrai plus tard.

L'épaisseur de la panse est plate comme un cercle de roue; elle est ornée de six petites plaques émaillées, variant de hauteur et de largeur; quatre de ces plaques sont couvertes de dessins discoïdes en émail cloisonné sur fond vert-émeraude, et les deux autres d'un seul ornement en rinceau fait d'émail bleu foncé sur champ d'or poli. Ces plaques sont serties dans des bâtes rabattues à l'outil et dont le pied est entouré d'un rang de petites perles d'or. Quatre saphirs cabochons sont enchâssés sur l'épaisseur de la panse : l'un au point d'attache de l'anse sur l'épaisseur de la panse; les trois autres séparent les plaques émaillées.

Le col est à huit pans; les quatre plus larges sont ornés de plaques émaillées couvertes de dessins alternés; deux de ces plaques, identiquement semblables entre elles, portent des ornements discoïdes sur fond vert-émeraude; ce sont celles qui sont posées au droit de l'épaisseur de la panse. Les deux autres plaques, pareilles aussi entre elles, sont décorées de dessins du même style que ceux des plaques de la panse. On a voulu voir dans ces motifs d'ornements la représentation du cyprès asiatique [1]. Les

---

1. M. Blavignac, *ouvrage déjà cité*, s'exprime ainsi : « On peut y remarquer la présence du cyprès asiatique « qui a persévéré dans la décoration orientale jusqu'à nous, etc. »

émaux du col sont sertis, comme ceux de la panse, dans des bâtes entourées d'un rang de perles.

Les champs compris entre ces rangées de perles constituent les quatre pans plus étroits du col et sont ornés d'un rinceau délicat et d'une rare élégance, qui est dessiné par un filigrane plat et strié sur la tranche, comme celui avec lequel sont composés les demi-cercles de la bordure.

Le bec du col est empâté d'une lourde couche de cire qui empêche de dire positivement la manière dont se termine cette aiguière si belle. Cependant une bâte entourée de perles d'or et une petite partie du saphir qu'elle sertit se laissent voir au sommet du pan sur lequel l'anse vient s'attacher. En peut-on conclure que les quatre pans émaillés du col se terminaient ainsi? Je ne sais. Le couvercle trilobé est entouré d'un rang de perles d'or qui paraissent çà et là, perçant la couche de cire dont le bec et le couvercle sont entourés. L'empreinte d'un sceau épiscopal est encore visible sur la partie plate du couvercle.

L'anse, qui affecte à peu près la forme d'un S, est hémisphérique en dehors et plate en dedans; elle est bordée sur chaque angle d'un rang de perles ciselées, et couverte, sur la partie hémisphérique, de deux rangs de feuilles affrontées, gravées au burin. Le poucier, formé d'une palmette ciselée, n'est pas placé sur la charnière du couvercle, comme cela se fait d'ordinaire, mais à quatre centimètres environ plus bas, au point le plus saillant de la courbe de l'anse.

Revenons maintenant aux grandes plaques d'émail qui ornent les faces de la panse. L'une d'elles porte deux griffons affrontés, séparés par deux ornements discoïdes et posant sur un rinceau en forme de deux S accolés; tous les espaces laissés libres sur le fond par le motif principal sont remplis par des disques au milieu desquels l'artiste a figuré des fleurs à huit ou à quatre feuilles, et par des ornements de formes diverses et de grandeurs différentes.

La seconde plaque porte deux lions debout et affrontés, séparés par cet ornement dont je parlais plus haut et qui passe, aux yeux de certains archéologues, pour être la représentation du cyprès asiatique. Comme sur la première face, les espaces vides sont remplis par des disques analogues et par de nombreux ornements peut-être plus variés encore.

Les fonds de ces deux plaques, comme ceux des petites plaques posées sur l'épaisseur de la panse, sont du plus beau vert-émeraude. Parmi les émaux employés dans la décoration de ce vase, les uns sont translucides et empruntent à la plaque d'or sur laquelle ils sont appliqués des reflets brillants qui doublent leur éclat: ce sont les émaux de couleur verte, rouge-grenat et bleu foncé. Les bleus clairs de diverses nuances, le bleu-turquoise, le rouge-vermillon, le jaune et le blanc, sont opaques.

Il n'existe aucun document qui permette de dire avec certitude dans quelles circonstances et par qui cette aiguière [1] fut donnée à l'abbaye de Saint-Maurice. La tradition rapporte cependant que c'était un cadeau fait à Charlemagne par un calife arabe, et que l'empereur en fit présent aux moines d'Agaune, en même temps qu'il leur donnait un magnifique devant d'autel en or incrusté de pierreries, acquis à peu de frais par un prince de la maison de Savoie. Quelle que soit la valeur de cette tradition, il est certain que les émaux de l'aiguière, dite encore aujourd'hui « aiguière de Charlemagne, » présentent tous les caractères de l'art oriental. Quant à leur monture, elle rappelle bien formellement, selon moi, le système de décoration antique, dans a composition et le dessin du bandeau de feuillage qui règne autour de la panse et dans la forme élégante de l'ensemble du vase. Ne pourrait-on pas admettre qu'un orfévre byzantin, nourri des vieilles traditions, aura, du VIe au VIIIe siècle, composé cette remarquable pièce avec des plaques émaillées venues d'Orient. J'appelle sur cette intéressante question toute l'attention des archéologues.

XV

CHEF DE SAINT CANDIDE.

Ce reliquaire [2] représente la tête du saint vue jusqu'aux épaules et posée sur une base presque carrée. Il est en argent travaillé au repoussé, doré dans quelques parties, et décoré d'ornements dorés avec incrustations de pierreries sur fond de filigranes.

Le visage, modelé avec une énergie presque brutale, porte une expression étrange qu'il doit à la rigidité des lignes et aussi aux nombreux accidents qui sont venus déformer

---

1. Voici les dimensions de l'aiguière :

Hauteur totale.	0^m.303
Diamètre total de la panse.	0^m.163
Diamètre des grandes plaques émaillées de la panse.	0^m.113
Largeur de la bordure ciselée qui entoure les grandes plaques	0^m.025
Hauteur des plaques d'émail posées sur l'épaisseur de la panse.	0^m.037 à 0^m.061
Largeur id. id.	0^m.023 à 0^m.029
Épaisseur de la panse prise de la surface de l'une des grandes plaques émaillées à la surface de l'autre.	0^m.100

2. Article 6e de l'inventaire de l'abbé Milès : « Caput divi Candidi in argento inclusum. »

Article 5e de l'inventaire des Bollandistes : « Caput sancti Candidi inclusum argentea usque ad umbilicum statua variis gemmis ornata. »

Planches n°s XXIII-XXIV et XXV-XXVI, face antérieure et face postérieure.

le métal. Les sourcils sont figurés par trois rangs de hachures simples ou croisées et niellées en noir. Les prunelles des yeux sont niellées en bleu si foncé que la couleur en est presque noire. La moustache, exprimée par un dessin en rinceau compris entre deux rangées de hachures, est gravée et dorée. Les lèvres et la barbe sont aussi dorées, et la barbe est rendue par un dessin gravé au burin, imitant avec naïveté des boucles de poils symétriquement arrangées.

La tête est couverte d'une espèce de casque cannelé, bordé d'un bandeau doré encadré haut et bas d'un filigrane rond strié sur la tranche extérieure; les fonds de ce bandeau, soigneusement matés, sont chargés de pierres fines serties dans des chatons accompagnés de dessins exécutés en filigranes semblables à ceux qui forment l'encadrement. Quatre bandeaux dorés, décorés de la même façon, partent de cette bordure et se réunissent au sommet de la tête, aboutissant à une plaque carrée et montée sur deux gonds annulaires qui permettent de la soulever pour voir la relique. Cette petite porte, si je puis parler ainsi, décorée comme les bandeaux, possédait autrefois une seule pierre ovale de grande dimension qui occupait le centre du carré; le chaton est vide aujourd'hui.

Le col est nu, les veines sont indiquées; la naissance des épaules est couverte d'un manteau bordé d'un orfroi doré et présentant exactement le même système de décoration que les bandeaux de la coiffure. On remarque dans les bandes de joailleries qui forment la bordure du casque et du manteau une série de petits anneaux soudés le long des filigranes d'encadrement; ils étaient destinés, sans aucun doute, à suspendre les dons offerts au saint en manière d'*ex-voto*.

Les pierres serties sur les orfrois se composent de cristaux de roche, topazes, cornalines, malachites, turquoises, opales, saphirs; elles sont ovales, rondes ou carrées, cabochons ou taillées à cinq facettes, et posées sans aucune symétrie; elles sont toutes montées dans des chatons entourés à leur base d'un filigrane imitant un rang de petites perles. Le fond du reliquaire est exécuté en lames d'argent forgées et réunies, non point par la soudure, mais bien par des rivets. La dorure des orfrois est tellement solide qu'il faut y regarder de très-près pour reconnaître que l'orfévre ne les a point exécutés en or massif.

La face antérieure de la base offre un bas-relief modelé au repoussé et représentant le saint au moment où sa tête vient de tomber sous le glaive. Les deux bourreaux envoyés par Maximien sont en costume militaire et revêtus d'une chemise de mailles qui couvre le corps, les bras, et enveloppe la tête. Derrière le corps de saint Candide se tient debout un personnage qui joint les mains; il est vêtu d'une chemise de mailles semblable à celle des deux soldats déjà décrits, mais il est sans arme et sa tête est nue. Je ne puis voir dans cette figure que la représentation d'un soldat de la légion Thébéenne, compagnon du

21

martyr et prêt à mourir comme lui. Au-dessus de la tête du Thébéen un ange ailé et nimbé sort des nuages et recueille entre ses bras étendus l'âme de saint Candide, sous la forme d'une petite figure nue.

Entre le bourreau, qui vient de frapper, et le corps agenouillé du saint décapité, on lit l'inscription suivante, tracée en lettres repoussées :

C̄ADȲD

EX̄EPTO

DVM SIC

MVCR

ONE LI

TATVR

S̄PS ASTRA PETIT

PRO NECE VITA DATVR

Ces paroles expliquent la scène.

Tout le bas-relief est entouré par une baguette mi-ronde, ornée de distance en distance par des groupes de trois anneaux juxtaposés; anneaux et baguette sont, comme tout le reste, exécutés au repoussé.

La base, dont la forme est cubique, est percée d'arcades sur les faces latérales et sur la face postérieure. Les pieds-droits de ces arcs sont ornés de rinceaux; des figures difficiles à reconnaître aujourd'hui, tant elles sont aplaties et effacées, décoraient l'espace compris entre les arcs et les angles supérieurs du piédestal. Au-dessus des trois arcs, à une époque postérieure, on a cloué des plaques d'émaux champlevés sur cuivre doré, dont les dessins en réserve sur fonds rouges et bleus sont du meilleur goût [1].

Une tradition, fondée sans doute sur l'opinion émise par l'abbé de Saint-Léopold de Nancy, attribue le chef de saint Candide au IXᵉ siècle. Malgré toutes les difficultés que présente une appréciation de cette nature, il me semble impossible d'admettre une date aussi reculée. J'ai déjà parlé, à propos de la châsse de saint Maurice, du peu de certitude offert par les ornements en filigranes pour asseoir un jugement, je n'insisterai donc pas beaucoup sur les bandeaux qui décorent le casque de saint Candide, non plus que sur les orfrois de son manteau; je ferai remarquer seulement que les filigranes se composent ici d'un seul fil, rond, strié ou guilloché sur la face extérieure et soudé très-exactement sur le fond. Ce serait là une indication d'antiquité, car cette fabrication se rapproche plutôt des filigranes mérovingiens composés de deux fils réunis et tordus en spirale que des filigranes employés à partir du XIIᵉ siècle. Ces derniers, en effet, sont généralement formés

____

[1]. Planche n° XXX-XXXI, lettres A, B.

de lames plates sur les deux faces latérales et guillochées sur la tranche extérieure[1]. Néanmoins, comme j'ai trouvé dans les bandes de rinceaux qui couvrent les pieds-droits des arcades de la base, et surtout dans le costume et l'armement des soldats du bas-relief, de véritables éléments d'appréciation, je conclus en disant qu'il ne faut pas faire remonter le chef de saint Candide plus haut que le commencement du XIe siècle.

On m'objectera sans doute que j'aurais dû apporter plus d'attention à la forme des lettres de l'inscription. Je les ai sérieusement étudiées, et je n'y ai rien remarqué qui puisse servir à dater plus sûrement le reliquaire. Les lettres sont toutes carrées, sauf deux d'entre elles qui appartiennent à l'écriture onciale ; les A barrés en haut que nous voyons sur l'inscription de saint Candide sont employés aussi sur la châsse de l'abbé Nanthelme fabriquée en 1225; les E lunaires se trouvent sur l'inscription de la petite châsse à verroteries cloisonnées, qui ne peut pas être postérieure au VIIIe siècle. On voit, par ces observations faites sur les seuls monuments du Trésor de l'Abbaye, combien il serait périlleux de fonder un jugement affirmatif sur la forme des lettres et d'en tirer une conclusion rigoureuse. Je me suis borné à prendre mes exemples sur les reliquaires de Saint-Maurice, mais il m'eût été facile de les multiplier à l'infini.

Quant aux plaques d'émaux champlevés sur cuivre doré qui surmontent les trois arcades de la base, elles ont été ajoutées et clouées brutalement à l'aide de pointes communes à grosses têtes arrondies. Ces plaques sont bien évidemment postérieures, et je crois être dans le vrai en les attribuant au XIIIe siècle, car les dessins qui les décorent portent déjà l'empreinte de cette finesse à laquelle je donnerais volontiers le nom de maigreur, et qui a été s'exagérant sans cesse jusqu'à la Renaissance[2].

1. Ces observations, empruntées à M. A. Darcel, *Trésor de Conques*, *ouvrage déjà cité*, me paraissent tout à fait justes, et j'en ai tenu grand compte dans mes études sur le Trésor de l'Abbaye.
2. Principales dimensions du chef de saint Candide :

Hauteur totale	$0^m.575$
Hauteur de la base	$0^m.247$
Largeur de la base	$0^m.235$ à $0^m.248$
Épaisseur de la base	$0^m.232$
Largeur du bandeau qui entoure le casque	$0^m.033$
Largeur du bandeau qui part du front	$0^m.027$
Largeur du bandeau qui part de la nuque	$0^m.025$
Largeur du bandeau qui part de l'oreille droite	$0^m.022$
Largeur du bandeau qui part de l'oreille gauche	$0^m.025$
Largeur inégale de l'orfroi du manteau, variant	de $0^m.030$ à $0^m.025$
Hauteur de la figure du bas-relief, celle de droite	$0^m.202$

XVI

BUSTE DE SAINT VICTOR.

Ce reliquaire [1] représente la tête du saint et son buste jusqu'au niveau des coudes ; il est exécuté au repoussé en argent naturel ou doré, et repose sur une base dont la forme est un parallélogramme à pans coupés ; une armure de mailles couvre la tête, enveloppe le col et retombe sur les épaules comme le ferait un large hausse-col. La coiffure qui recouvrait primitivement les mailles entourant le crâne a disparu, et on l'a remplacée, sous l'administration de l'abbé Pierraz (1808-1822), par un casque de cuivre estampé et doré dont la forme et le mauvais goût font involontairement penser aux casques actuels des pompiers français. Il est bien certain qu'une coiffure quelconque existait autrefois, car le travail exécuté pour imiter les mailles cesse au niveau des yeux, et le métal aplati vers les tempes porte encore la trace d'un frottement exercé par une vive pression. Cette armure de mailles est d'argent naturel, sauf les deux tours retombant sur les épaules, qui sont dorés. Le visage, peint au naturel, manque de noblesse et, malgré ses sourcils froncés, sa bouche pincée, conserve un air de vulgarité bien marqué. Le buste et les bras sont couverts d'un vêtement à larges plis, doré et poli. Les mains, d'argent, trop grandes, osseuses et modelées avec une parfaite ignorance des lois du dessin, sont ramenées sur la poitrine ; la droite tient un sceptre doré, orné de l'écusson de Savoie émaillé : de gueules à la croix d'argent. Une ouverture quadrangulaire a été ménagée au milieu de la poitrine ; elle est garnie d'une vitre à travers laquelle on peut apercevoir le crâne du saint. La base dorée porte aussi l'écusson de Savoie au milieu de sa face antérieure et de sa face postérieure.

Ce travail d'orfévrerie, attribué au XVIIᵉ siècle, m'a-t-on dit à l'Abbaye, par quelques archéologues suisses qui ont visité le Trésor, me paraît appartenir à la fin du XIVᵉ ou au commencement du XVᵉ siècle. La tradition ajoute que ce reliquaire est un don des princes de la maison de Savoie, tradition que semble justifier la présence de leurs armoiries trois fois répétées. Quelle qu'en soit, du reste, la provenance, en face de cette œuvre

---

1. Article 4ᵉ de l'inventaire de l'abbé Milès : « Sancti Exuperii caput cum pectore argenteum, in quo ser- « vatur ipsius sancti caput cum pluribus aliis ipsius ossibus. » — *Nota.* L'abbé Milès, par erreur, nomme ici saint Exupère, chef thébéen, pour saint Victor, vétéran, qui n'appartenait pas à la légion.

Article 6ᵉ de l'inventaire des Bollandistes : « Caput sancti Victoris. Donum est serenissimæ domus « sabaudicæ. »

Planche nº XXVII.

presque médiocre, et après l'avoir consciencieusement étudiée, je crois pouvoir proposer
cette appréciation : Le buste de saint Victor[1] est un travail exécuté à l'époque déterminée
plus haut (fin du XIVe ou commencement du XVe siècle), dans un atelier allemand.

XVII

BRAS DE SAINT BERNARD DE MENTHON.

Ce bras-reliquaire[2] se compose d'une main bénissante sortant d'une manche étroite
recouverte par une manche plus large, appelée dalmatique, et repose sur un piédestal
quadrangulaire. Il est exécuté en argent repoussé et couvert d'ornements en filigranes in-
crustés de pierreries, en cuivre gravé et doré, et en émaux champlevés. C'est un des monuments les plus précieux du Trésor de l'Abbaye, et je vais tenter de le décrire avec
toute la précision désirable.

La base du piédestal est formée de quatre plaques d'émail champlevé sur cuivre
doré, d'un dessin différent pour chacune des faces. Le dé est enrichi de pierres précieuses
ou imitées, qui sont serties sur un fond en argent doré orné de filigranes aussi en argent
doré, pour trois des côtés du moins ; sur le quatrième, le fond filigrané a été remplacé, à
la suite d'un accident, par un fond en cuivre doré orné de rinceaux gravés, qui se détachent sur un champ losangé au burin. Dans le principe, les dessins des ornements des
quatre faces du dé étaient répétés deux par deux ; sur les faces les plus longues on
compte huit pierres cabochons de deux formes et de deux grosseurs. Les plus grosses,
qui sont ovales, occupent la ligne médiane du dé ; les six plus petites sont rondes et ali-

1. Les dimensions de ce buste sont :
  Hauteur totale, base comprise. . . . . 0[m].480
  Hauteur de la base . . . . 0[m].094
  Longueur de la base . . . . 0[m].360
  Largeur de la base, dans le sens d'épaisseur. . . . . 0[m].225
2. Article 25e de l'inventaire de l'abbé Milès : « Item aliud brachium argenteum cum gemmis. »
Article 11e de l'inventaire des Bollandistes : « Brachium aliud pretiosius prædictis, continens costam, men-
« tum et partem extremam stolæ sancti Bernardi. »
Planche n° XXVIII-XXIX ; vue d'ensemble.

gnées sur chaque bord, haut et bas, dans les intervalles laissés libres par les deux pierres du milieu. De cette façon deux pierres alternent avec une pierre unique. Sur les faces les plus courtes il n'existe que cinq pierres, une ronde plus grosse au centre, cantonnée de quatre autres plus petites, rondes aussi, et toutes les cinq taillées en cabochons[1]. C'est sur l'une des petites faces que le fond filigrané a été remplacé par une plaque de cuivre dont les rinceaux gravés imitent, de loin il est vrai, la forme d'X donnée comme motif principal au dessin du filigrane.

La corniche se compose de deux bandeaux; l'un, incliné afin de relier le dé à la saillie, est en argent repoussé et décoré d'un ornement en forme d'X. Il y a deux dessins pour les quatre faces, et ils sont opposés comme l'étaient les filigranes; ces dessins ne diffèrent du reste que par l'échelle à laquelle ils ont été exécutés; ils sont plus grands sur les faces les plus longues, plus petits sur les faces les plus courtes. Le bandeau qui forme la saillie de la corniche se compose de bandes de cuivre doré ornées de dessins gravés sur champ losangé au burin; il y a trois motifs d'ornement pour les quatre faces. Les angles du piédestal sont recouverts de baguettes plates et angulaires, posées de manière à cacher le joint; ces baguettes, en cuivre doré, se terminent à la base et à la corniche par une feuille de même métal, fondue et ciselée.

Il est évident pour moi que la base et la corniche de ce piédestal ont été remaniées à l'époque où l'on a remplacé le fond filigrané de la quatrième face du dé. Les émaux champlevés[2] appliqués aujourd'hui sur cette base, ainsi que les bandes de cuivre gravées de la corniche, ne sont point aussi anciens que les filigranes et les ornements au repoussé. Il est bien probable que les parties dont nous parlons étaient primitivement en argent, avec rinceaux aussi repoussés. Les plaques d'émaux sont tout à fait dans le même style et de la même dimension que celles qui sont fixées sur la base du chef de saint Candide; je pense qu'on peut leur assigner la même date, c'est-à-dire la moitié du XIIIe siècle.

La plate-forme du piédestal était autrefois recouverte d'une plaque d'argent décorée de rinceaux tracés d'un seul trait en creux, et chaque angle possédait une grosse pierre ovale montée sur un chaton maintenu par deux rivets. Il reste à peine trace de cette ornementation sur l'un des angles du piédestal; on distingue un fragment de rinceau et l'on voit la place d'un chaton indiquée par l'oxydation du métal et par les trous des deux rivets. Les autres parties de la plate-forme ont été couvertes postérieurement d'une mince feuille d'argent tout unie et maladroitement ajustée et clouée.

La dalmatique s'élance de ce piédestal; elle figure une manche large, bordée, de chaque côté de la couture et à l'extrémité, par une bande d'ornements composés de pierres

<hr>

1. Planche n° XXX-XXXI; lettre C.
2. Planche n° XXX-XXXI; lettres D, E.

précieuses posées sur un fond filigrané. La dalmatique est en argent travaillé au repoussé; les plis sont indiqués et le fond est semé de rosettes figurées par six points groupés en cercle autour d'un point central et frappés en creux. La bordure[1] est couverte de pierres précieuses taillées en cabochons ou à facettes, de formes et de grosseurs différentes ; elles sont disposées comme sur les grandes faces du dé, c'est-à-dire que les plus grosses occupent la ligne médiane et que les plus petites sont rangées sur chaque bord, dans les intervalles, de manière à ce que deux petites pierres alternent avec une seule plus grosse. Le champ laissé libre est garni de rinceaux en filigrane où l'on retrouve encore la forme d'X et qui encadrent les chatons. Un jonc tordu, manquant en quelques endroits, borde le tout extérieurement et intérieurement. Bordure, filigranes et jonc, tout est en argent doré. Les filigranes sont composés de lames posées et soudées sur un fond finement maté; ils sont simples ou doubles, c'est-à-dire que dans l'ornement principal en forme d'X, ils sont composés de deux lames de métal juxtaposées et ainsi soudées sur le fond, tandis que les rinceaux légers qui accompagnent et terminent le motif principal sont formés d'une seule lame. Ces lames sont plates, ainsi que je l'ai dit, et striées ou guillochées sur la tranche extérieure. La partie arrondie de la dalmatique, c'est-à-dire en descendant une ligne perpendiculaire à partir de l'ongle du pouce, est ornée d'une bande de rinceaux exécutés au repoussé; une portion de cette bande, touchant à la bordure vers le poignet, manque et a été remplacée par un morceau d'une autre bande travaillée de même, mais dorée, et qui m'a semblé appartenir à une époque plus rapprochée de nous.

De la dalmatique sort le poignet d'une aube étroite, à plis serrés, en argent, terminée par un bracelet en cuivre doré, orné d'un rinceau gravé au burin sur champ losangé et doré. J'ai la même opinion sur ce bracelet qu'au sujet des cuivres dorés et gravés appliqués sur le piédestal; ces derniers ont été exécutés pour remplacer des bandes d'argent repoussé, dégradées ou enlevées, et cela à une époque de beaucoup postérieure à celle de la fabrication du reliquaire. Le bras de saint Bernard se termine par une main bénissante, de belles proportions et bien dessinée. Elle est, comme toutes les autres parties, en argent, modelée au marteau sur des feuilles de ce métal forgées, et réunies entre elles par de petit rivets très-apparents aujourd'hui.

Je ne reviendrai pas sur l'étude des filigranes; ce que j'en ai dit en parlant du chef de saint Candide doit suffire pour nous éclairer ici, et ceux qui nous occupent ne sont point antérieurs au XIIe siècle. Le travail au repoussé est exécuté avec une rare perfection, et les motifs d'ornement ont une ampleur magistrale; ce monument appartient donc

---

1. Planche n° XXX-XXXI; lettre F.

à l'une des belles époques de l'art [1], et l'on peut, je crois, lui assigner pour date, sans craindre de tomber dans l'erreur, le milieu du XIIe siècle.

XVIII

BRAS DE SAINT MAURICE.

Ce bras-reliquaire [2], en argent repoussé ou gravé, doré par parties, est posé sur une base en fer-blanc vernissé en rouge et en brun, ornée d'une galerie découpée à jour et sur chaque face de trois roses à cinq feuilles grossièrement émaillées. Je ne dirai rien de plus de cette base : c'est un chef-d'œuvre de mauvais goût; elle ressemble aux plateaux en tôle vernie à bon marché, et il est impossible de lui assigner une date. Le bras est couvert de deux manches; celle de dessus est cylindro-conique et divisée en quatorze sections séparées par des baguettes dorées. Ces baguettes sont posées verticalement; elles consistent en un double filet entre lequel court un petit jonc tordu, et sont ornées alternativement de trois ou de quatre roses à cinq feuilles en argent ciselé et d'un rubis enchâssé près de la bordure du poignet. Le champ d'argent compris entre les baguettes porte tour à tour des quintefeuilles posées au milieu d'un double ruban formant le 8, et un rinceau très-élégant et très-délicat tracé d'un seul trait; toute cette décoration est simplement gravée au burin. La bordure qui termine la manche est chargée de six médaillons alternés, circulaires ou en losange, portant en émail la croix blanche et tréflée de saint Maurice

---

1. Dimensions du bras de saint Bernard de Menthon :

Hauteur totale.	0^m.461
Hauteur du piédestal.	0^m.100
Longueur du piédestal à la saillie de la corniche sur deux des faces.	0^m.140
Longueur du piédestal à la saillie de la corniche sur les deux autres faces.	0^m.121
Largeur de la bande d'ornements qui borde la dalmatique.	0^m.029
Saillie des lames qui composent les filigranes, à partir du fond jusqu'à la tranche striée.	0^m.002
Hauteur de la dalmatique, du poignet de l'aube et du bracelet, à partir de la plate-forme du piédestal jusqu'à la naissance de la main.	0^m.194

2. Article 12e de l'inventaire de l'abbé Milès : « Brachium sancti Mauritii ex argento cum lapidibus « preciosis. »

Article 10e de l'inventaire des Bollandistes : « Argentea brachia duo, aliquot gemmis ornata, in quibus sunt « ossa aliquorum martyrum. » — *Nota.* L'un de ces deux bras a disparu; il ne reste que celui dont il va être question.

Planche n° XXXII.

sur champ de gueules. Ces médaillons sont encadrés en haut par une baguette semblable à celles qui séparent les sections de la manche, en bas par cette même baguette, mais doublée, c'est-à-dire formée de quatre filets et de deux rangées de petits joncs tordus. Dans les intervalles laissés libres entre les médaillons, des rubis [1] montés sur chatons sont alignés près de la baguette d'encadrement supérieure et inférieure. L'ouverture latérale de cette manche est figurée par une rangée verticale de trois gros boutons hémisphériques unis et dorés. A la hauteur du troisième bouton se trouve une pierre gravée montée sur chaton et représentant le Soleil sur son char ; le dessin en est mauvais et la gravure mal exécutée. Au-dessous de ces boutons, et dans le prolongement de la ligne qu'ils occupent, on a ajouté quatre grosses cornalines d'un rouge-brun très-foncé, de formes et de grosseurs différentes. Ces cinq chatons ont été certainement posés là longtemps après l'époque de fabrication du reliquaire ; ils ne sont pas à leur place et font un effet déplorable. Ils proviennent, sans aucun doute, d'un autre reliquaire, peut-être de ce troisième bras disparu depuis un siècle au moins.

A la manche de dessus succède la manche de dessous ; elle est en argent, unie, bordée à sa partie supérieure d'une baguette dorée, demi-ronde, chargée de losanges émaillés en noir et de roses en argent. Cette manche est en outre séparée en deux sections par des baguettes du même modèle que celles de la manche de dessus, mais plus étroites, et arrêtées à chaque extrémité par une petite rose d'argent.

Au-dessus de cette seconde manche apparaissent quelques plis de la chemise, qui est fermée à la naissance de la main par deux petits boutons hémisphériques placés dans le prolongement des gros boutons dont j'ai parlé plus haut.

Le reliquaire se termine par une main bénissante en argent repoussé, d'un modelé dur et heurté et d'un dessin incomparablement inférieur à la main du reliquaire de saint Bernard. Ici les feuilles d'argent sont réunies au moyen de la soudure. La partie inférieure du bras, à l'endroit même où la manche semble sortir de la base, est entourée d'un rang de feuilles d'argent simplement découpées et repliées en dehors.

Quoique ce reliquaire [2] conserve encore dans quelques-unes de ses parties, par exemple dans les ornements gravés sur la manche de dessus, les traditions de la bonne

---

1. La plus grande partie de ces pierres manque aujourd'hui et les chatons sont vides.

2. Dimensions du bras de saint Maurice :

Hauteur totale. . . . . 0^{m}.503
Hauteur de la manche de dessus, à partir de la base jusqu'au sommet de la
    bordure qui entoure le poignet . . . . 0^{m}.245
Hauteur de la manche de dessous. . . . . 0^{m}.044
Hauteur de la chemise . . . . 0^{m}.016
Hauteur de la main, à partir du bord de la chemise jusqu'au sommet du doigt
    médium. . . . . 0^{m}.198

époque, il porte déjà l'empreinte d'un art en décadence. Il y a de la roideur dans l'ensemble; la forme cylindro-conique n'est pas heureuse, la bordure de la chemise est lourde, les gros et les petits boutons hémisphériques sont du plus mauvais goût. Je ne serais donc pas surpris, en l'absence de tout document certain, si j'apprenais que cette œuvre appartient à la fin du XVe siècle.

XIX

RELIQUAIRE DE LA SAINTE ÉPINE.

Ce reliquaire [1] est une monstrance plate, composée de deux verres enchâssés dans une monture elliptique, et au milieu desquels se trouve suspendu le tube, de verre aussi, qui contient une épine de la sainte couronne de N. S. Jésus-Christ. La monstrance est portée par une tige aboutissant à un nœud qui repose sur un pied circulaire en doucine très-allongée. La monture des verres est formée d'une baguette plate encadrée sur chaque bord par deux filets, qui laissent entre eux un champ couvert de dix-neuf pierres fines. Ces pierreries, qui se composent de rubis, d'émeraudes et de perles, sont alternées et montées sur des chatons d'un travail exquis. Au point de jonction de la monstrance avec la tige, on voit un quatrefeuilles ciselé avec une rare délicatesse. La décoration est identiquement la même pour les deux faces du reliquaire.

Le nœud présente quatre lobes très-saillants accompagnés de quatre lobes plus petits et placés en retraite. Sur le pied on lit l'inscription suivante gravée circulairement :

✠ SPINA DE SACROSANCTA CORONA DOMINI.

Ce monument, en argent doré, d'une simplicité si grande et si peu important, laisse cependant deviner au premier aspect, par l'élégance de ses proportions et la pureté de sa forme, qu'il appartient à une belle époque de l'art. Un acte authentique vient ici confirmer l'impression produite : en effet ce reliquaire a été donné à l'abbaye de Saint-Maurice par

---

1. Article 23e de l'inventaire de l'abbé Milès : « Sacra dominici serti spina. »

Article 1er de l'inventaire des Bollandistes : « Spina coronæ Salvatoris nostri missa a sancto Ludovico Gal-« liarum rege, cui plura sanctorum Thebæorum martyrum corpora concessa sunt. »

Planche n° XXXIII.

saint Louis, qui accompagna ce présent d'une lettre pieusement conservée dans les archives et dont je donne la transcription littérale parmi les pièces justificatives [1].

Cette lettre, à laquelle pend encore un débris de sceau, est admirablement conservée; la date qu'elle porte dispense de toute réflexion nouvelle sur le reliquaire de la sainte Épine, appelé à l'Abbaye le reliquaire de saint Louis [2].

XX

RELIQUAIRE DE SAINTE APOLLONIE.

Ce reliquaire [3], en argent doré, avec parties émaillées, est une monstrance cylindrique portée par une tige hexagone à moulures et à chapiteau. Cette tige, interrompue au milieu par un nœud à six faces, repose sur un pied hexagone aussi, en doucine peu développée. La monstrance est couronnée par un couvercle cylindro-conique divisé en six sections par des lignes verticales de crochets fondus et ciselés aboutissant à une pomme de faîtage que surmonte un crucifix. Ce couvercle, qui figure un toit pointu, est orné d'une gravure au burin imitant des tuiles arrondies.

Sur le pied, au milieu de chacune des faces de l'hexagone, on voit un médaillon circulaire d'un diamètre de 0^m 016^m, en émail champlevé. Deux de ces médaillons portent l'écusson de Savoie, de gueules à la croix d'argent, inscrit dans un cercle d'émail bleu. Les trois autres représentent Jésus-Christ tenant un livre de la main gauche et bénissant de la droite, la sainte Vierge, saint Paul avec son épée. Le dernier médaillon, à demi ef-

---

1. Voir la lettre aux pièces justificatives, n° 24, et la planche n° XLIV.
2. Voici les dimensions du reliquaire de saint Louis :

Hauteur totale. . . . . 0^m.205
Hauteur des verres de la monstrance. . . . . 0^m.057
Largeur des verres au point le plus ouvert de l'ellipse. . . . . 0^m.034
Diamètre du pied . . . . 0^m.093

3. L'article 14ᵉ de l'inventaire de l'abbé Milès est ainsi conçu : « Parvum caput osseum in quo tres dentes « sanctæ Apolloniæ. » — *Nota*. Le petit reliquaire en ivoire et une des dents de la sainte ont disparu pendant l'intervalle de temps qui s'est écoulé entre l'inventaire de l'abbé Milès et celui des Bollandistes; les reliques avaient été transportées dans la monstrance qui les contient aujourd'hui.

Article 17ᵉ de l'inventaire des Bollandistes : « Lipsanotheca, quæ per cristallum spectandos exhibet duos « dentes sanctæ Apolloniæ. »

Planche n° XXXIII.

facé, mais sur lequel on peut reconnaître encore une figure d'homme, devait contenir l'image de saint Pierre. Les personnages sont vus à mi-corps seulement, et se détachent sur un fond d'émail bleu.

Le nœud est décoré sur chacune de ses faces d'un médaillon quadrangulaire portant une rose d'or en réserve sur champ émaillé alternativement en bleu et en rouge.

La croix du crucifix qui couronne ce charmant édifice est tréflée comme la croix de saint Maurice.

Ce reliquaire, donné sans doute par un prince de la maison de Savoie, puisqu'il en porte les armoiries, me paraît appartenir à la dernière moitié du XV⁰ siècle. Le dessin des crochets du toit, de la pomme de faîtage et des figures émaillées est, à mon avis, caractéristique de cette époque. L'abbé Milès n'en a pas parlé dans son énumération des reliquaires, parce qu'au temps où il écrivait (1550-1572), cette monstrance servait très-probablement à exposer le Saint Sacrement. Peut-être faut-il attribuer à ce monument la description suivante donnée par le même abbé dans son inventaire des objets dits de sacristie : « Argentea custodia sanctissimi corporis Christi rotunda. » En tout cas, si cette description ne se rapporte pas à la monstrance qui nous occupe, il faut admettre que l'abbé Milès a fait une omission, ou bien qu'un reliquaire ancien déjà a été donné à l'Abbaye par l'un des ducs de Savoie qui ont régné de 1572 à 1730, c'est-à-dire pendant l'intervalle d'années qui sépare l'inventaire de Milès de l'inventaire des Bollandistes.

La monstrance de sainte Apollonie[1] appartient très-certainement à la seconde moitié du XV⁰ siècle.

XXI

CIBOIRE

(DIT COUPE DE CHARLEMAGNE).

Ce ciboire[2], dont on a fait un reliquaire, est en argent doré; il est formé de deux hémisphères aplatis, portés sur un pied circulaire en doucine allongée. Sa décoration, un

---

1. La hauteur totale de ce reliquaire est de. 0ᵐ.302

2. Article 9ʳ de l'inventaire de l'abbé Milès : « Reliquiare sancti Caroli magni, ecclesiæ datum, super quo « victos infideles jurare faciebat ad fidem ei servandam. »

Article 13ᵉ de l'inventaire des Bollandistes : « Crater Caroli magni vermiculatus. »

Planche n° XXXIV.

peu chargée, consiste en médaillons à sujets, en figures d'anges exécutées au repoussé, et en feuillages gravés sur fond maté au pointillé.

Le pied est orné de trois médaillons elliptiques contenant la même figure, trois fois répétée, d'un apôtre ou d'un saint assis, tenant un livre dans la main gauche et une petite boule dans la main droite. Les intervalles que laissent libres les parties inférieures des ellipses sont remplis par des figures d'anges; l'une de ces trois figures a disparu, et sa place vide laisse apercevoir le métal qui forme comme l'ossature du pied. Des tiges gravées, terminées par des quatrefeuilles, remplissent les intervalles supérieurs. Le pied, avant de se réunir à l'hémisphère inférieur du ciboire, est entouré d'une bague étroite et saillante, dont la tranche extérieure se compose d'un rang de petites perles très-finement repoussées.

L'hémisphère inférieur porte cinq médaillons ovales juxtaposés et entourés par des moulures doubles enserrant un rang de petites perles, ce qui leur donne l'apparence d'une sertissure en chaton. Voici les sujets contenus dans ces médaillons : le Massacre des Innocents, le Baptême de Jésus-Christ, les Trois Rois chez Hérode, les Trois Rois à cheval et suivant l'étoile, la Circoncision. Les intervalles supérieurs laissés libres entre les médaillons sont occupés par cinq figures d'anges inscrites dans un triangle dont les côtés suivent la courbe des médaillons. Ces anges ont les ailes déployées; ils sont tous les cinq semblables, et on les voit jusqu'à mi-corps. Le bandeau qui termine cet hémisphère est légèrement en retraite sur la partie la plus bombée, et il est orné d'un cercle de feuillage du meilleur goût.

Le bandeau qui commence l'hémisphère supérieur est décoré du même feuillage, et cette deuxième partie du ciboire porte, comme la première, cinq médaillons encadrés de même et accompagnés aussi de cinq figures d'anges. La seule différence, c'est qu'ici les triangles renfermant les anges sont placés dans les intervalles inférieurs qui séparent les médaillons. Les sujets retracés sur les médaillons sont : l'Annonciation, la Visitation, l'Ange annonçant aux bergers la naissance de Jésus, la Naissance du Christ et la Crèche, l'Adoration des Mages avec une main bénissante sortant des nuages. Les anges, vus seulement jusqu'à la hauteur de la poitrine, tiennent tous un livre dans la main droite, et dans la gauche un *volumen* à demi déployé; leurs ailes réunies s'élèvent en pyramide au-dessus de leurs têtes. Des rinceaux de feuillage du même style que ceux des bandeaux occupent les champs compris entre les triangles et les médaillons, aussi bien sur l'hémisphère supérieur que sur l'hémisphère inférieur. Le sommet du ciboire était occupé soit par un médaillon, soit par une pierre ronde, qui remplissait une sertissure dentelée, entourée elle-même d'un rang de petites perles, et vide aujourd'hui.

A l'intérieur de ce monument, auquel je donne le nom de ciboire, parce que, malgré sa destination actuelle, sa forme ne permet pas de le désigner autrement, à l'intérieur, dis-je, se trouve un objet bien peu en harmonie avec la composition éminemment chrétienne des sujets contenus dans les médaillons, et bien fait pour déconcerter les archéologues. Je veux parler d'une petite figurine fondue, ciselée et dorée, qui est fixée au fond de la coupe inférieure et représente un centaure portant en croupe un jeune enfant. Que signifie se souvenir païen de l'éducation d'Achille? La tradition rapporte que ce vase servit à Charlemagne lui-même; qu'il y buvait dans les festins, et qu'à l'armée il faisait prêter serment de fidélité sur cette coupe à ses officiers et à ceux de ses ennemis qui imploraient sa clémence. Dans un acte de visite des reliques en date du 28 août 1659 on trouve cette description : *Crater quem dicant fuisse Caroli Magni ; intro habet centaurum. Olim in eo fiebat vinagium* [1].

Les archéologues qui ont admiré cette belle pièce d'orfévrerie ne sont pas d'accord, m'a-t-on dit à l'Abbaye, sur l'époque à laquelle appartient sa fabrication. Les uns, adoptant aveuglément la tradition, veulent y voir une œuvre du IXe siècle; d'autres la rajeunissent outre mesure et prétendent y trouver l'empreinte évidente de l'art de la première moitié du XVe siècle. Je crois qu'il faut chercher la vérité entre ces deux exagérations, et le Trésor de Saint-Maurice peut nous fournir déjà les moyens d'établir d'utiles rapprochements. Les médaillons de notre ciboire sont certainement postérieurs au bas-relief qui décore la base du chef de saint Candide : les costumes des personnages, la manière dont le métal est traité, l'ampleur des rinceaux, tout enfin nous en donne la preuve. En étudiant avec attention le travail fin et délicat des figures et des ornements du ciboire, le dessin de ces tiges surmontées de quatrefeuilles, et en dernière analyse ce qui, je pense, est l'argument le plus concluant, les vêtements des personnages, je retrouve des analogies frappantes avec la châsse exécutée au temps de l'abbé Nanthelme. Les rois de la coupe portent la même couronne que les rois de la châsse; les costumes sont disposés de la même façon, et l'ordonnance des compositions a été conçue dans le même esprit. On peut donc affirmer sans crainte que le ciboire nommé coupe de Charlemagne appartient au XIIIe siècle [2].

---

1. Voir la pièce justificative nº 44, ainsi que la note concernant le mot *vinagium*.
2. Voici les principales dimensions du ciboire :
   Hauteur totale. 0m.213
   Circonférence des bandeaux qui terminent les hémisphères 0m.492

XXII

CIBOIRE

(DIT COUPE DE CHARLEMAGNE, ET AUSSI COUPE DE SAINT SIGISMOND).

Cette pièce d'orfévrerie [1], haute de 0^m290, est en argent uni, travaillé au repoussé, dorée par places très-sobrement, et décorée seulement d'ornements gravés du meilleur style.

La coupe et le couvercle ont le même profil, et ils représentent, étant réunis, la forme d'une sphère aplatie aux pôles et renflée au-dessus et au-dessous du cercle horizontal, qui occupe le centre. Le ciboire est supporté par un pied circulaire en doucine, et sur-monté d'un bouton que la main peut saisir plus facilement que le couvercle lui-même.

Le cercle horizontal sur lequel vient s'emboîter le couvercle est orné de feuillages tracés en demi-cercle et de deux petits demi-cercles concentriques gravés et dorés. Le renflement de l'hémisphère inférieur et de l'hémisphère supérieur est orné seulement d'une gravure dorée formant douze arcs de cercle, qui se perdent à leur point de rencontre dans des pommes de pin aussi gravées et dorées.

Le bouton, de forme ovoïde, se raccorde avec le couvercle par un pied uni, dont le profil est à peu près semblable à celui du ciboire. Il est orné au pourtour de trois quatre-feuilles gravés, dorés et accostés de trois dragons retombant, finement ciselés en relief. Le sommet du bouton porte aussi un quatrefeuilles gravé et doré.

Le pied se rattache à l'hémisphère inférieur du ciboire par une bague composée de trois moulures et suivie d'une partie cylindrique unie et dorée. A partir du ressaut qui termine cette naissance, le pied est décoré de douze cannelures peu profondes, plates dans les fonds et dessinées seulement par des baguettes demi-rondes, en saillie et obtenues au repoussé ; ces nervures vont se perdre dans la moulure à gorge toute simple qui borde la base du pied. Autour du pied, à un centimètre du bord extérieur, court un dessin gravé et doré qui rappelle l'ornement qu'on nomme aujourd'hui une grecque.

1. Article 19e de l'inventaire de l'abbé Milès : « Cyphus Caroli magni. »
Article 14e de l'inventaire des Bollandistes : « Calix alter opere simpliciori. »
Planche n° XXXV.

Le bouton, qui est creux, contient un morceau de métal, de sorte qu'il est impossible de bouger le ciboire sans produire comme un bruit de grelot. Cette circonstance a donné lieu à la description suivante trouvée dans un inventaire [1] du mois d'août 1659 : *Alia pixis argentea, quæ dum fertur sonat.* On dit que l'intérieur du ciboire, devenu reliquaire, est orné de dessins gravés et dorés d'un goût exquis. Je n'ai pas pu le vérifier, car il faut pour ouvrir un reliquaire une autorisation spéciale, et, l'ayant obtenue pour le premier ciboire, je n'ai point osé la demander pour le second.

Ce ciboire [2] n'est pas plus la coupe de saint Sigismond que le précédent n'est la coupe de Charlemagne, et je crois, en considérant le parti pris d'ornement en arcs de cercles terminés par des pommes de pin, que cette pièce est la plus ancienne des deux; je n'hésite pas à dire qu'elle appartient à la fin du XIIᵉ siècle.

XXIII

CROIX-RELIQUAIRE

(DITE CROIX DE SAINT LOUIS).

Ce reliquaire [3], en forme de croix au pied fiché, j'emprunte ici le langage héraldique, est en argent repoussé et paraît avoir été, dans le principe, entièrement doré. Les quatre extrémités de la croix se terminent par un ornement qui rappelle assez nettement la fleur de lis. La hampe et la traverse sont couvertes de rinceaux très-heureusement composés, d'une exécution merveilleuse, et dont le dessin principal, figurant des moitiés d'X, rappelle

---

1. Voir la pièce justificative n° 44.

2. Voici les dimensions du ciboire dit coupe de saint Sigismond :

    Hauteur totale. 0ᵐ.290
    Hauteur du bouton 0ᵐ.044
    Hauteur du pied. 0ᵐ.092
    Diamètre du ciboire pris au bandeau horizontal 0ᵐ.144
    Diamètre du pied 0ᵐ.101

3. Article 22ᵉ de l'inventaire de l'abbé Milès : « Duæ cruces continentes de pretioso dominicæ Crucis ligno. » *Nota.* L'abbé Milès a réuni sous un même numéro de son inventaire les deux croix-reliquaires, dites l'une de saint Louis, l'autre de saint André.

Article 2ᵉ de l'inventaire des Bollandistes : « De vera cruce Salvatoris nostri. »

Planche n° XXXVI.

la disposition des filigranes appliqués sur la bordure de la manche du bras de saint Bernard; c'est ce motif de décoration qui a paru assez concluant à M. Blavignac pour l'autoriser à assigner au bras la date du IXe siècle. Cet auteur, archéologue expérimenté et dessinateur habile, a été trop absolu dans son jugement, car nous avons déjà trouvé le dessin en X sur la grande châsse de saint Maurice, qui appartient évidemment au XIIe siècle, et voici que nous le rencontrons de nouveau sur un monument plus récent encore. Les contours de la croix sont bordés par un rang de petites perles au repoussé d'une finesse exquise. Cinq médaillons entourés aussi par un rang des mêmes petites perles sont placés l'un au centre de la croix et les quatre autres vers les extrémités, de manière à toucher presque aux ornements en forme de fleur de lis. Le médaillon du centre porte l'Agneau pascal; celui de l'extrémité supérieure, l'aigle de saint Jean; ceux des croisillons de gauche et de droite, le lion de saint Marc et le bœuf de saint Luc; enfin le médaillon placé à l'extrémité inférieure de la hampe contient l'ange de saint Mathieu. A chacune des extrémités de la croix, au milieu de l'ornement que j'appelle une fleur de lis, on voit une alvéole circulaire très-peu profonde et percée d'un ou de deux petits trous ressemblant à des trous de rivet. Peut-être y avait-il là primitivement quatre chatons enchâssant des pierres précieuses?

La gravure seule peut donner une idée exacte de l'élégance et de la légèreté des ornements qui décorent la hampe et la traverse de ce reliquaire. Il contient une parcelle de la vraie Croix, et la tradition rapporte que l'Abbaye le doit aussi à la générosité de saint Louis. Quoique la lettre du roi ne fasse pas mention de ce cadeau, rien, dans le style de cette belle pièce d'orfévrerie, ne s'oppose à ce qu'on puisse admettre cette origine. La croix, dite de saint Louis, m'a semblé présenter tous les caractères de l'art du XIIIe siècle; c'est un véritable chef-d'œuvre au double point de vue du goût dans la composition et de la délicatesse dans l'exécution. J'aurais aimé à étudier l'autre face du reliquaire, mais il est enfermé et scellé dans une enveloppe d'argent, aussi en forme de croix et ornée d'émaux grossiers, de pierres fausses et de dessins gravés à la pointe, représentant les instruments de la Passion. Cette enveloppe porte en outre les armoiries des Quartéry, famille de Saint-Maurice qui a donné deux abbés au monastère d'Agaune. Il est probable qu'elle fut exécutée sur l'ordre du second abbé du nom de Quartéry, Jodoc ou Jean VI, qui gouverna l'Abbaye de 1657 à 1669. Je ne puis donc pas dire si la face postérieure de ce reliquaire [1] est ornée ou si elle est en métal uni.

---

1. Voici les dimensions de cette croix-reliquaire :
   Hauteur totale. . . . . 0^m.295
   Longueur de la traverse. . . . . 0^m.158

XXIV

CROIX-RELIQUAIRE

(DITE CROIX DE SAINT ANDRÉ).

Cette croix [1] est en argent repoussé et doré par places. Construite comme la précédente, son extrémité inférieure se termine par un appendice pyramidal qui, enfoncé dans une mortaise préparée à cet effet, servait probablement à la faire tenir debout. La hampe et la traverse sont décorées d'un rinceau plat encadré d'un double filet et terminé à chaque enroulement par une feuille que dépasse un fruit guilloché au pointillé. Ce rinceau est en outre bordé par un rang de petites perles. Au point d'intersection de la hampe et de la traverse est fixée une plaque quadrangulaire ornée d'une rosace en quatre feuilles. Ce sont quatre tiges portant des feuillages très-légers et au milieu desquels apparaissent quatre pommes de pin. La plaque, encadrée d'un filet et d'un rang de perles, montée sur une charnière, se soulève et découvre un caisson dont l'épaisseur ne dépasse pas celle de la croix; c'est là qu'est déposée la relique. A la partie supérieure de la hampe est attachée l'inscription traditionnelle

I : N : R : I

en lettres dorées sur champ d'émail bleu foncé.

La croix se termine, à chacune des quatre extrémités, par une véritable fleur de lis avec ses trois feuilles et sa traverse. Il est aisé de voir que ces ornements ont subi de profondes dégradations; il ne reste plus que le fond en métal uni, fort bossué, et fixé sur le bois qui forme l'armature par des rivets anciens et par de gros clous relativement modernes. Ces fleurs de lis et leurs traverses devaient être primitivement bordées d'un rang de petites perles semblables à celles qui entourent toute la croix; mais que contenaient les champs compris entre la bordure? Si une conjecture était permise, je sup-

---

1. Article 22°, *déjà cité*, de l'inventaire de l'abbé Milès : « Duæ cruces continentes de pretioso dominicæ « Crucis ligno. »

Article 19° de l'inventaire des Bollandistes : « Pars crucis sancti Andreæ, inclusa cruce argentea. »

Planche n° XXXVII.

poserais qu'un ornement exécuté en filigranes décorait les fonds des fleurs de lis, car j'ai cru apercevoir de légères traces de soudure à la surface du métal.

Ce reliquaire me paraît, à peu d'années près, contemporain de la croix de saint Louis. Nous y remarquons les mêmes encadrements de perles repoussées avec autant de délicatesse; les lettres de l'inscription sont semblables aux lettres gravées sur le pied de la monstrance de la sainte Épine; enfin nous constatons la présence de la pomme de pin sur la plaque du centre. Or ce dernier motif d'ornement était très usité au XIIIe siècle; on le retrouve dans les édifices et dans les œuvres d'orfévrerie, par exemple dans la châsse des grandes reliques d'Aix-la-Chapelle, où il est employé avec profusion. Cependant je crois le reliquaire de saint André [1] plutôt antérieur que postérieur aux deux objets donnés à l'Abbaye par saint Louis; je me fonde pour avancer cette opinion sur l'ampleur du rinceau décoratif de la hampe et de la traverse. J'y retrouve une simplicité d'enroulement, une largeur d'exécution, qui rappellent la main des maîtres du XIIe siècle, et je conclus en disant que le reliquaire appelé croix de saint André [2] appartient aux vingt premières années du XIIIe siècle.

XXV

ANNEAU DE SAINT MAURICE.

Cette bague [3] se compose d'un anneau méplat, qui s'ajuste à un chaton ovale, long de 0m.031 et large de 0m.020, le tout en or uni et poli. Un saphir ovoïde d'un bleu très-pâle est enchâssé dans le chaton. Cette pierre est défigurée par deux entailles profondes et

1. Voici les dimensions de ce reliquaire :
  Hauteur totale. 0m.470
  Longueur de la traverse. 0m.275
  Épaisseur de la croix, hampe et traverse. 0m 020
2. On a donné à cette croix le nom de saint André parce qu'elle contient un morceau de la croix sur laquelle cet apôtre a été martyrisé.
3. Article 15e de l'inventaire de l'abbé Milès : « Scrinium cum tribus annulis sancti Mauritii. » — *Nota*. Il est bien difficile de s'expliquer comment l'abbé Milès a pu commettre une semblable erreur, alors que de son temps il ne restait plus au Trésor de l'Abbaye, et depuis longues années déjà, qu'un seul des trois anneaux retrouvés avec le corps de saint Maurice. En effet, vers 590, les religieux d'Agaune avaient donné l'un des anneaux au roi Gontran; puis, vers 1250, l'abbé Nanthelme avait fait présent du second à Pierre de Savoie, frère du comte régnant, Amédée IV.
  Article 12e de l'inventaire des Bollandistes : « Annulus sancti Mauritii. »

par six trous d'un diamètre de moins d'un millimètre; tous ces accidents n'ont pas été
produits par la main de l'homme : ce sont des défauts naturels, car les entailles sont polies
jusqu'au fond, et les trous polis de même aussi profondément qu'il a été possible au
lapidaire de le faire. Je n'ai pas cru nécessaire de donner un dessin de ce bijou, qui
ressemble à toutes les bagues antiques exécutées dans les mêmes conditions de simplicité. Tout le monde peut donc s'en faire une idée très-exacte. Le saphir est de qualité fort
inférieure; la monture est sans valeur artistique, et ce bijou n'a d'autre prix que celui
qui lui est donné par la légende catholique.

XXVI

STATUE ÉQUESTRE DE SAINT MAURICE.

Cette statue [1] est exécutée en argent en partie travaillé au repoussé, en partie fondu
et ciselé. Elle représente saint Maurice, armé de toutes pièces comme les chevaliers du
XVIe siècle, et monté sur son cheval de bataille.

Le cheval repose sur un socle ovale soutenu lui-même par quatre chimères ridicu-
lement petites en proportion de la masse qu'elles supportent. Le socle se compose de deux
rangs de moulures assez chargées séparant une gorge décorée de deux écussons ovales
inscrits dans des cuirs et portant les armoiries de Savoie; cette gorge est en outre ornée
de six carrés posés sur un de leurs angles et au milieu desquels l'orfèvre a ciselé une
rosette à quatre pétales aigus. Ces huit motifs d'ornementation sont encadrés par des
compartiments formés de baguettes se raccordant avec les écussons et les carrés, et dont
les champs sont couverts de rinceaux délicats et bien gravés. La plate-forme du socle est
creusée comme un bassin, et c'est à l'intérieur de ce bassin, sur une bande qui en fait le
tour, que l'on peut lire l'inscription suivante :

EX . VOTO . DEDIT . EM . FIL . DVX . SAB . 1577.

1. Article 16e de l'inventaire de l'abbé Milès : « Equus argenteus super quo est effigies sancti Mauritii cum
« omnibus ejus petiis, pertinentiis ornamentis argenteis. » — *Nota.* Cet article, d'une écriture différente, a été
ajouté au bas de l'une des pages de l'inventaire. L'abbé Milès, en effet, mort en 1572, ne pouvait pas inventorier
un objet donné seulement en 1577.
Article 20e de l'inventaire des Bollandistes : « Fragmenta aliquot vestium sancti Mauritii in pulcherrima
« statua equestri argentea sancti Mauritii, dono data a serenissima Sabaudiæ domo. »
Planche n° XXXVIII.

Le cheval est couvert d'un caparaçon fort délicatement ciselé, dont le bord inférieur se termine en manière de lambrequin à pointes. A ces pointes pendaient primitivement des glands mobiles qui presque tous ont disparu; il n'en reste plus aujourd'hui que deux ou trois. L'ornement du caparaçon consiste en un quadrillé dont les carrés sont alternativement occupés par des quatrefeuilles et par des rosettes à quatre pétales aigus du même dessin que celles de la gorge du socle. Quatre écussons ovales, portant la croix tréflée de saint Maurice et inscrits dans des cuirs assez compliqués, décorent en outre cette housse déjà si magnifique; ils sont placés, deux à la hauteur des épaules du cheval et deux à la hauteur de ses cuisses. Le même caparaçon couvre la moitié du col; il est bordé par un lambrequin, dont les pointes et les glands sont retournés sur le fond au lieu de pendre en dehors, et qui s'engage sous une armure composée de plaques de fer destinées à défendre la crinière. Le caparaçon est en outre assujetti par un bandeau de poitrail couvert d'entrelacs et de rosaces. La tête est défendue par un chanfrein armé d'un fer de lance placé entre les deux yeux.

Saint Maurice est assis presque debout sur une selle à arçons très-élevés; il est couvert d'une armure complète et très-ornée, dont les épaulières figurent des têtes de lions. Le casque est sans cimier, et sa visière mobile laisse voir, lorsqu'on la soulève, le visage du saint, que l'artiste est loin d'avoir idéalisé. Les yeux sont louches et la moustache se hérisse; l'expression générale est grotesque et tout-à-fait indigne du chef de la sainte Légion. Primitivement la main droite soutenait une lance et l'épée était au fourreau; mais cette lance a été brisée et perdue, et on l'a remplacée provisoirement par l'épée. Les chaînettes qui forment les rênes de la bride se réunissent dans la main gauche. Les deux cuirasses portent en leur milieu l'écusson à la croix tréflée de saint Maurice.

En somme, cette œuvre, dont la date est certaine, et qui appartient aux beaux temps de la Renaissance, n'est pas remarquable dans son ensemble. Le cheval est lourd, raide, trop haut sur jambes, mal dessiné par conséquent. Le cavalier est plus raide encore que la monture, et son visage est affreux. Le côté de la statuaire est donc absolument dépourvu de science et de charme. Le parti pris de décoration dissimule un peu ces graves défauts. Les détails du caparaçon et de l'armure sont, malgré leur accumulation, bien composés et surtout bien exécutés. Ce travail d'orfévrerie sort bien certainement d'un atelier allemand [1].

Emmanuel-Philibert, duc de Savoie, avait chargé le chevalier de Lostan, son grand

1. Dimensions de la statue de saint Maurice :
Hauteur totale. . . . . 0^m.585
Hauteur du cheval à partir de la plate-forme du socle jusqu'au niveau de la croupe . 0^m.295
Hauteur du socle, chimères comprises . . . . 0^m.083
Hauteur du saint Maurice, du talon au sommet du casque. . . . . 0^m.340

bailli au duché d'Aoste, de présenter ce reliquaire en son nom aux religieux de Saint-Maurice, et il avait accompagné ce don d'une lettre qui est conservée aux archives de l'Abbaye et dont le lecteur trouvera la copie textuelle parmi les pièces justificatives [1].

XXVII

CROSSE EN ÉMAIL CHAMPLEVÉ.

Cette crosse [2], composée d'une douille, d'un nœud et d'une volute, est en émail champlevé sur cuivre doré. Les fonds sont de ce bleu particulier aux émaux sortis des ateliers de l'école de Limoges.

La douille est ornée de rinceaux en réserve terminés par des feuilles de lierre émaillées, les unes en jaune clair sur les bords, puis en vert dégradé, avec un point rouge près de la tige; les autres en blanc sur les bords, puis en bleu dégradé, avec le même point rouge à la tige. Ces rinceaux encadrent deux médaillons à quatre lobes, au milieu desquels est une figure d'ange, à la main droite bénissante, en réserve et gravée. La douille est entourée à la base et au sommet par deux bagues de moulures dorées. Il n'est pas inutile de rappeler comment s'obtenaient ces émaux nuancés sans cloisonnage préalable : après le refroidissement d'un premier émail, qui avait rempli les parties creusées dans le métal, l'ouvrier, à l'aide de la roue armée d'une molette, analogue à celles dont on se sert pour graver les pierres fines, ouvrait un compartiment dans ce premier émail et le remplissait d'un émail d'une autre couleur. La pièce était alors remise au feu, et la fusion faisait adhérer le nouvel émail à l'ancien sans les mélanger. Cette opération se renouvelait autant de fois qu'il y avait de nuances à fixer. Pour les feuilles qui nous occupent, la douille a dû retourner quatre fois au feu [3].

Le nœud, fait en deux parties, est percé de quatre médaillons ronds, à jour, remplis par des dragons dont la queue se replie en un rinceau terminé par une feuille de lierre

---

1. Voir la lettre d'Emmanuel-Philibert aux pièces justificatives, n° 36.

2. L'inventaire de l'abbé Milès ne fait pas mention de cette pièce. L'inventaire des Bollandistes se borne aux reliquaires, il est clos par conséquent. Ce qui me reste à décrire ne comprend plus que des objets désignés sous le nom de *pièces de sacristie*.

Planche n° XXXIX-XL.

3. Cette opération est parfaitement décrite dans l'ouvrage de M. de Linas, *Orfévrerie mérovingienne*, déjà cité.

émaillée en bleu. Les ailes de ces dragons contiennent un champ d'émail, bleu aussi, et chargé d'un léger rinceau en réserve. Les médaillons sont entourés d'une bande ondulée, émaillée en jaune et en vert de deux nuances avec un point rouge; ils sont reliés par des cercles émaillés de deux bleus et de rouge, avec une rosette à quatre pétales aigus en réserve. Dans les intervalles laissés libres en haut et en bas, on voit des pointes de feuilles émaillées de même. Le nœud est surmonté d'une crête quadrangulaire de feuilles gravées et dorées, qui entoure le pied de la volute.

La volute, à quatre pans posés en losange, est bordée sur l'arête extérieure d'un rang de crochets dorés, et se termine par une grande feuille très-finement gravée sur les parties en métal et décorée d'émaux aux nuances que j'ai déjà décrites. Les quatre pans de la volute sont chargés alternativement de caractères pseudo-arabes, de rinceaux et d'étoiles, le tout en réserve sur fond bleu. Les crochets qui garnissent l'arête extérieure de la crosse s'arrêtent à la première révolution de la volute; ils se terminent par un ornement doré, gravé et ciselé, d'un dessin charmant, et qui vient se rattacher au pied de la volute.

Il ne me paraît pas possible de contester l'origine de cette crosse; elle appartient bien à l'école de Limoges, et elle ressemble à toutes celles que l'on voit dans nos musées ou dans nos collections, et qui sont attribuées au XIII⁰ siècle. Les feuilles de lierre, les rinceaux déliés et terminés par une feuille pointue, les caractères pseudo-arabes qui ne sont pas autre chose que la copie altérée du mot *Allah*, le bleu particulier des fonds, tout enfin, fabrication et décoration, porte l'empreinte indiscutable de l'origine et de l'âge. On retrouve tous ces ornements pour ainsi dire calqués les uns sur les autres et décorant bon nombre de crosses, toutes sorties des ateliers de Limoges même ou des ateliers des artistes élevés à cette glorieuse école. On peut donc admettre, sans hésiter beaucoup, la tradition qui s'est perpétuée à l'Abbaye. On y demeure convaincu que cette crosse [1] a été faite pour l'usage de l'abbé Nanthelme, qui fut le troisième successeur du premier abbé de saint Maurice autorisé par le Saint-Siége à porter la mitre et la crosse [2], et qui gouverna l'Abbaye de 1223 à 1258.

---

1. Voici les dimensions de cette crosse :

Hauteur totale.	0ᵐ.275
Hauteur de la douille	0ᵐ.086
Hauteur du nœud	0ᵐ.043
Hauteur de la crosse proprement dite	0ᵐ.146
Diamètre total de la volute	0ᵐ.110

2. Revoir aux pièces justificatives, nº 18, la bulle par laquelle Célestin III accorde cette autorisation aux abbés d'Agaune.

XXVIII

CROSSE

(DITE CROSSE DE FÉLIX V).

Cette crosse [1], en argent naturel ou doré, en partie travaillée au repoussé, en partie fondue et ciselée, et décorée en outre de quelques émaux champlevés, se compose d'une douille relativement très-courte, d'un nœud qui sert de base à un pinacle à trois étages, et de la crosse proprement dite, ou crosseron.

La douille est cannelée et terminée à son extrémité inférieure par un bourrelet ovoïde fait au repoussé et orné de sortes de chatons quadrangulaires, dont les surfaces contiennent des quatrefeuilles gravés.

Le nœud, beaucoup plus saillant que le bourrelet inférieur, est comme lui ovoïde. Il est orné de plaques ovales émaillées en bleu, avec rinceaux en réserve, correspondant aux six pans de la base du pinacle, et de chatons quadrangulaires contenant des quatrefeuilles en réserve sur fond émaillé en bleu.

La base du pinacle est hexagone; elle a la forme d'un cône renversé. Les six faces sont couvertes de rinceaux de feuillages, tous différents, en réserve sur fond d'émail bleu foncé. Les arêtes qui séparent ces faces sont décorées chacune d'une ligne de crochets très-délicatement ciselés et dorés.

Sur cette base s'élève un pinacle tronqué, en ce sens qu'au lieu d'une flèche, c'est la crosse elle-même qui en couronne le sommet. Il est à six faces et à trois étages en retraite l'un sur l'autre. Chaque face est séparée de la face voisine par un contre-fort, et contient au premier étage une niche avec son dais qui abrite une figure d'apôtre. Ces apôtres sont saint Pierre, saint Paul, saint André, saint Jean l'Évangéliste et saint Jacques. Je n'ai pu reconnaître la sixième figure, qui tient elle aussi un livre de la main gauche; mais, le bras droit ayant été brisé et perdu, et l'attribut qui devait caractériser le personnage ayant disparu avec lui, il est impossible de rien déterminer à cet égard. Derrière ces statuettes, le fond de la niche représente un fenêtrage dont les meneaux se détachent sur un fond émaillé en bleu foncé.

1. Il n'est pas question de cette crosse dans l'inventaire de l'abbé Milès.
Planche n° XLI.

Dans le contre-fort, à cet étage, l'artiste a ménagé deux rangs de niches superposées, à dais soutenus par des colonnes torses. Dans les niches inférieures s'abritent des figurines de chevaliers armés de toutes pièces et portant tous primitivement un bouclier [1] avec une lance ou une épée. Ces petites figures sont ciselées avec une telle minutie que les visières des casques sont mobiles et permettent, lorsqu'on les soulève, de voir les visages.

Le second étage ne contient sur chaque face qu'une grande fenêtre à trois rosaces; les contre-forts de cet étage sont aussi divisés en deux rangées de niches superposées, qui ne contiennent pas de personnages. Les faces du troisième étage sont occupées par des fenêtres beaucoup plus étroites et moins hautes. Tout cet édifice est surmonté d'une galerie découpée à jour, d'où s'élance la crosse.

La crosse proprement dite est aussi hexagone; quatre de ses faces, légèrement concaves, contiennent une tige de chêne garnie de ses feuilles très-serrées et de ses fruits. Cet ornement est très-finement exécuté au marteau en argent naturel et appliqué sur un fond doré. Les autres faces, concaves aussi, sont tout unies; sur l'arête qui sépare les faces unies, monte une ligne de crochets reliés entre eux par de grosses perles entourant aussi la volute; enfin cette volute est terminée à l'intérieur par une figure d'ange vue jusqu'à mi-corps et ciselée en plein relief.

La volute entoure une statuette de saint Maurice à cheval et couvert d'une armure complète, sauf la tête, qui est nue. Le saint tient dans la main droite une lance dont le drapeau porte la croix tréflée, et son bras gauche soutient un bouclier chargé de la même croix. Cette figurine repose sur un piédestal hexagone en forme de cul-de-lampe; elle est aussi finement exécutée que les autres statuettes, mais l'attitude du cavalier est un peu raide.

Suivant une tradition inexplicable et qui s'est conservée à l'Abbaye même, cette crosse aurait été donnée à l'abbé d'Agaune par Amédée VIII, duc de Savoie, élu pape en 1439, pendant la tenue du concile de Bâle, et qui prit le nom de Félix V. Comment une pareille erreur a-t-elle pu naître et se perpétuer dans le lieu même où existent les preuves de l'origine de cette pièce d'orfévrerie? C'est là une question que je ne chercherai point à résoudre, et je me contenterai de rétablir la vérité des faits. La crosse dite de Félix V a été faite d'après les ordres de l'abbé Guillaume II de Billens, qui employa à cette lourde dépense deux cents florins d'or, restitués au chapitre, en 1429, par François, comte de Challand.

La crosse fut donc exécutée pendant la période de temps qui s'écoula entre la restitution opérée par François de Challand (1429) et la mort de l'abbé Guillaume II (1435). Le

---

1. Deux chevaliers seulement ont conservé leurs boucliers, sur lesquels sont des armoiries émaillées. L'un porte de gueules au lion d'argent; l'autre, d'azur à trois étoiles d'or posées deux et une.

monument qui nous occupe porte du reste dans toute son architecture, on peut ici se servir de cette expression, le caractère incontestable de l'époque où il a été fabriqué. C'est bien là le style de l'art en décadence du XVe siècle : on retrouve, en effet, les lignes tourmentées, le manque absolu de simplicité, la multiplicité des détails, la surcharge d'ornements, qui rendent les œuvres de ce temps si facilement reconnaissables. Malgré ces nombreux défauts, la crosse [1] dite de Félix V est un morceau remarquable, et nous devrions nous estimer très-heureux si nous possédions aujourd'hui des orfévres capables de composer et d'exécuter un ouvrage aussi satisfaisant.

XXIX

MITRE DE FÉLIX V.

Cette mitre [2], en soie blanche, est décorée de rinceaux et de feuillages brodés en or très-remarquables par la beauté du travail et l'élégance du dessin. Malheureusement elle est déparée par l'adjonction d'un grand nombre de pierres fausses montées sur des chatons entourés de plaques grossièrement émaillées. Les deux pointes de la mitre sont surmontées chacune par une croix tréflée de saint Maurice en argent incrusté de lames de verre rouge. Toute cette verroterie de mauvais goût produit le plus détestable effet et enlève à cet objet le caractère de simplicité grave qu'il aurait conservé sans ces faux ornements. Je n'ai, du reste, parlé de cette mitre que pour offrir un travail complet, et rappeler son origine historique, puisqu'elle est véritablement un don de Félix V.

1. Voici les principales dimensions de cette crosse :

Hauteur totale.	0^m.845
Hauteur de la douille, y compris le bourrelet inférieur et le nœud.	0^m.162
Hauteur du pinacle, y compris la base émaillée.	0^m.318
Hauteur de la crosse proprement dite	0^m 365
Diamètre de la volute.	0^m.165
Hauteur de la figurine de saint Maurice à cheval.	0^m.065
Hauteur des figurines des apôtres.	0^m.040
Hauteur des chevaliers placés dans les niches des contre-forts	0^m.025

2. On lit dans l'inventaire de l'abbé Milès :

« In arca vestiarii :
« Duæ mitræ solemnes. Una simplicior. »

Peut-être la mitre de Félix V est-elle comprise au nombre des « Duæ mitræ solemnes ».

XXX

CHANDELIERS DE FÉLIX V.

Ces chandeliers [1], en argent fondu et ciselé, étaient primitivement dorés; mais il ne reste aujourd'hui que bien peu de traces de la dorure. Ils se composent d'un pied, d'une tige très-ornée et interrompue par un nœud, d'une bobèche et de la pointe destinée à recevoir le cierge.

Le pied hexagone et en doucine s'épanouit en gouttière contre la plate-bande qui lui sert de base. Cette plate-bande, à six lobes et à six pointes dans les contre-lobes, se compose d'un rang de cercles, dans lesquels sont inscrits des carrés à côtés curvilignes portant en leur centre un petit quatrefeuilles. Dès trèfles remplissent les intervalles laissés libres entre les cercles et les moulures qui bordent, en haut et en bas, cette plate-bande si délicatement travaillée. Tout cet ornement, percé à jour, est exécuté avec une habileté infinie et avec une incroyable adresse de main. Les rangées de moulures qui encadrent cette charmante galerie sont elles-mêmes relevées par un cordon de petites perles.

La tige, hexagone aussi, présente, à sa naissance sur le pied et à l'endroit où elle aboutit à la bobèche, une décoration à très-peu près pareille. Sur chacune de ses faces sont ciselés, en haut et en bas, deux pignons compris entre des contre-forts à pinacles qui occupent les arêtes de la tige. Sous ces pignons se trouvent des fenêtres géminées. La seule différence qu'il y ait entre les pignons et les contre-forts des deux ornements du haut et du bas, c'est que les pignons et les contre-forts figurés au-dessous de la bobèche sont privés, les premiers de la croix qui surmonte ceux du bas, et les seconds de leurs pinacles élancés.

Le nœud situé entre ces deux motifs de décoration a la forme d'une sphère aplatie

1. L'inventaire de l'abbé Milès contient un article ainsi conçu :

« Ornamenta altaris quæ requiruntur :
« Duo candelabra argentea, quæ in summis festis portantur. »

Cette description ne peut s'appliquer qu'aux chandeliers de Félix V, dont on se sert encore aujourd'hui pour les processions de la fête de saint Maurice.

Planche n° XLII.

sur ses deux pôles; il est orné de six chatons quadrangulaires très-saillants, posés la pointe en bas dans l'axe de chaque pan de la tige, et dont la surface porte un quatre-feuilles gravé au burin. Dans les triangles formés par les intervalles des chatons, l'artiste a gravé des trèfles et ciselé en relief des feuilles de la plus grande élégance.

La bobèche, dont le fond est tout uni, porte pour seul ornement un entrelacs de tiges, les unes demi-rondes, les autres bordées par des perles, et toutes terminées à leurs points de rencontre par des trèfles. Une partie de ces tiges, qui garnissaient dans le principe la circonférence intérieure de la bobèche, a été brisée et n'existe plus aujourd'hui. Il en reste assez cependant pour juger combien le dessin en était gracieux, et pour faire déplorer amèrement les mutilations éprouvées par ces monuments, d'un art un peu maniéré peut-être, mais au demeurant encore plein d'attrait. Du centre de la bobèche s'élance la pointe conique, hexagone aussi, sur laquelle le cierge était fixé.

Sur l'une des faces du pied, les armoiries de la maison de Savoie sont gravées, avec les clefs de saint Pierre en sautoir et l'écu sommé de la tiare.

Ces chandeliers ont été aussi donnés à l'abbaye de Saint-Maurice par Félix V [1], et faisaient partie des ornements de sa chapelle particulière. Ils sont infiniment supérieurs, selon moi, à la crosse que j'ai décrite, et, bien qu'ils appartiennent à la même époque (XVe siècle), ils sont composés avec un goût plus sobre; en un mot, ils l'emportent de beaucoup au point de vue du style et par l'ampleur de l'exécution [2].

1. En 1434, Amédée VIII, las des affaires, se retira à Ripaille, laissant le gouvernement à son fils Louis; en 1439, tiré de sa retraite par les prélats du concile de Bâle, il fut nommé pape et prit le nom de Félix V. En 1440, il abdiqua la couronne de Savoie; en 1449, il renonça à la tiare, mettant ainsi fin au schisme qui désolait l'Église, et se retira de nouveau à Ripaille, d'où il continua à exercer une sorte d'autorité pontificale sur toute la Savoie jusqu'à sa mort, survenue en 1461.

2. Voici les dimensions de ces chandeliers :

Hauteur totale, pointe comprise	0m.255
Diamètre du pied	0m.120
Hauteur de la plate-bande qui entoure le pied	0m.020
Diamètre de la bobèche	0m.102

XXXI

ENCENSOIR DE FÉLIX V.

Cet encensoir [1] est en argent simplement découpé et soudé, sauf plusieurs parties sur lesquelles on a ajouté quelques ornements obtenus à l'aide de la ciselure et de la gravure.

La partie inférieure, celle où l'on dépose les charbons allumés et l'encens, est une simple coupe tout unie, sans aucune décoration. Le couvercle hexagone présente sur chacune de ses faces un fronton en plein cintre percé de deux fenêtres géminées et d'une rose placée entre les fenêtres, au niveau des clefs de voûtes. Les six arêtes qui séparent les faces de l'hexagone sont occupées chacune par un contre-fort sans pinacle; c'est au milieu de ces contre-forts que passent les chaînes de l'encensoir pour aller se rattacher à la coupe inférieure.

Le premier étage, composé de ces frontons, est surmonté par un clocher, hexagone aussi, dont chaque face est percée d'une seule fenêtre géminée et couronnée par un fronton en ogive garni de crochets ciselés d'un dessin assez élégant. Chacune des arêtes des six faces du clocher est aussi occupée par un contre-fort, mais ici ces contre-forts se terminent par un pinacle finement ciselé. Le toit, sur lequel les ardoises sont figurées par la gravure, est une pyramide hexagone assez élancée et terminée par une boule.

Cet encensoir [2] provient aussi de la chapelle de Félix V, qui le donnait à l'abbaye de Saint-Maurice en même temps qu'il faisait présent aux religieux de la mitre et des chandeliers déjà décrits. J'aurais certainement négligé cette pièce, dont le travail est imparfait et sans originalité, si je n'avais voulu, ainsi que je l'ai dit plus haut, présenter réunis dans cette étude les objets dus à la générosité de cet homme extraordinaire, qui fut prince régnant, pape, et finit ses jours en ermite.

1. L'inventaire de l'abbé Milès ne fait aucune mention de cet encensoir.
2. La hauteur totale de l'encensoir est de. . . . . 0^{m}.200

XXXII

CALICE DU CARDINAL SCHINER.

Ce calice [1], en argent doré par parties, repose sur un pied hexagone, dont la base est à trois lobes et à trois pointes dans les contre-lobes; mais ici les lobes ont un dessin tout particulier; au lieu d'être des demi-cercles ou des quarts de cercle, ils se composent d'une face légèrement curviligne accostée de deux doucines. En voici le plan :

Les faces du pied sont ornées de trois écussons et de trois figures gravées au burin. Les écussons ne portent aucune armoirie; l'une des figures est un *Ecce Homo*; chacune des deux autres représente sainte Catherine, patronne du diocèse de Sion.

La tige, hexagone aussi, est interrompue par un nœud dont les six faces sont décorées de médaillons dorés contenant des figures gravées au burin. Parmi ces personnages il y a un saint Sébastien, une sainte Cécile et une sainte Agnès; faute d'attributs assez caractéristiques, il m'a été impossible de reconnaître le saint et les deux saintes qui occupent les trois dernières faces.

Le nœud est compris entre deux bagues d'ornements, qui sont la partie du calice traitée avec le plus de soin et d'habileté. La décoration de ces bagues consiste en feuillages ciselés et dorés, et en fleurs en émail champlevé exécutées avec une délicatesse d'autant plus frappante qu'elles sont entourées de dessins lourds et maladroits. Ces émaux, au nombre de six sur chacune des deux bagues, figurent des quintefeuilles entourées de deux palmes disposées en couronne.

1. Article 32e de l'inventaire de l'abbé Milès : « Unum calicem deauratum. »

La coupe, en argent doré tout uni, est entourée à sa base par un cercle en argent naturel, qui occupe à peu près le tiers de sa hauteur. Sur ce cercle, on a gravé au burin six médaillons contenant des figures; mais elles sont si mal dessinées, et exécutées avec une telle imperfection, qu'il faut renoncer à reconnaître aucun des personnages représentés [1].

Cette pièce d'orfévrerie appartient au commencement du XVIe siècle. Elle a été fabriquée pour le cardinal Schiner, évêque de Sion, implacable ennemi de la France, qui la donna à l'abbaye de Saint-Maurice, lorsque, forcé de quitter le Valais, il chercha un refuge à Rome, où il mourut en 1521. On ne se sert plus maintenant de ce calice; il figure parmi les objets qui composent le Trésor. A ce titre, et aussi à cause du souvenir historique qui s'y rattache, je l'ai compris dans mon inventaire. Si je n'avais considéré que sa valeur artistique, je n'en aurais pas même fait mention.

1. Voici les dimensions de ce calice :
Hauteur totale. 0m.315
Diamètre du pied. 0m.185
Diamètre de la coupe. 0m.132

L'ABBAYE DE SAINT-MAURICE

EN 1870.

on travail serait incomplet si je négligeais de donner une idée générale du Monastère dans son état actuel. Il me reste encore à faire connaître la disposition de l'Abbaye au point de vue architectural, les noms des chanoines qui habitent la Maison, où ils dirigent les classes, et de ceux qui desservent les paroisses soumises à la juridiction de l'abbé-évêque de Saint-Maurice d'Agaune, enfin l'emploi des heures de chaque jour.

I

Les bâtiments de l'Abbaye forment un quadrilatère à peu près régulier, dont les côtés sont orientés vers les quatre points cardinaux. A l'est, se trouve l'église abbatiale et l'entrée principale de la Maison. Commençons par l'église, dont la porte est située au milieu de la façade tournée au nord; cette entrée, la seule ouverte aux fidèles, donne sur un parvis fermé à l'est par une grille, limité à l'ouest par le clocher, qui est séparé de l'église, et dont la construction remonte au XIIIᵉ siècle, au nord par le mur d'une terrasse attenant au rocher.

Le plan est celui d'une basilique à trois nefs; la nef principale se termine par un chœur assez vaste, au fond duquel s'élève le maître-autel consacré à saint Maurice. Les bas-côtés aboutissent chacun à une chapelle carrée; celle de droite est dédiée à la sainte Vierge; celle de gauche, consacrée aussi à saint Maurice, s'appelle encore *chapelle du Trésor*, malgré la translation dans l'une des salles de la nouvelle sacristie de la plus grande partie des reliquaires qu'elle contenait autrefois. Cette chapelle est close par une grille très-simple, mais d'une solidité à toute épreuve, qui a été fabriquée au XIIᵉ siècle ou au commencement du XIIIᵉ, et qui défendait probablement l'entrée du Trésor dans la basilique existant à l'une de ces deux époques.

Le grand arc qui sépare le chœur de la nef est soutenu par deux colonnes de marbre noir, dont l'élégance, le galbe et la parfaite exécution attestent l'origine romaine.

Les colonnes qui soutiennent la grande voûte et les retombées des voûtes des bas-côtés sont composées de tambours taillés dans le calcaire gris et noir du pays; ces couleurs alternées rappellent la disposition analogue adoptée dans les belles cathédrales d'Italie, entre autres à Sienne, à Florence et à Pise. Les bases se composent d'un simple tore posé sur un dé carré, et les chapiteaux procèdent de l'ordre toscan. Ces colonnes proviennent sans aucun doute des basiliques primitives détruites par les éboulements de rochers; l'abbé Georges de Quartéry, qui fit reconstruire la nouvelle église au commencement du XVIIᵉ siècle, aura ainsi utilisé les matériaux restés intacts.

Les stalles du chœur produisent un excellent effet et n'ont pas ces formes contournées qui déparent souvent les œuvres du XVIIIᵉ siècle. Ici, au contraire, la composition est simple, sans manquer cependant d'ampleur, et l'exécution est fort soignée. L'Abbaye doit ces boiseries remarquables à l'abbé Nicolas Camanis, qui, de 1705 à 1713, fit réparer les désastres causés par un incendie survenu en 1693, et dont les flammes avaient dévoré tout le mobilier de l'église.

De chaque côté de l'entrée du chœur, au pied des murs qui le séparent des chapelles de la Vierge et du Trésor, s'élèvent deux autels, consacrés, l'un à sainte Catherine, l'autre à saint Sébastien. Je mentionne seulement ces autels, à la fois mesquins et lourds, et que surmontent de médiocres tableaux représentant les personnages auxquels ils sont dédiés.

L'église abbatiale serait imposante, n'était la malencontreuse pensée d'en avoir confié la décoration à un Italien, qui a surchargé les voûtes d'ornements et de peintures éclatantes formant un contraste choquant avec la simplicité de l'ordonnance et des lignes architecturales. Je ne sais pas au juste à quelle époque on a imaginé d'appeler à Saint-

Maurice le peintre, j'allais dire le barbouilleur, qui est venu défigurer ainsi le monument, mais ces prétendus embellissements ne doivent pas remonter à un temps bien éloigné de nous. Au reste, il existe en Suisse bon nombre d'églises peintes ainsi dans ce style bâtard

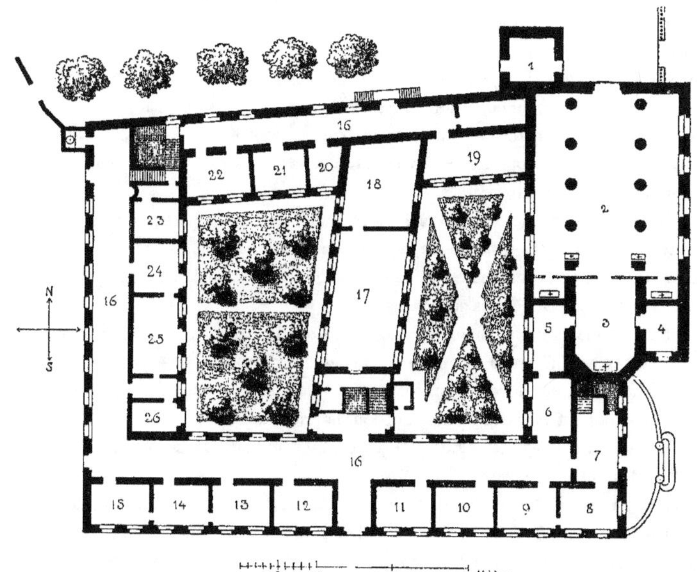

PLAN DE L'ABBAYE [1].

LÉGENDE.

1. Clocher.	10. Cabinet de physique.	19. Salle d'études.
2. Église.	11. Salle de classe.	20. Id. de classe.
3. Chœur.	12. Id. id.	21. Id. de classe.
4. Ancienne sacristie.	13. Réfectoire des novices.	22. Id. de classe.
5. Nouvelle sacristie.	14. Réfectoire des chanoines.	23. Réfectoire des domestiques.
6. Id. id.	15. Salon.	24. Cuisine.
7. Vestibule.	16. Corridor.	25. Réfectoire des élèves.
8. Parloir.	17. Bibliothèque.	26. Dépense.
9. Musée.	18. Archives.	

adopté en Italie vers la fin du siècle dernier : je citerai comme exemple la collégiale de Lucerne.

1. Ce plan a été levé par M. J. Voutaz, élève du collège de Saint-Maurice.

Dans le prolongement de la façade orientale de l'église se trouve un perron élevé de quelques marches conduisant à une terrasse étroite qui occupe toute la face de la maison abbatiale, depuis le chevet de l'église jusqu'à l'angle sud-est du bâtiment. Là s'ouvre la porte principale, par laquelle on pénètre dans un grand vestibule donnant accès au parloir et au vaste escalier destiné exclusivement au service des appartements de l'abbé ; ces appartements sont placés, selon l'usage, en dehors de la clôture.

La porte qui conduit dans tout le reste de la Maison est située dans le vestibule, en face de l'entrée principale. C'est là que commence le Monastère ; c'est cette porte qui ne peut être franchie, ni pour entrer ni pour sortir, sans une autorisation formelle, et qui est absolument interdite aux femmes.

Il serait superflu de décrire l'une après l'autre toutes les parties du Monastère ; je donne ici le plan du rez-de-chaussée, et cette simple esquisse l'emporte en clarté sur les descriptions les plus minutieuses. Je dois cependant ajouter quelques mots, afin d'expliquer la destination des étages supérieurs.

Les logements des chanoines se trouvent au premier étage et ouvrent tous sur de larges corridors, qui sont la répétition exacte des corridors du rez-de-chaussée. La grande salle, située au-dessus de la sacristie nouvelle, a été convertie en oratoire, et les religieux s'y réunissent pour la prière du matin et pour la prière du soir.

Le troisième étage des corps de logis exposés au midi et au couchant contient les dortoirs des élèves du collège.

Les étages du bâtiment du nord, ceux du corps de logis situé au milieu du quadrilatère et qui relie les faces du nord et du midi, sont à un niveau différent de celui des autres constructions de l'Abbaye. Le bâtiment du nord contient des salles de classes, quelques logements et la voûte encore très-bien conservée d'une chapelle bâtie au XIVᵉ siècle ; ces restes intéressants forment l'extrémité orientale du corridor du premier étage. Je ne m'arrêterai pas plus longtemps à cette partie de la Maison, et je me contenterai de dire quelques mots sur la galerie centrale. Elle contient, en demi-sous-sol, des caves très-solidement construites et voûtées ; au premier, la bibliothèque et les archives, auxquelles on parvient par une porte placée sur le premier repos du grand escalier intérieur ; au second, les cellules destinées aux novices.

La bibliothèque est une grande galerie, bien éclairée, dont les parois sont garnies de rayons ; un corps de rayons à deux faces occupe le centre de la salle, et des pupitres à demeure sont disposés dans chaque embrasure de fenêtre. Les livres, nombreux, bien choisis et classés avec beaucoup d'ordre, suffisent largement aux besoins des travailleurs, soit qu'ils étudient la théologie, l'histoire, la géographie ou les sciences exactes.

Les archives font suite à la bibliothèque ; on y pénètre par une porte de fer fermée d'une triple serrure. La salle, éclairée seulement par deux étroites fenêtres que défendent des barreaux et des volets en fer aussi, est pavée et voûtée. Toutes les précautions ont été prises afin de protéger contre les incendies, si terribles en ce pays, la précieuse collection de titres renfermée dans ce dépôt.

Le plan fera connaître la configuration des jardins situés au midi, la position d'un magnifique vivier alimenté par les eaux limpides et fraîches de la source abondante qui s'échappe du rocher, vers l'angle nord-ouest de la Maison ; il marquera aussi la place de toutes les dépendances construites d'après les ordres de l'abbé Camanis.

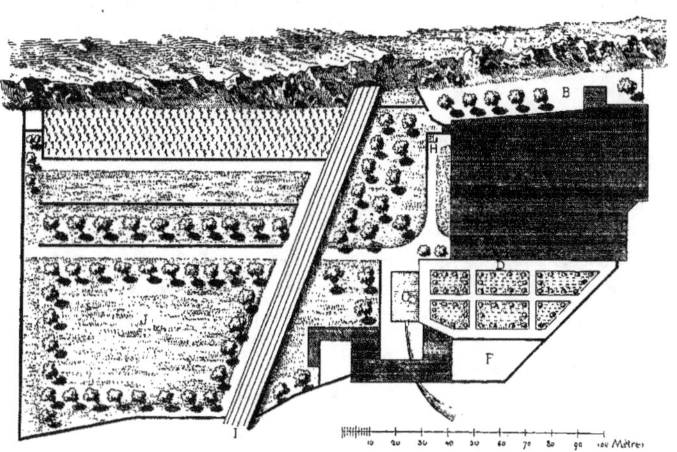

PLAN DE L'ABBAYE ET DE SES DÉPENDANCES [1].

LÉGENDE.

A. Bâtiments de l'Abbaye.	E. Communs.	H. Fontaine.
B. Le Martolet.	F. Cour des communs.	I. Chemin de fer.
C. Clocher.	G. Vivier.	J. Enclos de la Grande-Allée.
D. Jardin potager.		

Le plan indique aussi la Grande-Allée, cette promenade substituée par les soins de l'abbé Claret (1764-1794) au marais qui occupait autrefois le terrain, et le Martolet, emplacement dangereux et sans cesse menacé des basiliques primitives.

<hr>

[1]. Ce plan a été levé par M. Émile Vouilloz, élève du collége de Saint-Maurice.

II

Le nombre des religieux qui composent aujourd'hui la communauté de l'Abbaye de Saint-Maurice s'élève à trente-quatre personnes, parmi lesquelles on compte vingt-neuf chanoines et cinq novices. Je placerai en tête de la liste que je donne ici les deux premiers dignitaires du Monastère, l'abbé et le prieur; je nommerai ensuite les chanoines, en suivant l'ordre des dates de leur profession et en indiquant les fonctions dont chacun d'eux est chargé; enfin viendront les novices : l'avenir après le présent.

PERSONNEL DE L'ABBAYE AU 1er JANVIER 1870.

Monseigneur Étienne Bagnoud, comte-abbé de Saint-Maurice d'Agaune, évêque de Bethléem, prélat domestique de S. S. Pie IX, chevalier grand-croix de l'ordre des SS. Maurice et Lazare. Profession solennelle en 1823.

M. le chanoine François Richon, prieur claustral. Profession solennelle en 1840. Docteur en théologie, professeur de théologie dogmatique à l'Abbaye.

Messieurs les chanoines :

Louis Luder. Profession solennelle en 1817. Recteur de l'hôpital de Saint-Jacques à Saint-Maurice.

Pierre Chervaz. Profession solennelle en 1819. Prieur de Vétroz, curé de Plan-Conthey, protonotaire apostolique et chevalier de l'ordre des SS. Maurice et Lazare.

Ambroise Barman. Profession solennelle en 1828. Curé d'Évionnaz.

Pierre Michlig. Profession solennelle en 1831. Curé de Vérossaz.

Claude Mercier. Profession solennelle en 1832. Curé de Fins-Hauts.

Louis Desprat. Profession solennelle en 1832. Administrateur de la cure de Choëx.

Joseph Derivaz. Profession solennelle en 1836. Curé de Saint-Sigismond à Saint-Maurice.

Joseph Beck. Profession solennelle en 1837. Curé d'Aigle.

Hyacinthe Debonnaire. Profession solennelle en 1840. Curé de Salvan; inspecteur des écoles primaires des districts de Saint-Maurice et de Monthey.

Maurice Gard. Profession solennelle en 1842. Professeur de philosophie au collége de l'Abbaye.

Maurice Revaz. Profession solennelle en 1842. Administrateur de la cure d'Outre-Rhône.

Joseph Paccolat. Profession solennelle en 1843. Curé de Volléges; inspecteur des écoles primaires du district d'Entremont.

Joseph Chaperon. Profession solennelle en 1843. Recteur à Lens.

Jean Deferr. Profession solennelle en 1846. Curé de Bagnes.

Auguste Bertrand. Profession solennelle en 1853. Directeur du pensionnat au collége de l'Abbaye, professeur de syntaxe et grammaire.

Pierre Burnier. Profession solennelle en 1854. Secrétaire du vénérable chapitre de Saint-Maurice d'Agaune, professeur de rhétorique et de langue grecque au collége de l'Abbaye.

Hyacinthe Monay. Profession solennelle en 1856. Inspecteur du pensionnat au collége de l'Abbaye, professeur de l'école moyenne.

Joseph Maret. Profession solennelle en 1861. Professeur à l'école de Bagnes.

Samuel Felley. Profession solennelle en 1861. Vicaire à Bagnes.

Louis Felley Profession solennelle en 1862. Procureur général de l'Abbaye.

Pierre Besse. Profession solennelle en 1862. Professeur de mathématiques au collége de l'Abbaye, bibliothécaire et directeur des novices.

Meinrad de Werra. Profession solennelle en 1863. Chanoine-sacristain, professeur de rudiment au collége de l'Abbaye.

Joseph Mettan. Profession solennelle en 1866. Vicaire à Salvan.

François Deléglise. Profession solennelle en 1868. Prêtre à l'Abbaye.

Jean Décaillet. Profession solennelle en 1868. Inspecteur du pensionnat au collége de l'Abbaye et professeur du cours préparatoire.

Joseph Kümmin. Profession solennelle en 1869. Professeur de langue allemande au collége de l'Abbaye.

Maurice Bonvin. Profession solennelle en 1869. Prêtre à l'Abbaye.

Messieurs les novices :

Joseph Abbet. Profession de vœux simples en 1868.

Hyacinthe Rouiller. Profession de vœux simples en 1869.

François Sterki. Profession de vœux simples en 1869.

Pierre Décaillet. Profession de vœux simples en 1869.

Xavier Chervaz. Profession de vœux simples en 1869.

La transcription des pièces justificatives présente les plus sûres garanties d'exactitude. Il suffira, pour en convaincre le lecteur, de dire que cette partie du travail a été surveillée par M. H. Cocheris, qui a bien voulu faire dans ce but le voyage de Saint-Maurice. Mon savant confrère et ami a pris un si vif intérêt à l'étude des origines et des vicissitudes du Monastère qu'il a résolu de s'y consacrer d'une manière toute spéciale, et nous préparons ensemble l'histoire complète de l'abbaye d'Agaune, dont mon introduction est en quelque sorte le sommaire.

minées, ces jeunes gens, venus de tous les cantons de la Suisse et qui appartiennent à toutes les classes de la société, quittent à regret l'Abbaye et se séparent le cœur serré des professeurs qui les ont guidés.

J'ai passé bien des mois dans cette paisible retraite, vivant de la vie des religieux; entraîné par les exemples que j'y recevais, j'ai poursuivi mes études avec une ardeur dont je me croyais incapable. Puisse le livre fruit de ce travail assidu rencontrer auprès du public auquel il s'adresse un accueil favorable, et paraître digne du sujet qui l'a inspiré.

FIN.

La transcription des pièces justificatives présente les plus sûres garanties d'exactitude. Il suffira, pour en convaincre le lecteur, de dire que cette partie du travail a été surveillée par M. H. Cocheris, qui a bien voulu faire dans ce but le voyage de Saint-Maurice. Mon savant confrère et ami a pris un si vif intérêt à l'étude des origines et des vicissitudes du Monastère qu'il a résolu de s'y consa-crer d'une manière toute spéciale, et nous préparons ensemble l'histoire complète de l'abbaye d'Agaune, dont mon introduction est en quelque sorte le sommaire.

PIÈCES JUSTIFICATIVES.

Nᵒ 1.

ASSEMBLÉE D'AGAUNE. — DONATION DU ROI SIGISMOND [1].

(515.)

n nomine Domini nostri Ihesu Christi. Cum regnaret in Burgundia pius rex Sigismundus feliciter, conuocatis sexaginta episcopis totidemque comitibus pridie kalendas maii, uenit Agaunum, quem locum sanctus Mauricius cum suis commilitonibus preciosi sui sanguinis effusione celebrem reddiderunt, ibique a predictis episcopis de salute anime sue consilium exposcens his uerbis eos alloquitur : Audiui in Euuangelio Dominum dicentem : Ubi duo uel tres congregati fuerint in nomine meo, in medio eorum sum. Certus sum de uestra sanctitate, Domini patres, quod in isto conuentu adiutor sit nobis omnipotens Dominus. Tunc sanctus Moximus Geneuensis episcopus ait : Quoniam nichil est quod ex ipso non agatur, petendum nobis est ut amminiculo eius adiuti uiam ueritatis gradiamur, ut ad eterna gaudia peruenire mereamur. Tunc rex ait : Ad hoc uos conuocati ut merentem me consolemini et quid agam uel qui respuam edificetis. Responderunt episcopi : Honor tuus est, o Rex, iudicium diligere et facere misericordiam et sollicitum ambulare cum Deo tuo. Quibus rex dixit : Iam abieci omnem ambiguitatem et abstersit Deus a me omnem perfidiam Arrianorum, adeptus sum fidem catholicam; seruus sum Ihesu Christi;

---

1. La relation de l'assemblée d'Agaune a été déjà publiée; on la trouve dans : *Gallia Christiana*, t. XII, *Instrumenta ecclesiæ sedunensis*, col. 421; — *Histoire du glorieux saint Sigismond, martyr, roy de Bourgogne, etc.*, par le V. P. Fr. Sigismond de Sainct-Maurice, p. 375; — Briguet, *Concilium Epaunense*, p. 71; — Bollandistes, *Acta Sanctorum*, t. VI, septembris, p. 353; — Furrer, *Urkunden welche Bezug haben auf Wallis*, p. 20; — L'abbé Gremaud, *Origines et documents de l'abbaye de Saint-Maurice d'Agaune*, p. 17.

instruite me quomodo ei placeam, cuius me confiteor esse famulum. Iam prefatus strenuus predicator
Maximus dixit : Audi sanctissimum Regem, o piissime Rex, dicentem : Accedite ad Deum et humi-
liamini, et uultus uestri non erubescent; et alibi : Iacta in Domino cogitatum tuum et ipse te
enutriet. Et Dominus in Euuangelio : Uenite ad me, omnes qui laboratis et onerati estis, et ego uos
reficiam. Ad hanc exortationem compunctus rex ait : Dic ergo, alme Pater, ualde delector in tuis
sermocinacionibus. Tunc sanctissimus ille ait : Quamuis indigni simus, nostrum tamen officium est
annunciare tibi, sed tuum est adimplere. Sit ergo eloquium nostrum sale conditum, ut audiant mansueti
et letentur et ut non uituperetur ministerium nostrum. Sermones nostri, Deo adiuuante ex diuina autoritate proferentur. Audi ergo beatissimum apostolum Paulum dicentem : Exerce teipsum ad pietatem,
nam corporalis exercitatio ad modicum utilis est; pietas uero ad omnia utilis est. Tu uero, Rex, promis-
sionem habens uite que nunc est et future, pone iudicium secundum apostolicam instructionem super
iniustis et non subditis, impiis et peccatoribus, sceleratis et contaminatis, parricidis et matricidis, ho-
micidis, fornicariis, masculorum concubitoribus, plagariis, mendacibus, periuris, et si quid aliud sane
doctrine aduersatur, que est secundum Euuan͞gle beati Dei. Dilige hos qui recto sunt corde et ambulant
simpliciter coram Domino in omni bonitate et iusticia et ueritate. Te ipsum castum custodi, et noli com-
municare peccatis alienis, ut cum beato Dauid securus dicas : Odiui congregacionem malignancium, et
inocentes et recti adheserunt mihi; hoc enim faciens te ipsum saluum facies et eos qui te audiunt. Nobis opportunum est ut tu iuste uiuas propter illud quod Propheta ait : Qualis fuerit rector ciuitatis,
tales et habitatores ciuitatum. Hec et his similia beato Moximo dicente, rex et omnis populus qui cum
eo erant, suspirantes Deo gratias agebant, quia talem haberent instructorem, qui omnem hesitanciam
aufferet a cordibus eorum. Tunc sanctus Theodorus, episcopus urbis Sedunensium [1] ait : Uellem au-
dire et agnoscere que causa desiderii re...... parati sumus jussionem eius implere. Tunc clementissimus
rex ait : Instancia cordis mei est ut uestris salubribus consiliis sermonem profer........d agere debeam de
beatorum martirum Thebeorum corporibus, id est beati Mauricii cum suis comilitonibus quia pro Deo
summo tot caterue a Mauximiano perempte fuerunt et inhumate iacent. Nescio qui sit homo qui preua-
leat secundum merita eorum singulis fabricare ecclesias. Tunc omnes episcopi dixerunt : De cruore eorum locus iste sacer effectus est. Illi exules fuerunt a patria, uitam mundi contempnentes, caduca res-
puentes, cumsanguinitatem proximi non recogitantes, iuuentuti non parcentes, pro Christi amore mor-
tui sunt et per Christum sanctificati sunt. Tunc rex ob deuotionem plenissimam lacrimabili uoce in hec
verba prorupit : Utinam impietas mea mihi impedimentum non fecisset ut cum illis fuissem et occu-
buissem et socius fierem gaudio eorum; sed nunc auxiliante Deo, uidete quomodo honorifice accipiant
sepulturam. Inito consilio ad regem dixerunt : Uisum est nobis bonum esse ut clementia regis basilicam tantis martiribus dignam de regiis sumptibus construere precipiat et eorum t͞m corpora quorum
nomina nobis comperta sunt, id est beatorum Mauricii, Exuperii, Candidi, Uictoris, infra ambitum
ipsius basilice decenter sepeliantur; reliqua uero corpora munitissimo atque aptissimo sub ipsa basilica
uno congerantur in loco et sub eximia custodia custodes deputentur, ne forte, quod absit, falsatores ex
eis furentur; ibique officium psallendi die noctuque indesinenter constituatur, et uirum sanctissimum
in omnibus operibus bonis comprobatum Ynnemodum in ipso loco constituamus abbatem, quia et ipse
accersitus a uenerabilibus episcopis una cum sanctissimis uiris Achiuo, Ambrosio, Probo et ceteris uiris
sanctissimis ad hoc opus suscipiendum de monasterio Granensi [2] uenerat : Una cum rege omnibus
placuit consilium istud. Post hec inter se agitabant cum preclaro rege Sigismundo episcopi quam regu-
laris institucionis normam psallentibus imponere deberent, quia propter illud institutum psallentium
quod ibidem constitutum est et, Deo protegente, usque in perpetuum conseruabitur, non potest ut cetera
monasteria opera exercere. Quibus sanctus Uictorius Gratianopolitane urbis episcopus ait : Dixit Salo-

<hr>

1. Dans l'acte publié par le P. Sigismond, *Vie de saint Sigismond*, on lit : « episcopus urbis Octodurensis. » C'est
là, en effet, ce que devait contenir la pièce originale, car le siége épiscopal du Valais était alors à Octodurum. Le copiste du XIIe siècle aura cru utile de faire une rectification parce que les évêques du Valais avaient transporté leur résidence à Sion.

2. Il est probable que ce monastère était celui de Grini, dans la ville de Vienne (Dauphiné) — Bollandistes, t. l^{er}
januarii, p. 55.

mon : Ubi plurima sunt consilia mauxima est salus : ad hoc uenimus, ut prolatis ex diuina scriptura sentenciis deuocio regis suppleatur, eiusque seriis roboretur. Tandem quid utilius inuenire uel consulere possumus quam ut a prelatis talia subditis imponantur honera que subditi queant subire, et ne nos uersuti iudices uideamur, de quibus Dominus in Euuangelio ait : Alligant honera importabilia et imponunt ea in humeros hominum, digito autem suo nolunt ea mouere. Ecce iam dictus Sigismundus rex dominus noster monasterium Agaunensium largitatis opibus ditauit. Conueniens itaque est ut iuxta quod supradictus almus pater Ymnemodus abbas peritissimam uitam gerit, posteri eum imitentur et exemplum sanctitatis eius in corde meditentur et in opere exerceant. Rectum mihi uidetur ut, secundum plenissimam deuotionem d̄oni regis, de psallendi institucionibus fiant quinque norme, id est Granensis, Insolana, Iurensis, Meluensis [1] seu donni Probi succedentes sibi officiis canonicis, id est nocturnis Matutinis, Prima, Secunda, Tercia, Sexta, Nona, Uespertina, et cum pace die noctuque indesinenter Domino famulentur. His vero dictis, omnes episcopi consenserunt; quibus rex ait : Iam enim de psallendi officio desiderio meo satisfactum est; quid uobis uidetur de munificentia monasterii et exortacione doctrine, uel qualiter ipsi monachi uiuere, uel cui regule uel institucioni subiacere debeant? Iam enim supra dictum est quia ut cetera monasteria propter institutum psallencium non queunt opera exercere, diligenter examinate, ut ex nostra auctoritate sit munitum et manus nostre firmitate roboratum atque sub uinculo anatematis sit obligatum. Ad hanc interrogationem uenerabilis uir Uiuenciolus urbis Lugdunensis archiepiscopus una cum aliis episcopis dixerunt : Optimum nobis uidetur ut munificenciam ad regem habeant, exortacionem et doctrinam ad sedem apostolicam. Iam enim scimus probatam habere disciplinam et sanctam conuersacionem sanctum uirum Ynnemodum, quem preesse constituimus monasterii huius officio; ipsius sequantur exemplum ad omne opus bonum; omnes ei obediant et sine preceptis ipsius nichil agant; omnia communia fiant, omni die exeuntes de secunda capitulum agant; et quidquid a prioribus ordinatum fuerit iuniores sine murmuracione adimpleant; et per singulas normas singuli decani constituantur digni, ut abbas diuiso pondere de prouidentia eorum sit securus. De uestimentis uero et lectis, quia locum istum aeris intemperie scimus intemperatum, in consideracione abbatis sit; similiter de cibo et potu; unum habeant dormitorium, unum refectorium, unum locum ad calefaciendum. De disciplina uero, de grauioribus culpis secundum canones iudicentur, de minoribus autem ut abbas indicauerit et fratres consenserint; melius est enim cum amico flagellari quam cum aduersario in interitum precipitari. Ieiunium uero ut cetera monasteria agant, et die noctuque oracionibus uacent et lectionibus, et semper meditentur ut Deo placeant; et egredi de monasterio sine permissu prioris nullus presumat. Placuit eciam nobis ut et ipse abbas qui nunc est et qui futuri sunt instituta ex actoritate tam ueteris quam noui Testamenti sibi assumant, ut per ea alii edificentur, et per capitula scribantur, ut a posteris teneantur. Hec instituta sunt propter eum qui dilexit nos et tradidit semetipsum pro nobis oblacionem et hostiam in odorem suauitatis. Quisquis autem hanc nostram institucionem uiolare ausus fuerit, iram omnipotentis Dei incurrat. Et si tempus euenerit, quod Deus auertat, ut cunuulsione aut concussione aut disceptacione quisquam contra hoc agere temptauerit, tunc abbas predicti monasterii ad sedem apostolicam quasi ad fontem uiuum recursionem habeat, quasi lumen petens; illuminatus ad cellam suam reuertatur et probetur quod potentior est omnium sapientia, et que sit distinctio inter sulsum et insulsum. Et ideo monachi, Deo auxiliante, de exortacione sancta confortati incunuulsa stabilitate et indiuisa karitate permaneant. Et sicut nunc est gloriosissimi regis suppleta deuocio et omnium nostrum est consensus, sic imperpetuum conseruata atque roborata. Ego Sigismundus, gracia Dei rex Burgundionum, cum assensu predictorum sexaginta episcoporum totidenque comitum, in loco qui dicitur Agaunus, ubi sanctorum Thebeorum, qui sanguinem pro Christo fundere non dubitauerunt, corpora tumulata sunt, monasterium construere, in quo uenerabilis Ymnemodus abbas constitutus est, cepi cogitare in memetipso quid facerem de luminaribus uel stipendiis monachorum ibidem Deo seruientium, cum subito uenit in mentem illud quod Dominus noster Ihesus Christus loquitur dicens : Beati misericordes, quoniam ipsi misericordiam consequentur; et : Date elemosinam et omnia munda sunt uobis; et :

---

1. Ces noms désignent, je le crois, les monastères d'où les moines avaient été appelés : Granensis, Grini; Insolana, l'Isle-Barbe; Jurensis, Condat, plus tard Saint-Claude. Quant au monastère nommé Meluensis, il m'a été jusqu'ici impossible de découvrir sa situation et sa dénomination moderne.

Quicunque reliquerit domos aut agros propter nomen meum centuplum accipiet et uitam eternam possidebit. Hec uerba redemptoris nostri fideli mente pertractans, disposui eidem monasterio, pro remedio anime mee, dare de possessionibus meis; dono itaque Deo et sancto Mauricio et ibidem famulantibus, in pago uel in territorio Lugdunensi, Uiennensi, et Gratianopolitano et Augusta Cameraria, curtes nuncupatas his nominibus : Briogia, Cacusa, Olgana, ...; et in pago Geneuense alias curtes ita nuncupatas : Communiacum (*Commugny*), Marianum; et in pago Bisunticensi Salinum (*Salins*) cum castro de Bracon (*Bracon*), Miegens; et in pago Ualdense in fine Auenticense seu Iuranense alias curtes sic nominatas : Muratum (*Morat*), Auronum (*Orons*), B....., Wadingum (*Vuadens*), Luliacum (*Lully*), Lustriacum (*Lutry*); et in pago Ualensi alias curtes ita nominatas : Contextis (*Conthey*), Sidrium (*Sierre*), Leucam (*Louèche*), Bramosium (*Bramois*), Bernonam, Aulonum (*Ollon*), Villiacum (*Villi*), Wouregium (*Vouvry*), Actannis (*Autan*), Actunellum (*Autanelle*), cum Siluano (*Salvan*), et omnes Alpes a capite laci usque Martiniacum [1]; et in ualle Augustana, que est a finibus Italie, in ciuitate turrem unam que respicit ad occidentem et alias curtes ita nominatas : Eleuua (*Eléva*), Lagona, Gisorolis (*Gignod*), Morgam (*Morgex*). Hec omnia donamus sancto Mauricio ad prefatum monasterium cum omni integritate cum appendiciis uel adiacenciis earum, id est terris, domibus, edificiis, mancipiis, liberis, seruis, plebeiis, acolibus, uineis, campis, pratis, siluis, aquis, aquarunque decursibus, molibus, decimis; totum ex integro, quidquid ad ipsas uillas pertinere uidetur ad predictum locum sancti Mauricii conferimus ea ratione, ut ab hac die predicta casa Dei uel rectores eius res supranominatas in luminaribus ipsius ecclesie uel ad stipendia ibidem Deo deseruencium habeant, teneant atque possideant, et quidquid exinde facere uoluerint libero perfruantur arbitrio. Precipimus itaque et omnino interdicimus ut nullus de fidelibus nostris seu de iudiciaria potestate ipsam casam Dei et beatorum martirum et rectores eius et eos qui ibidem Deo deseruiunt inquietare uel calumpniam inferre presumat, sed sub firmitatis nostre studio, Deo propiciante, nostris et futuris temporibus, pro mercedis eterne augmento, in luminaribus ipsius ecclesie uel ad fratrum stipendia hec nostra donacio proficiat, quatenus ipsam beatorum martirum congregationem melius delectet pro nobis Domini misericordiam attentius exorare. Et ut hec donacio autoritate nostra firmior habeatur et per tempora conseruetur, et per manus nostre signaculum omni tempore optineat firmitatem, sigilli nostri impressione corroboramus et communimus, et episcopos et comites qui huic dono presentes fuerunt subscribere precipimus. Uiuentiolus [2] urbis Lugdunensis archiepiscopus subscripsit. Mauximus Geneuensis episcopus subscripsit. Uictor urbis Gratianopolitane episcopus subscripsit. Videmarus comes signauit. Fredebundus comes signauit. Gondeulfus comes signauit. Benedictus comes subscripsit. Agano comes subscripsit. Bonefacius comes signauit. Teudemondus comes signauit. Fredeboldus comes signauit. Data sub die madias in virorum fletu prope Agaunum monasterio feliciter. Amen.

1. Dans la pièce originale, on devait lire ici *Octodurum*, ancien nom de Martigny; le copiste, obéissant à la même pensée qui lui avait fait déjà, dans le même acte, remplacer *Octodurensis* par *Sedunensis*, a persisté dans son système de rectifications.

2. La vie et les écrits de Viventiolus, évêque de Lyon; *Histoire littéraire de la France*, t. III, p. 94-95.

N° 2.

CHRONIQUE DE L'ABBAYE D'AGAUNE [1].

(IXe siècle.)

In nomine Patris et Filii et Spiritus sancti. Incipit excarsum ex institutione beati Sigismundi regis Burgundionum, ac deinceps consensus inlustrium regum Chlotarii uidelicet ac cæterorum, consenciente et confirmante domno et piissimo papa Eugenio cum sue auctoritatis priuilegio, sicut a sexaginta episcopis totque comitibus, ordinante preclaro meritis iam dicto Sigismundo rege, est confirmatum de monasterio sanctorum Agaunensium uel ordinatione monachorum sub regula degentium et officium psallendi subplentium et priuilegium monachorum tenentium. Inchoat monitio sanctorum patrum ad regem : Prope est dominus omnibus inuocantibus eum in ueritate, bonus est querentibus eum ex puritate, protector est omnium sperantium in se in longanimitate. Hoc patriarche intellegentes, hoc prophete annunciantes, hoc apostoli predicantes, auxiliante Deo patre, exortante Dei Filio, illuminante Spiritu sancto, sicut per uniuersum orbem diffusa est. Hæc noticia peruenit usque ad sanctum atque gloriosissimum Sigismundum regem ; et ille non ut surdus auditor, non uelato corde, non obdurata mente, exortatus uoce beati Pauli apostoli qui ait : Exurge qui dormis, et illuminabit te Christus, et sicut alibi ait : In mansuetudine suscipite insitum uerbum. Iam expergefactus, abiciens opera tenebrarum, imbutus peritia euuangelica, solerter inuestigans quomodo nobiles priscorum recte ambulauerunt et omnes iusti Deo placuerunt ; et enim Dominus non priuat bonis ambulantem in innocentia, quia fidelis est in uerbis suis et sanctus in omnibus operibus suis, cottidie per semetipsum clementer clamat dicens : Venite ad me omnes qui laboratis et honorati (*sic*) estis et ego reficiam vos. Et quis est qui potentiora aminicula possit appetere quam in illum cuius in æternum manet consilium iactare suum cogitatum et assidue in lege eius meditari. Illud et enim primum prefatus rex Deum omnipotentem petens, ut exerceret semetipsum ad pietatem et animum religet ad cultum diuinitatis, plebem sibi commissam gubernare et paruulos suos alere ad petram firmissimam, que est Christus Ihesus Dominus noster. Igitur iam fatus Christi preclarus, ardens desiderio, flagrans in cogitatione, pollens in actione, nocte dieique oris momentis studiose agens ut actio ejus perfecta et accepta fieret apud conditorem rerum, conuocata plebe sibi commissa, precipue caterua sacerdotum, nutu Dei consilio ab ipsis accepto, in honore beatorum martyrum, id est Mauricii cum sua alma legione, a fundamentis cenobium monasterii Agaunensis construxit, ibique monachos adunauit et ut regulariter uiuerent instituit ; et ut resonaret uox leticie in tabernaculis iustorum seriem decreuit ut per quinque normas norma psallentium perhenniter agendo, atque in perpetuo iuge laudes constituit ; necnon et sexaginta episcopi totque comites consentientes firmauerunt sanctissimum institutum beatissimi regis atque sucedentium deinde regum, qui metuentes Dominum sibi peculiares patronos sanctos martyres thebeos elegerunt et sua decreta ad confirmandam institutionem sancti Sigismundi regis conscribere rogauerunt atque firmauerunt. Sed et Sanctus Leo urbis Rome papa, temporibus Arnulfi regis, suum decretum in eodem monasterio sanctorum Agaunensium institionem predicti regis consentiens conscribere fecit, ac manu propria sicut subtus continetur scriptum firmauit et sub uinculo anathematis constituit quicumque sanctissimi regis Sigismundi institutionem corrumpere uel efringere uoluisset. Uerumtamen ne fastidium prolixa locutio uideatur inferre, breui sermone concludimus eorum nomina quos dominus intercedentibus sanctis suis

---

1. Cette pièce a été employée et publiée en partie par les auteurs du *Gallia Christiana*, t. XII, col. 762 et suivantes.

M. l'abbé Gremaud, *Origines et documents de l'abbaye de Saint-Maurice d'Agaune*, p. 24, a donné le document entier. Je publie néanmoins ma leçon qui offre quelques variantes.

in eodem loco eligere uoluit pastores secundum adclamationem, illic Domino famulantium fratrum uidelicet cateruam.

Institutio sancti Sigismundi regis. Electio sancti Ymnemodi primi abbatis monasterii Agaunensium, uel ordo monachorum sub regula degentium et officium psallentium die ac nocte supplentium. Secundus eligitur sanctus Ambrosius abba. III Aciuus abba. IIII Sanctus Tranquillinus abba. V Sanctus Uenerandus abba. VI Sanctus Paulus abba. VII Placidus abba. VIII Eutropus abba. VIIII Paulus abba. X Martynus abba. XI Ambrosius abba. XII Leontius abba. XIII Iocondinus abba. XIIII Sanctus Secundinus abba; tempore Domni Chlotarii regis accepit priuilegium ut non inmutetur consuetudo monachorum; firmauit et notarius. XV Florentius abba; tempore supra scripti Chlotarius regis priuilegium accepit ut in nullo inmutetur iam dicta institucio, nec abbas ibidem aliunde constituatur, nisi ex ipsis que fratres quem elegerint; firmauit rex et notarius. XVI Siagrius abba; priuilegium a sancto Eugenio papa romano accepit ut non inmutetur, sed firmant institucio sancti Sigismundi regis et abbate non mittant, nisi de ipsos quem fratres elegerint, neque aliquis missam celebrare ibidem presumat nisi fuerit rogatus a fratribus; et accepit priuilegium tempore Chlodouei regis; firmauit Eugenius papa et XII episcopi ex urbe Roma. XVII Sanctus Recolenus abba; tempore Theuderici regis accepit priuilegium ut non inmutetur consuetudo fratrum. XVIII Raggo abba. XVIIII Aigulfus abba. XX Ermenbertus abba. XXI Agobertus abba; tempore Daguberti regis accepit priuilegium. XXII Ludulfus abba; tempore Chilpirici regis accepit priuilegium. XXIII Ayroindus abba. XXIIII Protadius abba. XXV Norbertus dux et abba. XXVI Laifinus abba. XXVII Berthelaus abba, tempore Domni Chilpirici regis accepit priuilegium. XXVIII Airastus abba. XXVIIII Uuilicharius abba. XXX Domnus Alteus episcopus et abba; tempore domni Karoli imperatoris accepit priuilegium. XXXI Domnus Adalongus episcopus et abba. XXXII Domnus Heyminus episcopus et abba, et ispse nouissime a fratribus est electus.

———

N° 3.

BULLE DU PAPE EUGÈNE Ier [1].

(654-657.)

In nomine Domni Dei eterni et saluatoris nostri Ihesu Christi. Eugenius humilissimus omnium seruorum Dei et in sancta sede romana tocius orbis magistra, non meriti propriis sed intercessione beatissimi apostolorum principis Petri, ab omnipotenti Deo in apostolatus arche electus. Quia Dominus noster oues proprias, quas suo sancto ac precioso sanguine adquisiuit, beato Petro pascendas commisit, constat nimirum cunctos Dei cultores ipsius subicione, cuius nos ubique non diffidimus protegi patrocinio; quapropter satis conuenienter omnibus christianis oportet ad sanctam matrem ecclesiam et apostolice sedis prebere concursum, taliter ut et deuotio conditoris conuenienter sortis se uideatur effectum, et pie constructionis oraculi in priuilegiis largiendis minime denegetur auxilium. Igitur quia

---

1. Cette pièce est une copie qui remonte à la fin du Xe ou au commencement du XIe siècle; son authenticité, affirmée par plusieurs écrivains suisses, est niée formellement par mon savant confrère M. L. Delisle, qui, sur ma demande, a bien voulu l'examiner. Malgré l'opinion d'un juge aussi compétent, je transcris cet acte pour donner une idée exacte de la façon dont on *composait lès faux* à cette époque reculée, et surtout parce que, si la forme en est fausse, le fond en est vrai. En effet, on trouvera dans la suite de ce recueil des bulles incontestables confirmant pleinement tous les priviléges concédés dans celle-ci.

La bulle d'Eugène Ier a été publiée par Lecointe, *Annales Francorum*, t. III, p. 412; par l'abbé Gremaud, *ouvrage déjà cité*, p. 28.

Eugène Ier occupa le trône pontifical de 654 à 657.

postulauit a nobis Chlodoueus excellentissimus rex Francorum quatenus monasterium sanctorum
Agaunensium in regnum Burgundie, super fluuium Rodanum, quem in honore beati Mauricii uel
aliorum martyrum Sigismundus bone memorie rex construxisse dinoscitur, in quo Siagrius abba preesse
uidetur, priuilegio cum sedis apostolice infulis decoretur, et sub sancte cui Deo auctore presidemus
ecclesie constitutum preteritorum regum ordinem, gloriosi uidelicet regis Sigismundi ac ceterorum
regum post ipsam statuta et priuilegia eiusdem monasterii nostra iterum presulatus honore consencientes
confirmaremur, ut nullatenus ullo deinceps tempore inrumperentur, neque super ipsos monachos illic
Domno famulantibus sine ipsorum electione abbas non mutatur. Propterea piis desideriis Francorum
accommodantes ac Dei monasterii congregationem, Dei mandatis inherentibus sedique apostolice
regulam conseruantibus, per huius preceptionis nostre auctoritatem id quod exposcimus effectu mancipamus, et ideo omnem cuiuslibet ecclesie sacerdotem in prefatum monasterium nullum sui prioratus
pontificium permittimus habiturum, neque illum qui ciuitatem Ualentiam nunc habere dinoscitur, uel
fuerit in postea adquisiturus, quamlibet dicionem seu potestatem extendere hac auctoritate preter sedem
apostolicam prohibemus, ita ut nisi ab eo qui in eodem monasterio abbas fuerit constitutus inuitatus
fuerit, nec ad missarum ibidem celebranda solempnia quispiam presumat accedere, uel sua inibidem
dominationem incipiat exercere, nec ulla conciliabula pretendere, aut quaslibet partes elemosinarum
que ad sanctum monasterium a fidelibus collate fuerint sua in parte exigere, neque decima que illic a
iam dicto sancto Sigismundo sunt concessa quisquam ademptet aufferre, eo quod subiectione apostolici
priuilegii consistunt. Inconcusse cuncta nobis secundum conditoris desideria eius debeant permanere
temporibus, constituentes per huius decreti nostri paginam atque interdicentes omnibus omnino cuiuslibet ecclesie presulibus uel cuiuscunque honoris dignitate preditis, sub anathematis uinculo colligatis,
quicunque huius seriem nostre institutionis ausus fuerit euertere, uel ipsarum scripturarum sanctiones
que a predictis regibus constitute sunt et prefato monasterio sub priuilegio indulte quolibet modo uel
tempore temptauerit existere temerator. Eugenius Deo auctore in hac serie priuilegii ob amorem Dei et
sanctorum martyrum honorem a me facta relegens subscripsi, ac episcopi nostri presulatus subter
notare iussi. Maurus peccator episcopus iussus a domno papa subscripsi. Aurelius peccator iussus a
domno papa subscripsi. Agnellus peccator iussus a domno papa subscripsi. Sabbaudus peccator iussus a
domno papa subscripsi. Hilarion peccator iussus a domno papa subscripsi. Iohannes similiter subscripsi.
Benedictus similiter subscripsi. Leo similiter subscripsi. Anastasius subscripsi. Gregorius peccator
subscripsi. Item Benedictus iussus subscripsi. Laurencius peccator iussus a domno papa subscripsi.

Nᵒ 4.

BULLE DU PAPE ADRIEN Iᵉʳ [1].

(772-795.)

Domnus Alteus, episcopus et abbas, tempore domni Karoli imperatoris, accepit priuilegium. Qui
nouissime a fratribus susceptus, cateruam thebaide legionis uidere promeruit sequentem Dn̄um et

---

1. L'original de cette bulle existait encore, dit-on, en 1672; on l'a produit alors, à l'appui de la requête, pendant
le cours d'un procès relatif au prieuré de Semur, et il a disparu à dater de cette époque. Je transcris la pièce d'après une
copie du XIIᵉ siècle conservée aux archives de l'Abbaye. Cet acte n'inspire pas plus de confiance à M. L. Delisle que
l'acte précédent (nᵒ 3), et l'on doit supposer que la pièce produite en 1672 n'était pas l'original.

La bulle d'Adrien Iᵉʳ a été publiée dans les ouvrages suivants : *Gallia Christiana*, t. XII, col. 424. — Gremaud,
ouvrage déjà cité, p. 30, — et en partie seulement par Furrer, *ouvrage déjà cité*, p. 27.

Adrien Iᵉʳ fut élu pape en 772 et mourut en 795.

dicentem : Gloria tibi Dn̄e; cum qua eadem ipsa hora excelsa uoce promeruit canere nocte in terris
quod sancta legio canebat in celis. Ad hanc uocem sanctus Alteus episcopus, surgens ab oracionibus,
impresso crucis signo, anulum signi minoris accepit, quod dum crᴇbris ictibus plus solito reddidit
tinnitum cetera cuncta sponte sonuerunt sequentia primum. Expergefactus itaque Karolus sanctissimus
imperator omnes ipsius loci monachos ad se uenire compulit, perquirens cur altius solito tetigerunt
signa. Inter quos adveniens sanctus Alteus : Tu, inquit, bone imperator, sancte legioni interesse prome-
ruisti ; hi autem tue dationis uinolentia iacuerunt. Signum quod audisti ideo tetigi, quoniam inter
sanctam legionem uocem tuam audiui Tunc sanctissimus Karolus ait : Ingrediamur sancta sanctorum
pariter. Qui ingressi per dies ferme quindecim ibi ambo missarum celebrarunt solemnia. XVI. Beato
Mauricio atque sue alme legioni Francorum in partibus donum subtus insertum concessit, secumque
Domnum Alteum episcopum et abbatem Romam ire uocauit.

In nomine Dn̄i Dei eterni et saluatoris nostri Ihesu Christi, Adrianus humillimus omnium seruorum
Dei, et in sancta sede Romana tocius orbis magistra, non meritis propriis, sed intercessione beatissimi
apostolorum principis Petri, ab omnipotente Deo in apostolatus arce electus. Quia Dn̄us oues proprias,
quas suo sancto ac preciosissimo sanguine adquisiuit, beato Petro parcendas commisit, constat nimirum
cunctos Dei cultores ipsius subici tuicioni cuius nos ubique non diffidimus protegi patrocinio ; quapropter satis conuenienter omnes christianos oportet ad sanctam matrem ecclesiam et apostolicam sedem
prebere concursum, taliter ut et deuotio conditoris conuenienter sortita esse uideatur effectum, et pie
constructionis oraculi in priuilegiis largiendis minime denegetur auxilium. Igitur quia postulauit a
nobis Karolus excellentissimus rex Francorum, quatenus monasterium sanctorum Agaunensium, in
regno Burgundie situm, super Rodanum fluuium, quod in honore beati Mauricii uel aliorum martirum
Sigismundus bone memorie rex construxisse dignoscitur, in quo Alteus episcopus abbas preesse uidetur,
priuilegio cum sedis apostolice infulis decoretur, et sub sancta, cui Deo auctore presidemus, ecclesia,
constitutum preteritorum regum ordine gloriosi uidelicet regis Sigismundi, ac ceterorum regum post
ipsa statuta et priuilegia eiusdem monasterii nostri iterum presulatus honore consentientes confirmemus
ut nullatenus ullo deinceps tempore irrumpantur, et coniacentes terras in Francorum finibus, scilicet
in Senoniensi comitatu (*comté de Sens*), sub priuilegii auctoritate colligamus abbaciam Monasterioli
(*Montereau*) ubi Ionna et Senna (*L' Yonne de la Seine*) conueniunt, cum suis omnibus pertinentiis et
adiacentiis, et Talsiniacum cum integris appendiciis et saltuum redditionibus, in comitatu Pontico
(*comté de Ponthieu*) supra Quancie flumen (*La Canche*) Brimau (*Brimeu*) omni cum sua integritate
seu appenditiis, Vertunum (*Vertau*) stat ubi ecclesia in honore beati Michaelis, ibique salinum produ-
citur, et Nouiono (*Le Nouvion*) cum ecclesia in honore almi Mauricii, nemus cetereque ad eandem
terre subiacentes ac pertinentes curtem, et in episcopatu Eduensi siue Augustudunensi (*diocèse
d'Autun*) castellium de Sinemuro (*Semur*), sicut clauditur Armenzona flumine (*L'Armançon*), cum
supposita ecclesia in honore sancti Mauricii dedicata, cum decimis et parrochiis, cum uillis his
nominibus Kauaniaco, Sanciaco (*Saiserey*, Saniaco (*Saigny*), cum molaribus, molendinis, aquis,
aquarum decursibus, siluis, pascuis et omnibus redditionibus eidem castello uel uillis predictis pertinentibus. Propterea piis desideriis filii nostri regis Francorum assensum accomodantes, Agaunensis
monasterii congregationis mandatis inherentes sedisque apostolice regulam seruantes, per huius
preceptionis nostre auctoritatem, id quod exposcimur effectu mancipamus, et ideo nulli cuiuslibet
ecclesie sacerdoti in prefato monasterio quodlibet sui prioratus pontificium, nisi fratrum inuitatione,
permittimus habendum; nec etiam illi qui ciuitatem Ualentiam nunc habere dignoscitur uel fuerit
postea adquisiturus liceat quamlibet dicionem, nisi sub predicta conditione, seu potestatem extendere ;
hac auctoritate quidem preter sedem apostolicam prohibemus per huius decreti paginam interdicendo
omnibus omnino cuiuslibet ecclesie presulibus vel cuiuscumque honoris dignitate preditis, sub anathematis uinculo, ne in prenominato monasterio quodlibet exerceant dominium, nec sacros ordines, nec
sacrarum missarum solemnia celebrent sine uoluntate abbatis et fratrum ibi Deo famulantium.
Quicunque uero huius seriem nostre institucionis ausus fuerit euertere, uel ipsarum scripturarum
sancciones que a regibus constitute sunt et prefato monasterio sub priuilegio indulta quolibet modo
uel tempore temptauerit uiolare, anathematis dominacioni subiaceat. Adrianus Deo auctore in hac serie
priuilegii ob amorem Dei et sanctorum martirum honorem a me facta relegens subscripsi, ac episcopos

quosdam nostri presulatus presentes adnotare iussi. Maurus peccator episcopus iussus a dño papa subscripsi. Aurelius peccator episcopus iussus a dño papa subscripsi. Agnellus peccator episcopus iussus a dño papa subscripsi. Sabaudus episcopus peccator iussus a dño papa subscripsi. Flarion episcopus peccator iussus a dño papa subscripsi. Iohannes peccator episcopus iussus a dño papa subscripsi. Benedictus peccator episcopus iussus a dño papa subscripsi. Leo peccator episcopus iussus a dño papa subscripsi. Anastasius peccator episcopus iussus a dño papa subscripsi. Amatus peccator episcopus iussus a dño papa subscripsi. Item Benedictus peccator episcopus iussus a dño papa subscripsi. Laurentius peccator episcopus iussus a dño papa subscripsi. Ego Stephanus Capuanus, cancellarius Romani palacii, iussus a domino papa adnotavi.

———

N° 5.

BULLE DU PAPE EUGÈNE II [1].

(824-827.)

In nomine Dei eterni et saluatoris nostri Ihesu Christi. Eugenius humilis seruus seruorum Dei et in sancta sede romana totius orbis magistra, non meritis propriis, sed intercessione beatissimi apostolorum principis Petri, ab omnipotente Deo in apostolatus arce electus. Quia Dominus oues proprias, quas suo sancto ac pretiosissimo sanguine adquisiuit, beato Petro pascendas commisit, constat nimirum cunctos Dei cultores ipsius subiici tuicioni, cuius nos ubique non diffidimus protegi patrocinio; quapropter satis conuenienter omnibus christianis opportet ad sanctam matrem ecclesiam et apostolicam sedem prebere concursum, taliter ut deuotio conditoris conuenienter sortita esse uideatur effectum, et pie constructionis oraculi in priuilegiis largiendis minime denegetur auxilium Igitur postulauit a nobis Lodoicus, prenomine pius, excellentissimus rex Francorum, quatenus monasterium sanctorum Agaunensium in regno Burgundie situm, super flumen Rodani, quod in honore beati Mauricii et martirum aliorum Sigismundus bone memorie construxisse dignoscitur, in quo Adalongus Sedunensis episcopus sub nomine abbatis canonicorum regulam regere uidetur, priuilegio cum sedis apostolice infulis decoretur, et sub sancta, cui Deo auctore presidemus, ecclesiam constitutum preteritorum regum ordinem gloriosi silicet regis Sigismundi ac ceterorum regum post ipsum statuta et priuilegia eiusdem monasterii nostri iterum presulatus honore consencientes confirmemus, ut ullatenus ullo deinceps tempore irrumpantur; sed sicut ante nostri predecessores eiusdem loci monachos, ita nos canonicos quos, propulsis monachis nephanda et miserabili sorde pollutis, in eodem loco idem gloriosissimus rex ordinauerat, auctoritate apostolice sedis decoremus, ut neque super illos prelatus aliquis sine eorum communi consilio uel electione mittatur, neque ex comunibus rebus preter dispositionem eorum quicquam pertractetur, nec alicuius prelati uiolentia crassantis in illorum propriorum bonorum direptionem exerceatur, sed omnia priuilegii auctoritate eorum decretis ordinentur et subiiciantur; et morte anticipati fratris propria uel debita bona confratrum aut parentum dispositione secundum adhuc uiuentis uotum distribuantur, ne seculari prauitate rubigo ecclesiastice rapine ex hoc uiolenter alias eruginet, uel uocem leticie ulla per-

<hr>

1. On trouve cette bulle imprimée dans les ouvrages suivants : *Gallia Christiana*, t. XII, col. 425; — *Historiæ patriæ monumenta, Chartarum*, t. II, col. 5; — Furrer, *ouvrage déjà cité*, p. 29 (mais en partie et défigurée). — Gremaud, *ouvrage déjà cité*, p. 33.

J'ai collationné cette pièce aux archives de l'Abbaye sur une très-belle copie, qui m'a paru appartenir au commencement du XVIIe siècle; c'est la seule qui soit conservée dans ce riche dépôt.

Eugène II occupa le trône pontifical de l'année 824 à l'année 827.

turbacionis caligine obfuscet, sub anathematis uinculo colligamus et in partibus Burgundie quamdam curtem uidelicet Arcum (*Arc en Barrois*) nomine sitam in Lingonensi territorio (*Langres*), cum ecclesiis et decimis, siluis, aquis, pascuis, cunctisque pertinentiis, eiusdem ecclesie fratribus habenda concedimus. Preterea piis desideriis Francorum regis aures accomodantes, eiusdem monasterii congregacioni Dei mandatis inherenti sedisque apostolice regulam seruanti, per huius preceptionis nostre auctoritatem, id quod exposcimus effectu mancipamus, et ideo omnem cuiuslibet ecclesie sacerdotem in prefato monasterio uel in ecclesiis in eius curtibus sitis, et eius elemosinis constructis et ordinatis nullum sui prioratus pontificium permittimus habituros, neque illum qui ciuitatem Sedunensem nunc habere dignoscitur, uel fuerit imposterum adquisiturus, quamlibet ditionem seu potestatem extendere preter sedem apostolicam prohibemus, ita ut nisi ab eo qui tunc prefuerit ecclesie uel a fratribus fuerit inuitatus, nec ad missarum ibidem celebranda solempnia quispiam presumat accedere, uel suam in ibidem dominationem incipiat exercere, nec ulla conciliabula pretendere, aut quaslibet partes elemosinarum que ad sanctum monasterium a fidelibus collatae fuerint sua in parte exigere, neque decimas que illic a iam dicto sancto Sigismundo sunt concessae attemptet auferre, eo quod subiectioni apostolici priuilegii consistant inconcussa. Constituimus enim per huius decreti nostri paginam atque interdicimus omnibus omnino cuiuslibet ecclesie presulibus, uel cuiusque honoris dignitate preditis, sub anathematis uinculo, ne aliquis huius nostre institutionis paginam, uel donaria et libertates, honores et sanctiones que a predicto rege Lodoico et aliis regibus constitute sunt et prefato monasterio sub priuilegiis indultae uiolare presumat. Eugenius Deo auctore in hac serie priuilegii ob amorem Dei et sanctorum martirum honorem a me facta relegens subscripsi, ac episcopos nostri presulatus subtus adnotare iussi. Petrus peccator iussus a domino papa subscripsi. Cressensius peccator iussus a domino papa subscripsi. Bonefacius peccator iussus a domino papa subscripsi. Geronimus peccator iussus a domino papa subscripsi. Petrus peccator iussus a domino papa subscripsi.

N° 6.

BULLE DU PAPE LÉON IV [1].

(847-855.)

In nomine Domini Dei vel æterni et saluatoris nostri Ihesu Christi. Leo humilissimus omnium seruorum Dei et in sancta sede romana tocius orbis magistra, non meritis propriis, sed intercessione beatissimi apostolorum principis patri, ab omnipotenti Deo in apostolatus arche electus. Quia Dominus noster oues proprias, quas suo sancto ac precioso sanguine adquisiuit, beato Petro pascendas commisit, constat nimirum cunctos Dei cultores ipsius subici tuicione cuius nos...... ubique non diffidimus protegi patrocinio; quapropter satis conuenienter omnibus christianis oportet ad sanctam matrem ecclesiam et apostolice sedis prebere concursum, taliter et deuotio conditoris conuenienter sortis se uideatur effectum, et pie constructionis oraculi in priuilegiis largiendis minime denegetur auxilium. Igitur quia postulauit a nobis Arnulfus excellentissimus rex Francorum [2], quatenus monasterium sanctorum Agaunensium in regnum Burgundie, situ super flumen Rodanum, quem in honore beati Mauricii uel aliorum mar-tyrum Sigismundus bone memorie construxisse dinoscitur, in quo idem Arnulfus rex uicem ab-

---

1. Je transcris cette bulle d'après la copie qui est écrite à la suite de la Chronique de l'Abbaye (pièce n° 2), copie à peu près contemporaine de la Chronique. La bulle de Léon IV a été publiée dans les ouvrages suivants : *Historiæ patriæ monumenta, Chartarum*, t. II, col. 146; — Gremaud, *ouvrage déjà cité*, p. 35.

2. Le pape Léon IV occupa le trône pontifical de 847 à 855. L'histoire ne mentionne à cette époque aucun personnage du nom d'*Arnulphus* comme *rex Francorum*; peut-être Léon IV entend-il parler d'Arnulphe, fils de Louis le Débonnaire, qui s'était emparé de l'abbaye d'Agaune, dont il s'était constitué l'avoué.

batis gerere uidetur, priuilegio cum sedis apostolice infulis decoretur, et sub sancte cui Deo auctore presidemus ecclesie constitutum preteritorum regum ordinem, gloriosi uidelicet regis Sigismundi ac ceterum regum post ipsam statuta et priuilegia eiusdem monasterii nostra iterum presulatus honore consencientes confirmaremus, ut nullatenus ullo deinceps tempore inrumperentur, neque super ipsos monachos illic Domino famulantes sine ipsorum electione abbas mutatur, et eidem loco adiacentes terras sub priuilegii actoritate colligimus scilicet siluam Spinaceti (*Epinassey*) cum suis pertinenciis ad coquinam fratrum colligemus et Aquisoniam cum sua integritate seu apendiciis et saltuum reditibus et Alpinonis desertum sicut terminetur a flumine Aquansoni usque ad Fontem Dorone cum integris apendiciis montis uel plani. Propterea piis desideriis Francorum accommodantes ac Dei monasterii congregationem, Dei mandatis inherentibus sedique apostolice regulam conseruantibus, per huius preceptionis nostre auctoritatem id quod exposcimus effectu mancipamus, et ideo omnem cuiuslibet ecclesie sacerdotem in prefatum monasterium uel in ecclesiis in eius cortibus sitis et ex suis aelemosinis constructis et ordinatis, nullum sui prioratus pontificium permittimus habiturum, neque illum qui ciuitatem Ualentiam (*Valence*) nunc habere dinoscitur, uel fuerit in postea adquisiturus, quamlibet dicionem seu potestatem extendere hac autoritate praeter sedem apostolicam prohibemus, cui praedictas terras excepta Spinaceti silua et ecclesia sancti Iohannis euuangeliste et sancti Sigismundi et eiusdem Agaunensium loci decimas semotis turmarum decimis concedimus et ibidem fratrem illum perpetualiter eligimus ab hoc, ut alternatis annis uel temporibus sanctum Crisma sollicitus consecrare uel ministrare, et inuitatus a fratribus sacros ordines ibidem celebrare studeat. Ita ut nisi ab eo qui in eodem monasterio abbas fuerit constitutus inuitatus fuerit, nec ad missarum ibidem caelebranda solempnia quispiam praesumat accedere, uel suam inibidem dominationem incipiat exercere, nec ulla conciliabula pretendere, aut quaslibet partes elemosinarum que ad sanctum monasterium a fidelibus collate fuerint sua in parte exigere, neque decima que illic a iam dicto sancto Sigismundo sunt concessa quisquam ademptet auffere, eo quod subiectione apostolici priuilegii consistunt. Inconcusse cuncta nobis secundum conditoris desideria eius debeant permanere temporibus, constituentes per huius decreti nostri paginam atque interdicentes omnibus omnino cuiuslibet ecclesie praesulibus uel cuiuscunque honoris dignitate preditos, sub anathematis uinculo conligatos, quicumque huius seriem nostrae institutionis ausus fuerit euertere, uel ipsarum scripturarum sanctiones quae a praedictis regibus constitute sunt et prefato monasterio sub priuilegio indulte quolibet modo uel tempore temptauerit existere temerator. Leo Deo auctore in hac serie priuilegii ob amorem Dei et sanctorum martyrum honorem a me facta relegens subscripsi, ac episcopos nostri presulatus subtus adnotare iussi. Gregorius peccator iussus a donno papa subscripsi. Benedictus peccator iussus a donno papa subscripsi. Ambrosius peccator iussus a donno papa subscripsi. ..... annus pp iussus a donno papa subscripsi. Becius peccator iussus a donno papa subscripsi. Martinus peccator subscripsi. Nicholaus...... (La fin de la pièce n'a point été copiée, mais il y manque à peine une ligne ou deux.)

N° 7.

DONATION DE RODOLPHE III, ROI DE BOURGOGNE [1].

(993.)

In nomine sanctæ et indiuiduæ Trinitatis, Rodulfus rex, maximum regni nostri augere credimus monimentum si concessionis nostræ munificentiæ sacris sanctæ ecclesiæ ædibus aliquid concedimus

---

1. Cette pièce a été publiée dans les ouvrages suivants : Guichenon, *Bibliotheca sebusiana*, Cent. I, n° 3 ; — D. Bouquet, *Historiens de France*, t. XI, p. 542 ; — *Gallia Christiana*, t. XII, col. 427 ; — Furrer, *ouvrage déjà cité*, p. 29. — Il est bon de faire remarquer que dans ce dernier auteur toutes les pièces concernant l'Abbaye sont mal lues et tronquées. Ce diplôme est l'original, il est terminé par le monogramme de Rodolphe.

atque æcclesiasticam indigentiam nostræ opis propensius fugamus auxilio plurimum nobis ad æternam beatitudinem, regni que nostri stabilitatem prodesse confidimus et id commodum procul dubio credimus. Omnium itaque fidelium nostrorum tam præsentium quam futurorum celsitudo comperiat : quoniam uenerabilis archiepiscopus Lugdunensis Burchardus, qui est Agaunensis abbatiæ præpositus, nostrum adiens prospectum rogauit suppliciter ut pro anima serenissimi patris nostri Chuonradi, sicut idem distribuerat Pulliacum (*Pully*) uillam canonicis in eadem abbatia Deo famulantibus, per præceptum concederemus, quod imnodicto iussimus adnotare; et in iam dicta villa quæ dare potuimus iuste et legaliter cum suis omnibus appendiciis, regia et præceptali auctoritate sancto Mauricio suæque legioni ac canonicis æternaliter distributa corroborando confirmavimus; ut autem nemo futuris temporibus immutare possit ullomodo hoc præceptum erga ipsam ecclesiam et canonicos pro divinæ remunerationis amore, et animæ patris nostri redemptione mentem quidem fieri colligemus. Insuper etiam ut æternam sibi vigoris firmitatem defendat, et a cœtu sanctæ Dei ecclesiæ inviolabiliter conservetur hoc donatiuum summæ pietatis gracia per actum hunc præceptalem fieri præcepimus scripturam et manu propria corroboravimus, hoc eciam addens, ut quicumque inviolabiliter conservare studuerit, benedictionem et gratiam consequi mereatur. Si quis autem in peius mutare tentaverit, divinum incurrat periculum in die iudicii et a Christo alienus habeatur.

     Signum serenissimi atque preclari regis Rodulfi.

     Anselmus almi Mauricii et domni regis cancellarius huius præcepti notas impleuit anno incarnationis Domini D.CCCC.L.XXXX.III , regni vero domni regis primo. Acta in Siaco pridie Kal. Aprilis; in Dei nomine feliciter.

N° 8.

DONATION DE RODOLPHE III, ROI DE BOURGOGNE [1].

(1017.)

     In nomine Dei eterni et saluatoris nostri Ihesu Christi. Rodulfus Dei gracia Burgundionum rex ; quicunque in hoc seculo diuitiarum uiuens .....uit ubertate, summa diligentia debet prouidere ne his nimium intentus ammittat ditissimum florem eterne dignitatis et gloriam patrie celestis. Quamuis Dominus dicat camelum facilius posse foramen acus penetrare quam diuitem in regnum celorum intrare, non tamen diffidendum nobis est de inmensa ipsius pietate, quia qui dat escam inuocantibus se coruorum pullis non denegabit veniam sperantibus in se famulis; neque enim est sibi exiguum uel uile propter quod dignatus est humanitatem sumere aut ..... uult deserere quod redemit suo preciosissimo sanguine ut illuc nos traheret unde uenerat liberare. Ille itaque nobis peccatoribus medicamina salutis est largitus; cum non solum de propriis uel bene adeptis, uerum etiam de mammona iniquitatis amicos doceret nos facere qui reciperent in eterna beatitudine. Nos siquidem his et aliis instructi monitis, si peticionibus fidelium nostrorum aurem serenitatis nostre accomodauerimus, procul dubio promptiores et fideliores ad nostrum efficimus famulatum; idque non tantum anime, uerum eciam nostri regni statui ualde prodesse non ambigimus. Quapropter omnium nostrorum tam presencium quam futurorum nouerit industria fidelium, quod quidam fideles nostri, uidelicet coniux nostra Hermengundis regina, Bertoldus

---

1. Ce diplôme a été publié dans les ouvrages suivants : Guichenon, *Histoire de Savoie*, t. IV, p. 2 ; — *Gallia Christiana*, t. XII, col. 428; — Cibrario et Promis, *Documenti, Sigilli*, etc., p. 21; — D. Bouquet, *Historiens de France*, t. XI, p. 547; — Furrer, *ouvrage déjà cité*, p. 31; — Gremaud, *ouvrage déjà cité*, p. 37. Pièce originale.

quoque et Rodulfus comites, et Robertus, necnon Hugo episcopus Sedunensis, et Heinricus Lauso-
nensis, atque Hugo Geneuensis, et Burchardus Lucdunensis, Anselmus Augustensis, ac Pandulfus cum
ceteris fratribus suplices nostram aggressi sunt clementiam quatinus pro salute nostra et eorum peticionibus ecclesie Agaunensi in salo miserrime desolationis iam pene naufraganti subueniremus. Quorum peticionibus benigne annuentes, donamus immo ab antecessoribus data reddimus tam ecclesie
Agaunensi quam fratribus ibi Deo et sancto Mauricio famulantibus, de uictu et uestitu proclamantibus
ad mensam eorum in refectorio, fiscos Sigiciacum, Lulliacum (*Lully*), Communiacum (*Commugny*);
dimidium Puliacum (*Pully*), Auronum (*Oron*), potestatem Uuadengis (*Vuadens*) et Bedolosci, et in
Vivesio (*Vevey*) placitum cum omni reddibicione census hominum; Lustriacum (*Lutry*), Uobreium
(*Vouvry*), Aulonum (*Ollon*), Luchiam (*Louèche*), Nares (*Naters*), cum omnibus appendiciis eorum,
et obblata altaris eiusdem ecclesie et dimidium burgum ipsius loci et ibidem furnum cum molendinis
et duas partes tholonei salis, et alpes sancti Mauricii totius capud laci uallis, ea videlicet racione ut omni
tempore nostri precepti auctoritate ipsi et successores, eorum quiete habeant, teneant, et inde in refectorio uiuant, et quidquid utile sibi in commune bonum decreuerint libere faciant. Si quis uero, quod
minime credimus, eos molestauerit, non ualeat uindicare quod apetit, sed sit culpabilis et persoluat
quingentas libras optimi auri, medietatem ipsi ecclesie et medietatem regis kamere. Uerum ut hoc cre-
datur cercius, presens preceptum propria manu firmauimus et sigillo nostro signari et predictorum episcoporum anathemate muniri precepimus. Annus ab incarnacione domini M° XUII°¹, regni vero regis
Rodulfi xxiiii, die sabbati, xv Kal. M...... indicione prima. Actum in Agauno feliciter.

Grand sceau plaqué de Rodolphe III, dans un état de conservation remarquable ².

N° 9.

DIPLÔME D'AMÉDÉE II, COMTE DE SAVOIE,
POUR LA RÉFORME DE L'ABBAYE ³.

(1128.)

Amedeus, Dei gratia comes et marchio, omnibus fidelibus notum facimus quod ad instantiam charissimi fratris nostri domni Raynaldi præpositi ecclesiæ sancti Mauritii et sociorum martyrum loci
Agaunensis in comitatu nostro, de concilio R. patris domni Hugonis episcopi Gratianopolitani reforma-
vimus statum ipsius ecclesiæ, quam miserabiliter desolatam comperimus, cessantibus etiam divinis officiis ; unde tanto dolore cordis intrinsecus ordinamus et statuimus de consensu sæcularium canonicorum
qui sunt ut illi in regulares canonicos de cætero commutentur et Deo devote deserviant; et ut omnes
possessiones male alienatæ ab ecclesia sine alicujus contradictione ad eam devoluantur. Quod si quis
velit ausu temerario contravenire, pœnam damni sui scilicet LX librarum potestati persolvat, et terram

---

1. Comme tous les V majuscules et minuscules de cette pièce, le V de 17 est figuré par un U. Il n'y a pas de doute
possible sur la date de 1017, car la 24ᵉ année du règne de Rodolphe, monté sur le trône en 993, nous donne 1017.
Quelques auteurs avaient lu 1014.

2. Voir, planche n° XLIII, le dessin du sceau de Rodolphe III.

3. L'original de cette pièce n'existe pas aux archives de l'Abbaye; j'en ai trouvé une copie dans les notes manu-
scrites de l'abbé Milès. Je la transcris ici malgré les fautes nombreuses qu'elle me paraît contenir. Elle a été publiée dans
Guichenon, *Histoire de Savoie*, preuves, n° 31, et dans le *Gallia Christiana*, t. XII, col. 430.

male possessam ecclesiæ in pace dimittere pro ut et nos dimittimus, et omnia ablata restitui mandamus. Ut autem hæc institutio regularium canonicorum inviolata permaneat, apostolicam sedem rogamus ut ipsam confirmare dignetur. Signum Amedei comitis. Signum Hugonis episcopi. Signum Raynaldi præpositi. Signum Hermenicardi. Datum Agauni anno Mᵒ Cᵒ XXVIII, III kal. aprilis.

N° 10.

BULLE DU PAPE INNOCENT II [1].

(1136.)

Innocentius episcopus servus servorum Dei, dilectis filiis Amerardo priori et fratribus in Agaunensi beati Mauritii ecclesia divino famulatui mancipatis tam præsentibus quam futuris in perpetuum. Cum omnibus ecclesiis debitores ex injuncto nobis a Deo apostolatus officio existamus, illis tamen propensiori cura nos convenit imminere quas de dominio et subiectione sedis apostolicæ specialiter esse antiquis patrum institutionibus comprobatur. Ea propter, dilecti in Domino filii, vestris postulationibus clementer annuimus et beati Mauritii Agaunensem ecclesiam in qua divino vacatis servitio, quæ etiam ad defensionem et tutelam romanæ ecclesiæ specialiter pertinere dinoscitur, beati Petri patrocinio et præsentis scripti pagina communimus; statuentes ut ordo canonicus qui in eodem loco secundum beati Augustini regulam est, Deo gratias, institutus et a prædecessore nostro beatæ memoriæ Papa Honorio confirmatus, perpetuis futuris temporibus ibidem inviolabiliter observetur. Præterea quæcumque bona; quascumque helemosinas vel possessiones in presentiarum juste et canonice possidetis, aut in futurum concessione pontificum, largitione principum, oblatione fidelium, seu aliis justis modis, prestante domino poteritis adipisci, firma vobis et illibata permaneant, decernimus ergo ut nulli omnino hominum fas sit præfatam ecclesiam perturbare, aut ejus possessiones auferre, vel ablatas retinere, minuere, aut aliquibus exactionibus seu oppressionibus fatigare. Sed omnia quæ rationabiliter possidetis integra conservantur, eorum pro quorum sustentatione et gubernatione concessa sunt usibus omnimodis profutura. Si qua igitur inposterum ecclesiastica secularisve persona hanc nostræ constitutionis paginam sciens contra eam venire temptaverit, secundo, tertiove commonita, si non satisfactione congrua emendaverit, potestatis honorisque sui dignitate careat, reamque se divino judicio existere de perpetrata iniquitate cognoscat, et a sacratissimo corpore ac sanguine Dei et Domini Redemptoris nostri Jesu Christi aliena fiat, atque in extremo examine districtæ ultioni subjaceat. Cunctis autem eidem loco sua jura servantibus sit pax Domini nostri Jesu Christi, quatenus et hic fructum bonæ actionis percipiant et apud districtum judicem præmia æternæ pacis inveniant. Amen. Amen. Amen. Ego Innocentius catholicæ ecclesiæ episcopus. Ego Guilielmus, episcopus Prænestinus. Ego Mathæus, Albanensis episcopus. Ego Thedewinus, sanctæ Rufinæ episcopus. Ego Gerardus, presbiter cardinalis titulo sanctæ crucis in Hierusalem. Ego Anselmus, presbiter cardinalis. Ego Lucas, presbiter cardinalis titulo sanctorum Joannis et Pauli. Ego Gregorius, diaconus cardinalis sanctorum Sergii et Bachi. Ego Stephanus, diaconus cardinalis sanctæ Luciæ in Orphen. Ego Oddo, diaconus cardinalis sancti Georgii ad velum aureum. Ego Guido, diaconus cardinalis sanctorum Cosme et Damiani. Ego Guido, cardinalis diaconi sancti Adriani. Ego Boetius, diaconus sancti Viti cardinalis. Ego Vassallus, diaconus cardinalis sancti Eustachii. Datum Pisis, per manum Imerici S. R. E. diaconi cardinalis et cancellarii, VI idus junii, indictione XIII, incarnationis dominicæ anno Mᵒ Cᵒ XXXᵒ VIᵒ, pontificatus domini Innocentii p. p. II anno sexto.

---

1. Pièce originale. Innocent II occupa le trône pontifical de 1130 à 1143.

N° 11.

DIPLÔME D'AMÉDÉE III, COMTE DE SAVOIE,

RESTITUANT A L'ABBAYE SON DROIT D'ÉLIRE LES PRÉVÔTS [1].

(1143.)

In nomine sanctæ et individuæ Trinitatis, notum fieri volumus omnibus Christi fidelibus tam posteris quam præsentibus quod Amedeus comes et marchio, et Maiez comitissa uxor ejus et Humbertus eorum filius concesserunt et in integrum reddiderunt præposituram Agaunensis ecclesiæ sancti Mauricii ad communitatem fratrum ibidem Deo et beatis martyribus famulantium sicut antea præpositi sæcularium canonicorum ad partem ecclesiæ habuerant, retento receptu suo et justis consuetudinibus quæ ad comitatum pertinent. Propter hoc humiliter petierunt ut ipsi et comes Umbertus pater comitis Amedei a peccatis quæ super hæc re contraxerant ab........ et anniversarius dies prædicti Umberti in Agaunensi martirologio scriberetur et annualiter celebraretur. Comes vero Amedeus laudavit in sacrata manu Airaldi Mauriannensis episcopi se prædictam præposituræ redditionem bona fide et absque malo ingenio facere et conservare et contra omnes homines manutenere. Huius rei testes sunt Venerabilis episcopus Mauriannensis Airaldus, atque Turumbertus, Petrus de Sailon, Willelmus de Maisins, Amedeus de Camera, Raimundus de Tors. Actum est hoc in Mauriannia in loco qui vocatur Sanctus Julinus, anno M° C° XLIII, in kalendis aprilis, luna XIIII. Compositor namque extitit Ugo Agaunensis ecclesiæ prepositus.

Sceau pendant, en cire brune, sur queue de parchemin; chevalier fruste.

N° 12.

BULLE DU PAPE LUCE II,

APPROUVANT L'ACTE DE RESTITUTION D'AMÉDÉE II [2].

(1144.)

Lucius episcopus servus servorum Dei, dilectis filiis U. priori et fratribus Augaunensis ecclesiæ salutem et apostolicam benedictionem. Venerabilium locorum cura nos admonet de eorum perpetua securitate tractare, et religiosorum quieti salubriter providere. Ideoque præposituram ecclesiæ vestræ

1. Pièce originale; elle a été publiée dans Guichenon, *Histoire de Savoie*, t. IV, p. 34; — *Gallia Christiana*, t. XII, col. 489; — Cibrario et Promis, *Documenti, Sigilli*, etc., p. 60; — *Historiæ patriæ monumenta, Chartarum*, t. II, col. 246; — Furrer, *ouvrage déjà cité*, p. 37.

2. Pièce originale. Luce II fut élu et couronné le 12 mars 1144; il mourut le 25 février 1145. La bulle est donc du 17 des kalendes de mai 1144.

quam nobilis vir A. comes pro redemptione animæ suæ vobis reddidit per præsentis scripti vobis paginam confirmamus; prohibentes ut nulli omnino hominum liceat eamdem præposituram ab ecclesia vestra removere, vel quolibetmodo occupare, nec vos nec ecclesiam vestram aliquibus vexationibus fatigare. Si quis autem contra hanc nostræ constitutionis paginam temere venire temptaverit, secundo, tertiove commonitus, si non satisfactione congrua emendaverit, potestatis honorisque sui dignitate careat atque in extremo examine districtæ ultioni subjaceat. Datum Laterano, XVII kal. madias.

Bulle pendante de Luce II.

N° 13.

BULLE DU PAPE EUGÈNE III[1].

(1146.)

Eugenius episcopus servus servorum Dei, dilectis filiis Hugoni abbati Agaunensis ecclesiæ beati Mauricii martiris ejusque fratribus tam præsentibus quam futuris regularem vitam professis in perpetuum. Quoniam sine veræ cultu religionis nec charitatis unitas potest subsistere, nec Deo gratum exhiberi servitium, expedit apostolicæ auctoritati religiosas personas diligere et earum quieti auxiliante Domino providere. Ea propter dilecti in Domino filii vestris justis postulationibus clementer annuimus et præfatam ecclesiam in qua divino mancipati estis obsequio sub beati Petri et nostra protectione suscipimus et præsentis scripti privilegio communimus. Imprimis siquidem statuentes ut ordo canonicus secundum beati Augustini regulam perpetuis ibi temporibus inviolabiliter conservetur. Insuper prohibentes ut nullus præposituram ipsius ecclesiæ, quam nobilis vir Amedeus comes pro redemptione animæ suæ vobis reddidit, invadere vel auferre sive retinere præsumat, sed cum omnibus ad eam jure pertinentibus ad usus et sustentationem fratrum regularium ibidem Domino servientium semper illibata permaneant. Præterea quascumque possessiones, quæcumque bona in præsentiarum juste et canonice possidetis, aut infuturum concessione pontificum, largitione regum vel principum, oblatione fidelium seu aliis justis modis Deo propitio poteritis adipisci, firma vobis vestrisque successoribus et inconvulsa serventur. In quibus hæc propriis duximus exprimenda vocabulis : ecclesiam sancti Michaelis cum pertinentiis suis et ecclesiam de Salinis in Tarendasia (*Tarentaise*); ecclesiam de Monteniaco; ecclesiam de Fessons; ecclesiam de Sinemuro (*Semur*), in honore beati Mauricii consecratam, cum pertinentiis suis; ecclesiam de Plano-Contesio (*Plan-Conthey*), cum capella de Vertres (*Vétroz*); Silvanum (*Salvan*), Othonellum (*Autanelle*), cum cappella ibi sita. Obeunte vero te nunc ejusdem loci abbate vel tuorum successorum nullus ibi qualibet surreptionis astutia vel violentia præponatur nisi quem fratres communi assensu vel fratrum pars concilii sanioris secundum Dei timorem et beati Augustini regulam providerint eligendum. Sane laborum vestrorum quos propriis manibus aut sumptibus colitis, sive de nutrimentis vestrorum animalium nullus omnino a vobis decimas exigat. Decernimus ergo ut nulli omnino hominum liceat præfatam ecclesiam temere perturbare, aut ejus possessiones auferre, vel ablatas retinere, minuere, aut aliquibus vexationibus fatigare, sed omnia integra conserventur eorum pro quorum gubernatione et sustentatione concessa sunt usibus omnimodis profutura, salva sedis apostolicæ auctoritate. Si qua igitur in futurum

---

1. Pièce originale. Eugène III occupa le trône pontifical du 4 mars 1145 au 8 juillet 1153.

ecclesiastica sæcularisve persona hanc nostræ constitutionis paginam sciens contra eam temere venire temptaverit, secundo, tertiove commonita, si non satisfactione congrua emendaverit, potestatis honorisque sui dignitate careat, reamque se divino judicio existere de perpetrata iniquitate cognoscat et a sacratissimo corpore ac sanguine Dei et Domini Redemptoris nostri Jesu Christi aliena fiat atque in extremo examine districtæ ultioni subjaceat. Cunctis autem eidem loco justa servantibus sit pax Domini nostri Jesu Christi quatinus et hic fructum bonæ actionis percipiant et apud districtum judicem præmia æternæ pacis inveniant. Amen. Amen. Amen. Ego Eugenius catholicæ ecclesiæ episcopus. Ego Albericus, Hostiensis episcopus. Ego Ymarus, Tusculanus episcopus. Ego Hubaldus præsbiter cardinalis titulo sanctorum Joannis et Pauli. Ego Guido, præsbiter cardinalis titulo sanctorum Laurentii et Damasi. Ego Jordanus, præsbiter cardinalis titulo sanctæ Susannæ. Ego Joannes, diaconus cardinalis sanctæ Mariæ novæ. Datum Lugduni, per manum Guidonis S. R. E. diaconi cardinalis cancellarii, XI kal. aprilis, indictione X, incarnationis dominicæ anno Mº Cº XLº VIº, pontificatus vero domini Eugenii p. p. III anno IIº.

Nº 14.

ACTE CONCERNANT L'USURPATION DE L'ÉGLISE DE SAINT-MAURICE D'AIGLE

PAR LES ÉVÊQUES DE SION [1].

(1178-1180.)

Ad præsentium posterorumque notitiam, ne longa temporum volubilitate ea quæ facimus oblivioni tradantur, præsens scriptum relinquimus. Notum siquidem est omnibus qualiter Agaunensis ecclesia peccatis exigentibus dissipata et ab omni possessione sua privata fuit, inter quæ etiam ecclesiam sancti Mauritii de Alio, quæ sibi propria erat, amisit. Longo igitur spatio temporis evoluto, canonici Agaunenses adierunt præsentiam Guarini, tunc episcopi Sedunensis, petentes ut illis præfatam ecclesiam de Alio quam injuste ecclesia Agaunensis amiserat, reddere dignaretur; qui peticionem eorum benigne suscipiens, eis prædictam ecclesiam reddidit, et concessit in perpetuum possidendam; hujus rei testes sunt : Willelmus de Alio; Anselmus de Capella; Petrus Clarerius, et multi alii. Defuncto vero G. episcopo et post aliquanto tempore evoluto, exhorta est discordia inter Hugonem, abbatem Agaunensem, et Ludovicum, episcopum Sedunensem; qui L. supradictam ecclesiam ab Agaunensi capitulo injuste et violenter abstulit. Post hoc vero contigit Stephanum Viennensem archiepiscopum et romanæ sedis legatum in istas partes venire, cujus benivolentiam abbas et fratres Agaunenses humiliter deprecati sunt ut eis ablata ecclesia restitueretur, causam qua injuste ab eis ablata fuerit aperientes; ipse vero causam eorum justam esse cognoscens, prædicto episcopo L. per litteras sigillo suo munitas mandavit et ex parte Dñi papa præcepit ut eis ecclesia omni occasione remota substitueretur; ipse autem, præceptis ejus obediens, concilio Sedunensis capituli, eam Agaunensi capitulo restituit. Post aliquantum vero temporis, causa de prædicta ecclesia in præsentia domini pape Alexandri est recitata, qui, justam eam esse recognoscens, jam dictam ecclesiam Agaunensi capitulo privilegio suo confirmavit.

1. Pièce originale.

N° 15.

BULLE DU PAPE ALEXANDRE III.

(1178.)

Alexander episcopus servus servorum Dei dilectis filiis Willelmo abbati ecclesiæ sancti Mauritii Agaunensis ejusque fratribus tam præsentibus quam futuris regulariter substituendis in perpetuum. Cum simus ad curam et regimen universalis ecclesiæ licet immeriti providentia supernæ dispositionis assumpti, siquando postulatur a nobis quæ ad tuitionem ecclesiarum pertineant petentium desideriis clementer convenit condescendere et eorum vota effectu prosequente complere. Ea propter, dilecti in Domino filii, vestris justis postulationibus clementer annuimus, et beati Mauritii ecclesiam quæ juris et proprietatis beati Petri esse cognoscitur, in qua secundum beati Augustini regulam, apostolicam vitam gerentes, divino vacatis servitio, ad exemplar patris et predecessoris nostri sanctæ recordationis Innocentii p. p. apostolicæ sedis privilegio communimus, statuentes ut quascumque possessiones, quæcumque bona eadem ecclesia in præsentiarum juste et canonice possidet, aut in futurum concessione pontificum, largitione regum vel principum, oblatione fidelium seu aliis justis modis præstante Domino poterit adipisci, firma vobis vestrisque successoribus et illibata permaneant. In quibus hæc propriis duximus exprimenda vocabulis : locum ipsum in quo præfata ecclesia constructa est cum omnibus pertinentiis suis, ecclesiam sancti Sigismundi et ecclesiam sancti Laurentii et sanctæ Mariæ et hospitale sancti Jacobi quæ in villa ejusdem ecclesiæ sancti Mauricii sitæ sunt, cum omnibus ad easdem ecclesias et hospitale pertinentibus. Ecclesiam de Sinemuro (*Semur*) cum appenditiis suis. Ecclesiam de Anonglaz cum appenditiis suis. Ecclesiam de Communiaco (*Commugny*) cum appenditiis suis. Ecclesiam de Massungiaco (*Massonger*) cum appenditiis suis. Ecclesiam de Biolle cum appenditiis suis. Ecclesiam sancti Michaelis de Tarentasia (*Tarentaise*) cum appenditiis suis. Ecclesiam de Salino, quod est in Tarentasia, cum appenditiis suis. Ecclesiam de Latuelli (*La Thuile*) cum appenditiis suis. Ecclesiam de Fessun (*Fesson en Tarentaise*) cum appenditiis suis. Domum de Ponte Alwen cum appenditiis suis. Ecclesiam de Alio (*Aigle*), quæ vocatur sanctus Mauritius, cum appenditiis suis. Ecclesiam de Oluns (*Ollon*) cum appenditiis suis. Ecclesiam de Ottanne (*Autan*) cum appenditiis suis. Ecclesiam de Vertroz (*Vétroz*) cum appenditiis suis. Ecclesiam de Contez (*Conthey*) cum appenditiis suis. Ecclesiam de Choiz (*Choëx*) cum appenditiis suis. Ecclesiam de Bagnes (*Bagnes*) cum appenditiis suis. Ecclesiam de Villezo (*Volléges*) cum appenditiis suis. Præterea debitam libertatem a prædecessoribus nostris eidem ecclesiæ concessam nos quoque auctoritate apostolica nichilominus confirmamus, ut videlicet ecclesia ipsa, cum cellis ad eam pertinentibus, *solummodo romano pontifici sit subiecta*, nec alicui omnino quamlibet dominationem aut exactionem in eisdem locis liceat exercere. Censimus etiam ut nullus in eis nisi regularem vitam professus canonicus aliquando subrogetur aut qualibet astutia intrudatur. Decernimus ergo ut nulli omnino hominum liceat præfatam ecclesiam temere perturbare, aut ejus possessiones auferre, vel ablatas retinere, minuere, seu quibuslibet vexationibus fatigare ; sed omnia integra et illibata serventur eorum pro quorum gubernatione ac sustentatione concessa sunt usibus omnimodis profutura, salva sedis apostolicæ auctoritate. Si qua igitur in futurum ecclesiastica sæcularisve persona, hanc nostræ constitutionis paginam sciens, contra eam temere venire temptaverit, secundo, tertiove commonita, nisi reatum suum digna satisfactione correxerit, potestatis honorisque sui dignitate careat, reamque

---

1. Pièce originale, publiée dans les *Historiæ patriæ monumenta, Chartarum*, t. II, col. 1064. Le pape Alexandre III occupa le trône pontifical de 1159 à 1181.

se divino judicio existere de perpetrata iniquitate cognoscat, et a sacratissimo corpore ac sanguine Dei et Domini redemptoris nostri Jesu Christi aliena fiat, atque in extremo examine districtæ ultioni subiaceat. Cunctis autem in eodem loco sua jura servantibus sit pax Domini nostri Jesu Christi quatinus et hic fructum bonæ actionis percipiant et apud districtum judicem præmia æternæ pacis inveniant. Amen. Amen. Amen. Ego Alexander catholicæ ecclesiæ episcopus s. s. Ego Ubaldus, Ostiensis episcopus s. s.. Ego Jacobus, sanctæ Mariæ in Cosmedyn diaconus cardinalis s. s.. Ego Ardicio, diaconus cardinalis sancti Theodori s. s. Ego Rainerius, diaconus cardinalis sancti Georgii ad velum aureum s. s.. Ego Gratianus, diaconus cardinalis, sanctorum Cosmæ et Damiani s. s.. Ego Raynerius, diaconus cardinalis sancti Adriani, s. s.. Ego Joannes, præsbiter cardinalis sanctorum Joannis et Pauli, titulo Pamachii s. s . Ego Joannes, præsbiter cardinalis, titulo sancti Marci s. s.. Ego Theodinus, præsbiter cardinalis sancti Vitalis, titulo Vestine s. s.. Ego Petrus, præsbiter cardinalis, titulo Susannæ sanctæ s. s.. Ego Vivianus, præsbiter cardinalis, titulo sancti Stephani in Celio monte s. s.. Datum Laterano, per manum Alberti sanctæ ecclesiæ romanæ præsbiteri cardinalis et cancellarii, II idus martii; indict. XII; incarnationis dominicæ anno M°C°LXXVIII°; pontificatus vero domini Alexandri p. p. III anno ejus XX°.

Bulle pendante d'Alexandre III.

N° 16.

BULLE DU PAPE CÉLESTIN III [1].

(1196.)

Cælestinus episcopus servus servorum Dei, dilectis filiis Willelmo abbati sancti Mauritii Agaunensis ejusque fratribus tam præsentibus quam futuris regulariter substituendis in perpetuum. Cum simus ad curam animarum et regimen universalis ecclesiæ licet immeriti providentia supernæ dispositionis assumpti. Si quando postulatur a nobis quæ ad tuitionem ecclesiarum pertineant, petentium desideriis clementer convenit condescendere et eorum vota effectu prosequente complere. Ea propter dilecti in Domino filii vestris justis postulationibus clementer annuimus et beati Mauritii ecclesiam, quæ juris et proprietatis beati Petri esse cognoscitur, in qua, secundum beati Augustini regulam, apostolicam vitam gerentes divino vacatis servitio, ad exemplar prædecessorum nostrorum felicis recordationis Innocentii, Alexandri et Clementis, romanorum pontificum apostolicæ sedis privilegio communimus. Statuentes ut quascumque possessiones, quæcumque bona eadem ecclesia in præsentiarum juste et canonice possidet, aut in futurum concessione pontificum, largitione regum vel principum, oblatione fidelium, seu aliis justis modis, præstante Domino poterit adipisci, firma vobis vestrisque successoribus et illibata permaneant. In quibus hæc propriis duximus exprimenda vocabulis. Locum ipsum in quo præfata ecclesia sita est cum omnibus pertinentiis suis. Ecclesiam sancti Sigismundi. Ecclesiam sancti Laurentii. Ecclesiam sanctæ Mariæ et hospitale sancti Jacobi quæ in villa ejusdem ecclesiæ sancti Mauritii sitæ sunt, cum omnibus ad easdem ecclesias et hospitale pertinentibus. Ecclesiam sancti Joannis de Sinemuro (*Prieuré de Saint-Jean à Semur*) cum appenditiis

---

1. Pièce originale. Cette bulle est la reproduction presque littérale de la bulle d'Alexandre III; je crois cependant qu'il est utile de la faire connaître, parce qu'elle contient quelques nouveaux noms de lieux dépendants de l'Abbaye et une extension de privilèges. Célestin III, préconisé en 1191, mourut en 1198.

suis. Capellam Ducis Burgundiæ quæ in eodem castro sita est, et tabernagium totius villæ. Ecclesiam de Nonglar cum appenditiis suis. Ecclesiam de Communiaco (*Commugny*) cum appenditiis suis. Ecclesiam de Massongiaco (*Massonger*) cum appenditiis suis. Ecclesiam de Biolley cum appenditiis suis. Ecclesiam de sancto Michaeli in Tarentasia cum appenditiis suis. Ecclesiam de Salino quæ est in Tarentasia, cum appenditiis suis. Ecclesiam de Latuelli (*La Thuile*) cum appenditiis suis. Ecclesiam de Fessuns (*Fesson*) cum appenditiis suis. Ecclesiam sancti Albini quæ supra lacum Novi castri (*Neufchatel*) sita est cum appenditiis suis. Ecclesiam de Alio (*Aigle*) quæ vocatur sanctus Mauritius cum appenditiis suis. Ecclesiam de Olono (*Ollon*) cum appenditiis suis. Ecclesiam de Otonello (*Autanelle*) cum appenditiis suis. Ecclesiam de Choiz (*Choëx*) cum appenditiis suis. Ecclesiam de Plano Contesio (*Plan-Conthey*) cum appenditiis suis. Ecclesiam de Vertro (*Vétroz*) cum appenditiis suis. Ecclesiam de Bagnes (*Bagnes*) cum appenditiis suis. Ecclesiam de Willegio (*Volléges*) cum appenditiis suis. Chrisma vero et oleum sanctum, consecrationes altarium seu basilicarum, ordinationes eorum qui ad sacros ordines fuerint promovendi, ac alia sacramenta ecclesiastica a diecesano suscipiatis episcopo, siquidem catholicus fuerit et gratiam et communionem apostolicæ sedis habuerit, et ea vobis gratis et absque pravitate aliqua voluerit exhibere; alioquin liceat vobis quemcumque malueritis catholicum adire antistitem gratiam atque communionem apostolicæ sedis habentem, qui nimirum nostra fultus auctoritate vobis quod postulatis impendat. Præterea debitam libertatem a prædecessoribus nostris summis pontificibus, eidem vestræ ecclesiæ concessam, nos auctoritate apostolica nichilominus confirmamus ut videlicet ecclesia ipsa cum cellis ad eam pertinentibus *solummodo romano pontifici sit subdita,* nec alicui omnino quamlibet dominationem aut exactionem in eisdem locis liceat exercere. Censimus ut nullus in eis nisi regularem vitam professus canonicus aliquando subrogetur aut qualibet astutia intrudatur. Obeunte vero te nunc ejusdem loci abbate, vel tuorum quolibet successorum, nullus ibi qualibet astutia subreptionis seu violentia præponatur nisi quem fratres communi consensu vel fratrum pars consilii sanioris secundum Dei timorem et beati Augustini regulam providerint eligendum. Electus autem a romano pontifice vel a quocumque maluerit catholico episcopo munus benedictionis accipiat. Decernimus ergo ut nulli omnino hominum liceat præfatam ecclesiam temere perturbare aut ejus possessiones auferre, vel ablatas retinere, minuere, seu quibuslibet vexationibus fatigare, sed omnia integra conserventur eorum pro quorum gubernatione et sustentatione concessa sunt usibus omnimodis profutura. Si qua igitur in futurum ecclesiastica sæcularisve persona hanc nostræ constitutionis paginam sciens contra eam temere venire temptaverit, secundo, tertiove commonita, nisi reatum suum congrua satisfactione correxerit, potestatis honorisque dignitate careat, et a sacratissimo corpore et sanguine Dei et Domini redemptoris nostri Jesu Christi aliena fiat atque in extremo examine divinæ ultioni subjaceat. Cunctis autem eidem loco sua jura servantibus sit pax Domini nostri, quatinus et hic fructum bonæ actionis percipiant et apud districtum judicem præmia æternæ pacis acquirant. Amen. Amen. Amen. Ego Cælestinus catholicæ ecclesiæ episcopus. Ego M .... sanctorum Joannis et Pauli præsbiter cardinalis titulo Pamachii. Ego J....., titulo sancti Clementis cardinalis Viterbellensis episcopus. Ego Guido, præsbiter cardinalis sanctæ Mariæ Transtiberim et Callixti. Ego Hugo, præsbiter cardinalis sancti Martini titulo Equitis. Ego Gofredus, præsbiter cardinalis titulo sanctæ Praxedis. Ego F...., titulo sancti Marcelli præsbiter cardinalis. Ego Joannes, titulo sanctæ Priscæ præsbiter cardinalis. Ego Gratianus, sanctorum Cosmæ et Damiani diaconus cardinalis. Ego Girardus, sancti Adriani diaconus cardinalis. Ego Gregorius, sanctæ Mariæ in Aquino diaconus cardinalis. Ego Gregorius, sancti Georgii ad velum aureum diaconus cardinalis. Ego Lotharius, sanctorum Sergii et Bachi diaconus cardinalis. Ego Nicholaus, sanctæ Mariæ in Cosmedin diaconus cardinalis. Ego B...., sancti Theodori diaconus cardinalis. Ego Albinus, Albanensis episcopus. Ego Octavianus, Ostiensis et Velleterensis episcopus. Ego Petrus, Portinensis et sanctæ Rufinæ episcopus. Datum Laterano, per manum C...., sanctæ S..... diaconi cardinalis, domini papæ camerarii, Kal. aprilis, indictione XIIII, incarnationis dominicæ anno MᵒCᵒ LXXXXVIᵒ, pontificatus vero domini Cælestini p. p. III anno Vᵒ.

N° 17.

BULLE DU PAPE CÉLESTIN III [1].

(1196.)

Cælestinus episcopus servus servorum Dei, dilectis filiis abbati, priori et capitulo Agaunensi salutem et apostolicam benedictionem. Ecclesias et loca religiosa quæ specialiter beati Petri juris existunt speciali sedis apostolicæ convenit prærogativa gaudere, qua detur intelligi universis ea tantum sedi apostolicæ subjacere meminimus, siquidem quod cum in minori quondam essemus officio constituti felicis recordationis Eugenius papa prædecessor noster monasterium vestrum ut pote quod in beati Petri jure ac proprietate consistit. Nobis præsentibus ministerio proprio dedicavit et ipsius dedicationis diem vobis annis singulis celebriter statuit excolendum; verum quoniam eadem ecclesia vestra procedente tempore combusta fuit et propter hoc a venerabili fratre nostro Viennensi archiepiscopo dedicata, primæ dedicationis dies a vobis dicitur in debita memoria non haberi, volentes igitur ut dies ille apud vos celebris perpetuo habeatur, quo ecclesia vestra per tantum pontificem consecrata *ac per hoc cognoscatur a posteris quod idem monasterium nobis nullo subjaceat mediante*, annuum præfatæ dedicationis diem, videlicet octavo kal. junii, a vobis statuimus in posterum celebriter excolendum ac omnibus ad ipsam ecclesiam eodem die humiliter venientibus vigenti dies de beatorum Petri et Pauli auctoritate confisi de injuncta eis pœnitentia relaxamus. Decernimus igitur ut nulli omnino hominum liceat hanc paginam nostræ constitutionis infringere vel ei ausu temerario contraïre; si quis autem hoc attentare præsumpserit, indignationem omnipotentis Dei et beatorum Petri et Pauli apostolorum ejus se noverit incursurum. Datum Laterano, kal. aprilis, pontificatus nostri anno quinto.

Bulle pendante de Célestin III.

N° 18.

BULLE DU PAPE CÉLESTIN III,

ACCORDANT AUX ABBÉS LA MITRE ET L'ANNEAU [2].

(1196.)

Cælestinus episcopus servus servorum Dei, dilecto filio Willelmo abbati sancti Mauritii Agaunensis, salutem et apostolicam benedictionem. *Cum monasterium beati Mauritii romanæ ecclesiæ nullo subiaceat mediante* et beati Petri juris et proprietatis existat, dignum credimus et conveniens rationi ut per sedem apostolicam specialis privilegii prærogativa lætetur, et ut libertas cognoscatur ex munere

1. Pièce originale.
2. Pièce originale.

et dignitas pateat ex ornatu. Ea propter, dilecte in Domino fili, devotionem ecclesiæ tuæ, quam circa romanam ecclesiam semper exhibuit, attendentes, considerantes etiam religionis constantiam quam te multorum testimonio didicimus obtinere, tibi et successoribus tuis de benignitate sedis apostolicæ usum mitræ et anuli duximus concedendum quibus infra ecclesiam tuam ad missarum solempnia in festivis diebus utaris. Nulli ergo omnino hominum liceat hanc paginam nostræ concessionis infringere vel ei ausu temerario contraïre. Si quis autem hoc attemptare præsumpserit, indignationem omnipotentis Dei et beatorum Petri et Pauli apostolorum ejus se noverit incursurum. Datum Laterano, octavo idus aprilis, pontificatus nostri anno quinto.

Bulle pendante de Célestin III.

N° 19.

DONATION DE GUILLAUME, COMTE DE PONTHIEU [1].

(1210.)

Ego Willelmus comes Pontivi et Monasterioli (*Ponthieu et Montreuil-sur mer*) notum facio omnibus tam futuris quam presentibus quod ego ob remedium anime mee, patris et matris mee et Alaydis uxoris mee et Marie filie mee et predecessorum meorum contuli in perpetuam elemosinam canonicis sancti Mauritii de Chablais tredecim libras parisiensium ad guihalam meam in Abbatisvilla (*Abbeville*), quisquis eam tenuerit, annuatim accipiendas in nundinis Trecarum (*Troyes*) mense julio constitutis, ad emendas viginti ulnas scallate ad ulnam de Pruvins (*Provins*) ad facienda capucia que predicti canonici in signum martyrii beatorum martyrum Mauritii sociorumque ejus ordinis et consuetudinis in ecclesia gestare rubea dinoscuntur. Concessi etiam canonicis prefati loci octo solidos censuales in Abbatis-villa annuatim accipiendos a Firmino de Senarpon burgense meo et ab heredibus ejus de quatuor stallis carnificum que predictus Firminus de me tenebat. Hoc etiam sciendum est quod quidquid predicti canonici tam in capuciis quam in rebus aliis in comitatu meo reclamabant, quantum ad me et ad heredes meos pertinet, in pace remittunt, et ut hec firma et inconcussa permaneant presens scriptum sigilli mei munimine roboravi. Actum est hoc anno ab incarnatione Domini millesimo ducentesimo decimo, mense martio.

Sceau en cire verte pendu à un lacs de soie.

N° 20.

DONATION DE GUILLAUME, COMTE DE VIENNE [2].

(1219.)

Sciant tam presentes quam posteri quod Ego W. comes Viennensis in Matiscon dedi, concessi absolute et libere A. abbati et conventui Auganensis ecclesie in elemosinam perpetuam, pro remedio

---

1. Pièce originale; elle a été publiée par Furrer, *ouvrage déjà cité*, p. 51, avec son parti pris habituel d'inexactitude.

2. Pièce originale.

anime Galcheri fratris mei et mee et parentum meorum, duos bulliones salis annuatim persolvendos in ferro et murra in chaldariis predicti G. domini Salinensis, tali conditione quod qualicunque hora abbas Auganensis sive conventus ejusdem ecclesie nuntium suum miserint ad requirendos predictos bulliones, a prima die aprilis usque ad festum sancti Michahelis, ei integre reddantur. Ad hujus rei perpetuam firmitatem servandam, sigillum meum apposui huic carta et apponi feci sigillum abbatis de Roseriis et sigillum J. domini de Cossonay. Acta sunt hec anno gratie M° CC° XIX°.

N° 21.

BULLE DU PAPE HONORIUS III [1].

(1220.)

Honorius episcopus servus servorum Dei, dilectis filiis abbati et conventui sancti Mauritii, salutem et apostolicam benedictionem. Justis petentium desideriis dignum est nos facilem præbere consensum et vota quæ arationis tramite non discordant effectu prosequente complere. Ea propter, dilecti in Domino filii, vestris justis postulationibus grato concurrentes assensu, redditus de escarlata, quos bonæ memoriæ nobilis vir comes Pontivi pia vobis liberalitate donavit, sicut eos juste ac pacifice possidetis vobis et per vos monasterio vestro auctoritate apostolica confirmamus et præsentis scripti patrocinio communimus. Nulli ergo omnino hominum liceat hanc paginam nostræ confirmationis infringere, vel ei ausu temerario contraïre. Si quis autem hoc attemptare præsumpserit, indignationem omnipotentis Dei et beatorum Petri et Pauli apostolorum ejus se noverit incursurum. Datum Laterano, III° nonas maii, pontificatus nostri anno quinto.

Bulle pendante d'Honorius III.

N° 22.

BREF DU PAPE ALEXANDRE IV [2].

(1259.)

Alexander episcopus servus servorum Dei, universis Christi fidelibus per Tharentasiensem et Bisuntinencem provincias constitutis, salutem et apostolicam benedictionem. Quoniam, ut ait apostolus, omnes stabimus ante tribunal Christi recepturi prout in corpore gessimus sive bonum sive malum, oportet nos diem messionis æternæ misericordiæ prævenire ac æternarum intuitu seminare in terris. Quod red-

---

1. Pièce originale. Honorius III fut préconisé le 24 juillet 1216; la 5° année de son pontificat est par conséquent 1220. C'est donc la date de cette bulle. Honorius mourut en 1227.

2. Pièce originale. Alexandre IV monta sur le trône pontifical en 1254; le bref, daté de la 6° année de son pontificat, est donc de 1259. Ce pape mourut en 1261.

dente Domino cum multiplicato fructu recolligere debeamus in cœlis, firmam spem fiduciamque tenentes, quoniam qui parce seminat parce et metet, et qui seminat in benedictionibus et metet vitam æternam. Cum itaque, dilecti filii abbas et conventus monasterii sancti Mauricii Agaunensis *ad romanam ecclesiam nullo medio pertinentis*, ordine sancti Augustini, Sedunensis diœcesis : sicut ipsi sua petitione monstrarunt ecclesiam ejusdem monasterii prope quamdam rupem in loco ruinoso constructam, ex qua ruentibus sæpe lapidibus, ecclesia ipsa destruitur, et fratribus ibidem degentibus varia pericula obvenerunt, et in posterum obvenire timent, in loco alio ædificare intendant opere sumptuoso et ad hoc fidelium subsidiis indigeant adjuvari. Universitatem vestram rogamus, monemus et hortamur in Domino in remissionem vobis peccaminum injungentes, quatenus vobis de bonis illatis a Deo, pias ad hoc eis eleemosinas et grata charitatis subsidia erogetis ut per subventionem vestram ecclesia ipsa ædificari valeat et vos per hæc et per alia bona quæ Domino inspirante feceritis ad æternæ possitis felicitatis gaudia pervenire. Nos enim de omnipotentis Dei misericordia et beatorum Petri et Pauli apostolorum ejus auctoritate confisi, omnibus vere pœnitentibus et confessis qui ad prædictæ ecclesiæ ædificationem manum porrexerint adjutricem, centum dies de injuncta sibi pœnitentia misericorditer relaxamus. Præsentibus post septennium minime valituris, quas mitti per quæstuarios districtius inhibemus eos sic secus actum fuerit carere viribus decernentes. Datum Anagniæ, idus februarii, pontificatus nostri anno VI°.

N° 23.

CHARTE DE ROBERT, ÉVÊQUE DE SENLIS,

RÉGLANT LA CONSTITUTION INTÉRIEURE DU PRIEURÉ DE SAINT-MAURICE DE SENLIS,

AU POINT DE VUE DE LA JURIDICTION ÉPISCOPALE [1].

(1261.)

Universis Christi fidelibus ad quos presentes littere pervenerint, R. miseratione divina Silvanectensis episcopus, salutem in auctore salutis. Divina providentia disponente, venerandam sanctorum Agaunensium martirum legionem in regno Francie specialiter honorari cupiens, excellentissimus rex Francorum Ludovicus devotionem suam quam ad precipuam ipsorum Christi martirum venerationem gerebat implere, petiit a religiosis viris G., abbate beati Mauritii agaunensis totoque ejusdem loci conventu humiliter et instanter de sacra legione predicta sibi corpora preciosa transmitti, quatinus tot et tante reliquie que quasi lucerne Christi sub modio videlicet in predictorum abbatis et conventus monasterii modicitate latebant, in diversis ecclesiis regni sui super candelabrum posite et ad divini nominis gloriam exaltate Gallicani populi devotionem amplius excitarent. Prefati religiosi ejus peticionibus ac petentis desideriis annuentes, plura de thesauro sui monasterii sanctorum martirum corpora regie devotione exibere curarunt, et ad ipsum regem idem abbas cum quibusdam ex suis fratribus ea personaliter duxerunt una cum sollempnibus ejus nuntiis deferenda. Qui tantas tamque venerandas reliquias religiosa veneratione pertractans eas, assumpta secum prelatorum et ecclesiasticarum ac secularium, nobilium ac popularium personarum venerabili comitiva, processionaliter deportatas in Silvanectensem intulit civitatem, et ibidem ad perpetuam susceptarum reliquiarum honorificentiam ecclesiam seu capellam juxta regale palatium edificare disponens, in eadem plura de predictis sanctorum corporibus, ceteris in

---

1. Pièce originale.

diversas ecclesias et monasteria regni sui ad amplioris honoris cumulum distributis honorifice collocare proposuit, certum canonicorum numerum de prefatorum religiosorum ordine statuendo, qui Deo et preclaris ejus martiribus ibidem perpetuo famulentur. Verum ve super ipsorum institutione posset aliquatenus inter nos et religiosos predictos questionis materia suboriri, de ipsius domini regis assensu, super iis cum prefato abbate et quibusdam suis fratribus pro conventu diligenter tractavimus et amicabiliter convenimus in hunc modum. Canonici predicti ordinis quos dominus rex positurus est in ecclesia vel capella construenda ad honorem Dei et beate Marie ac sanctorum martirum Mauricii sociorumque ejus, usum parisiensis ecclesie quam capellani capelle domini regis ipsius Parisiis observant in divinis officiis observabunt. Preterea redditus et bona eisdem canonicis a domino rege vel quocumque alio conferenda vel que ipsi canonici imposterum acquisierint, per ipsum abbatem vel successores suos vel alium seu alios quoscumque de mandato ipsius vel auctoritate in aliquo non diminuentur in futurum, sed in usus ipsorum canonicorum et utilitatem ecclesie seu capelle predicte totaliter expendentur. Ceterum canonici in dicta capella seu ecclesia residentes poterunt de assensu et voluntate domini regis recipere personas idoneas in canonicos et in fratres, ipsius abbatis vel successorum suorum non expectato vel requisito consensu. Canonicos autem de novo recipiendos in dicta ecclesia seu capella, seu aliquem ex eisdem, prefatus abbas vel successores sui absque consensu domini regis quacumque de causa amovere non poterunt seu ad locum alium destinare, nisi talis esset ibidem canonicus qui sine scandalo ordinis vel loci non possent ibidem tolerari. Cedente vero vel decedente priore dicte capelle vel ecclesie, canonici ejusdem loci poterunt sibi priorem eligere, solummodo de gremio ecclesie sue vel de monasterio agaunensi vel de membris ad idem monasterium pertinentibus, memorati abbatis vel successorum suorum non expectato consensu, et quando electus in priorem ab abbate fuerit confirmatus, domino regi presentabitur ab ipso administrationem temporalium recepturus, et juramentum dicto domino regi prestare tenebitur quod fidelis erit idem, et quod reliquias, ornamenta et res alias ipsius ecclesie vel capelle fideliter conservabit tamquam res proprias domini regis, et nullatenus diminui patietur nec alibi transferri preter domini regis specialem assensum. Sane nos vel successores nostri in ecclesia seu capella dictorum canonicorum cum nobis vel successoribus nostris placuerit, predicare, confirmare, divinum officium et etiam ordines celebrare poterimus, dum tamen litteras nostras priori dicte capelle seu ecclesie tradamus et successores nostri suas, testimonium perhibentes quod per predicta nullum fiat prejudicium libertati eorum si quam habere debeant per privilegia monasterii Agaunensis. Predicti insuper canonici si in cimiterio suo aliquem recipere voluerint ad sepulturam, eumdem recipient salvo jure parrochiali et alterius cujuscunque, manifestos autem usurarios recipere non poterunt ad ecclesiasticam sepulturam. Excommunicatos vero et interdictos a nobis vel successoribus nostris recipere non poterunt predicti canonici ad divina, nec eisdem presentibus divina celebrare. Prior autem dicte ecclesie seu capelle venire tenebitur ad capitulum generale sancti Mauricii Agaunensis de biennio in biennium, nisi legitimo impedimento detentus fuerit, et tunc per idoneum procuratorem absentiam suam tenebitur excusare. Prior autem et canonici predicte ecclesie vel capelle tenebuntur ire processionaliter cum beate Marie et aliarum ecclesiarum civitatis Silvanectensis processionibus in prima receptione episcopi Silvanectensis, nec non in ascensione Domini, et aliis communibus processionibus que fiunt pro rege, pro regina et liberis eorumdem, et in aliis processionibus que pro aeris intemperie et utilitate communi fieri consueverunt, et in ramis palmarum cum tam clerici quam laïci ad sermonem tunc audiendum consueverunt convenire. Item nos et successores nostri, de consensu domini regis et non aliter, poterimus semel in anno in dicta ecclesia seu capella visitationis officium exercere, et si invenerimus aliqua in personis canonicorum corrigenda, injungemus priori ut illa emendet seu emendari faciat infra quindecim dies a die facte injunctionis numerandos, et si prior super hoc fuerit negligens vel remissus, ex tunc nos et successores nostri ea poterimus corrigere prout secundum Deum et justiciam viderimus faciendum. Si vero in persona prioris correctio fuerit facienda, nos et successores nostri denuntiabimus abbati per nostras patentes (sic) litteras, ut infra duos menses a die receptionis litterarum numerandos emendet vel faciat emendari quod in priore repertum fuerit corrigendum; quod nisi abbas fecerit, ex tunc licebit nobis vel successoribus nostris corrigere quod in priore fuerit corrigendum, prout secundum Deum viderimus expedire, ita tamen quod ratione visitationis vel alia quacunque ratione, nos vel successores nostri aut alius quicunque non poterimus procurationem in dicto prioratu exigere vel habere. In cujus rei testimonium presentes litteras sigilli nostri fecimus impressione muniri. Actum apud abbatiam Regalis-Montis, anno Domini Millesimo Ducentesimo sexagesimo primo, die dominica post purificationem beate Marie Virginis.

Sceau en cire verte à l'effigie de l'évêque de Senlis et pendant sur queue de parchemin.

N° 24.

LETTRE DE SAINT LOUIS,

ACCOMPAGNANT L'ENVOI DU RELIQUAIRE DE LA SAINTE ÉPINE [1].

(1261.)

Ludovicus dei gracia Francorum Rex dilectis sibi in Christo priori et conventui sancti Mauricii Agaunensis salutem et dilectionem sinceram. De preciosis beatorum martirum Agaunensium corporibus que nobis per venerabilem abbatem et concanonicos nostros ac nuncium nostrum vestra liberalitas venerabiliter destinavit, caritatem vestram dignis prosequimur actionibus gratiarum. Mittimus autem vobis per ipsum abbatem sacrosancte corone dominice spinam unam, quam propter redemptoris reverenciam petimus a vobis devotissime honorari, et ut nos et nostros vestris habeatis oracionibus specialiter commendatos. Datum Parisiis, anno domini M⁰ CC° sexagesimo primo, mense februarii.

N° 25.

CHARTE DE FONDATION DU PRIEURÉ DE SAINT-MAURICE, A SENLIS,

PAR SAINT LOUIS [2].

(1264.)

In nomine sancte et individue trinitatis amen. Ludovicus Dei gracia Francorum rex, Notum facimus universis tam presentibus quam futuris, quod cum ad decus et gloriam divini nominis sacratissimam Auganensium martirum legionem qui cum beato Mauricio mortem pro Christo suscipere decreverunt, apud nos specialiter honorari, et condigna coli reverencia cupientes, de preciosis corporibus eorumdem aliqua dudum desiderassemus habere, de illo videlicet sacro thesauro monasterii sancti Mauricii Auganensis in quo sanctorum martirum ipsorum corpora requiescunt, ad nos in partes Francie deferenda, et ob hoc speciales nuncios nostros ad dilectos in Christo, abbatem et conventum dicti mo-

---

1. Pièce originale.

2. L'original de cet acte de fondation est déposé aux archives de la préfecture de l'Oise. J'en dois la communication et la copie à l'obligeance de M. Desjardins, archiviste du département.

nasterii misissemus. Iidem precibus nostris favorabiliter annuentes plura nobis de sacris corporibus antedictis concesserunt habenda, et in nostrorum presencia nunciorum, idem abbas de thesauro predicto quedam sacra corpora, que a longis retro temporibus cum magna diligencia servata fuerant in monasterio antedicto, reverenter assumpsit; ac deinde missarum celebratis obsequiis honorifice sicut decet, assumptis secum quibusdam fratribus et concanonicis suis, una cum nunciis nostris, ad nos dirigens iter suum, ea nobis humiliter et honorabiliter attulit, et dum prope civitatem nostram Silvanectensem venissent, audito jocundo eorum adventu, cum ea qua tunc in tam brevi tempore potuimus comitiva eis processimus, et ea processionaliter in civitate predicta recipi fecimus cum honore. Cum autem clerus et populus civitatis ejusdem qui processioni interfuerunt, de tantis susceptis muneribus largitori bonorum omnium devotas laudes et gracias in majori ecclesia beatissime virginis reddidissent, processionaliter ea afferri fecimus et in nostram Silvanectensem inferri capellam; ac deinde per aliquod temporis spacium in eadem religiose servari. Verum cum tam modica capella ad tantas conservandas reliquias, nobis minime sufficiens videretur, in qua ecclesia in magnis sollempnitatibus non valebant in nostra presencia competenter ut decet obsequia celebrari divina, juxta domum regiam, basilicam seu capellam aliam fundandam duximus ampliorem, in honore beatissime virginis Marie et sanctorum martirum predictorum, beati Mauricii, ac sociorum ejusdem; ac juxta eandem basilicam, edificia religiosis competencia construi fecimus, et predicta sanctorum corpora reverenter ut decuit a modica capella priori, ad illam de novo constructam, fecimus apportari. Que quidem prima die junii, anno domini M° ducentesimo sexagesimo quarto, dedicata fuit sollempniter nobis presentibus, per dilectum et fidelem nostrum Robertum Silvanectensem episcopum, astantibus pluriis aliis episcopis, ac cleri et populi multitudine copiosa. Nos igitur ob devocionem precipuam quam ad ipsos Christi martires preciosos habemus, capellam ipsam nostram propriam, et heredum nostrorum regum Francorum specialiter reputantes, volumus et ordinamus quod tredecim canonici, Religionem et ordinem sancti Augustini observantes, et canonicorum sancti Mauricii Auganensis habitum deferentes, quorum unus nomen et officium prioris habeat, ibidem canonice institutus, Deo et beatissime Virgini, ac sanctis martiribus antedictis, religiose jugiter ac devote ibidem debitum exsolvant obsequium, et eorum unus sacerdos existens, singulis diebus pro nobis quamdiu vixerimus, ac etiam post decessum nostrum imperpetuum, missam de beata Virgine celebret, ad altare consecratum in honore beatissime Virginis et sanctorum omnium, et nihilominus ad idem altare post nostrum decessum, omni die similiter pro nobis, dum tamen commode possit fieri, missam quam pro defunctis fidelibus dicitur, exceptis diebus quibus non consuevit predictas missas ecclesia celebrare. Nichilominus eciam post decessum nostrum, singulis septimanis pro nobis similiter iidem canonici celebrent missam unam conventualem, que pro defunctis fidelibus celebratur, ad majus altare, dum tamen missa diei consueta, propter hoc nullatenus dimittatur, exceptis septimanis Nativitatis, Resurrectionis Domini, et Penthecostes. Hec autem anniversaria, nostrum videlicet, Regine uxoris nostre Margarete, nec non inclite recordationis Regis Ludovici genitoris nostri, Regine Blanche genitricis nostre, certis temporibus, et diebus obitus singulorum celebrare sollempniter teneantur. In nostro autem anniversario, pauperibus distribucionem elemosine faciant in pecunia, vel in pane, usque ad summam quadraginta solidorum parisiensium. In singulis vero tribus, usque ad vigenti solidos parisienses in pane vel pecunia similiter pauperibus erogabunt. In divinis autem officiis, usum quem capellani nostri parisienses tenent, predicti canonici observabunt. Redditus vero et bona quecunque sibi, tam a nobis quam a quibuscunque aliis, collata vel conferenda, seu ab ipsis in posterum acquisita vel acquirenda, per abbatem sancti Mauricii vel alium seu alios quoscunque, de mandato vel auctoritate ipsius, in aliquo diminui non poterunt in futurum, sed in usus canonicorum ipsorum seu sustentacionem pauperum, vel utilitatem ecclesie seu capelle predicte totaliter expendantur. Personas autem ydoneas de assensu et voluntate nostra, recipere poterunt in canonicos et in fratres, predicti abbatis vel successorum suorum non expectato vel requisito consensu. Preterea canonicos jam receptos, vel recipiendos in dicta ecclesia seu capella, seu aliquem ex eisdem prefatus abbas vel successores sui absque consensu regio, quacumque de causa amovere non poterunt, seu ad locum alium destinare, nisi talis esset ibi canonicus qui sine scandalo ordinis vel loci tolerari non posset ibidem. Cum autem electus in priorem confirmatus fuerit, nobis vel successoribus nostris Regibus Francorum presentabitur, a nobis vel ipsis successoribus, administracionem temporalium suscepturus, et juramentum nobis et successoribus nostris Regibus, prestare

tenebitur, quod fidelis erit nobis et ipsis, et quod reliquias, ornamenta, et res alias ipsius ecclesie
vel capelle fideliter conservabit, tanquam res nostras proprias et Regum Francorum successorum
nostrorum, quodque nullatenus ea diminui pacietur, seu alias transferri, preter nostrum vel successorum nostrorum specialem assensum. Ordinamus insuper et volumus quod in eadem domo singulis
diebus Quadragesime et Adventus Domini tredecim pauperes, et singulis reliquis diebus anni quinque pascantur in prandio, in pane et vino limphato, potagio et aliquo alio ferculo tali quale priori
videbitur bonum esse. Die vero Cene dominice laventur pedes tredecim pauperum, et eorum cuilibet
dentur tres denarii. Quod si facultates eorum aut redditus augeantur, augeri volumus eorum elemosinas secundum quod excreverint facultates, nec ob hoc tredecim canonicorum numerus minuatur
aliquatenus aut decrescat. Ingruente vero fame sive caristia, tunc magis in elemosinas se effundant
secundum propriam facultatem. Ceterum de capella nostra antiqua beati Dyonisii que est juxta came-
ram Regiam volumus et ordinamus quod quandocunque cedente vel decedente Stephano capellano qui
nunc eam obtinet, ipsam vacare contigerit, redditus et proventus omnes, ad eamdem capellaniam spec-
tantes, imperpetuum habeant prior et canonici domus sancti Mauricii antedicti, et tunc unum recipiant
et faciant novum canonicum ultra numerum suprascriptum, ita quod tunc sint quatuordecim canonici,
et in dicta capella imperpetuum missam faciant diebus dominicis celebrari. Nos autem intuitu divini
amoris et ob remedium anime nostre, et animarum inclite recordacionis Ludovici Regis genitoris nostri,
et Regine Blanche genitricis nostre, ac aliorum antecessorum nostrorum, Donamus et concedimus in
puram et perpetuam elemosinam, priori et canonicis, Deo et beate Marie et sanctis martyribus, in capella nostra predicta servientibus, et eorum successoribus locum ipsum et plateam, in qua sita est
eadem ecclesia cum adjacentibus edificiis sicut ipsa platea muris notris, civitatis et castelli ex una parte
clauditur, et ex alia, sicut eam a nobis acquisitam possident prior et canonici memorati. Item terras,
possessiones, et redditus infra scriptos, quorum plures de novo acquisivimus per emptiones factas a personis inferius nominatis : videlicet terram quam emimus a Symone de Erqueri, Bertaudo de Pratis, mi-
litibus, sitam apud Senencourt, cum pertinenciis, obvencionibus et omnibus dicte terre adjacentibus
cum alneto de Calceia sitis juxta molendinum de Alneto et domum que fuit ipsorum militum sitam apud
Clarummontem. Item ea que nobis vendiderunt Nicholaus et magister Guido de Pratis, videlicet quicquid habebant et possidebant in molendinis de Alneto sitis juxta villam de Senencourt, cum quodam
pratello eisdem molendinis adjacenti. Item quicquid habebat Reginaldus de Dargiis miles, apud Senencourt in comitatu Claromontensi, videlicet in terris, vineis, redditibus, censibus, obvencionibus, et omnibus dicte terre adjacentibus. Item totam terram arabilem quam habebat et possidebat apud Sanctum
Patutum, Thomas Cornutus de Fontanis miles, nobis venditam ab eodem, videlicet, septuaginta arpenta
et dimidium terre movencia a Johanne de Barris milite. Item triginta modios vini, annui redditus,
nobis venditos a Johanne de Pissiaco quos annuatim percipiebat et habebat, super clausa vinearum no-
strarum apud Campanias, in comitatu Bellimontis. Item duas pecias terre arabilis, octo arpenta, unum
quarterium, decem et octo perticas continentes, quarum una pecia sita est retro domum Guillelmi de
Mareschiis militis, et altera pecia sita est inter Percentum et Campanias juxta terram que fuit Symonis
dicti Sauxe, et unam peciam prati continentem duo arpenta, tria quarteria et undecim perticas, sitam
juxta prata dominorum de Percento, nobis venditam a Symone dicto de Houdenc armigero. Item decem
et novem jornellos terre arabilis vel circiter, videlicet decem contiguos terre domus Dei de Bellomonte,
ex una parte, et terre Petri dicti Becquet ex altera, sitos versus hayam de Tilluel, quatuor jornellos et
dimidium sitos ad ulmum de Mesnelio, nobis venditos a Johanne dicto Chiart, de Chambliaco, Michaele
dicto Messent de Pontisara et Theophania ejus uxore. Item centum et octo libras parisienses annui redditus, nobis venditas ab Ansello de Cressonessart milite et ejus uxore, in transverso de domibus super
secanam moventes a Guascone de Pissiaco, milite. Item omnes domos quas Johannes de Fayaco miles et
Aelyda uxor ejus habebant et possidebant apud Silvanectensem nobis venditas sitas juxta portam de
Castro, ubi venditur panis, et quamdam turriculam sitam supra muros supradicte porte cum omnibus
appendiciis dictarum domorum et predicte turricule, sicut se comportant, ante et retro quatuor libras et
quindecim solidos parisienses censuales supra domos Petri filii Symonis, et Renoudi fratris ejus. Viva-
rium situm juxta fontem sancti Reguli Silvanectensis, cum quodam molendino contiguo predicto vivario,
et octodecim arpenta prati contigua vivario supradicto. Item quoddam clausum vinee continens sex ar-

penta vel circiter, quod fuit defuncte Ermeserendis de Muraco sitam juxta vineam Johannis lucratoris, et septem quarteria terre arabilis vel circiter sita juxta dictum clausum, movencia ab ecclesia sancti Reguli Silvanectensis, nobis vendita ab executoribus Ermeserendis predicte. Item octo arpenta terre arabilis vel circiter sita in territorio Silvanectensi, inter villam de Montibus et Barberiacum, contigua terris episcopi Silvanectensis ex una parte, et terris Johannis dicti Choisel scutiferi, et Hugonis dicti Parvi ex altera, nobis vendita a Gualeranno de Sotemont. Item octo arpenta terre arabilis vel circiter sita juxta Stulticiam Buticulariorum, que terra prius vocabatur Vinea de Ulmo, nobis vendita a Petro de Villa Scabiosa milite, et Ermengarde ejus uxore. Preterea donamus eisdem viginti duos modios bladi annui redditus ad mensuram Clarimontis quos habemus in molendinis de Alneto supradictis. Item sexdecim modios bladi, quos habemus in minagio Silvanectensi, annui redditus ad mensuram Silvanectensem, persolvendos hiis terminis, videlicet medietatem in octabis Natalis Domini, et aliam medietatem in octabis beati Johannis Baptiste. Quod ut perpetue stabilitatis robur obtineat, presentem paginam sigilli nostri auctoritate, ac Regii nominis karactere, inferius annotato fecimus communiri. Actum apud Crispiacum, Anno dominice Incarnationis M° Ducentesimo sexagesimo quarto, mense Martio. Regni vero nostri anno Tricesimo nono. Astantibus in palacio nostro, quorum nomina supposita sunt et signa. Dapifero nullo. Signum Johannis buticularii. Signum Alfonsi camerarii. Signum Egidii constabularii.

Data vacante ┌-U-O-S-┐ cancellaria.

Monogramme de saint Louis.

Des lacs de soie floche rouge et verte sont pendus au bas de la charte. Le sceau manque.

N° 26.

ACTE DE L'ÉLECTION DE L'ABBÉ GIRARD [1].

(1286.)

Sanctissimo patri in Christo ac domino nostro reverendissimo Honorio [2], sacrosanctæ romanæ ac universalis ecclesiæ summo pontifice, conventus monasterii sancti Mauritii Agaunensis, Sedunensis diœcesis, ordinis sancti Augustini, ad ecclesiam romanam nullo medio pertinentis. Sanctitati vestræ significamus quod anno Domini M° CC° LXXXVI°, septimo kal. octobris, fratre Petro de Sancto Sigismundo qui se gerebat pro abbate dicti monasterii, sublato de medio, et ejus corpore tradito ecclesiasticæ sepulturæ, nos, quinto kal. octobris, in capitulo nostro convenimus, et ad futurum abbatem eligendum diem assignavimus quinto decimo kal. novembris; vocatis que omnibus qui fuerant convocandi et præsentibus omnibus qui debuerunt, voluerunt et potuerunt commode interesse, prædicta die XVᵃ kal. novembris, celebrata missa Spiritus Sancti et ejus gratia invocata, pulsata campana, omnibus in capitulo dicti monasterii congregatis, placuit omnibus et singulis per viam compromissi providere de pastore ecclesiæ viduatæ, et sic de communi voluntate omnium et singulorum fuerunt electi tres de collegio fide digni, videlicet frater Petrus sacrista, frater Petrus eleemosinarius et frater Petrus cantor prædicti monasterii; quibus tribus ab omnibus et singulis fuit collocata potestas ut ipsi tres vice omnium de pastore providerent prædictæ ecclesiæ

1. Pièce originale.
2. Le pape Honorius IV, élu en 1285, mourut en 1287.

viduatæ ante consummationem cujusdam candelæ positæ super pulpitum dicti capituli, juramento prius
præstito a singulis dicti conventus, ut illum quem ipsi tres concorditer de gremio vel extra gremium
dictæ ecclesiæ eligerent, postularent, vel de quo dictæ ecclesiæ providerent reciperemus sine contradictione aliqua in abbatem. Prædicti vero tres juraverunt quod de persona, quam secundum conscientiam
suam digniorem, et ipsi ecclesiæ utiliorem crederent, eidem ecclesiæ providerent ; et tunc memorati tres,
secedentes in partem, intra se habito diligenti tractatu, in religiosum virum fratrem Girardum, priorem
sancti Bernardi Trecensis, ordinis sancti Augustini ad domum Montis Jovis pertinentis, virum utique
providum et honestum, vita, moribus et scientia commendatum, unanimiter et concorditer convenerunt.
Et sic....... prædictis tribus, ad capitulum prædictus frater Petrus cantor, de mandato speciali consociorum suorum, scilicet dicti fratris Petri sacristæ et dicti fratris Petri eleemosinarii et etiam de mandato
omnium, nomine suo et consociorum suorum, et totius conventus, dictum fratrem Girardum nominavit,
eligendo postulavit, et postulando elegit in abbatem monasterii supradicti ; quam electionem et postulationem nos omnes et singuli acceptavimus unanimiter, concorditer et gaudenter, ratamque et gratam
habuimus et habemus. Quibus omnibus peractis ante consummationem dictæ candelæ, ad chorum nostrum redeundo cantavimus, pulsatis campanis, Te Deum Laudamus solemniter sicut moris est alta voce.
Cum igitur personam dicti fratris Girardi dicto monasterio nostro in spiritualibus et temporalibus credimus multipliciter fructuosum, Sanctitati vestræ humiliter supplicamus et ut ejusdem electionem et
postulationem de dicto fratre Girardo sic factam dignemini confirmare, eidem benedictionem impendere,
ac ipsum vellitis compellere ad hoc quod suscipiat onus regiminis monasterii supradicti. Ego autem
frater Petrus sacerdos, canonicus monasterii Agaunensis, huic electioni seu postulationi interfui, consensi et subscribi mandavi. Ego frater Jacobus Raymondi, sacerdos et canonicus Agaunensis, huic electioni seu postulationi interfui, consensi et subscripsi. Ego frater Mauritius, sacerdos et canonicus Agaunensis, huic electioni seu postulationi interfui, consensi et subscripsi. Ego frater Johannes de Lausanna,
sacerdos et canonicus Agaunensis, huic electioni seu postulationi interfui, consensi et subscripsi. Ego
frater Jacobus de Ayent, sacerdos et canonicus Agaunensis, huic electioni seu postulationi interfui, consensi et subscripsi. Ego frater Henricus de Bagnes, sacerdos et canonicus Agaunensis, huic electioni seu
postulationi interfui, consensi et subscripsi. Ego frater Jacobus de Sancto Jorio, sacerdos et canonicus
Agaunensis, huic electioni seu postulationi interfui, consensi et subscripsi. Ego frater Rodulfus de Cha-
mosso, sacerdos et canonicus Agaunensis, huic electioni seu postulationi interfui, consensi et subscripsi.
Ego frater Lambertus , sacerdos et canonicus Agaunensis, huic electioni seu postulationi interfui, consensi et subscripsi. Ego frater Giroldus, sacerdos et canonicus Agaunensis, huic electioni seu postulationi interfui, consensi et subscripsi. Ego frater Willelmus de Auborenges, sacerdos et canonicus
Agaunensis, huic electioni seu postulationi interfui, consensi et subscripsi. Ego frater Petrus de Novilla,
sacerdos et canonicus Agaunensis, huic electioni seu postulationi interfui, consensi et subscripsi. Ego
frater Amedeus de Mutygnye, sacerdos et canonicus Agaunensis, huic electioni seu postulationi interfui,
consensi et subscripsi. Ego frater Petrus de Lustriaco, eleemosinarius, sacerdos et canonicus Agaunensis,
huic electioni seu postulationi interfui, consensi et subscripsi. Ego frater Johannes de Byllens, sacerdos
et canonicus Agaunensis, huic electioni seu postulationi interfui, consensi et subscripsi. Ego frater
Johannes de Contegio, sacerdos et canonicus Agaunensis, huic electioni seu postulationi interfui, consensi et subscripsi. Ego frater Girardus de Chastonay, diaconus et canonicus Agaunensis, huic electioni
seu postulationi interfui, consensi et subscripsi. Ego frater Rodulfus de Chastonay, diaconus et canonicus
Agaunensis, huic electioni seu postulationi interfui, consensi et subscripsi. Ego frater Petrus dictus de
Fraciis, cantor, diaconus et canonicus Agaunensis, huic electioni seu postulationi interfui, consensi et
subscripsi. Ego frater Petrus de Vilarsez, subdiaconus et canonicus Agaunensis, huic electioni seu postulationi interfui, consensi et subscripsi. Ego frater Johannes de Collumberio, subdiaconus et canonicus
Agaunensis, huic electioni seu postulationi interfui, consensi et subscripsi. Et quod huic decreto electionis
seu postulationis fides adhibeatur, nos omnes et singuli præsens decretum sigillo capituli nostri fecimus
sigillari [1]. Datum in dicto monasterio nostro, XIIII° kal. novembris, anno Domini M° CC° LXXXVI°.

<hr>

1. Cet acte m'a semblé digne d'intérêt à un double point de vue : d'abord il fait connaître un mode d'élection
bizarre, puis il donne l'énumération précise du personnel de l'Abbaye à la fin du XIII° siècle.

N° 27.

ACTE DE L'ARCHEVÊQUE DE TARENTAISE

DÉCLARANT QUE SA VISITE NE PEUT EN RIEN PRÉJUDICIER AUX DROITS D'EXEMPTION DE L'ABBAYE [1].

(1320.)

Nos B., permissione divina Tharentasiensis episcopus, notum facimus universis præsentes litteras inspecturis quod cum nos visitando per diœcesim Sedunensem, propter vehementem et affectuosam instantiam venerabilis et religiosi viri consanguinei et amici nostri charissimi domini Bartholomæi, abbatis monasterii sancti Mauritii Agaunensis, ad dictum monasterium causa recreationis et mutuæ allocutionis declinaverimus et pernoctaverimus, non intendimus neque volumus quod propter hoc *dicto monasterio exempto* aliquod prejudicium super exemptione et liberatione sua futuris temporibus generetur, nec etiam per declinationem prædictam nobis et successoribus nostris contra dictum monasterium et conventum ejusdem de novo jus in aliquo, sive possessio acquiratur. In quorum omnium robur et testimonium dicto domino abbati et conventui ejusdem loci præsentem patentem litteram sigillo nostro tradidimus sigillatam. Datum in dicto monasterio, IIII° idus maii, anno Domini M° CCC° XX°.

N° 28.

DONATION DE MAHAUT, COMTESSE D'ARTOIS ET DE BOURGOGNE,

A L'HÔPITAL DE BRACON (SOUS SALINS), FIEF DE L'ABBAYE [2].

(1328.)

Donez per copie dessouz lou seel de très haute noble et très puissant dame Mahaut contesse d'Arthois et de Burg., palatine et dame de Salins, duquel lan use en la court de Salins par monsi Hugue de Besençon chenoine de saint Moris de Salins, Estevin Pomayz et Guillaume Riffon clers de Salins. Nous Mahaut contesse d'Arthois et de Burg., palatine et dame de Salins, facons savoir à touz ces qui ces présentes lettres verront et orront que comme nostres très chiers sires et maris Othes, jadix de bonne mémoire quens de Borgoingne, palatins et sires de Salins, entre les autres chouses que il ordena en son testament, ordonast que en lospital que nous havons fait et fondez selon sa ordenance ou bourc de Bracon fussent mises mil livres de tornois desqueles l'en achetast rente, et que de cele rente que on hauroit pour les dictes mil livres une donnée fust faite chacuns anz le jour de la saint Michiel à chascun povre qui vendroit à la dicte donnée, siex deniers tornois par la main d'un chenoine de saint Morise de Chamblay (*chanoine de l'abbaye de Saint-Maurice*) que nostres chiers sires dessus dit ordena à demourer au dit hospital, per la main aussi dou gardiain des frères menours de Salins qui seroit pour le temps et per le doyen de saint Michiel de Salins, ainsi comme tout ce est plus plainement contenuz au dit testament; nous qui touz jours havons voluz et volons selon nostre pooir la volunté du dit nostre amey seignour ensuire et acomplir, havons assis et assigné pour les dictes mil livres au dit hospital cent livres de terre sur la partie de nostre

---

1. La pièce originale a disparu ; je la transcris d'après une copie insérée dans un manuscrit du XVIe siècle déposé aux archives de l'Abbaye et intitulé : *Liber Sabaudiæ*.

2. Pièce originale. L'orthographe est fidèlement reproduite.

doaire à prendre touz les ans en la sagnerie de Salins; et après nostre decest nostre très chière fille Jehanne par la grâce de Dieu royne de France et de Navarre et contesse de Burg., palatine et dame de Salins, comme propriétaire et héritière de la dicte sagnerie pour la partie de nostre doaire, a voluz et outroié que les dictes cent livres pour la dicte donnée faite soit prise sur la dicte sagnerie a touz jours mais perpétuelment; et havons el et nous voluz et ordenez que cuicunque sera recevour en la sagnerie pour nous que avant que il faice nulle recepte en la dicte sagnerie en la présence du chenoine de saint Morise de Chamblay et du gardiain des frères menours dessus dit et dou plus anciain chenoine de saint Michiel de Salins qui fera résidence ou dit leux pour ce que hi ny ha point de doyen, que il juroit que touz les anz quinze jours à plus tart devant la saint Michiel il baillera et délivrera les dictes cent livres senz nulle excusation treuer à chenoine de Chamblay, à gardiain des frères menours et à plus anciain chenoine de saint Michiel de Salins dessus dit; et pour ce que la dicte donnée puist estre faite plus covenablement et plus en pais, nostre chière fille dessus dicte et nous, considérans le profist de laime de nostre très chier seignour dessus dit, et que senz acune ordenance la dicte donnée ne peust bonement estre faite par les dessus dit chenoine de Chamblay, gardiain des frères menours et chenoine de saint Michiel de Salins soulement, senz autre aide, pour la importunité et la presse des povres qui hy porroient venir, havons voluz et ordenez, volons et ordenons que on hait chescun anz à dit jour de saint Michiel siex sergant de nostre bourc de Salins du contey pour garder les portes et les povres du dit hospital, et que des dictes cent livres lon doint à chascun de lour siex deniers à tant come à lun des povres. Après nous volons et ordenons que hy hy hait doux de nox homes de nostre bourc de Salins qui gardoient la porte de lospital par où li povres entreront la où on fera la donnée, et chescuns de lour hait doze deniers. Après nous volons et ordenons que lon apeloit doux prodomes de Salins de nostre bourc ou de la sagnerie qui soient en nostre office, par la main desquel li argens dessus dit sera donez es povres en la présence des dessus dit chenoine de saint Morise, gardiains des frères menours et chenoine de saint Michiel de Salins ; et volons que chescuns de ces doux prodomes hait doux solz pour lour poine. Après volons que lon doint au dit gardiain cinq solz pour lui et pour son compaignon et au dit chenoine de saint Michiel trois solz pour sa poine; après nous volons et et ordenons que li chastelains de Bracon ou ses leuxtenant et li prevoz de nostre bourc de Salins soient présent pour la dicte donnée faire plus en pais. Ceste ordenance nous volons et comandons estre tenue et gardée fermement a touz jours per nos nox hoirs et successours; et pour ce que ces choses soient fermes et estables nous havons ces présentes lettres sélées de nostre scel faites lou vindredi avant la feste saint Symon et saint Jude l'an de grace mil trois cent vint et sept. Et nous Hugues de Besençon, Estevin Pomayz et Guillaume Riffon dessus dit, gardes du seel de la dicte contesse duquel lan use en sa court de Salins en tesmoignage de nostre vision havons mis en ce présent transcript trait de loriginal lou seel de nostre dicte dame la contesse duquel lan use en sa court de Salins; donné lou mardi après la feste de la nativité de nostre Dame lan mil trois cent vint et huit.

Sceau en cire verte, aux armes de la comtesse de Salins, pendant sur queue de parchemin.

———

N° 29.

ACTE DE PHILIPPE DE GASTONS, ÉVÊQUE DE SION,

DÉCLARANT QUE SA VISITE NE PEUT PRÉJUDICIER EN RIEN AUX DROITS D'EXEMPTION DE L'ABBAYE [1].

(1342.)

Nos Philippus, Dei et apostolicæ sedis gratia, Sedunensis episcopus, notum facimus universis præsentes litteras inspecturis quod cum nos veniendo apud sanctum Mauritium Agaunensem, nostræ diœcesis,

1. Pièce originale.

ad monasterium dicti loci causa recreationis declinaverimus et pernoctaverimus, non intendimus neque volumus quod propter hoc *dicto monasterio exempto* aliquod præjudicium super exemptione et libertate sua futuris temporibus generetur, nec etiam per declinationem prædictam, nobis et successoribus nostris contra dictum monasterium de novo jus in aliquo sive possessio acquiratur. In quorum omnium robur et testimonium domino abbati et conventui dicti monasterii præsentem patentem litteram sigillo nostro tradidimus sigillatam. Data in dicto monasterio, IX" kal. martii, anno Domini M° CCC° XLII°.

Sceau pendant, en cire brune, de l'évêque de Sion.

N° 30.

LETTRE DE LOUIS DE SAVOIE [1].

(1436.)

REVERENDO IN CHRISTO PETRO ABBATI SANCTI MAURITII CONSILIARIO ET AMICO NOSTRO CARISSIMO.

Reverende pater, consiliarie et amice carissime, exigentibus nonnullis arduis nobis præsentialiter occurrentibus negotiis, super quibus participato consilio trium statuum nostræ ditionis deliberare volentes, vos affectu singulari requirimus et rogamus quatenus die vicesima proximi mensis novembris huc ad nos infallibiliter interesse velitis. Sic quod vestra et aliorum mandatorum deliberatione previa circa hec uberius incedere valeamus nobis in hoc gratissime complacendo. Omnipotens vos conservet. Scriptum Thonone, die XXIII octobris, M° CCCC° XXXVI°. Ludovicus de Sabaudia, princeps Pedemontium, locum tenens generalis.

De Ruppe.

N° 31.

BULLE DU PAPE CALIXTE III [2].

(1458.)

Calistus episcopus servus servorum Dei, dilecto filio Bartholomæo abbati monasterii sancti Mauritii Agaunensis, ordinis sancti Augustini, Sedunensis diœcesis, *Romanæ ecclesiæ immediate subjecti*, salutem et apostolicam benedictionem. Inter solicitudines varias quibus assidue præmimur, illa potissime pulsat et excitat mentem nostram ut status ecclesiarum et monasteriorum omnium curæ nostræ divina providentia commissorum spiritualiter et temporaliter augeatur, ac illis quæ suis destituta pastoribus vacationis incommoda deplorare noscantur, tales ministros præficere studeamus, per quorum regimen ecclesiæ et monasterio ipso utiliter et salubriter valeant gubernari. Dudum siquidem bonæ memoriæ Michaele abbate monasterii sancti Mauritii Agaunensis, ordinis

---

1. Pièce originale.
2. Pièce originale. Calixte III occupa le trône pontifical de 1455 à 1458.

sancti Augustini, Sedunensis diœcesis, *Romanæ ecclesiæ immediate subjecti,* regimini ejusdem monasterii præsidente, nos cupientes eidem monasterio cum vacaret per apostolicæ sedis providentia utilem
et idoneam præsidere personam, provisionem ipsius monasterii ordinationi et dispositioni reser-
vavimus, decernentes ex tunc irritum et inane si secus super iis per quoscumque, quavis auctoritate,
scienter vel ignoranter, contingeret attentari. Post modum vero præfato monasterio per obitum dicti
Michaelis, qui extra romanam curiam diem clausit extremum, abbatis regimine destituto, dilecti
filii conventus ipsius monasterii, reservationis et decreti prædictorum forsan ignari, te monachum
monasterii prædicti ordinem ipsum expresse professum et in sacerdotio constitutum ac de nobili
genere procreatum, in eorum ac ipsius monasterii abbatem concorditer eligerunt; licet de facto tuque
reservationis et decreti prædictorum similiter inscius, electioni hujusmodi illius tibi præsentato decreto
consensisti et deinde præmissa omnia proponi fecisti in consistorio coram nobis. Nos igitur electionem
hujusmodi et quæcumque inde secutæ ut pote post et contra reservationem et decretum prædicta de facto
ut præmittitur attentata irrita prout erant et inania reputantes, nec non ad provisionem ipsius monasterii
celerem et felicem de qua nullus præter nos se intromittere potuit sive potest reservatione et decreto ob-
sistentibus supra dictis monasterium ipsum longe vacationis exponeretur incommodis, paternis et soli-
citis studiis intendentes post deliberationem, quam de præficiendo eidem monasterio personam idoneam
et etiam fructuosam, cum fratribus nostris habuimus diligentem : demum ad te cui de religionis zelo,
litterarum scientia, vitæ munditia, honestate morum, spiritualium providentia et temporalium circon-
spectione, aliisque multiplicium virtutum donis, apud nos fide digna testimonia perhibentur, diriximus
oculos nostræ mentis quibus omnibus nec non dictorum conventus, concordi voluntate te eligentium,
attenta meditatione pensatis de persona tua nobis et dictis fratribus obdictorum tuorum exigentiam meritorum accepta, eidem monasterio de ipsorum fratrum consilio auctoritate apostolica providemus; teque
illi præficimus in abbatem, curam et administrationem dicti monasterii tibi in eisdem spiritualibus et
temporalibus plenarie committendo in illo quid ad gratias elargitur præmia confidentes, quid, dirigente
domino, actus tuos monasterium ipsum per tuæ circumspectionis industriam et studium fructuosum regetur utiliter et prospere dirigetur, ac grata in eisdem spiritualibus et temporalibus suscipiet incrementa.
Quocirca discretioni tuæ per apostolica scripta mandamus quatenus impositum onus regiminis ejusdem
monasterii devote suscipiens, sic te in ejus cura salubriter exercendo diligentem exhibeas et etiam fructuosum quod monasterium ipsum fructuoso administratori gaudeat se commissum, tuque præter æternæ retributionis præmium nostram et dictæ sedis benedictionem ac gratiam uberius consequi merearis. Datum
Romæ, apud Sanctum Petrum, anno incarnationis dominicæ millesimo quadringentesimo quinquagesimo
octavo, quarto kal. junii. Pontificatus nostri anno quarto.

Bulle pendante de Calixte III.

N° 32.

BREF DU PAPE SIXTE IV [1].

(1476.)

Venerabilis frater et dilecti filii, salutem et apostolicam benedictionem. Gravem dilectorum filiorum
abbatis et conventus monasterii sancti Mauritii Agaunensis, *nobis et sedi apostolicæ immediate subjecti,*

---

1. L'original de cette pièce a disparu, je la transcris d'après une copie à peu près contemporaine de l'acte.
Sixte IV, préconisé en 1471, mourut en 1484.

querelam accepimus continentem, quod cum superioribus diebus, vigentibus nonnullis guerrarum tur-
binibus in partibus illis, habitatores et incolæ vallis Bagnæ, Sedunensis diœcesis, abbati et conventui
dicti monasterii pleno jure subjecti, metu guerrarum hujusmodi et juridictione ipsorum abbatis et conventus subtrahentes, ac vobis et patriæ vestræ reddiderunt, vosque locum ipsum et habitantes in eodem
sub vestra juridictione ab inde citra detinuistis et detinetis, in maximum damnum et præjudicium ipsorum abbatis et conventus habentium in eodem loco omnimodam juridictionem ac merum et mixtum
imperium, nostrumque et sedis prædictæ, *cui monasterium ipsum immediate subest*, vilipendium et
contemptum. Quo circa cum ad nos spectat monasterium prædictum cum omnibus et singulis illius
bonis, juribus et pertinentiis, sub beati Petri apostoli protectione, per Romanos pontifices prædecessores
nostros sumptum, multisque privilegiis et prærogativis decoratum, quantum cum Deo possumus ab
oppressoribus defendere, et illius jura, privilegia et immunitates apostolica auctoritate illæsa conservare;
vos et vestrum quemlibet in Domino hortamur quatenus vallem prædictam cum illius habitantibus et
incolis ac juribus et juridictionibus dicto monasterio illiusque abbati et conventui libere et expedite
restituatis et dimittatis, ac ipsos abbatem et conventum omnibus eorum juribus, juridictionibus, ac
mero et mixto imperio prout ante occupationem hujusmodi uti consueverant, de cætero uti et gaudere,
ac juridictionem omnimodam prout antea exercere, et locum ipsum tenere et possidere permittatis, ut
merito possitis in Domino commendari. Datum Fulginii, sub annulo piscatoris, die XVIIᵃ septembris
Mᵒ CCCCᵒ LXXVIᵒ. Pontificatus nostri anno sexto.

Nᵒ 33.

EXTRAIT DU VOYAGE DE GEORGES LANGHERAND, MAYEUR DE MONS EN HAYNAUT,

A VENISE, ROME, JÉRUSALEM, MONT SINAÏ ET LE KAYRE [1].

(1485-1486.)

Lors à l'entrer en la dite ville de Saint Maurisse, les dits Souisses ou Allemans y ont fait faire ung
fort par le costé ou y sommes entrez. Et là endroit passâmes par dessus la rivière du Rosne, qui est peu
de chose la endroit ou il y a Iᵉ arcure de pierre contenant XXXI dextre de loing et de grande haulteur.
Et dist-on que le diable le fist en une nuyt, mais il fut conjuré; mais après estant confus, demanda pour
sa peine ce que premier passeroit dessus, qui lui fut accordé, et ce fut un chat. Pour l'honneur du saint
Dimence, oymes la messe en l'abbaye Saint Maurisse au dit lieu de la ville Saint Maurisse; et après le
avoir oye, veymes aucuns reliquiaires, et entre autres le corps de saint Maurisse, l'espée dont il obt la
teste trenchié; ung reliquiaire où l'on dit estre une partie de la couronne d'espine de Nostre Seigneur;
et ung aultre reliquiaire de saint Martin à la manière d'ung pot de chucades (*confitures*) auquel l'on dist
que après que saint Maurisse eubt la teste trenchié, il receuillez de son sang sur la terre, et mesmes d'ung
couteau qui nous fut montré, il relevoit le dit sang et le mist ou dit pot. Et après aucuns lui volrent
oster icellui sang, et par miracle ce devint comme une pierre. Aussy nous fut montré deux aneaux que
l'on dist que Monsʳ saint Maurisse portoit en son vivant en ses doiz; et plusieurs aultres reliques nous
furent monstrées; et est de l'évesquié de Monsʳ de Syon. Après disner, partymes du dit Saint Maurisse
et vinmes au giste en un village nommé Mertigny, où il y a ung chasteau sur une roche (*La Batia*), que
pour le présent est démoly....... etc.

1. *Voyage de Georges Langherand*, etc., etc., par le marquis de Godefroy de Ménilglaise, in-8, Mons, 1861;
pages 11 et 12.

Nᵒ 34.

BULLE DU PAPE ALEXANDRE VI [1].

(1496.)

Alexander episcopus servus servorum Dei, dilecto filio nobili viro Philippo duci Sabaudiæ, salutem et apostolicam benedictionem. Hodie monasterio sancti Mauritii Agaunensis, *Romæ ecclesiæ immediate subjecto,* ordinis sancti Augustini, Sedunensis diœcesis, tunc ex eo quod dilectus filius Guillelmus nuper ipsius monasterii abbas, regimini et administrationi illius cui tunc præerat, per certum procuratorem suum ad id ab eo specialiter constitutum in manibus nostris sponte et libere cessit, nosque cessionem ipsam duximus admittendam, vacanti, de persona dilecti filii Joannis ipsius monasterii abbatis, nobis et fratribus nostris ob suorum exigenti meritorum accepta, de fratrum eorumdem consilio, apostolica auctoritate providimus, ipsiusque præfecimus in abbatem, curam, regimen et administrationem ipsius monasterii sibi in spiritualibus et temporalibus plenarie committendo, prout in nostris inde confectis litteris plenius continetur. Nos eumdem Joannem abbatem paterna benevolentia prosequentes ac cupientes quod ipsum monasterium, subdicti abbatis felici regimine, auctore Domino, feliciter suscipiat in spiritualibus et temporalibus incrementa, nobilitatem tuam rogamus, requirimus et hortamur attente quatenus debitis monasterii et abbatis eorumdem intentus commoditatibus et profectibus, eos pro nostra et apostolicæ sedis suscipias propensius commendatos; ipsumque abbatem sic benigni favoris prosequaris auxilio, quod ipse tuæ nobilitatis fulsitus præsidio in commisso sibi præfati monasterii regimine possit, Deo propitio, prosperari ac tibi ex inde a Deo perenne in te præmium, et a nobis condigna proveniat actio gratiarum. Datum Romæ, apud Sanctum Petrum, anno incarnationis dominicæ Mᵒ CCCCᵒ LXXXXVIᵒ, IVᵒ idus octobris, pontificatus nostri anno quinto.

La bulle a été arrachée.

Nᵒ 35.

INVENTAIRE DU TRÉSOR DE L'ABBAYE

ÉCRIT DE LA MAIN DE L'ABBÉ JEAN MILÈS.

(1550-1572.)

IN SUMMO ORDINE.

1. Unus cophinus argenteus a foris cum laminis deargentatis et imaginibus sancti Sigismundi, sancti Mauritii, in medio Gundegesillus et Gundebaudus. In inferiori parte Maximianus, sanctus Mauritius. Ab alio latere imagines : Ecclesia, Jesus Nazarenus, Sinagoga. Inferius : Nativitas, Annunciatio, Epiphania. Anno gracie 1255 [2], VIIᵃ kal. novembris. Tempore Nanthelmi abbatis, cum quatuor evangelistarum imaginibus, quæ non fuit aperta.

---

1. Pièce originale. Le pape Alexandre VI fut élu en 1492 et mourut en 1503.

2. L'abbé Milès a mal lu l'inscription de la châsse de Nanthelme, qui porte en toutes lettres 1225.

2. Alia nigra quadrata circumquaq. claviculis referta, in qua reliquiæ sancti Ursi signiferi et Victoris.

3. Alia capsa argentea habens in anteriori parte septem imagines, in posteriori sex; a latere vero dextro, imagines sancti Mauritii, sancti Sigismundi cum duabus aliis, in qua... (*mots effacés*).

IN SECUNDO ORDINE.

4. Sancti Exuperii caput cum pectore argenteo, in quo servatur ipsius sancti caput, cum pluribus aliis ipsius ossibus. = *En note après cet article et d'une autre main : hic est error, positum nempe nomen Exuperii pro Victoris.*

5. Capsa sancti Mauritii cum multis cristallis, aliisque qui desunt impositi pixidi ligneæ.

6. Caput divi Candidi in argento inclusum.

7. Reliquiare sanctorum Apostolorum quod in summis portatur festis.

8. Aliud reliquiare, ubi legunt... (*quelques mots effacés*) per translucidum vitrum.

9. Reliquiare sancti Caroli magni ecclesiæ datum, super quo victos infideles jurare faciebat ad fidem ei servandam.

10. Scrinium cum variis reliquiis, et precipue testimonialibus sancti Ludovici Regis Franciæ pro sancta spina coronæ dominicæ.

11. Reliquiare pollicis sancti Antonii.

12. Brachium sancti Mauricii ex argento cum lapidibus preciosis.

13. Capsa lignea cum aliquot gemmis, argento, auroque decorata, de reliquiis sancti Sigismundi.

14. Parvum caput osseum in quo tres dentes sanctæ Apolloniæ.

15. Scrinium cum tribus annulis sancti Mauritii. = *En note après cet article et d'une autre main : error, jam alienati erant duo.*

16. Equus argenteus super quo est effigies sancti Mauritii cum omnibus ejus petiis, pertinentiis ornamentis argenteis. = *Cet article, d'une main différente, a été ajouté au bas de la première page.*

17. Cophinus duplex argenteus cum multis reliquiis.

18. Item alter similis argenteus cum variis sanctorum reliquiis, et duæ pixides osseæ cum reliquiis.

19. Cyphus Caroli Magni.

IN ORDINE INFERIORI.

20. Alabastrum ab angelo sancto Martino allatum in Viroleto.

21. Cantharus argenteus miro decore ornatus, quem sanguine sanctæ Thebaicæ legionis plenum idem sanctus Martinus reliquerat.

22. Duæ cruces continentes de precioso dominicæ crucis ligno.

23. Sacra dominici serti spina.

24. Pax argentea deaurata et argenteum reliquiare cum cultro sancti Martini.

25. Item aliud brachium argenteum cum gemmis.

26. Ensis beati Mauritii.

27. Scrinium ex ossibus elephantinis cum multis imaginibus, in quo rosa argentea cum aliquibus fragmentis ex reliquiariis fractis et gemmis.

28. Superior pars floris rosæ.

29. Argentea custodia sanctissimi corporis Christi rotunda.

30. Alia ibidem argentea ad festum ipsius corporis Christi circumferenda.

31. Alia ad idem ex cupro deaurata.

32. Unum calicem deauratum.

Ornamenta altaris quæ requiruntur.

33. Duo candelabra argentea, quæ in summis festis portantur.

IN ARCA VESTIARII.

Quatuor calices, duo deaurati, duo argentei cum suis patenis.

Major crux. Baculus pastoralis major. Idem minor.

Duæ mitræ solemnes. Una simplicior.

Cappa solemnis sericea. Tres cappæ veluteæ rubræ. Duæ ex damasco rubro. Una crocea. Tres albæ. Quatuor virides. Duæ griseæ sancti Augustini. Una nigra ex damasco. Quatuor croceæ. Item rubra una cum rosis. Item pro vigilia Pascæ. Pro fontibus. Item una antiqua subcrocea.

Casulæ : summa ex veluto cum floribus aureis. Alia grisea cum argenteis floribus. Casula cum suis tunicis in panno aureo. Casula pavonum caudis more decorata... *(mots effacés)...* a borbonio. Alia rubra cum leonibus aureis. Casula cum tunicis ex damasco rubro memoria resurrectionis. Casulæ tres cum quatuor tunicis virides. Casula cum tunicis croceis. Casulæ albæ duæ cum tunicis quatuor. Casula cum tunicis ex veluto nigro. Tunicæ de caffas. Rubræ duæ. Casula nigra cum floribus. Casula nigra cum tunicis II. Tunicæ griseæ duæ.

Crux media et minor. Antiquæ cappæ duæ pro choristis. Item una casula crocea tota nova pro capella Beatæ Mariæ, quæ habet crucem viridem.

N° 36.

LETTRE ÉCRITE PAR EMMANUEL PHILIBERT, DUC DE SAVOIE,

AUX RELIGIEUX DE SAINT-MAURICE, EN LEUR ENVOYANT LA STATUE DE SAINT MAURICE [1].

(1577.)

SUR L'ADRESSE :

A Révérends, vénérables, nos très chers bien aimés et dévots orateurs, les abbé et religieux de Saint-Maurice en Chablais.

A L'INTÉRIEUR :

Révérends, vénérables, très chers bien aimés et dévots orateurs, pour la singulière dévotion que nous avons toujours eu à Monseigneur saint Maurice, protecteur de nostre maison, nous avons entre aultre chose faict faire une sienne imaige en argent, laquelle vous sera présentée de nostre part par le Ch^{er} dom Humbert de Lostan, présent porteur, pour estre mise en vostre église à laquelle nous l'avons dédié : vous priant avoir souvenance de nous en vos prières ainsi que il vous dira plus particulièrement le dict chevalier, à qui nous remettant, prions N. S. qu'il vous ait, Révérends, vénérables, très chers bien aimés et dévots orateurs, en sa sainte et digne grâce.

De Turin, ce vingt-unième jour de décembre M.D.LXXVII.

Vostre bon amis,   PHILIBERT.

1. Lettre originale.

N° 37.

REQUÊTE DE L'ÉVÊQUE DE SION, DU BAILLI ET DES ÉTATS DU VALAIS,

POUR EXIGER LE PARTAGE DES RELIQUES [1].

(1590.)

Nos Hilteprandus a Riedmatten, divina miseratione episcopus Sedunensis, præfectus et comes inclitæ patriæ Vallesii, nosque Antonius Mayenchet ballivus, nec non et consiliarii omnium septem desenorum terræ prædictæ in magno numero delegati ad generale consilium, et conventum celebrandum conscripti, et universitatem reipublicæ repræsentantes congregati, Reverendo devotis nobisque fidelibus et dilectis electo abbate et commendatario, specialiterque sacristæ tanquam thesaurario et sacrarum reliquiarum ac rerum custodi et rectori, cæterisque religiosis et in ecclesia vestra divi Mauritii sub titulo, et nomine divi Augustini professis et incorporatis, ibidemque Deo servientibus, singulisque *prædictæ nostræ abbatiæ* subdictis, ad quos præsentes pervenerint, salutem in Domino optamus. Quandoquidem bonis et æquis respectibus in signum veri amoris et amicitiæ majorisque benevolentiæ necessitudinis, vicinitatis et confederationis, in eorum conservationem, prædefiniti consilii auctoritate, adducti fuerimus concedere, partiri et elargiri medietatem reliquiarum et corporis quæ reseruntur et custodiuntur in capsa et custodia solemni beati Mauritii, legionis principis et ducis, una cum spatha vel gladio ejusdem sacratissimi militis, nimirum clarissimis oratoribus ducalis Celsitudinis Sabaudiæ vicini et confederati observandi, ad hæc præfata nostra comitia Sedunum hujusque delegatis, attamen honorifice et pientissime a Reverendissimo domino episcopo Augustensi suscipienda. Igitur vobis reverendo abbati commendatario, sacristæ, religiosisque prædictis, necnon omnibus et singulis *prædictæ abbatiæ nostræ* subdictis et conjunctis, virtute sanctæ obedientiæ et sub indignationis nostræ pœna, nec non et præsidio et protectione quam in hac parte sustinemus præcipiendo, mandamus et committimus quatenus super hoc requisiti, prælibato reverendissimo episcopo Augustensi et suæ comitivæ hujusmodi medietatem ossalium et reliquiarum dictæ capsæ una cum ense prædicto, absque omni contradictione et violentia, sed observantes tanquam veri, sinceri, et non fucati subditi, exhibere et administrare, in quantum nobis et mandatis nostris parere volueritis, jubemini. Datum Seduni, in concessu consilii generalis, die decima sexta decembris, secundum stylum vetus, anno salutis M.D.XC.

De expresso mandato prælibati reverendissimi domini ballivi et omnium septem desenorum reipublicæ Vallesii, et sigillorum affictione.

N° 38.

ATTESTATION DE L'AUTHENTICITÉ DES RELIQUES PAR L'ÉVÊQUE DE SION [2].

(1590.)

Nos Hilteprandus a Riedmatten, divina favente clementia, episcopus Sedunensis, præfectus et comes terræ Vallesii, omnibus et singulis quibus expedit verum fore attestamus, quod fide digno accepimus

1. D'après une copie du temps.
2. D'après une copie du temps.

testimonio, sacras reliquias divi Mauritii martiris, qui ante multa secula legioni Thebææ præfuit, et cum ipsa legione eodem in loco et divi Mauritii Agaunensis, diœcesis nostræ oppido, propter fidem christianam martyrium subivit sub Diocletiano et Maximiano, imperatoribus severissimis christianorum persecutoribus, necnon ejusdem beati Mauritii ensem, quem cum earumdem reliquiarum medietate, illustrissimo ac serenissimo domino Carolo Emanueli, Sabaudiæ duci, confederato et amico observantissimo, ob ejus in prædictas res sacras studium et pietatis affectum, quandoquidem amplissimæ ac florentissimæ illius familiæ sit Patronus, fœderum hoc tempore renovatum et mutuæ amicitiæ ac vicinitatis intuitu, nos episcopus præfatus, ballivus noster et oratores omnium septem desenorum, nomine totius reipublicæ Vallesii dono contulimus. A majoribus in hæc usque tempora continue pro certis et indubitatis ejusdem reliquiis habitas et reputatas, atque insigniter magna cum devotione a spiritualibus et secularibus, tam diœcesis nostræ quam exteris, utriusque sexus personis veneratas, et evidentissimis miraculis illustratas fuisse; ita hac de re nulla penitus suscipio supersit, neque aliquis christianus catholica religione imbutus diverse sentiat, etiamsi ac veritatis testimonium hujusmodi concessimus litteras, sub sigilli nostri appositione et secretarii nostri subscripti manuali subsignatione. Datum Seduni, die vigesima sexta mensis decembris, stilo novo, à Christo nato anno M. D. XC.

———

N° 39.

ACTE CONSTATANT LA PARTIE DES RELIQUES DE SAINT MAURICE
REMISE A L'ÉVÊQUE D'AOSTE [1].

(1590.)

Adrianus a Riedmatten, permissione divina, humilis et indignus abbas electus et commendatarius divi Mauritii Agaunensis, necnon et sacrista et cœnobitæ sive canonici regulares sub titulo sancti patris nostri Augustini, omnesque nostri monasterii immatriculati. Notum esse volumus universis quod cum auctoritate et jussu reverendissimi domini nostri Sedunensis episcopi, nec non comitiorum generalium et ordinariorum totius reipublicæ Vallesianæ vigore mandati, peremptorie, immediate jussi fuerimus reverendissimo ac pientissimo domino Joanni Gottifredo Ginodio, Dei et apostolicæ sedis gratia episcopo Augustensi, nec clarissimis et eximiis viris atque dominis oratoribus pro et nomine ducalis Celsitudinis Sabaudiæ definitis, impertiri et elargiri medietatem reliquiarum una cum spatha (ut vocant) sive ense archiducis et martyris domini Mauritii, supremi patroni nostri, in ejusdem veridica corporis capsa et scrinio in æde sacri thesauri Agaunensis conservabilium. Quapropter virtute præsentium cum nostris juramentis solitis, attestamur et profitemur illas ipsissimas sacras reliquias ex verissima custodia prout a sæculo ratum et habitum fuit, hactenus ejusmodi divorum ossalium reposibili depromptas et exemptas fideliter, et ingenue, omni dolo et fraude semotis, servatas et servandas contulimus et subrogavimus. In cujus rei memoriam et testimonium, sigilla solita apponere voluimus. Datum e monasterio nostro Agaunense, die vigesima nona decembris anni verbi incarnati M.D.XC. Adrianus propria manu subsignavit. Joannes Franciscus de Plastro sacrista dicti monasterii subscripsit.

1. D'après une très-mauvaise copie du temps.

———

Nº 40.

PROTESTATION D'ADRIEN DE RIEDMATTEN, ABBÉ ÉLU DE SAINT-MAURICE,

AU SUJET DU PARTAGE DES RELIQUES DE SAINT MAURICE [1].

(1590.)

Universis et singulis præsentes inspecturis sit notum pariterque manifestum, quod confecerit bonæ voluntatis Reverendissimi in Christo patris et domini Sedunensis episcopi, præfecti et comitis patriæ Vallesii, ac præstantissimi morum, et eximiorum ballivi et oratorum prædictæ patriæ in eorum senatu Seduni decretum, elargiri illustrissimo Sabaudiæ duci certam partem ossium et reliquiarum corporis beati Mauritii, Thebœæ legionis ducis, qui apud Agaunum martyrii coronam adeptus est, una cum ejus spatha. Ego reverendus in Christo pater et dominus Adrianus a Riedmatten, gratia Dei abbas electus et commendatarius insignis monasterii loci prædicti sancti Mauritii Agaunensis, tanquam filius obedientiæ illi decreto satisfaciendo, et prædictam partem dictarum reliquiarum elargiendo et expediendo Reverendissimo domino Joanne Gottifredo Ginodio, episcopo Augustensi, protestatus in præsentia domini Lamberti, baronis de Terniez, et domini præsidis Rochetta, suo et totius nomine venerabilis et conventus et aliorum dicti monasterii membrorum nominibus, ne talis elargitio juribus et emolumentis quibuscumque et ubicumque eidem monasterio spectantibus et debitis inferat præjudicium et obstaculum, ac pro eodem monasterio semper salva et reservata remaneant, prout ante ipsam elargitionem erant. De quibus prælibatus dominus abbas petiit has, in favorem dicti monasterii, sibi per præmemoratum dominum Joannem Gottifredum Ginodium episcopum elargiri testimoniales sigillo suo assignatas, et concessæ fuerunt in præsentia quorum supra oratorum ad hoc delegatorum, die vigesima nona decembris, anno M.D.XC., per prælibatum illustrissimum et reverendissimum dominum episcopum Augustensem, ejusque sigillo confirmabuntur.

Nº 41.

ACTE DE RÉCEPTION DES RELIQUES DE SAINT MAURICE

PAR L'ÉVÊQUE D'AOSTE ET LES DÉLÉGUÉS DU DUC DE SAVOIE, ET RÉCIT DE LEUR TRANSLATION A TURIN [2].

(1591.)

Joannes Gottifredus Ginodius, Dei et apostolicæ sedis gratia, episcopus Augustensis, universis notum facimus quod ex civitate Augusta, nomine serenissimi ducis Sabaudiæ, ad monasterium sancti Mauritii Agaunensis, patriæ Vallesiæ, Sedunensis diœcesis, profecti sumus pro habendis de pretiosis reliquiis et armis sancti Mauritii martyris, archiducis sacræ Thebœæ legionis, nobis assistentibus et comitantibus, dominis Joanne Christophoro Guiciardo, Joanne Rodulfo de Campovilliario et Antonio Princterio, canonicis ecclesiæ nostræ cathedralis Augustensis, et nobili Laurentio Avisedi ex capitaneis militiæ Augustensis

---

1. D'après une copie du temps.
2. D'après une bonne copie certifiée et du temps.

et nobili Petro Roncasio; et ibidem die sabbati, vigesima nona decembris anni M.D.XC., sacris induti vestibus, missa per nos in altari sancti Mauritii celebrata, accensis luminaribus, et ad Deum devotis effusis precibus, nomine prælibati recepimus a reverendo domino Adriano a Riedmatten, abbate electo et domino Joanne Francisco de Plastro sacrista, aliisque religiosis dicti monasterii, medietatem reliquiarum existentium in majori capsa argentea ipsius ecclesiæ sancti Mauritii, ejusque sancti ensem, auctoritate et mandato illustrissimi et reverendissimi domini episcopi Sedunensis, comitis et præfecti patriæ Vallesii, ejusque eximii consilii ac totius reipublicæ vallesianæ, per egregium Petrum Quartery castellanum et capitaneum publice lecto, præsentibus nobis et clarissimis dominis Hyeronimo Lamberto consiliario et Carolo Rochetta etiam consiliario, in supremo senatu Sabaudiæ præside, suæ Celsitudinis delegatis, atque nobilibus dominis Matthæo Schiner ballivo patriæ Vallesii, Bartholomæo de Supersaxo consule civitatis Sedunensis, Francisco de Platea signifero Sirri (*Sierre*), Joanne Rotten signifero Raroniæ (*Rarogne*) et castellano Martigniaci (*Martigny*), Antonio Waldino procuratore fiscali dicti illustrissimi et reverendissimi domini episcopi Sedunensis a Morgia (*la Morge, riv*.) Contegii (*Conthey*) inferius, Georgio Michaele de Supersaxo gubernatore sancti Mauritii, Guillelmo Odet sindico ejusdem loci, et Gaspardo Grenlen gubernatore Montheoli (*Monthey*), pluribusque aliis. Domini abbas et sacrista jurejurando attestati fuerunt eas esse reliquias dicti sancti Mauritii martyris et pro talibus habitas fuisse, et pro talibus ab omnibus semper, ut a majoribus audiverunt, habitas fuisse, prout latius in litteris testimonialibus dicti domini abbatis dicta die vigesima nona decembris, sigillis tam præfati domini abbatis quam ejus capituli munitas, per ipsosque dominos abbatem et sacristam subscriptis continetur. Quam reliquiarum medietatem et ensem a dicto monasterio majori, et ab ingressu diœcesis nostræ Augustensis, processionaliter semper unaquaque parrochia per sui territorii confines devote comitante, et duobus ex dictis canonicis deferentibus aut aliis sacerdotibus coadjuvantibus, in dictam nostram ecclesiam cathedralem Augustensem, die prima Januarii anni præsentis, celebri processione totius cleri civitatis nobis obvientibus transtulimus, ibique in sacrario usque ad diem nonam reponimus, clave dicti sacrarii per sacristam nobis fidelem servata, qui in manibus nostris juravit se fideliter et diligenter conservaturum. Tunc translatis dictis reliquiis prædicta die nona in præsentia reverendissimorum dominorum Ludovici Mansonii Panormitani et Joannis Baptistæ Rosetti ex collegio societatis Jesu Taurinensi, et R. D. Ferdinandi Scali et Fabricii Cevæ militum religionis sanctorum Mauritii et Lazari, aliorumque multorum, in alias duas capsas decentiores una intra aliam clavis obfirmata, et utriusque clavibus obseratas, sigilloque nostro munitas, a dicta civitate Augustensi processionaliter, ac modo et ordine quibus prius : comitantibus etiam ultra reverendos patres Jesuitas, canonicos et milites supra nominatos, Reverendo domino Marco de Alabardo archidiacono ecclesiæ nostræ cathedralis, nec non multum illustri domino Georgio de Challand, gubernatore Augustæ et Eporediæ (*Aoste et Ivrée*), illustri domino Prospero de Challand, Gasparo de Ballis domino Quarti, Michaele de Bocza, reverendo domino Gaspardo Vaudano dictæ religionis milite et nobili Ammone Salvardi ex capitaneis militiæ Augustensis, in ecclesiam cathedralem civitatis Taurinensis die decima quinta hujus, facta prius descriptione reliquiarum ipsarum et status capsarum in ecclesia beatæ Mariæ fratrum capucinorum de Campania per illustrissimum et reverendissimum dominum nuntium apostolicum et reverendum dominum suffraganeum Taurinensem, in præsentia illustrissimi domini Ludovici Milliet magni cancellarii, ut receptis constat, transtulimus. In qua ecclesia metropolitana ante magnum altare ipsius ecclesiæ, claves dictarum capsarum in manibus serenissimæ infantis ducissæ nostræ remisimus, præsentibus dictis illustrissimo domino nuntio apostolico et reverendo domino suffraganeo, ut aliis testimonialibus per dictum nobilem Ripam receptis apparet. Quapropter præsentium virtute, nostroque juramento solito testamur et profitemur, omnes illas sacras reliquias per nos nomine dicti serenissimi ducis receptas fideliter remisisse, omnemque curam ac diligentiam arca præmissa tam in conservatione clavium capsarum ipsarum et sacristiarum atque locorum in quibus repositæ fuerunt, quam per appositionem sigilli nostri, ac custodia habuisse. In cujus rei testimonium præsentes subscrip·sione nostra sigilloque nostri appositione communivimus, die decima sexta januarii, anni a salute mundo parta millesimi quingentesimi nonagesimi primi. Quas cum dictis testimonialibus præfati abbatis Agaunensis etiam per secretarium nostrum signatas in manibus dictæ serenissimæ infantis ducissæ nostræ reliquimus.

Nº 42.

LETTRE DE L'ÉVÊQUE D'AOSTE AU SACRISTAIN DE SAINT-MAURICE [1].

(1596.)

ADRESSE :

A Monsieur de Plastro, sacristain de Saint-Maurice.

A L'INTÉRIEUR :

Monsieur le sacristain, je n'ai failly déclarer à bouche à la sérénissime infante les bons offices par vous faits à la délivrance des reliques de saint Maurice, et oraisons que jornalièrement se font en vostre église pour la manutention de la maison de Savoie, dont elle en a reçu très grand contentement, m'ayant librement accordé la requeste que je lui ai faict au nom de tous vous aultres sur l'exemption de la décime de Beaufort, de quoi je vous ai bien voulu advertir, afin que remerciez par lettres, la suppliant suivant cette sienne bonne volonté de faire entendre à M. l'archevêque de Tarentaise ce que soyez exempts du payement pendant que les décimes se payeront à son altesse, ou aultrement y pourvoir ainsi que vous trouverez plus expédiant. Je vous dirai avec quel contentement et quelle dévotion son altesse a reçu le trésor inestimable, moins avec quel honneur et vénération dès l'entrée de mon diocèse ces saintes reliques ont été portées et accompagnées, attendu que par Monsieur de Roncas, présent porteur, vous pourrez le tout plus amplement entendre : cependant que serois content faire tenir le paquet et lettres y jointes tant à Monsieur le révérendissime de Sion qu'à Monsieur l'abbé auquel et à vous et à vos confrères je supplie le créateur donner tout contentement.

D'Aouste ce sixième de février mil cinq cent nonante et six.

Vostre très affectionné l'évêque d'Aouste,
Signé : GINODI.

Nº 43.

LETTRE DE L'ÉVÊQUE DE GENÈVE [2]

POUR RÉGLER LE CÉRÉMONIAL DE LA RÉCEPTION DES RELIQUES ACCORDÉES A LA CHAPELLE D'ABONDANCE [3].

(1621.)

Nous Jean François de Sales, par la grâce de Dieu et du saint siége apostolique, évêque et prince de Genève, ayant été informés de la pieuse et charitable assistance que Monsieur l'abbé avec Messieurs du célèbre monastère de Saint-Maurice Agonois ont résolu de faire à l'église paroissiale de la chapelle dédiée au même glorieux saint, de quelques pièces des vénérables reliques des saints martirs dont les

1. Lettre originale.
2. Jean François de Sales, frère et successeur de saint François de Sales qui était mort le 28 décembre 1622.
3. Lettre originale, cachetée du sceau épiscopal.

ossements sacrés sont conservés avec toutes sortes de respects. Nous nous sommes résolus, sollicités par notre propre devoir, pour rendre le respect dû à un si précieux présent, de commettre, comme par les présentes commettons, Messire Jean Morcand, curé de la paroisse de Notre-Dame d'Abondance, avec le curé de la chapelle, s'acheminer jusqu'au dit lieu de Saint-Maurice et de notre part accepter favorablement le dit offre et rendre de convenables actions de grâce au dit seigneur abbé et à Messieurs de son chapitre pour ce regard, lequel étant délivré aux dits seigneurs curés ils apporteront avec tout le soin et la révérence due à la sainte relique. Et pour plus amplement faire que la paroisse de la dite chapelle témoigne le sentiment qu'elle a, quel bien et bonheur lui arrive, Nous ordonnons qu'elle ira processionnellement en corps, avec le plus de dévotion qu'il sera possible, recevoir les dites saintes reliques à la chapelle de Saint-Laurent, où les dits seigneurs curés les reposeront en les apportant, pour être ainsi conduites en leur paroissiale, où nous ordonnons très expressement au seigneur curé du lieu et à ses paroissiens les y conserver à l'avenir avec tout l'honneur et révérence, et à ces fins sera fait un petit reliquaire d'argent pour y être logé plus proprement qu'il sera possible.

Fait en Abondance ce vingt-troisième d'aoust mil six cent vingt-quatre.

Signé : Jean François,
Évêque de Genève.

N° 44.

INVENTAIRES ET VISITES DES RELIQUES EN 1659.

XXX_a die maii. Visitatæ sunt inferiores arcæ sub altari thesauri. Inibi vidimus ossa contusa fullonibus et laniata gladiis; imo sanguis rubeus ac recens in multis craniis fuit nobis conspicuus cum magna admiratione.

In iisdem apparuit nobis, quod aliqui eorum fuerint cremati, ut ex ossibus in pixide repositis videre est.

Reperimus etiam ex loricis nodos ferri, quos ad partem reposuimus in cistula.

Item etiam globos sanguinis congelati terra mixti, quos in phiola vitrea voluimus conservari, sicut etiam de dentibus.

Invenimus etiam corium, sive sit ex calceis aut ocreis vel baltheo, quod conclusimus in phiola vitrea cum quibusdam particulis indumentorum holoserici rubri et tanaï coloris.

Duo capita integra exceptis mandibulis reperta sunt, quæ in cistula nova recondita sunt ad tempus.

Item aliud caput fere integrum excepto aliquid in occipite, cum multis craniis, in quibus vidimus conquassationem cerebri et sanguinem rubentem.

Duæ cistæ iterum collocatæ sunt sub altari et ambæ plenæ: nobilior tamen existit in cornu Epistolæ.

Adest parvula cistula a latere Evangelii semiplena ossibus repertis olim in altari sanctæ Mariæ Magdalenæ. In cista quæ est notata sanctorum martyrum Thebæorum, in ipso thesauro existens deargentata, fuerunt reliquiæ olim repertæ super altare in ecclesia sancti Laurentii Agauni, dum R. R. patres capucini construxerunt illorum ecclesiam apud sanctum Laurentium, anno Domini Mᵒ DCᵒ Xᵒ. Notandum quod extabat ibidem carta, sed vetustate nimio corrosa non potuit legi. Et in aliquibus ossibus sanguis adhuc apparet. Sunt ibidem ossa in numero sive magna sive parva.

Tertia cista quæ est ita longa, quæ extitit in ipso thesauro sacro. Sunt in ea ossa sanctorum Thebæorum in genere videlicet: tibiæ, crures, costæ hujusmodi, et est plena ad quadrum; in ossibus etiam apparet sanguis fracturæ et concassuræ ossium.

De reliquiis sanctorum Sigismundi regis et martyris, fundatoris nostri, ac filiorum ejus martyrum Gistaldi et Gundebaldi.

VIᵃ die augusti. In arca sancti Sigismundi regis et martyris, fundatoris nostri ; in ea recondita sunt caput sancti Sigismundi cum mandibula. Item adsunt undecim magna ossa ejusdem sancti.

De sancto Gistaldo quiescunt in ea centum et viginti ossa ejusdem sancti et multa alia fragmenta.

De sancto Gundebaldo parvo facies et pars superioris cranii cum mandibula. Item sacræ aliæ pulchræ petiæ ossium. Item inferior pars capitis prope renco (sic) et collum. In toto numerantur ossa ad viginti. Quam arcam ita obturavimus, ut nullo modo in posterum possit aperiri.

XXᵃ die augusti. Effigies sancti Mauritii equitantis. In ea sunt posita tria fragmenta ossium sancti Mauritii. Item de capillis ejus rufi aut rubei coloris. Item multæ particulæ vestimentorum.

Annulus sancti Mauritii, qui est saphirus.

Agata seu ampulla plena ejus sanguinis.

Aqualis etiam plenus sanguine.

XXIIᵃ die augusti. Cista aurea gemmis adornata, intro laminis argenteis thecata ; ab alio latere hœc scripta sunt quæ denotant qui cistulam fecerint :

THEUDERICUS PRESBITER IN HONORE Sᵀⁱ MAURITII FIERI JUSSIT AMEN

NORDOALAUS ET RIHLINDISOR DONARUNT

BABRIO ARCUNDIHO ET ELLO FECERUNT [1].

XXIIIᵃ die augusti. Brachium crucis adornatum pro armilla, quod est principale brachium. Secundum brachium quod habet manicas dalmaticas.

Tertium brachium satis longum.

Cista quam curavit fieri Nantelmus, abbas sancti Mauritii, anno 1225, VIIᵃ kal. novembris. Habent eam communem sanctus Candidus et sanctus Innocentius ; cistam illam clausimus ita ut non possit aperiri.

Pars unius spinæ coronæ Domini, a sancto Ludovico rege data.

Caput sancti Victoris, sive ejus effigies tota ex argento ; in eo integrum est caput excepta mandibula.

XXVIIIᵃ die augusti. Cistula argentea, quam curavit fieri Reverendus dominus Petrus Mauritius Odet, abbas Agaunensis. Tales referuntur ex ipsius relatione esse reliquiæ.

Cistula antiqua argentea, gemmis diversis ornata, fabricata ad modum mitræ.

Quatuor cistulæ quas dominus Joannes Jodocus Quartery, abbas sancti Mauritii, fieri curavit, pro recondendis sacris reliquiis.

Cistula cuprea deaurata, in qua sunt tres gemmæ, quam fieri fecit in honorem sanctorum martyrum frater Joannes Domengius, anno 1414.

Cultellus sancti Martini, episcopi Turonensis. (*En note d'une autre écriture* : a tempore ultimi incendii ecclesiæ et monasterii, jam non superest nisi theca illius cultelli.)

Caput sancti Candidi, theca argentea inclusum. Adest etiam in thesauro dimidietas baculi sancti Amati, episcopi Sedunensis et abbatis Agaunensis, partis superioris, quo rupem percussit ad instar Moysis, et fontem scaturire fecit.

Item, lampas testacea quæ provenit ex catacumbis sancti Sebastiani Romæ.

Item, crater quem dicunt fuisse Caroli Magni ; intro habet centaurum. Olim in eo fiebat vinagium [2].

Item, alia pixis argentea, quæ dum fertur sonat, in qua sunt quædam fragmenta sanctorum.

---

1. Il est assez curieux de constater l'inexactitude avec laquelle, au milieu du XVIIᵉ siècle, un personnage instruit lisait une inscription qui ne présente aucune difficulté.

2. On appelait *vinagium* un vin bénit, auquel des oraisons spéciales et le contact des saintes reliques donnaient la vertu de guérir les maladies. « Mulier ab inflammatione nimia sanatur, sumto vinagio..... Lijart, de Castellione super Sequanam, cæca illuminatur, oculis ad portam monasterii vinagio lotis. » — *Mirac. B. Edmundi Cantuar.*, apud Marten. Tome III, Anecd., col. 1893.

N° 45.

ACTE DE LA VISITE DES RELIQUES EN 1668.

VISITATIO RELIQUIARUM SANCTI MAURITII ET SANCTI SIGISMUNDI, ANNO M° DC° LXVIII°, DIE XVII^a JUNII.

In capsa argentea inclusa clathris ferreis duabus fortibus seris obtentis, existente in ecclesia sancti Sigismundi regis et martyris parochiali ad divum Mauritium Agauni, repertæ sunt reliquiæ sequentes : in rubro serico inventa sunt duo semi crania sacrorum capitum divi Sigismundi aut ejus filiorum, prout schedula juxta inventa, attamen non nisi ante annos XXXVI renovata, indicat. In alia pixide etiam serico rubro involuta extant parvæ petiolæ seu potius pulveres sacrarum reliquiarum probabiliter eorum sanctorum. Quas sacras reliquias præfatus illustrissimus et reverendissimus dominus [1], una cum tota sua comitiva devotissime veneratas, suoque sigillo et inscriptione munitas, in eadem capsam devotissime reposuit et reclusit. Eodem die, idem illustrissimus et reverendissimus dominus, rogatu J. Quarterii, dignissimi abbatis celebris et perantiqui monasterii divi Mauritii et sociorum martyrum Thebæorum apud Agaunum, reseravit et aperiri curavit capsam argenteam continentem reliquias corporis sancti Mauritii, archiducis martyrum sanctæ legionis Thebææ, in qua reperta sunt sequentia :

Primo, scheda conscripta litteris rubris majusculis antiqui characteris hæc continens : « hic est corpus sancti Mauritii ducis et martyris ». Item, alia scheda pergamenea scripta manu propria reverendissimi quondam Adriani de Riedmatten, abbatis commendatarii Agauni, anno M. D. XCV, et inde episcopi Sedunensis, inter reliqua continens: qualiter post elargitionem aliquarum sacrarum reliquiarum factam, quinquennio ante, serenissimo duci Sabaudiæ Carolo Emanueli, per ipsum dominum abbatem et patriotas Vallesiæ, prædicta capsa rursum clausa fuit et impositæ ossualium majorum petiæ triginta, minorum petiæ septuaginta, quæ ita repertæ sunt uti scheda sonat, nisi quod petiarum minorum ultra centum jam reperiantur, haud dubie ex aliis confractis multiplicatæ abinde ob commotionem frequentem capsæ solitæ deferri in processionibus. Speciatim vero petiæ majores dignosci potuerunt. Tres petiæ quarum una reliquiis major, cranii..... (*ici, à peu près une ligne effacée*). Item una tibia pedum quasi integra et duo alii nodi ex altera tibia. Item duo radii brachiorum. Item duæ costæ. Item duæ vertebræ seu articuli spinæ dorsi. Aliæ petiæ tam majores quam minores non ita speciatim dignosci potuerunt. Hæ omnes inclusæ sunt in sacculo serico viridis coloris auro intertexto, et hic sacculus rursum involutus tela seu linteo antiquo, in quo etiam sacco reperti sunt aliqui clavi minores et majores, nulla quidem cum inscriptione, videntur tamen esse desumpti vel ex hasta vel ex lorica sancti Mauritii. Et insuper aliqui pulveres ex dictis petiis decidui, qui impositi sunt pixidi argenteæ; atque sic repertæ hæ sacræ reliquiæ tam insignis martyris sancti Mauritii, singulari mentis affectu et gaudio visæ et conspectæ, magna cum veneratione omnes et singulæ in prædictam capsam et loculum repositæ et inclusæ rursum fuerunt, cum adjecta scheda rite subsignata fidem de his omnibus faciente, in præsentia Joannis de Sepibus et aliorum. Ego me subscripsi canonicus Ristler.

1. Adrien IV de Riedmatten, évêque de Sion.

N° 46.

INVENTAIRE DU TRÉSOR DE L'ABBAYE

TRANSMIS AUX AUTEURS DES « ACTA SANCTORUM » PAR J. DE L'ISLE, ABBÉ DE SAINT-LÉOPOLD DE NANCY,

ET PUBLIÉ PAR EUX AU 22 SEPTEMBRE.

1. Spina coronæ Salvatoris nostri, missa a sancto Ludovico Galliarum rege, cui plura sanctorum Thebæorum martyrum corpora concessa sunt.

2. De vera cruce Salvatoris nostri.

3. Magna lipsanotheca argentea, gemmis ornata, quæ continet reliquias sancti Mauritii, præfecti Thebææ legionis.

4. Vasa duo, repleta sanguine sanctorum martyrum Thebæorum.

5. Caput sancti Candidi, inclusum argentea usque ad umbilicum statua, variis gemmis ornata.

6. Caput sancti Victoris. Donum est serenissimæ domus Sabaudicæ.

7. Lipsanotheca prædives, in qua sunt reliquiæ sanctorum Petri et aliorum. Donum est Eugenii III pontificis, qui consecravit veterem basilicam, profecturus ad concilium Remense. Ejus effigies spectatur in apice.

8. Capsa argentea, in qua servantur ossa aliqua sancti Sigismundi, restauratoris monasterii Agaunensis, ejusque filiorum Gistaldi et Gondebaldi.

9. Capsa altera itidem argentea, continens ossa aliquot Thebæorum martyrum; servantur præterea in tribus aliis capsis ligneis deauratis, præter illa, quibus duæ majores cistæ repletæ sunt.

10. Argentea brachia duo, aliquot gemmis ornata, in quibus sunt ossa aliquorum martyrum.

11. Brachium aliud pretiosius prædictis, continens costam, mentum, et partem extremam stolæ sancti Bernardi.

12. Annulus sancti Mauritii.

13. Crater Caroli Magni vermiculatus.

14. Calix alter opere simpliciori.

15. Lipsanothecæ duæ variis ornatæ gemmis, in quibus servantur variæ reliquiæ.

16. Capsa argentea, in qua sunt partes vestium sanctissimæ Virginis, et capitis sancti Felicis.

17. Lipsanotheca quæ per cristallum spectandos exhibet duos dentes sanctæ Apolloniæ.

18. Altera in qua etiam videtur portio pollicis sancti Antonii.

19. Pars crucis sancti Andreæ apostoli, inclusa cruce argentea.

20. Fragmenta aliquot vestium sancti Mauritii, in pulcherrima statua equestri argentea sancti Mauritii, dono data a serenissima Sabaudiæ domo.

21. Præter hæc, lipsanothecæ argenteæ quatuor sunt minus spectabiles, iisque servantur reliquiæ aliquæ sancti Amati, Sedunensis episcopi et abbatis sancti Mauritii, sanctorum Florentini, itidem Sedunensis præsulis, et diaconi ejus Hilarii, martyrum.

N° 47.

BULLE DU PAPE GRÉGOIRE XVI [1].

CONFIRMATION DE L'ÉLECTION DE L'ABBÉ ÉTIENNE BAGNOUD.

(1834.)

Gregorius Episcopus, servus servorum Dei, Dilecto Filio Stephano Bagnoud Abbati monasterii Sancti Mauritii Agauni nuncupati, Sedunensis diecesis, salutem et apostolicam benedictionem. Summi dispositione Rectoris ad regimen universalis Ecclesie assumpti, curis angimur assiduis et continua meditatione pulsamur, ut opem et operam Nostram quantum Nobis ex Alto conceditur efficaciter impendamus, quibus Orbis Ecclesie et Monasteria Universa Pastorum regiminibus destituta per Nostre providentie Ministerium Viris committantur idoneis, qui sciant, velint et valeant Ecclesiam et Monasteria ipsa eis commissa studiose regere et feliciter gubernare. Sane Monasterio Sancti Mauritii Agauni nuncupati, Ordinis Canonicorum Regularium Sancti Augustini, Congregationis Lateranensis, Sedunensis diecesis, *Sedi Apostolice immediate subjecto*, cui quondam Franciscus de Rivaz illius ultimus Abbas dum viveret preerat, per obitum dicti Francisci Abbatis qui extra Romanam Curiam diem clausit extremum, Abbatis regimine destituto; dilecti filii Capitulum et Canonici Regulares dicti Monasterii, ad quos, dum illud pro tempore vacat, electio persone idonee in Abbatem dicti Monasterii proficiende spectare et pertinere dignoscitur, pro futuri inibi Abbatis Electione celebranda, vocatis omnibus qui voluerunt, potuerunt et debuerunt Electioni hujusmodi commode interesse, die ad eligendum prefixa, ut moris est, convenientes in unum, Te, ex honestis catholicisque parentibus legitimo thoro junctis, in diecesi Sedunensi natum, Trigesimum primum tue etatis annum attingens, jam diu Presbiterum et Canonicum Regularem prefati Ordinis expresse professum, qui studio theologie dogmatice et moralis consensisti atque per plures annos in animarum cura te exercuisse; quique fidem catholicam juxta articulos jam pridem a Sede apostolica propositos expresse professus fuisti, in eorum ac dicti Monasterii Abbatem concorditer elegerunt. Tu que Electioni de Tua persona ut prefertur facte hujusmodi illius Tibi presentato decreto sponte et libere consensisti. Nos igitur sperantes quod Tu de cujus Religionis zelo, vite munditia, honestate morum, spiritualium providentia et temporalium circumspectione, aliisque multiplicum virtutum donis fide digna testimonia perhibentur dicto Monasterio esse poteris plurimum utilis ac fructuosus, Electionem predictam juxta decretum a Nobis approbatum Apostolica auctoritate approbantes et confirmantes, Monasterio predicto, de Venerabilium Fratrum Nostrorum Sancte Romane Ecclesie Cardinalium consilio, de Tui persona Nobis et eisdem Fratribus Nostris ob tuorum exigentiam meritorum accepta, dicta Apostolica Auctoritate providemus, Teque in dicti Monasterii Abbatem proficimus; curam, regimen et administrationem dicti Monasterii Tibi in spiritualibus et temporalibus plenarie committendo, in illo qui dat gratias et largitur premia confidentes quod Dextera Domini Tibi assistente propitia, dictum Monasterium per Tue circumspectionis industriam et studium fructuosum regetur utiliter et prospere dirigetur, ac grata in eisdem spiritualibus et temporalibus suscipiet incrementa. Quocirca discretioni Tue per apostolica scripta mandamus quatenus impositum Tibi a Domino onus regiminis et administrationis prefatarum prompta devotione suscipiens, curam et administrationem prefatas sic exercere studeas et fideliter prosequaris, quod Monasterium ipsum Gubernatori provido ac fructuoso Administratori gaudeat se commissum. Tuque preter eterne retributionis premium, Nostram et dicte Sedis benedictionem et gratiam exinde uberius consequi merearis. Datum Rome, apud Sanctum Petrum, anno Incarnationis Dominice Millesimo octingentesimo trigesimo quarto, Quarto decimo kalendas Januarii, Pontificatus Nostri Anno quarto.

Bulle pendante de Grégoire XVI.

1. Pièce originale. Le pape Grégoire XVI fut élu en 1831, et il mourut en 1846.

Nᵒ 48.

GREGORIUS P. P. XVI.

Ad perpetuam rei memoriam. In amplissimo apostolicæ dignitatis, atque auctoritatis gradu, nullis certe Nostris promeritis, sed ineffabili divinæ Providentiæ consilio collocati ac propterea de universo dominico grege, quem Pastor æternus Nobis pascendum commisit, vehementer solliciti, ea profecto omnia libenter agere solemus, quæ ad majorem Dei gloriam promovendam, ac spiritualem animarum salutem procurandam pertinere posse videntur. Itaque sedulo, diligenterque inspicientes quid Ecclesiarum omnium decori, atque utilitati conveniat, decessorum nostrorum vestigiis inhærentes, amplis honoribus Abbatiales interdum Ecclesias decorare opportunum ducimus, ut divini cultus splendor magis eniteat, atque uberior inde dominici gregis fructus existat. Equidem Nos minime latet insignem abbatialem et regalem Ecclesiam Sancti Mauritii, penes Helvetios, inferiore in Valesia sitam, cum proprio territorio originis vetustate territorii ejusdem amplitudine, populi frequentia, cleri numero, et canonicorum collegio summopere præstare, ac plura regularia et secularia beneficia habere. Ipsius autem abbas, qui canonicorum collegii princeps, ac Primicerii dignitate ornatus, *infulæ, ac pedi, seu pastoralis honore insignitus, in pluribus illius districtus parœciis jurisdictionem quasi episcopalem exercet, atque huic apostolicæ Sedi una cum canonicorum collegio, totaque abbatia immediate subjectus,* Sardiniæ comitis titulo, et magna cruce regii ac militaris ordinis Sanctorum Mauritii et Lazari semper decoratur. Canonicorum vero collegium ex pluribus viris conflatum, quorum alii spiritualia parœciis præbent subsidia, alii divinas in choro laudes concelebrant, alii communem agunt vitam ex regula a felicis recordationis Pio VII Prædecessore Nostro approbata. Quod quidem canonicorum collegium eo in districtu studiorum curam agens omni diligentia et industria prospicit, ut juventus in binis præsertim gymnasiis ad pietatem, omnemque virtutem mature fingatur, atque amœnioribus litteris, severioribusque disciplinis rite imbuatur. Accedit etiam, quod maxime interest, ut idem canonicorum collegium catholicæ religionis propagandæ studio vehementer incensum, nullis neque curis, neque laboribus, neque impendiis sibi parcendum ducat, quo illis in regionibus majora in dies ipsa religio incrementa suscipiat, atque homines e cæcis errorum fluctibus emersi ad catholicæ Ecclesiæ gremium redeant. Jam vero cum Nobis expositum fuerit rei catholicæ, ac spiritualis animarum salutis bono utile omnino esse, si illius abbatiæ in tempore abbas episcopali titulo in partibus infidelium honestetur; Nos, quibus nihil potius esse potest, quam omni cura, vigilantia, contentione in Dei optimi maximi gloriam amplificandam, ac sempiternam hominum salutem quibusque rebus procurandam incumbere, de venerabilium fratrum nostrorum S. R. E. cardinalium negotiis Propagandæ Fidei præpositorum consilio, abbatiam ipsam hujusmodi dignitate, atque honore decorandam, eique episcopalem titulum de Bethleem in Syria in partibus infidelium perpetuo adsignandum existimavimus. Quamobrem ejusdem abbatiæ, et canonicorum collegii meritorum ratione habita, firmis tamen semper in ea abbatia manentibus, ibique vigentibus omni statu, qualitate, denominatione, *motu proprio, certa scientia, matura deliberatione, deque apostolicæ Nostræ potestatis plenitudine, hisce litteris abbatiæ Sancti Mauritii, penes Helvetios, in Valesia inferiore, episcopalem titulum de Bethleem in partibus infidelium perpetuum in modum adsigna-*

[1]. Pièce originale.

mus, atque attribuimus, atque illius in tempore abbatem episcopum de Bethleem in Syria constituimus et declaramus, eumque nomine, titulo, et honore episcopali perpetuo decoramus, ac volumus ut abbas Sancti Mauritii et episcopus de Bethleem appelletur, cum omnibus et singulis juribus, privilegiis, honoribus, insignibus, prærogativis, quibus episcopi in partibus infidelium utuntur, fruuntur, vel uti ac frui possunt, et poterunt. Atque id ita concessum volumus, ut sequuta ejusdem abbatis canonica electione, etiam episcopus de Bethleem in partibus infidelium electus maneat, utque electionis confirmationem una cum Ecclesiæ episcopalis provisione ab hac apostolica Sede litteris apostolicis sub Annulo Piscatoris semper obtinere debeat, et teneatur. Hæc concedimus, atque indulgemus, statuimus et mandamus decernentes has præsentes litteras firmas, validas et efficaces existere, et fore, suos que plenarios et integros effectus sortiri, et obtinere, ac illis in omnibus, et per omnia plenissime suffragari; sicque in præmissis per quoscumque judices ordinarios, et delegatos etiam causarum Palatii apostolici auditores, et S. R. E. cardinales, sublata eis, et eorum cuilibet quavis aliter judicandi, et interpretandi facultate, et auctoritate judicari, et definiri debere, ac irritum et inane, si secus super his a quoquam, quavis auctoritate, scienter vel ignoranter contigerit attentari. Non obstan (sic) quoties opus fuerit, felicis recordationis Benedicti XIV Prædecessoris Nostri super divisione materiarum, aliis que apostolicis atque in universalibus, provincialibusque, et synodalibus Conciliis, editis generalibus, vel specialibus Constitu tionibus et Ordinationibus, necnon ejusdem abbatiæ, et canonicorum collegii etiam juramento, confirmatione apóstolica, aut quavis firmitate alia roboratis statutis, et consuetudinibus, privilegiis quoque, indultis, et litteris apostolicis in contrarium præmissorum quomodolibet concessis, confirmatis, et innovatis, quibus omnibus, et singulis illorum tenores præsentibus pro plene, et sufficienter expressis, ac de verbo ad verbum insertis habentes, illis alias in suo robore permansuris, ad præmissorum effectum hac vice dumtaxat specialiter, et expresse derogamus, aliisque omnibus etiam speciali, et individua mentione, et derogatione dignis in contrarium facientibus quibuscumque. Datum Romæ, apud Sanctam Mariam Majorem, sub Annulo Piscatoris, die III Julii M. D CCC XL, Pontificatus Nostri anno decimo.

Cette pièce porte la signature autographe du cardinal Lambruschini.

N° 49.

BREF DU PAPE GRÉGOIRE XVI [1],

ACCORDANT AUX ABBÉS DE SAINT-MAURICE LE TITRE DE « PRÉLAT DOMESTIQUE » ET CONCÉDANT AUX MEMBRES DU CHAPITRE
LA DIGNITÉ DE CHANOINES DE CATHÉDRALE, AVEC LE PRIVILÉGE DE PORTER LA « CAPPA MAGNA ».

(1840.)

GREGORIUS P. P. XVI.

Ad perpetuam rei memoriam. Ea est dignitas ac splendor canonicorum collegii regiæ abbatiæ Sancti Mauritii, in Valesia inferiore, apud Helvetios, tanto hic amplissimus ordo erga catholicam religionem studio, tanto erga Apostolicam Sedem, *cui immediate subjectus,* flagrat obsequio, ut Nos ex arcano divinæ Providentiæ consilio in Petri cathedra collocati, alacri libentique animo illum peculiaris beneficentiæ Nostræ testimoniis complecti existimaverimus. Quapropter per similes Nostras apostolicas litteras die tertia

---

1. Pièce originale.

superioris mensis editas, principem illius dignitatem, quæ Primicerii nomine fruitur, atque abbas extat,
aliisque honorificentissimis insignibus decoratur, episcopali titulo de Bethleem in partibus infidelium
perpetuo ornandam esse decrevimus, iisque privilegiis ac juribus, quæ hujusmodi episcoporum propria
sunt, augendam esse mandavimus. Num vero quum ejusdem collegii canonicis de christiana et civili
republica optime meritis propensam Nostram voluntatem magis magisque confirmare, et majori præmio
eorum curas in recta juventutis institutione, in multiformis gratiæ Dei dispensatione positas rependere
exoptemus, eorum preces benigne excepimus, dum a Nobis postularunt, ut ipsum episcopum abbatem,
Antistitis, seu Prælati Nostri domestici titulo decorare, eorumque numerum duodecim canonicis honorariis augere velimus, quorum sex arbitrio Nostro, ceteri vero, præter primos sex, ab ipso episcopo abbate
nominandos, ab eodem canonicorum collegio, cunctis suffragantibus, erunt adlegendi, et qui omnes in
choro consideant, et canonicorum titularium participantium vestes deferant, utque demum utrisque non
solum sacræ trabeæ, seu *Cappæ magnæ usum, sed et honores ac privilegia canonicorum cathedralium
conferantur.* In quamquidem sententiam eo facilius devenimus, Romanorum Pontificum Stephani III,
Adriani I, Leonis III, Eugenii II, Honorii II, Leonis IX, Eugenii III, Alexandri III, Clementis III,
Cœlestini III, Alexandri IV, et Gregorii X, Prædecessorum Nostrorum, exempla ob oculos habentes, qui
ex octavo Ecclesiæ sæculo tam inclytum canonicorum collegium peculiari indulgentia complexi sunt,
ac plane rati, fore ut ecclesiastici viri in illud cooptati ampliora beneficia adepti magis conentur internis
virtutibus enitere, et ad sacra quæque ministeria accurate implenda benignitatis etiam apostolicæ incita-
mento impellantur. Ipsi enim, qui se probabiles jam Deo exhibent operarios inconfusibiles recte trac-
tantes verbum veritatis, certam Nobis injiciunt spem, decus, quod sibi ex hujusmodi Nostris privilegio-
rum additamentis accedit, sustinendum, tuendumque curaturos tum gravitate et morum innocentia,
tum non vulgari sacrarum litterarum scientia, disciplinarum et artium, quibus pollent, et sine quibus
illa non modo mirantur homines, sed etiam despicere plerumque solent. Novam igitur beneficentiæ
Nostræ significationem huic amplissimo canonicorum Ordini regiæ abbatiæ sancti Mauritii, in Valesia
inferiore, apud Helvetios, exhibere volentes, omnesque et singulos, quibus hæ litteræ favent, a quibusvis
excommunicationis, suspensionis et interdicti, aliisque ecclesiasticis sententiis, censuris et pœnis quovis-
modo, vel quavis de causa latis, si quas forte incurrerint, harum serie absolventes, ac absolutos fore consentientes, auctoritate Nostra apostolica hisce litteris concedimus et indulgemus, *ut Episcopus Abbas com-
memoratæ abbatiæ Sancti Mauritii, et canonicorum collegii Primicerius perpetuo Antistes etiam, seu
Prælatus Noster domesticus dicatur, et habeatur, atque in aliorum domesticorum antistitum cœtum et
numerum cooptetur, eorumque privilegiis, juribus, honoribus, indultis, quibus ipsi perfruuntur, vel uti,
frui possunt ac poterunt libere, liciteque uti et perfrui possit.* Ad hæc eidem canonicorum collegio facultatem æque perpetuum in modum tribuimus et elargimur duodecim adsciscendi canonicos honorarios,
ita tamen ut sex eorum nominatio a Nobis per alias Nostras similes apostolicas litteras constituatur,
reliquorum vero sex prima vice ab Episcopo Abbate tantummodo, deinde per ejusdem Episcopi Abbatis
et canonicorum collegii suffragia omnino fiat, ipsique Episcopo Abbati, vel ejus Vicario generali jus sit
eorum quemlibet canonica institutione donare. Hisce autem canonicis honorariis ita adlectis et renun-
ciatis liceat inter aliorum canonicorum subsellia considere, atque in choro, ceterisque ecclesiasticis
cæremoniis et functionibus uti lineo manicato amiculo, vulgo *Rochetto,* et brevi palliolo seu *moʒʒetta*
lanea exilis texturæ, coloris purpurei, tempore hiemali, serica vero æstivo tempore, quemadmodum canonici titulares participantes utuntur. *Utrisque demum, scilicet canonicis titularibus participantibus et
honorariis, eadem auctoritate Nostra tribuimus et impertimur, ut deinceps in choro, in sacris supplica-
tionibus, et in aliis quibuslibet Ecclesiæ functionibus, sacram Trabeam, seu Cappam magnam cum
moʒʒetta concolorem albæ mustellæ pellibus hiemali tempore, æstivo autem tela serica subsutam, gestare libere et licite possint, et valeant, ac præterea omnibus ubique perfrui honoribus et privilegiis,
quæ canonicorum collegiis cathedralium Ecclesiarum, dummodo fuerint rite instituta, ex sacrorum
canonum præscripto concessa sunt.* Hæc concedimus, atque indulgemus, præcipimus atque mandamus,
decernentes has præsentes litteras semper firmas validas et efficaces existere, et fore, suosque plenarios
et integros effectus sortiri, et obtinere, et eorum causa, quæ expressa sunt, hoc, futurisque temporibus
plenissime suffragari, sicque in præmissis per quoscumque judices ordinarios, et delegatos, etiam causarum Palatii apostolici auditores judicari et definiri debere, ac irritum et inane, si secus super his a quo-

quam, quavis auctoritate, scienter vel ignoranter, contigerit attentari; non obstantibus felicis recordationis Benedicti XIV, prædecessoris Nostri, super divisione materiarum, aliisque apostolicis ac in universalibus, provincialibusque, et synodalibus Conciliis, editis generalibus, vel specialibus constitutionibus et ordi-nationibus, nec non commemorati canonicorum Collegii regiæ abbatiæ Sancti Mauritii, aliarumque cathedralium Ecclesiarum, etiam juramento, confirmatione apostolica, vel quavis firmitate alia roboratis statutis, et consuetudinibus, privilegiis quoque indultis, et litteris apostolicis in contrarium præmisso-rum quomodolibet concessis, confirmatis, et innovatis, quibus omnibus et singulis illorum tenores præsentibus pro plene et sufficienter expressis, ac de verbo ad verbum insertis habentes, illis alias in suo robore permansuris, ad præmissorum effectum hac vice dumtaxat specialiter, et expresse derogamus, ceterisque contrariis quibuscumque. Datum in Arce Gandulphi, sub Annulo Piscatoris, die IV Augusti M. D CCC XL, Pontificatus Nostri anno decimo.

Cette pièce porte la signature autographe du cardinal Lambruschini.

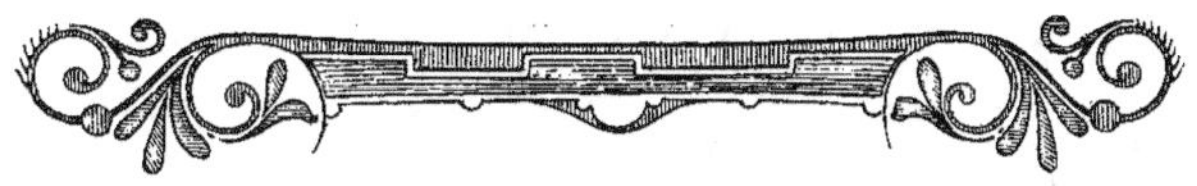

TABLE ALPHABÉTIQUE

DES NOMS DE PERSONNES ET DES NOMS DE LIEUX

Nota. — Les chiffres placés après les noms indiquent les numéros des pages.

33

Imprimé à Paris

PAR D. JOUAUST

Rue saint-honoré, 338

—

M DCCC LXXII

SOMMAIRE.

Les têtes de chapitres, les lettres majuscules et les fleurons de ce volume ont été scrupuleusement copiés dans les manuscrits dont voici l'indication : *Bibliothèque impériale*, fonds latin, n°s 103, 256 et 261. — *Bibliothèque Maʒarine*, n°s 1, 30, 217, 253, 351, 473, 620 et 627.

AVANT-PROPOS. P. 1 et 2.

INTRODUCTION HISTORIQUE. Situation topographique de l'Abbaye. Antiquité de l'Abbaye; division de son histoire en quatre périodes. Noms anciens de la ville de Saint-Maurice et du Monastère. Étymologie du nom d'Agaune. P. 3 à 5.

PREMIÈRE PÉRIODE. Martyre de la légion Thébéenne. Relations du massacre des Thébéens écrites par saint Eucher et par le moine anonyme d'Agaune. Traduction du récit de saint Eucher. La légion Thébéenne était la III^a Diocletiana Thebæorum. Fondation de l'Abbaye par saint Théodore. Saint Martin de Tours visite le champ du martyre. Les successeurs de saint Théodore sur le siége épiscopal d'Octodurum sont les premiers supérieurs du Monastère. L'un de ces évêques autorise les religieux à élire leurs abbés. Premiers abbés-moines. Fin de la première période. P. 6 à 17.

DEUXIÈME PÉRIODE. Sigismond, roi de Bourgogne, agrandit le monastère d'Agaune, le dote de biens immenses et, dans une assemblée solennelle, institue la psalmodie perpétuelle, détermine la règle et nomme un abbé. Catalogue des abbés de la seconde période. Événements principaux : Translation à Agaune des corps de saint Sigismond et de ses fils. Saint Maur, disciple de saint Benoît, visite l'Abbaye. Chute du mont Taurus. Révolte des moines contre l'évêque d'Octodurum. Invasion des Lombards. Donations des rois Clotaire II, Clovis II, Thierri III, Dagobert III, Chilpéric II et Childéric III. Invasion des Sarrasins. Visites du roi Gontran et du pape Étienne II. Premier supérieur laïque imposé à l'Abbaye. Charlemagne comble le Monastère de bienfaits. Usurpation de l'Abbaye par les laïques. Clôture de la deuxième période. P. 18 à 30.

TROISIÈME PÉRIODE. L'usurpation d'Arnulphe, fils de Louis le Débonnaire, amène de tels désordres dans l'Abbaye que cet empereur, espérant faire cesser le scandale, expulse les moines et les remplace par trente chanoines séculiers. Inutilité de cette réforme. Catalogue des abbés réguliers ou commen-

dataires et des usurpateurs qui ont tour à tour gouverné l'Abbaye. Événements principaux : Formation du
royaume de Bourgogne transjurane. Invasion simultanée des Sarrasins et des Hongrois. Rodolphe III,
dernier roi de Bourgogne transjurane, restitue à l'Abbaye la plupart des biens qui avaient été annexés
au domaine royal. Le Chablais, le Valais et la terre de Saint-Maurice passent aux mains de la maison
de Savoie. Le pape Léon IX visite l'Abbaye. Le prieuré d'Abondance, dépendant du monastère d'A-
gaune, devient une abbaye indépendante. La situation précaire de l'Abbaye attire l'attention de saint
Hugues, évêque de Grenoble, qui décide Amédée III de Savoie à changer la constitution intérieure de
la Maison. Fin de la troisième période. P. 31 à 42.

QUATRIÈME PÉRIODE. Saint Hugues et Amédée III substituent aux chanoines séculiers d'Agaune
des chanoines réguliers. Les biens détenus ou aliénés et la Prévôté sont restitués. Cette réforme salutaire
est approuvée par le Saint-Siége. Série des abbés réguliers. Événements principaux : Dédicace de l'église
abbatiale par Eugène III. Premiers démêlés avec les évêques de Sion. Traités relatifs à la vallée de Bagnes
et aux possessions de l'Abbaye en France, à Semur, à Bracon, à Senlis. Donations de seigneurs français
et autres. Reconstruction du clocher de l'Abbaye par Pierre de Savoie. L'église est à plusieurs reprises
ruinée par la chute des rochers. Saint Louis demande des reliques des Thébéens et fonde pour les recevoir
le prieuré de Saint-Maurice de Senlis. Ce roi fait don de deux reliquaires à l'église d'Agaune. Statut capitulaire de l'abbé Jacques d'Ayent qui désorganise la communauté en permettant aux chanoines de posséder. Désordres qui sont la conséquence de cette décision. Visite des empereurs Charles IV et Sigismond.
Dons des princes de la maison de Savoie. Schisme de l'Église ; les papes de Rome et les papes d'Avignon.
Fondation du prieuré de Ripaille, dépendant de l'Abbaye. Soumission des seigneurs de Challand. Amédée VIII de Savoie, nommé pape par le concile de Bâle, prend le nom de Félix V ; il s'occupe avec sollicitude des intérêts de l'Abbaye, et, à la fin du schisme, toutes ses bulles sont approuvées par Nicolas V.
Le Valais s'affranchit de la domination des ducs de Savoie. L'évêque de Sion, Walter Supersaxo, s'empare
de la vallée de Bagnes. Il est forcé de la restituer. Charlotte, reine de Jérusalem, de Chypre et d'Arménie,
vient à l'Abbaye. Nouveaux démêlés avec l'évêque de Sion à propos de Bagnes, suivis d'un traité malheureux. La Réforme ; lutte des abbés d'Agaune pour maintenir la population dans la foi catholique. Succès
de ces efforts. Premières tentatives de retour à la vie commune à l'Abbaye. Incendie de l'Abbaye. L'abbé
Jean V, pour réparer ce désastre, signe un traité avec l'évêque de Sion et le gouvernement du Valais ;
funestes effets de cette convention. Nomination d'un abbé commendataire, Adrien de Riedmatten ; son
administration déplorable. Charles-Emmanuel, duc de Savoie, fait avec le Valais un traité en vertu
duquel il exige que les reliques de saint Maurice lui soient remises. Toute la paroisse de Saint-Maurice
se soulève et force les envoyés du duc et le gouvernement du Valais à proposer une transaction, qui est
acceptée. Les Franciscains s'établissent à Saint-Maurice. L'église abbatiale est complétement détruite
par un éboulement de rochers ; on la reconstruit sur le terrain qu'elle occupe aujourd'hui. L'adoption
de la vie commune à l'Abbaye est de nouveau agitée ; obstacles opposés à cette réforme salutaire, qui finit
par triompher. Incendie de l'Abbaye et de l'église. Violences exercées par le gouvernement du Valais et
par l'évêque de Sion contre l'abbé de Saint-Maurice, Nicolas Zurthannen, qui meurt en exil. Habile administration de l'abbé Camanis ; il pourvoit à la reconstruction de l'Abbaye et de l'église et installe la
communauté dans les nouveaux bâtiments. Victor-Amédée II accorde la croix des SS. Maurice et Lazare
aux abbés de Saint-Maurice. L'abbé de Saint-Léopold de Nancy, J. de l'Isle, vient à Saint-Maurice ; il
dresse l'inventaire du Trésor et le communique aux auteurs des *Acta Sanctorum*. L'abbé Claret fait
assainir l'enclos de l'Abbaye. Les abbés de Saint-Maurice reçoivent le titre de comte par lettres patentes
de Victor-Amédée III. Révolution française ; envahissement de la Suisse. Fondation du collége de l'Abbaye. Annexion du Valais à la France et réunion de l'Abbaye à la communauté du Grand-Saint-Bernard.
Procès relatif au domaine de Vérolliez. Révolution de 1830. Attaques de l'Abbaye par les révolutionnaires suisses. Élévation des abbés de Saint-Maurice à la dignité d'évêque et mesures prises par Grégoire XVI pour assurer la liberté absolue de l'Abbaye. Troubles en Valais. Guerre du Sonderbund.
Contribution de guerre imposée à l'Abbaye. Fin de la quatrième période et du catalogue des abbés
d'Agaune. P. 43 à 119.

ERRATA.

Page 48, ligne 17, *au lieu de :* abbaye d'Arrouaise en Flandre, *lisez :* en Artois.
— 91, — 17, — reconnaître 'élection, — reconnaître l'élection.
— 156, en note, hauteur de la sardonyx, entre les deux montures, *au lieu de :* 0ᵐ160, *lisez :* 0ᵐ113.
— 160, ligne 9, *au lieu de :* dans a composition, *lisez :* dans la composition.
— 208, — 20, — Chilpirici, — Childirici.
— 210, — 30, — Brimeu, — Brimeux.
— 210, — 31, — Vertau, — Verton.
— 210, — 32, — Le Nouvion, — Nouvion.
— 210, — 36, — Saiserey, — Sincey.
— 210, — 36, — Saigny, — Seigny.
— 215, — 8, — Oron, — Orons.
— 215, — 22, — Amédée II, — Amédée III.
— 217, — 22, — Amédée II, — Amédée III.
— 220, — 21, — Fesson, — Fessons.
— 222, — 6, — Fesson, — Fessons.
— 230, lignes 44 et 45, *au lieu de :* domibus super secanam, *lisez :* Domibus super Secanam.

TRÉSOR DE L'ABBAYE

DE

SAINT-MAURICE D'AGAUNE

TRÉSOR DE L'ABBAYE

DE

SAINT-MAURICE D'AGAUNE

DÉCRIT ET DESSINÉ

PAR

ÉDOUARD AUBERT

MEMBRE DE LA SOCIÉTÉ DES ANTIQUAIRES DE FRANCE, LAURÉAT DE L'INSTITUT

(ACADÉMIE DES INSCRIPTIONS ET BELLES-LETTRES)

PLANCHES

PARIS

Vᵉ A. MOREL ET Cⁱᵉ, ÉDITEURS

13, RUE BONAPARTE, 13

M D CCC LXXII

ED. AUBERT DEL.

F. PENEL SC.

GRANDE CHASSE DE SAINT MAURICE

XIIᵉ SIÈCLE

Vᵉ A. MOREL et Cⁱᵉ Éditeurs

Imp. Lemercier et Cⁱᵉ Paris

ED AUBERT DEL.

F. PENEL SC.

GRANDE CHASSE DE SAINT MAURICE

XIIe SIECLE

Ve A. MOREL et Cie Editeurs

Imp. Lemercier et Cie Paris

GRANDE CHÂSSE DES ENFANTS DE SAINT SIGISMOND

XIIᵉ SIÈCLE

ED. AUBERT DEL.

AD. CHAPPUIS SC.

GRANDE CHÂSSE DES ENFANTS DE SAINT SICISMOND

XIIᵉ SIÈCLE

Vᵉ A. MOREL et Cⁱᵉ Éditeurs.

imp. Lemercier et Cⁱᵉ Paris.

E. AUBERT DEL.   P. AD. VARIN SC.

GRANDE CHASSE DES ENFANTS DE SAINT SIGISMOND

XIIE SIECLE

Ve A. MOREL et Cie Editeurs.   Imp. Lemercier et Cie Paris

ED. AUBERT DEL.   P. AD. VARIN SC.

GRANDE CHASSE DES ENFANTS DE SAINT SIGISMOND

XIIᵉ SIECLE

Vᵛᵉ A. MOREL et Cⁱᵉ Editeurs   Imp. Lemercier et Cⁱᵉ Paris

PL. VII.VIII

ED AUBERT DEL.

AD. LEVIÉ LITH

GRANDE CHÂSSE DONNÉE PAR L'ABBÉ NANTHELME.

XIII.ᵉ SIÈCLE.

Vᵉ A. MOREL & Cⁱᵉ Editeurs.

Imp. Lemercier et Cⁱᵉ Paris.

ED. AUBERT DEL.

AD. LÉVIE LITH.

Grande Chasse donnée par l'Abbé Nantelme

XIIIᵐᵉ Siècle

Vᵉ A. MOREL & Cⁱᵉ EDITEURS

IMP. LEMERCIER & Cⁱᵉ PARIS

PL. XI-XII.

CHASSE DÉCORÉE DE VERROTERIES CLOISONNÉES

ÉPOQUE MÉROVINGIENNE

V.ᵉ A. MOREL & Cⁱᵉ Éditeurs.

Imp. Lemercier & Cⁱᵉ Paris

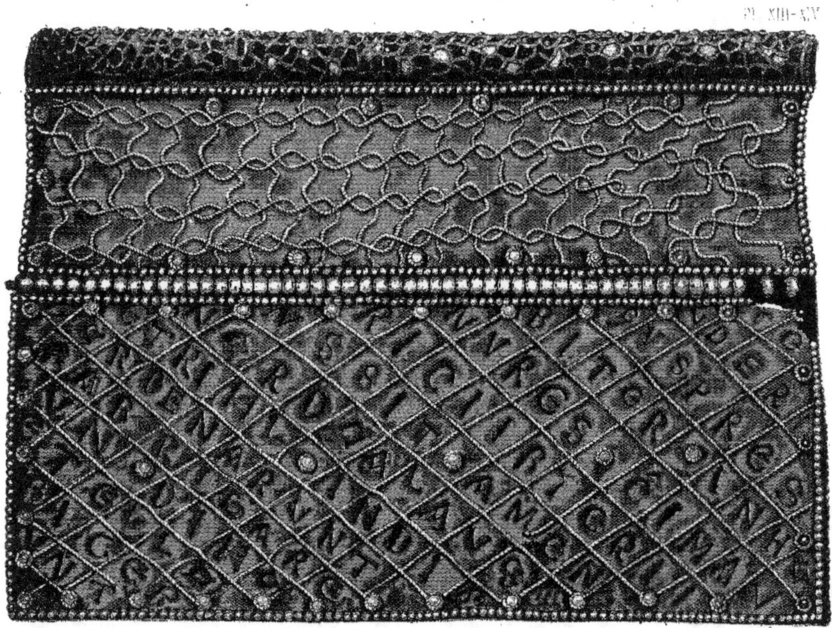

Face postérieure. Grandeur de l'exécution.

ED. ROBERT DEL.   Dessous de la Châsse   AD. LEVIÉ LITH.

CHÂSSE DÉCORÉE DE VERROTERIES CLOISONNÉES.

ÉPOQUE MÉROVINGIENNE

Vᵉ A. MOREL & Cⁱᵉ ÉDITEURS.   IMP. LEMERCIER & Cⁱᵉ PARIS.

CHASSE DU XVᴱ SIECLE

ED. AUBERT DEL.

P. AD. VARIN SC.

CHASSE DU XIIᴱ SIECLE

FACE ANTERIEURE ET FACE POSTERIEURE

Vᵉ A. MOREL et Cⁱᵉ Editeurs.

Imp. Lemercier et Cⁱᵉ Paris

ED. AUBERT DEL.

AD. LEVIÉ LITH.

VASE EN SARDONYX
DIT VASE DE SAINT MARTIN
Grandeur de l'Exécution.

ED. AUBERT DEL.

H. SELLIER SC.

VASE EN SARDONYX

DÉVELOPPEMENT DU SUJET

Vᵉ A. MOREL et Cⁱᵉ Éditeurs.

Imp. Lemercier et Cⁱᵉ Paris.

AIGUIERE EN OR.

DÉCORÉE D'ÉMAUX CLOISONNÉS

Grandeur d'exécution

ED. AUBERT DEL.

AD. LEVIÉ LITH.

AIGUIERE EN OR

EMAUX DE LA SECONDE FACE ET DETAILS

Vᵉ A. MOREL & Cⁱᵉ EDITEURS

IMP. LEMERCIER & Cⁱᵉ PARIS

ED. AUBERT DEL.

AD. LEVIÉ LITH.

CHEF DE SAINT - CANDIDE
XIᵉ SIÈCLE

Vᵛᵉ A. MOREL & Cⁱᵉ Editeurs

Imp. Lemercier & Cⁱᵉ Paris

ED. AUBERT DEL.

AD. LEVIÉ LITH.

CHEF DE SAINT CANDIDE
XI.ᵉ SIÈCLE

Vᵛᵉ A. MOREL & Cⁱᵉ Éditeurs.

Imp. Lemercier & Cⁱᵉ Paris.

ED. AUBERT DEL.

P. AD. VARIN SC.

BUSTE DE SAINT VICTOR

RELIQUAIRE DU XIVᵉ SIÈCLE

Vᵛᵉ A. MOREL et Cⁱᵉ Éditeurs

Imp. Lemercier et Cⁱᵉ Paris

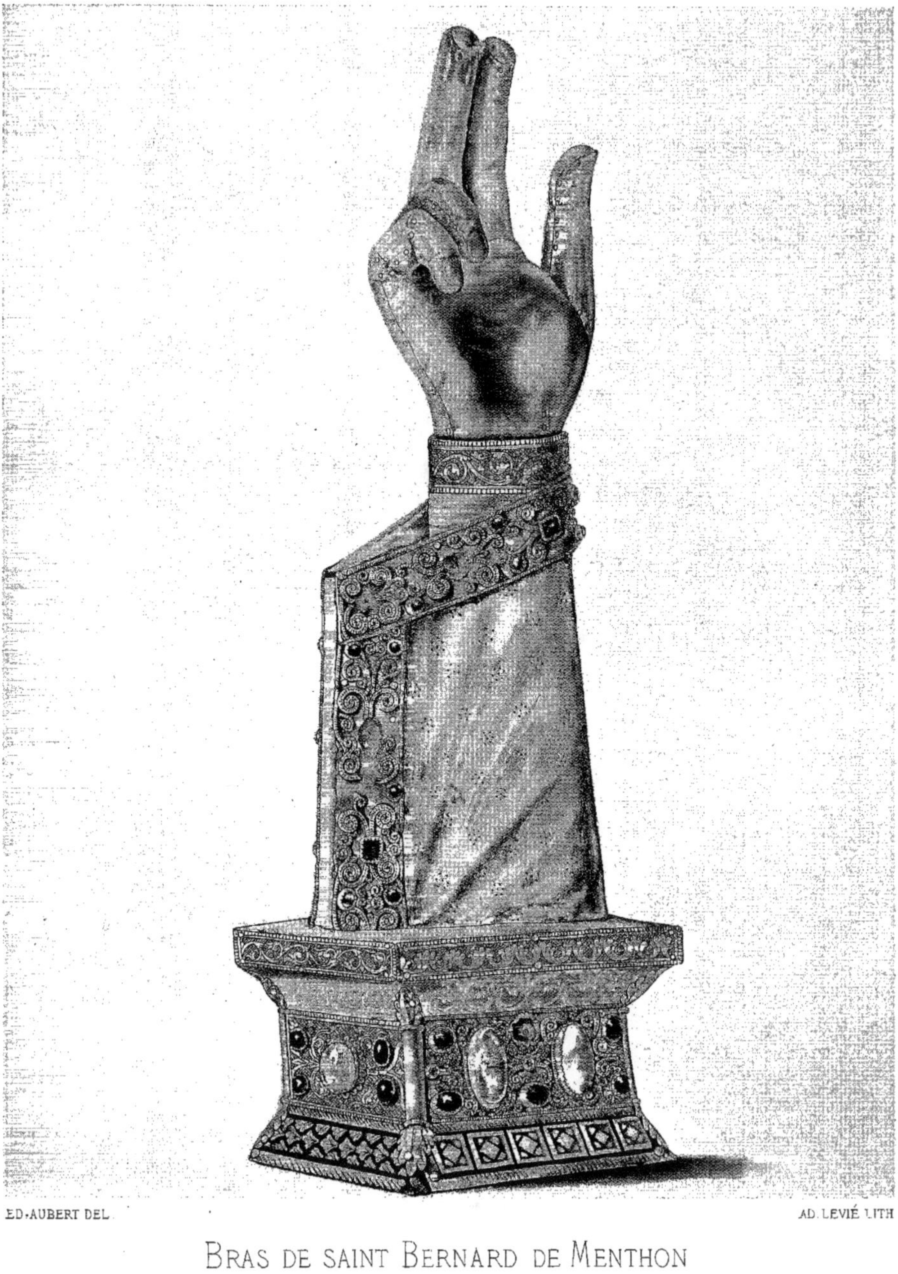

ED. AUBERT DEL.

AD. LEVIÉ LITH.

BRAS DE SAINT BERNARD DE MENTHON

XIIe SIÈCLE.

Vve A. MOREL et Cie Éditeurs

Imp. Lemercier et Cie Paris

ED. AUBERT DEL.

AD. LEVIÉ LITH.

CHEF DE St CANDIDE ET BRAS DE St BERNARD.
DÉTAILS DES ÉMAUX

Vᵉ A. MOREL & Cⁱᵉ Éditeurs

Imp. Lemercier & Cⁱᵉ Paris

ED. AUBERT DEL.

P AD VARIN SC

Bras de saint Maurice

Reliquaire du XVᵉ siecle

Ve A. MOREL et Cie Editeurs

Imp. Lemercier et Cie Paris

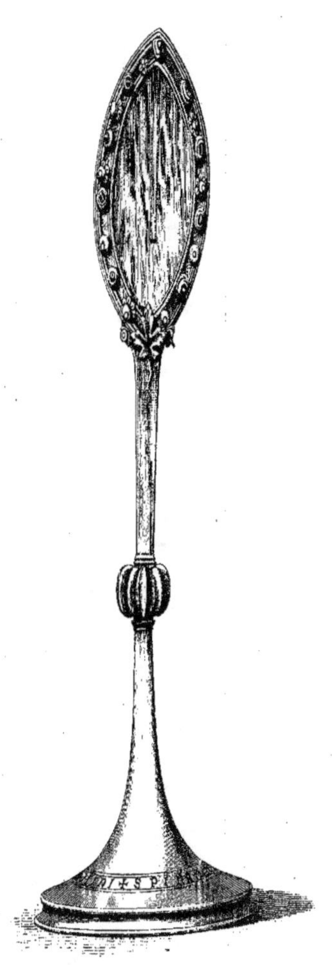

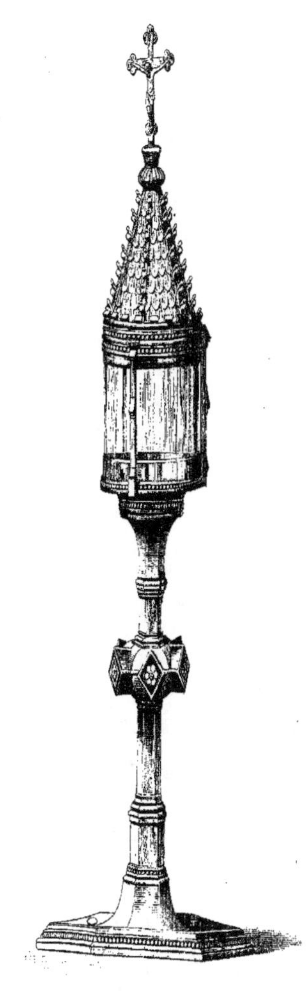

RELIQUAIRE DE LA SAINTE ÉPINE

XIIIᵉ SIÈCLE

RELIQUAIRE DE SAINTE APOLLONIE

XVᵉ SIÈCLE

Ciboire du XIIIe siecle

dit Coupe de Charlemagne.

Vve A. MOREL et Cie Editeurs

Imp. Lemercier et Cie Paris

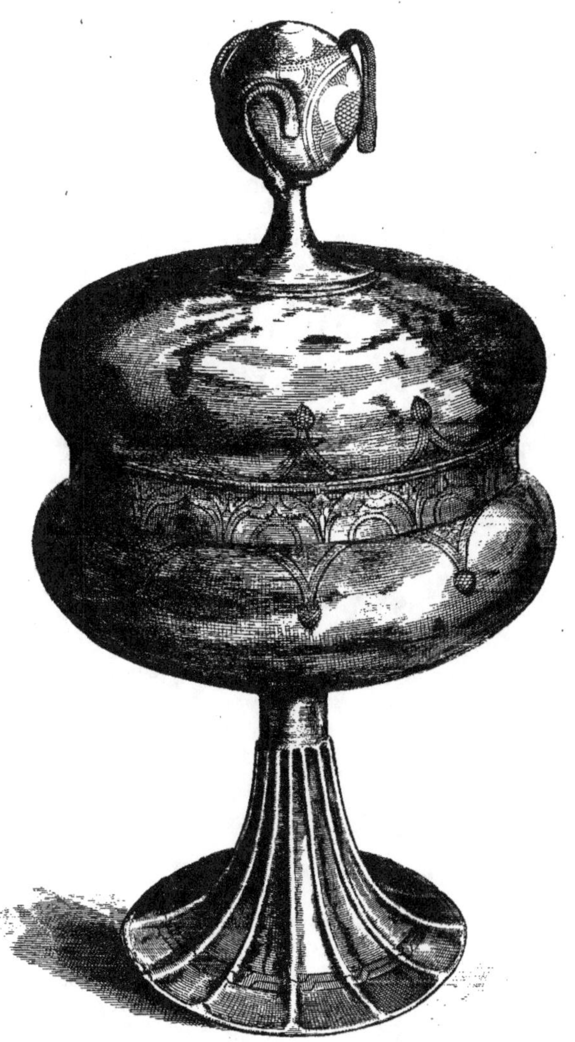

VUILLOUD DEL.

P. AD. VARIN SC.

Ciboire du XIIe siecle

dit Coupe de saint Sigismond

Vᵉᵉ A. MOREL. et Cⁱᵉ Editeurs

Imp. Lemercier et Cⁱᵉ Paris

PL . XXXVI

ED. AUBERT DEL.

CL. SAUVAGEOT SC.

Croix-Reliquaire

DITE CROIX DE SAINT LOUIS

Vᵉ A. MOREL et Cⁱᵉ Editeurs

Imp. Lemercier et Cⁱᵉ Paris

ED. AUBERT DEL.

CL. SAUVAGEOT SC.

CROIX-RELIQUAIRE

DITE CROIX DE SAINT ANDRE

Vᵉ A. MOREL et Cⁱᵉ Editeurs

Imp. Lemercier et Cⁱᵉ Paris

ED. AUBERT DEL.

AD. CHAPPUIS SC.

STATUE ÉQUESTRE DE SAINT MAURICE

RELIQUAIRE DU XVIᵉ SIÈCLE

Vᵉ A. MOREL et Cⁱᵉ Éditeurs

Imp. Lemercier et Cⁱᵉ Paris.

CROSSE EN ÉMAIL CHAMPLEVÉ.

XIII.ᵉ SIÈCLE.

CROSSE DU XVᵉ SIÈCLE

DITE CROSSE DE FÉLIX V.

A. MOREL et Cⁱᵉ Éditeurs

Imp. Lemercier et Cⁱᵉ Paris.

CHANDELIER DE FELIX V
XVᵉ SIECLE

SCEAU ACTUEL
DU CHAPITRE DE L'ABBAYE

SCEAU DU COMTE DE BOURGOGNE
XIIIᵉ SIECLE

SCEAU DU CHAPITRE DE L'ABBAYE
DU XIIIᵉ AU XVᵉ SIECLE

SCEAU DE RODOLPHE III ROI DE BOURGOGNE
XIᵉ SIECLE

ED. AUBERT DEL.

H. SELLIER SC

SCEAUX.

Vᵛᵉ A. MOREL et Cⁱᵉ Editeurs.

Imp. Lemercier et Cⁱᵉ Paris.

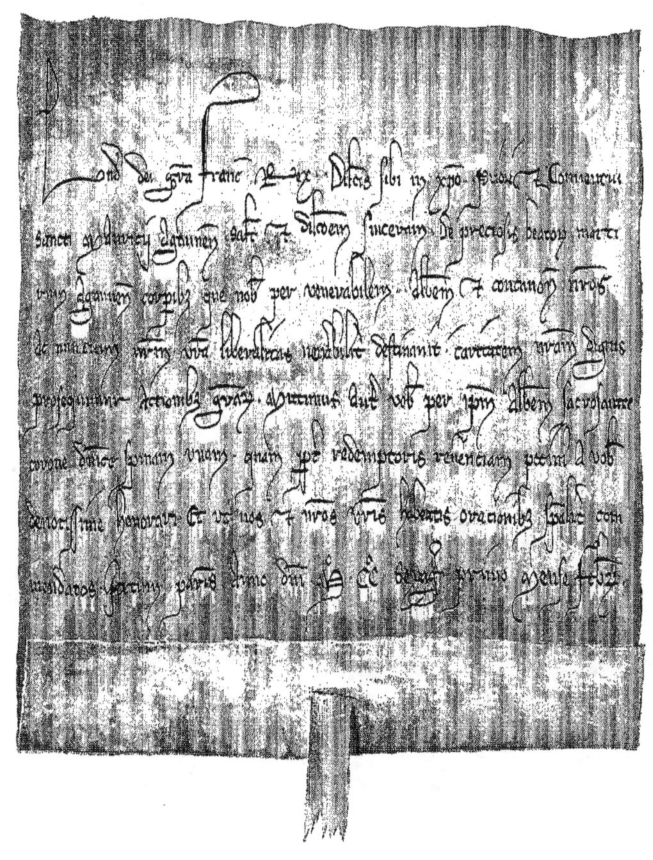

ED. AUBERT DEL.

DUPUIS LITH

FAC-SIMILE D'UNE LETTRE DE SAINT LOUIS

MCCLXI

Vᵉ A MOREL et Cᵉ Éditeurs.

Imp. Lemercier et Cᵉ Paris.

VUE DE SAINT-MAURICE

Vᵉ A. MOREL et Cⁱᵉ Éditeurs.

Imp. Lemercier et Cⁱᵉ Paris

9 782016 119648